律师批注版

条款目的
风险提示
相关案例
法律规定

企业常用合同范本

文化艺术、演艺、广告、影视类合同

Culture and the Arts, Performing Arts,
Advertising, Film and Television Contracts

王力博/编著

北京大学出版社
PEKING UNIVERSITY PRESS

丛书编写说明

经济活动中,合同无处不在。个人之间的交易需要合同,企业的经营活动更是离不开合同,合同是保障当事人权益的有效手段。但是,合同既是一种合作,又是一场战争,我们必须有足够的战略战术去应对。

我们必须了解,在"白纸黑字"之间,每个合同条款的设置,到底有何目的?隐含着哪些风险?法律如何救济?

1. 丛书宗旨

摒弃简单合同范本罗列,从多角度批注合同范本条款:解读范本条款的设置目的;提示范本条款隐含的风险;提供可参考的相关案例;列出所依据的法律规定。

2. 丛书作者

本丛书各分册作者均由知名律师事务所具有相应业务专长的资深律师、高级合伙人律师担纲。

3. 丛书结构

(1)基本结构:本丛书由作者根据自身的业务特长,给出合同范本,并从多角度逐条对合同范本进行以下几个方面的批注:

① 条款目的;

② 风险提示;

③ 法律规定;

④ 相关案例。

(2)特殊安排:个别分册,写作时体例参照"基本结构"作了一些调整,以符合行业特点。

4. 提供合同范本免费下载服务

(1)丛书文后一般附有完整的合同范本,便于读者整体把握、参考使用。

(2)丛书出版一定时期后,各分册的"合同范本"将由北京大学出版社第五图书事业部官网(www.yandayuanzhao.com)提供免费下载。

5. 分批出版

本丛书在推出第一批作品后,会陆续推出后续分册。

本丛书可以帮助读者全方位、立体地掌握相关合同制定和审查的要领,是一套实用性极强的合同起草、签约工具书。

编者
2012 年 12 月 12 日

序

作为一个在影视业打拼了二十多年的导演，曾经签过几十个合同，简单的只一张纸，复杂的有十几页，每个公司的合同，都各不相同，每次都得字斟句酌，生怕掉进了陷阱，但很多时候，还是掉进了陷阱。

中国影视业的不规范，堪比乡镇企业初兴时，没有规则，只有手段，为了成功，不择手段。中国影视业的混乱之源，大抵出于此。

好莱坞电影业的成功，赖于各种规则的寻求和信守，大家各为利战，但都基本用合同、制度、规则划出各自的道路，君子不逾矩。类型片就是各种规律和守则的成功。

而中国不是这样的，虽然貌似也有各种合同，但没有一个是真的能按合同执行的，说穿了，在一个投机成风投机无往而不胜的行业里，规则只是一种安慰。

这是可悲的，也是亟需改变的。就是说，这个行业需要规范，需要建立切实可行的规则，这个责任，需要法律界或者经济界人士来操作。

此时，王力博出现了，恰好，他大学本科学的是经济，研究生学的是法律，初入此行，他游刃于经济，后来，阴差阳错，他目睹了十来年影视业诸多怪现象。

认识王力博很早，但真正合作，是在拍摄电影《东京审判》时，那时候，是《东京审判》最艰难最混乱的时候，我要接手拍摄，必须先要厘清此前的各种合同和纠纷，2004年夏天是个难熬的夏天，在这个夏天乃至后来的秋天、冬天、春天，王力博参与了《东京审判》的全部过程，而在此过程中，他几乎见识了中国电影业的全部问题，祸兮福兮，王力博熟悉了电影制作整个流程的各种麻烦，各种陷阱，各种不靠谱，然后，他陷入了深深的思考——原来电影业是这个样子。有一天，王力博对我说，老高，我要写一本书，帮你们规避各种风险。

后来，王力博几乎成了我和我的影视界朋友的专职律师，经手了各种影视剧、广告、艺人的合同草拟、纠纷处理、版权厘定、影视公司股份制改造，等等，代理过版权官司、编剧官司、导演官司、艺人解约官司、艺人赔偿官司，这些官司，大多数都没有进入法庭阶段就已然解决。这既赖于他的专业，也赖于他的厚道。

现在好了,王力博以他的专业和勤奋,构成了这本可供影视业从业人员拈来便用就近信守的各种信条和经验教训的书,实乃影视业的大喜事。

谢谢王力博。

2012 年 9 月

前　言

　　本书是根据文化艺术、演艺传媒、广告传媒、影视文化领域涉及的法律法规和这些业务领域的需要，提供的一整套合同范本，并对其中重要条款和涉及的重要问题进行了批注和案例式说明，以期帮助相关企业、人员识别纠纷隐患、规避法律风险。

　　本书共分为五个部分：第一部分为文化艺术领域合同，共十二章；第二部分为演艺文化领域合同，共十三章；第三部分为广告传媒领域合同，共十章；第四部分为影视文化领域合同，共二十七章；第五部分为文化与传媒企业涉及的其他合同，共四章。

　　本书主要有以下几个方面的特点：

　　(1) 涵盖面广。本书采用的合同范本基本涵盖了整个文化行业的主要领域，包括文化艺术创作与交易等，新闻与出版传媒及相关版权交易，广告领域的传统广告业务与创新广告业务，演艺文化涉及的演唱会、音乐创作与版权交易、音像版权经营等领域，影视作品的投资、制作、发行、传播领域，还提供了文化企业涉及的融资担保等所需合同。

　　(2) 应用性强。本书采用的合同范本基本来自作者本人对其作为律师亲自参与相关业务商谈、合同起草、纠纷处理、诉讼案例所总结经验教训的汇总，并且是实务操作中涉及的合同条款。

　　(3) 具有一定指导性。本书针对各个合同的重点条款和容易产生纠纷的条款，以(律师批注)的形式注明了相关注意事项、法律风险和相关案例，对于相关从业人员了解对方合同条款的真实意图、理解相关法律规定具有(案例式)指导作用。

　　(4) 针对一些创新业务提供了探索性合同模板。对于影视文化企业以影视发行应收账款质押、影视剧植入式广告、电影贴片广告、影视赞助与资助活动等创新型业务，目前法律法规缺乏明确定位，作者根据以往业务经验从规避法律风险角度提出了一些探索性合同范本，供企业和从业人员参考使用。

王力博
2012 年 9 月

目　录

第一部分
文化艺术类合同范本律师批注

第一章　文学艺术作品合作创作合同 …………………………… 001
第二章　文学艺术作品委托创作合同 …………………………… 016
第三章　文学艺术作品出版合同 ………………………………… 025
第四章　文学作品翻译合同 ……………………………………… 036
第五章　文学作品授权改编合同 ………………………………… 043
第六章　文学艺术作品版权转让合同 …………………………… 050
第七章　特约专栏作家合作协议 ………………………………… 057
第八章　独家新闻采访与报道协议 ……………………………… 064
第九章　新闻信息转载协议 ……………………………………… 070
第十章　人物传记许可协议 ……………………………………… 077
第十一章　文化艺术品委托拍卖合同 …………………………… 083
第十二章　文化艺术品买卖合同 ………………………………… 092

第二部分
演艺类合同范本律师批注

第十三章　演唱会演出合同 ……………………………………… 098
第十四章　演艺人员经纪合同 …………………………………… 106
第十五章　演唱会投资合同 ……………………………………… 118
第十六章　演唱会赞助合同 ……………………………………… 126
第十七章　演唱会录像与音像出版合同 ………………………… 132

第十八章　演唱会广播电视转播合同 …………………………… 139
第十九章　演艺活动委托承办合同 ……………………………… 144
第二十章　歌曲词/曲版权转让合同 …………………………… 150
第二十一章　歌曲演唱授权合同 ………………………………… 155
第二十二章　音乐/手机彩铃网络传播与下载许可合同 ………… 161
第二十三章　音乐广播电视播出许可合同 ……………………… 166
第二十四章　MTV作品卡拉OK许可使用合同 ………………… 171
第二十五章　音乐作品音像出版合同 …………………………… 178

第三部分
广告类合同范本律师批注

第二十六章　企业整体广告服务合同 …………………………… 186
第二十七章　广告招商代理合同 ………………………………… 195
第二十八章　广告发布合同 ……………………………………… 203
第二十九章　广告发布委托合同 ………………………………… 211
第三十章　电影贴片广告发布合同 ……………………………… 217
第三十一章　影视剧品牌植入委托合同 ………………………… 224
第三十二章　影视剧品牌植入合作合同 ………………………… 234
第三十三章　广告代言合同 ……………………………………… 243
第三十四章　艺人广告业务经纪合同 …………………………… 251
第三十五章　广告片拍摄制作合同 ……………………………… 260

第四部分
影视类合同范本律师批注

第三十六章　文学作品影视拍摄与改编许可合同 ……………… 268
第三十七章　影视剧本委托创作合同 …………………………… 276
第三十八章　影视剧本版权转让合同 …………………………… 287
第三十九章　影视剧本等信息保密合同 ………………………… 294
第四十章　影视剧投资与制作合作意向书 ……………………… 300
第四十一章　电视剧投资合作合同 ……………………………… 306
第四十二章　电影投资合作合同 ………………………………… 316
第四十三章　影视剧委托承制合同 ……………………………… 328

第四十四章　影视剧音乐使用许可合同 …………………………… 335
第四十五章　影视剧歌曲委托创作合同 …………………………… 341
第四十六章　影视剧主题歌演唱合同 ……………………………… 346
第四十七章　影视剧场景搭建工作任务承包合同 ………………… 351
第四十八章　影视剧组车辆租用合同 ……………………………… 358
第四十九章　影视剧组餐食供应合同 ……………………………… 363
第五十章　　影视剧赞助合同 ……………………………………… 368
第五十一章　影视剧拍摄场地合作合同 …………………………… 373
第五十二章　影视剧政府资助合同 ………………………………… 379
第五十三章　影视拍摄素材使用许可合同 ………………………… 385
第五十四章　影视剧导演聘用合同 ………………………………… 392
第五十五章　影视剧演员聘用合同 ………………………………… 401
第五十六章　影视剧美术指导聘用合同 …………………………… 410
第五十七章　影视剧监制聘用合同 ………………………………… 417
第五十八章　影视剧制片主任聘用合同 …………………………… 426
第五十九章　影视剧未成年演员聘用合同 ………………………… 434
第六十章　　配音演员聘用合同 …………………………………… 443
第六十一章　电影总发行委托合同 ………………………………… 447
第六十二章　电视剧总发行委托合同 ……………………………… 461

第五部分
文化与传媒企业涉及的其他合同范本律师批注

第六十三章　动漫作品卡通形象使用许可合同 …………………… 472
第六十四章　影视企业版权质押合同 ……………………………… 479
第六十五章　影视企业应收账款质押合同 ………………………… 485
第六十六章　企业网站委托设计合同 ……………………………… 491

第一部分　文化艺术类合同范本律师批注

第一章　文学艺术作品合作创作合同

文学艺术作品合作创作合同

甲方：_____，笔名_____
身份证号：_____
地址：_____
乙方：_____，笔名_____
身份证号：_____
地址：_____

● 律师批注1

【条款目的】

1. 签约的合同主体应具有相应签约主体资格，以确保合同主体无法律瑕疵。

2. 应列明合同各方的基本状况，如企业的名称和法定代表、负责人及其注册地址，个人如有笔名应注明其笔名及其身份证号或护照号、住所地。

【风险提示】

1. 自然人的姓名应以其身份证所载姓名为准，并列明其身份证号。

2. 因文化艺术作品的很多作者往往在其作品中的署名使用笔名，故在签署合同时应注明其笔名，从而将作品上所署的笔名与其真实姓名"联结"起来；但在签署合同时，不应单独使用笔名签署。

3. 签约或履约主体为未满18周岁的未成年人时，应由其法定监护人代为签约，否则会导致合同无效。

【法律规定】

《中华人民共和国合同法》(1999.03.15 公布)

第九条 当事人订立合同,应当具有相应的民事权利能力和民事行为能力。

当事人依法可以委托代理人订立合同。

【相关案例】

在某成年人参加的选秀比赛中,天籁唱片公司看中了获得冠军的选手吴某,与吴某签署了歌手演艺合作协议。经过连续几个月的宣传推广活动,吴某的知名度得到快速提升,演出邀请越来越多,红凤唱片公司以更优厚待遇邀请吴某加盟。吴某为避免承担与天籁唱片公司解约的违约赔偿责任,便以其为未成年人为由向天籁唱片公司主张双方签署的合同无效。原来吴某在参加选秀比赛时未满18周岁,天籁唱片公司未审核其身份证以确认真实年龄,误以为其已满18周岁便与其签约。天籁唱片公司最终只得无条件同意解约。

鉴于:

1. 甲乙双方基于对对方文学艺术卓著创作能力愿意发挥各自创作特长并通过合作方式完成本合同约定作品。

2. 在签署本合同前,甲乙双方已对拟创作作品的思路和方向进行交流且取得了共识,并以此为基础开展创作工作。

3. 本合同构成甲乙双方合作创作合同关系。

● 律师批注 2

【条款目的】

1. 鉴于条款不是合同的正文部分,一般不约定双方根据合同进行交易的实质条件,是对当事人双方不具有直接约束力的条款,但是对整个合同具有"统领性"或"前提性"的作用。因为当事人签署合同总是有目的的,因而对于双方的签约目的和签约背景,应当在鉴于条款中说明,这样在将来的履行过程中或发生争议后,能够帮助当事人双方及解决争议的第三方、法院、仲裁机构等了解双方签约的真实目的、双方在签约时的真实状况,能够"回顾"签署时双方"强弱"状况,从而正确理解合同条款的真实含义。

2. 明确本合同双方的合作关系,从而确定本合同的性质。

【风险提示】

合作创作是指两个以上的作者在确定共同创作主题的前提下,共同完成作品创作并共同分享著作权。如对他人已完成的作品再度加工创作或者对他人的作品再创作续集等后续作品,不构成合作创作,不能共享作品著作权。

【法律规定】

《中华人民共和国合同法》(1999.03.15 公布)

第一百二十五条第一款 当事人对合同条款的理解有争议的,应当按照合同所使用的词句、合同的有关条款、合同的目的、交易习惯以及诚实信用原则,确定该条款的真实意思。

《中华人民共和国著作权法》(2010.02.26 修正)

第十三条第一款 两人以上合作创作的作品,著作权由合作作者共同享有。没有参加创作的人,不能成为合作作者。

【相关案例】

李某对音乐人王先生作词作曲的歌曲未经王先生授权重新填词,形成乐曲相同、歌词不同的两首歌曲,重新填词的歌曲通过网络传播成为一首比较流行的歌曲。李某并非与王先生共同创作,且双方并无共同创作的思路。李某重新填词的歌曲,因未经王先生授权而构成对原歌曲版权的侵权。

为此,甲乙双方于_____年_____月_____日在_____市_____区达成如下约定:

● **律师批注3**

【条款目的】

约定双方签署合同的具体时间、地点。签约时间是确定合同成立、合同生效的重要因素;而签约地点是确定合同诉讼管辖属地的依据之一。

【风险提示】

1. 实践中,当事人在签约时往往忽视甚至忘记写明签署日期,这会给确定合同的生效时间、各项履约期限等带来不便,甚至无法确定合同正文约定的各个时间点。

2. 当事人通常都会争取由己方所在地法院管辖。在此约定签署地后,在争议解决条款中约定由合同签署地法院管辖。

3. 在约定签约地时,有的只注明在某省或某市,而未注明具体的区县或者具体的地点(如××大厦),也同样不能确定管辖法院。因为大部分案件的一审是由区县的基层法院受理,只有合同标的额特别大时,一审才会由地市级的中级法院或高级法院受理。

【法律规定】

《中华人民共和国民事诉讼法》(2012.08.31修正)

第二十三条 因合同纠纷提起的诉讼,由被告住所地或者合同履行地人民法院管辖。

第三十四条 合同或者其他财产权益纠纷的当事人可以书面协议选择被告住所地、合同履行地、合同签订地、原告住所地、标的物所在地等与争议有实际联系的地点的人民法院管辖,但不得违反本法对级别管辖和专属管辖的规定。

【相关案例】

北京某公司与青岛某公司签署的剧本转让合同中未约定签约地,但在争议解决条款中约定了由签约地法院管辖,并且双方采取了互签合同再邮寄给对方的方式签约。北京某公司先在两合同中盖章并注明签署日期为2009年7月19日后邮寄给青岛公司,青岛公司在两份合同上盖章并注明其签署日期为2009年7月23日后返还一份。双方发生争议,北京公司以合同签署地在其所在地为由向北京市东城区法院提起诉讼,青岛公司以签约地在青岛为由向市北区法院提出管辖权异议,法院最终以青岛某公司在合同上签署的日期为生效日期,故合同签约地应在青岛公司所在地,应由其所在地青岛市市北区法院受理。

> 1. 创作目标:
> 1.1 作品形式:长篇小说/武打小说/中国诗画/油画等。
> 1.2 作品名称:_____(暂定名,最终名称应由甲乙双方共同确定)(以下简称"本作品")。
> 1.3 作品篇幅:约_____字的文字作品/_____幅中国诗画、油画等。
> 1.4 创作来源:属第_____种情况。
> （1）根据甲乙双方设想思路/历史故事直接创作。
> （2）根据真实人物/真实故事直接创作。
> （3）根据_____的原著作品《_____》改编/临摹。

● 律师批注4

【条款目的】

1. 确定合作创作作品的来源,如系直接创作或者依据民间传说、历史故事直接创作,属于原创作品。

2. 如作品虽属原创作品,但作品的素材来源于真实人物或真实故事,因为涉及作品中人物的姓名权、名誉权,也需要作品所涉及的真实人物对使用其姓名的授权,除非作品虽来源于真人真事但不使用真实姓名、名称。

3. 创作作品如来源于其他原著作品,如原著作品仍处于著作权保护期内,则需要原著作者授予改编权或临摹权等,同时原著作者应署名。

【相关案例】

著名作家张平的现实题材小说《法撼汾西》《天网》,被誉为"以作家的良知写农民的命运"之作,是"一部震撼人心的当代正气歌"。但是,两部小说的故事发生地山西汾西县的一些官员"对号入座"地认为小说中的人物即是他们本人,侵犯了他们的名誉权,联名上访并以诽谤罪将作者告上法庭。当然,起诉作家的案子最终不了了之,但这与两部现实题材小说直接使用了真实地名和真实事件有关。因而,在描写现实题材或以真人真事为原型的创作中,作者应尽量不使用真实地名、单位名称从而避免纠纷。

1.5 创作计划:

1.5.1 甲乙双方在本协议签署后_____个日历天内进行本作品创作前的酝酿、准备工作。

1.5.2 甲乙双方在准备工作结束后_____个日历天内,讨论、研究和确定本作品的创作思路。

1.5.3 本作品创作思路确定后_____个日历天内,完成本作品背景资料的收集、分析。

1.5.4 在本作品的背景资料收集和分析完成后_____个日历天内,完成本作品初稿创作。

1.5.5 本作品初稿创作完成后_____个日历天内,完成对本作品初稿的修改、完善、调整和再度创作,直至定稿。

● 律师批注5

【条款目的】

明确创作计划,能够确保双方按照统一进度和目标完成创作。

2. 创作分工:

2.1 资料收集与分析:

2.1.1 由_____方负责本作品创作所需背景资料的收集,并应在本协议签署后_____个日历天内完成。

2.1.2 本作品背景资料收集完成后,由甲乙双方共同针对本作品的创作思路对背景资料进行分析、提炼和考证并形成基本分析要点,以供本作品创作时使用。
　　2.1.3 在资料收集阶段,甲乙双方认为需要进行相应实地考察、采风,则由甲乙双方确定相应考察和采风计划并由双方共同完成。
　2.2 作品创作:
　　2.2.1 本作品的创作共分为_____个部分,其中:甲方完成第_____和第_____部分初稿的创作,乙方完成第_____和第_____部分初稿的创作。
　　2.2.2 甲乙双方分别完成各自负责部分的初稿创作后,由甲乙双方分别对对方创作部分进行审查并提出修改意见。
　　2.2.3 甲乙双方分别根据对方所提修改意见,再度进行创作、修改,并可根据需要反复讨论、修改和完善。
　　2.2.4 甲乙双方认为必要时,可邀请相关专家进行讨论、提出修改意见。
　2.3 意见分歧:
　　2.3.1 在创作过程中,如甲乙双方对创作出现意见分歧,甲乙双方应依据双方确定的创作思路和本作品的背景、文化氛围,进行充分讨论后确定最终意见;必要时,甲乙双方亦可邀请共同认可的专家对甲乙双方各自意见提供评价,供双方讨论时参考。
　　2.3.2 如甲乙双方经讨论、协商仍对创作不能达成一致时,以_____方的意见为准。

● **律师批注6**
　【条款目的】
　　1. 确定合作双方的明确分工,从而明确各方的工作责任。
　　2. 合作创作中容易出现各创作方"自成体系"等问题,从而破坏作品的整体构思和统一风格。如出现创作分歧,应先根据双方事先确定的创作思路衡量和确定双方分歧;若双方通过充分沟通仍不能达成一致,以某一方的意见解决分歧,利于作品整体创作思路的统一和提高创作效率。

　【相关案例】
　　法学家李某某约张教授准备合作撰写一部法律专著,根据分工两位学者分别负责不同章节内容;创作过程中,双方分别交换了对方已完成的初步成果,双方对对方写作重点和一些学术观点发生分歧,经多次沟通无果;此时,法学家李某某提出终止与张教授的合作而另找其他学者合作时,遭到张教授反对而无果,最终该学术专著创作半途而废。

合作作品作者实质上是通过共同智力投入而形成的共同作品,在双方未明确约定版权比例和意见分歧的解决方式时,双方对已形成的创作成果有"同等决策权"。

> **3. 创作成本承担:**
> **3.1** 本作品创作的成本包括:
> **3.1.1** 本作品创作所需资料收集、复制等的费用。
> **3.1.2** 按照甲乙双方确定的考察与采风计划进行实地考察和采风所产生的差旅费用。
> **3.1.3** 在创作过程中,所产生的耗材费用、邀请专家参与讨论产生的相关费用。
> **3.2** 成本预算与承担:
> **3.2.1** 本作品创作前,甲乙双方共同拟定本作品的创作预算清单,如遇变更则由甲乙双方共同确认。本作品创作完成后,由甲乙双方共同审核本作品实际创作成本开支。
> **3.2.2** 甲乙双方同意,由甲方承担本作品创作成本的_____%、由乙方承担本作品创作成本的_____%。
> **3.2.3** 甲乙双方分别按照上述成本分担比例和创作预算总额,先期提供创作资金,创作资金由_____方负责保管。如遇创作预算变更和创作资金不足时,由甲乙双方分别按照上述成本分担比例追加提供资金。创作预算如遇剩余,则按照双方成本分担比例返还双方。
> **3.2.4** 甲乙双方分别在负责款项支出时,应如实开具发票,如遇无法开具发票时,则开具收款收据,并据此作为支出凭证,在创作成本中列支。

● 律师批注7

【条款目的】

创作作品会产生采风、资料收集、论证等成本费用,合作创作方应当事先制作成本预算,明确双方对创作成本的分担。

【相关案例】

张教授约其所带研究生李某、王某某共同编写一本教材,但未签署创作合同;教材创作过程中,查阅资料、外地调研等费用均由张教授承担;教材编写完成后,张教授向他们支付了工作报酬,但在该教材出版时只署了自己的名字,而未对研究生李某、王某某作为作者予以署名,出版报酬也未向研究生李某和王某某分配。研究生李某、王某某向张教授和出版社提出其是该教材的合作作者,应享有共有版权及相应署名权、分配相应出版酬金;张教授则主张研究生李某、王某某参与创作的行为是受张教授委托的委托创作行为,并且其承担了全部创作费用,也已向他们支付了受托创作报酬。

在该案例中,张教授虽然承担了全部创作费用、支付了创作报酬,但各方并未约定委托创作关系,研究生李某和王某某共同参与创作的行为,构成合作创作关系,张教授未对合作作者署名构成侵权;但就出版教材的稿酬分配,应当扣除张教授垫付的创作成本及已支付的报酬。

4. 创作成果分享:

4.1 版权归属:

4.1.1 本作品自其最终成果和中间性成果形成或完成时,其版权归甲乙双方共同按照甲方_____%、乙方_____%的比例分享。

4.1.2 本作品的范畴和版权标的包括:创作思路、创作计划、创作纲要、本作品初稿、修改稿、定稿等。

4.1.3 甲乙双方同意,在本作品及其衍生作品中,对甲乙双方作为本作品作者的署名顺序为:甲方、乙方。

● **律师批注 8**

【条款目的】

1. 明确合作双方对创作作品版权的分享比例及在作品中的署名顺序,同时,约定双方分享版权的比例也意味着将来经营版权、处置版权的收益亦按此比例分配。

2. 明确双方享有版权的标的除最终作品外,还应包括创作过程中形成的初稿、修改稿及创作思路、创作计划等阶段性工作成果。

【风险提示】

1.《著作权法》只规定了合著作品版权归合作作者共同享有,而未规定双方的分享比例。如未明确合作双方对于创作作品版权的分享比例,双方容易因各方对作品贡献大小不同而就版权分享比例产生纠纷。

2. 实践中,合作作者往往会因署名顺序问题产生纠纷。所以,要么在合同中约定双方的署名顺序,要么确定双方署名顺序的方法,如按双方贡献大小确定顺序、按姓名笔画确定顺序等。

4.2 版权使用:

4.2.1 在本作品定稿前,未经双方协商一致,任何一方均不得转让、质押、赠予本作品的版权或其组成部分的版权或相应权益;否则,为无效行为且须赔偿另一方全部损失。

4.2.2 本作品创作定稿后,任何一方转让其对本作品享有版权份额,则另一方有优先购买权。

4.2.3 甲乙双方对于本作品版权的行使,由双方通过协商一致行使;不能协商一致,又无正当理由的,任何一方不得阻止他方行使除转让以外的其他权利,但是所得收益应按照各自所享有比例进行分配。

● 律师批注 9

【条款目的】

合作作者对合作作品共同享有版权和所享有份额版权的处置权,明确作品最终完成前,禁止作者处分版权,有利于作品创作的稳定性、持续性。

【风险提示】

如限制合作作品作者对作品版权的处置权,一方面会影响作品的正常、稳定创作,甚至导致创作无法完成;另一方面在合作作者转让其版权份额时,其他作者享有优先受让权,有利于保护原创作者的权益,也有利于作品版权的经营与行使。

4.3 中途退出创作:

4.3.1 在创作过程中,如任何一方自愿提出退出创作,另一方有权单独或与他人合作继续完成创作,则本作品的著作权归另一方单独享有或由其与其他合作方约定归属。

4.3.2 在一方中途退出创作时,继续创作的另一方,应对自愿退出的一方全部返还其承担的创作成本并给予经济补偿,补偿金额由甲乙双方另行协商。

4.3.3 在创作过程中,如双方均提出中途退出创作或认为继续创作已无意义时,则本作品的创作活动立即停止,甲乙双方按照约定成本分担比例分摊实际已经发生的成本,本作品已经形成的中间性或阶段性成果的版权归甲乙双方按照约定比例分享或折价给一方。

4.3.4 在创作过程中,任何一方丧失创作能力或因客观原因无法继续创作,另一方有权单独或与别人合作完成创作,有权对本作品进行修改或作其他合理的处置。丧失创作能力方或无法创作的一方依法享有相应的署名权,并享有其他合法权益。

● 律师批注 10

【条款目的】

合作创作当中也会出现因创作意见不合或者相互不认同对方创作水准或者因一方因自身原因自愿退出创作,该条款即意在明确中途退出后已经形成的"半成品"作品的版权归属问题和退出作者的署名问题。

【风险提示】

中途退出作者对于已形成的"半成品"作品或阶段性工作成果享有版权,如创作计划、作品提纲、作品初稿等,另一方作者不得未经中途退出作者同意擅自处理"半成品"作品。

【相关案例】

某理工大学李教授与张教授合作撰写一部电力技术方面的专著,并与出版社签署了出版合同,约定三个月后交稿。在双方经过调查、讨论确定专著大纲和基本思路、创作计划后,中途因张教授接受该大学指派作为专家参与一起突发特大电力事故调查、鉴定工作,不得不暂停创作。李教授为及时向出版社交稿,认为张教授只参与了前期工作而未参加实质创作工作,便另邀请王教授继续张教授的撰写工作,并在专著出版时未对张教授署名。在该案例中,张教授参与撰写专著大纲、基本思路等前期工作也属于实质创作工作,是此成果的合作作者;同时,后续专著撰写也是在此基础上创作完成的,张教授也是专著的合作作者。

4.4 评奖:

4.4.1 甲乙双方可以共同以本作品申报参加国内外相关文学艺术评奖活动;如双方就申报评奖不能达成一致,不同意申报的一方可参与申报而由同意申报的一方以双方名义申报。

4.4.2 双方共同申报参加评奖时,参加评奖的费用由甲乙双方共同承担;一方提出参加评奖时,参加评奖的费用由该方承担。参加评奖所获荣誉归甲乙双方共同所有,所获物质奖励则在扣除双方或单方承担的申报费用后按照本协议约定的版权分享比例分配。

4.4.3 中途退出创作的一方如按本协议约定或双方另行约定在本作品中享有版权,则按照本条款上述各项参奖约定执行;如退出的一方在本作品中不享有版权,则其不享有参评奖项的申报权和奖励分享权。

● 律师批注 11

【条款目的】

1. 以合作作品参加评奖并享有相应荣誉权是作者享有著作权的体现。

但是,在实践中,往往出现一方愿意申报、另一方不愿申报的情形,对此应予明确约定。

2. 申报奖项及参加颁奖又涉及申报费用、差旅费用等问题,均需要双方予以明确约定。

> **5. 其他事项:**
> **5.1** 在本作品创作完成前,未经双方同意,任何一方不得以本作品或其负责创作的部分以任何形式公开、参加学术交流活动、参加评奖活动。

● **律师批注 12**
【条款目的】
此条在于禁止任何一方在作品完成前即公开已完成的创作思路、作品提纲及部分作品,一方面,避免他人根据创作思路另行创作同样题材作品或其他形式作品,影响本作品未来的原创性和商业运作;另一方面,提前公开作品也会影响未来的出版。

> **5.2** 若任何一方不履行本协议的义务即构成违约,违约方除应当向守约方支付_____元违约金外,赔偿对方实际损失;延迟履行义务,应按日支付约定_____元违约金。

● **律师批注 13**
【条款目的】
1. 违约责任是合同的"罚则",一方面,督促双方当事人始终处于守约的轨道,另一方面,通过"惩罚"违约行为以"校正"因违约造成双方当事人的权益失衡状态。

2. 明确约定违约金的标准,使守约方在主张违约责任时简便易行,而且,在实际经济活动中,守约方很难举证证明其遭受的实际损失金额。因为约定的违约金无须守约方举证证明其实际损失金额,而主张赔偿损失则需要举证证明其遭受的实际损失的金额。

【风险提示】
1. 违约金的标准要适当,并不是越高越好。因为任何一方均可向法院或仲裁机构主张约定的违约金过高或过低,要求予以适当调整。这样会使合同约定的稳定性降低。

2. 当合同多个条款均约定了不同情形的违约责任时,需要对各种违约责任的适用顺序予以明确,否则,会造成不同条款之间就违约责任的大小和承担产生矛盾。

3. 鉴于定金罚则和违约金条款均具有事先预定且不论是否产生损失及损失大小，在合同中同时约定定金条款和违约金条款时，要么选择定金制裁、要么主张违约金，但可同时主张赔偿损失。

【法律规定】

《中华人民共和国合同法》（1999.03.15 公布）

第一百一十二条　当事人一方不履行合同义务或者履行合同义务不符合约定的，在履行义务或者采取补救措施后，对方还有其他损失的，应当赔偿损失。

第一百一十三条第一款　当事人一方不履行合同义务或者履行合同义务不符合约定，给对方造成损失的，损失赔偿额应当相当于因违约所造成的损失，包括合同履行后可以获得的利益，但不得超过违反合同一方订立合同时预见到或者应当预见到的因违反合同可能造成的损失。

第一百一十四条　当事人可以约定一方违约时应当根据违约情况向对方支付一定数额的违约金，也可以约定因违约产生的损失赔偿额的计算方法。

约定的违约金低于造成的损失的，当事人可以请求人民法院或者仲裁机构予以增加；约定的违约金过分高于造成的损失的，当事人可以请求人民法院或者仲裁机构予以适当减少。当事人就迟延履行约定违约金的，违约方支付违约金后，还应当履行债务。

> 5.3　双方均应保证其创作的内容系本人独立创作，若有侵犯他人著作权或违反著作权法及我国相关法令规定的行为，由该方负法律上的一切责任并赔偿另一方全部损失。

● 律师批注 14

【条款目的】

合作作品的作者共同对作品的原创性及合法性对外承担责任，但在合作作者内部应约定各自对其创作内容的独创性及合法性承担责任，从而督促各方不侵犯他人著作权。

> 5.4　本协议在履行中发生争议，双方应协商解决，如果协商不能解决，任何一方应如双方发生争议，按照第＿＿＿＿种方式解决。
>
> （1）将争议提交＿＿＿＿仲裁委员会依照其最新生效的仲裁规则进行仲裁。
>
> （2）向＿＿＿＿地（如：甲方所在地或乙方所在地或本合同签署地）有管辖权的人民法院提起诉讼。

● **律师批注 15**

【条款目的】

案件管辖法院应尽可能约定为己方所在地。当事人如不约定管辖法院，则只能由被告所在地法院或合同履行地法院受理。在合作创作合同中，合同履行地往往是不确定的多个地方且难以举证证明，所以，往往只能由被告所在地法院受理。

【风险提示】

1. 仲裁解决争议的方式，只有在合同中明确约定选择仲裁及仲裁机构的全称方式下才有效。

2. 凡是未明确约定仲裁机构名称或不能确定仲裁机构名称，或者约定"可以向签约地法院起诉或向北京仲裁委员会仲裁"或类似条款，均属于无效仲裁约定。仲裁约定无效时，则只能向法院起诉解决。

【法律规定】

1.《中华人民共和国民事诉讼法》(2012.08.31 修正)

第二十三条　因合同纠纷提起的诉讼，由被告住所地或者合同履行地人民法院管辖。

第三十四条　合同或者其他财产权益纠纷的当事人可以书面协议选择被告住所地、合同履行地、合同签订地、原告住所地、标的物所在地等与争议有实际联系的地点的人民法院管辖，但不得违反本法对级别管辖和专属管辖的规定。

2.《中华人民共和国仲裁法》(2009.08.27 修正)

第四条　当事人采用仲裁方式解决纠纷，应当双方自愿，达成仲裁协议。没有仲裁协议，一方申请仲裁的，仲裁委员会不予受理。

第五条　当事人达成仲裁协议，一方向人民法院起诉的，人民法院不予受理，但仲裁协议无效的除外。

【相关案例】

甲、乙两家公司在合同中约定争议解决方式为向北京的仲裁委员会申请仲裁。但是，位于北京的仲裁机构有两个：中国国际经济贸易仲裁委员会和北京仲裁委员会。依据该争议解决条款无法确定具体的仲裁机构，故其仲裁条款为无效。

5.5　本合同一式二份，双方各执一份。自双方签署后生效。

● 律师批注16

【条款目的】

明确合同的生效时间,如对合同生效时间或生效条件另有要求,也可附生效条件或生效时间。

【风险提示】

1. 实践中,有的当事人采用相互传真方式签署合同。因传真件的真实性往往无法确认,从而致使合同的有效性无法证明,故建议不使用相互传真方式签署合同。

2. 为保障合同得到有效履行,可约定"合同签署后成立,收到定金时生效"。这样,在支付定金前,合同根本未生效,不具有合同的约束力。

【法律规定】

《中华人民共和国合同法》(1999.03.15 公布)

第三十二条 当事人采用合同书形式订立合同的,自双方当事人签字或者盖章时合同成立。

第四十四条 依法成立的合同,自成立时生效。

法律、行政法规规定应当办理批准、登记等手续生效的,依照其规定。

> 5.6 本合同双方的联络方式如下,任何一方改变其联络方式,均须书面提前通知另一方,否则送达至原授权代表或以原联络方式送达即视为有效送达:
> A. 甲方指定联系人:_____,电话_____,传真_____,手机_____,电子信箱_____,通信地址_____,邮编_____。
> B. 乙方指定联系人:_____,电话_____,传真_____,手机_____,电子信箱_____,通信地址_____,邮编_____。

● 律师批注17

【条款目的】

1. 作品创作的期限较长,期间双方会进行多次沟通、反复往来文件,双方约定确定的联系人及联系方式,对有效履约非常必要。

2. 合同中的联系人即视为合同一方给予联系人相应授权;该联系人有权签署、接收、送达相应法律文件,该联系人有权接受对方相应履约行为,该联系人可代表合同一方向对方进行履约。

【风险提示】

1. 在约定了联系人及联系方式时,如联系人或联系方式变更,均须提前或及时通知对方,否则,对方向原联系人或以原联系方式进行送达即视为有效送达。

2. 鉴于往来电子邮件是最便捷的联络及交付剧本的方式,在此务必要明确约定双方的电子邮件地址,当事人须在公共网站开设电子信箱。

(以下无正文)
甲方:(姓名)_____
签字:_____
乙方:(姓名)_____
签字:_____

第二章 文学艺术作品委托创作合同

文学艺术作品委托创作合同

委托方：_____有限公司(以下简称"甲方")
法定代表人：_____
地址：_____
创作方：_____，**笔名：**_____(以下简称"乙方")
身份证号：_____
地址：_____

● 律师批注1

【条款目的】

1. 对于企业的名称和法定代表人、负责人及其注册地址，应当以其《企业法人营业执照》或《营业执照》所载的名称为准，不要使用单位的简称等非正式名称。

2. 关于自然人使用笔名的相关问题，参见《文学艺术作品合作创作合同》律师批注1。

【风险提示】

1. 不具备相应主体资格的主体签署合同，可能会影响合同的法律效力。实践中，企事业单位的"业务部"、"办公室"等内设职能部门虽刻有印章，但并不属于在工商机关注册登记并领取《营业执照》的分支机构，不具备签约主体资格，如未经企事业单位授权或认可，其对外签署的合同无效。

2. 签署合同前，通过审核企业的《企业法人营业执照》或《营业执照》、《组织机构代码证》及其所载年检状况，以确认其是否具备主体资格、是否有效年检，从而确认其主体的真实性和合法存续性；对于个人应审核其身份证或护照，以确保其具备行为能力；必要时，应备存此类证件的复印件。

鉴于：

1. 甲方基于乙方文学艺术卓著创作能力,愿意委托乙方创作完成本合同约定作品。

2. 在签署本合同前,甲乙双方已对拟创作作品的思路和方向进行交流且取得了共识,并以此为基础开展创作工作。

3. 本合同构成甲方委托乙方创作合同关系。

● 律师批注 2

关于鉴于条款约定内容及其法律意义,参见《文学艺术作品合作创作合同》律师批注 2。

为此,甲乙双方于_____年_____月_____日在_____市_____区达成如下约定：

● 律师批注 3

关于约定签署地点、签约时间的注意事项与法律风险,参见《文学艺术作品合作创作合同》律师批注 3。

1. 创作目标：

1.1 作品形式：长篇小说/武打小说/中国诗画/油画等。

1.2 作品名称：_____(暂定名,最终名称应由甲乙双方共同确定)(以下简称"本作品")。

1.3 作品篇幅：约_____字的文字作品/_____中国诗画、油画等。

● 律师批注 4

【条款目的】

约定明确的创作目标,以便将来对工作成果是否符合要求进行确认。所以,对于作品的各项要求应尽量明确、详尽、容易确认。

1.4 创作来源(根据实际情况选择下列情形之一)：

(1) 根据甲乙双方设想思路/历史故事直接创作。

(2) 根据真实人物/真实故事直接创作。

(3) 根据_____的原著作品《_____》改编剧本/创作动漫作品等。

● 律师批注5

关于创作来源的注意事项与法律风险,参见《文学艺术作品合作创作合同》律师批注4。

> 1.5 创作计划:
> 1.5.1 在本合同签署后_____个日历天内,进行本作品创作前的酝酿、准备工作。
> 1.5.2 在准备工作结束后_____个日历天内,提出本作品的创作思路,并由甲乙双方讨论、研究后,最终由甲方确定。
> 1.5.3 在本作品创作思路确定后_____个日历天内,完成本作品背景资料的收集、分析。
> 1.5.4 在本作品的背景资料收集和分析完成后_____个日历天内,完成本作品初稿创作。
> 1.5.5 本作品初稿创作完成后_____个日历天内,完成对本作品初稿的修改、完善、调整和再度创作,直至定稿。

● 律师批注6

【条款目的】

委托创作的创作计划实际上就是创作方应当完成各个阶段任务的"工期",创作方应当在各个阶段"工期"内完成各项工作;约定明确的"工期"便于约束和衡量创作方工作进度。

> 2. 创作安排:
> 2.1 资料收集与分析:
> 2.1.1 乙方负责本作品创作所需背景资料的收集,并应在本合同签署后_____个日历天内完成;同时,在此阶段内,乙方应提出本作品的创作成本预算,经甲方确认后执行。
> 2.1.2 本作品背景资料收集完成后,由乙方针对本作品的创作思路对背景资料进行分析、提炼和考证并形成基本分析要点,经甲方确认后以供本作品创作时使用。
> 2.1.3 在资料收集阶段,乙方认为需要进行相应实地考察、采风时,乙方提供相应考察和采风计划,由甲方决定后实施。
> 2.2 作品创作:
> 2.2.1 本作品的创作共分为_____个部分,乙方完成各个部分的初稿创作后,由甲方对乙方创作工作进行审查并提出修改意见。

2.2.2 乙方应根据甲方所提修改意见,再度进行创作、修改,并可根据需要反复讨论、修改和完善。

2.2.3 乙方在创作过程中,如需要使用辅助人员,应在保证乙方亲自完成实质创作内容的前提下,安排辅助人员从事协助资料收集、分析等工作,且不得安排辅助人员参与实质创作工作,确保辅助人员不会对本作品提供任何权利主张。

2.2.4 甲方认为必要时,可邀请相关专家进行讨论、提出修改意见。

2.3 意见分歧:

2.3.1 在创作过程中,如甲乙双方对创作出现意见分歧,以甲方意见为准。

2.3.2 在创作过程中,甲方如认为乙方的创作及其修改无法达到其要求或者认为乙方的创作与甲方的委托创作意图相背离,甲方有权再行委托他人与乙方共同创作或者停止乙方创作工作而重新委托他人进行创作。

● **律师批注7**

【条款目的】

作品创作是一个委托方与创作方之间审查、提出修改意见、修改完善的反复过程,虽然委托创作是委托方基于对创作方创作水准的认可,对受托方创作成果完成的审查权应由委托方来掌握,才能实现委托创作的最终目的。

【风险提示】

1. 对于作品的创作质量确认,具有极强的主观性,委托方与创作方往往会对作品是否创作完成发生争议。

2. 委托创作合同在法律性质上属于委托劳务合同,委托方可无理由"任意"解除合同,但其应结清受托方的报酬、垫付费用和支付因解除合同对对方造成的损失。

3. 创作成本与酬金:

3.1 本作品创作的成本包括:

3.1.1 本作品创作所需资料收集、复制等的费用。

3.1.2 按照甲方确定的考察与采风计划进行实地考察和采风所产生的差旅费用。

3.1.3 在创作过程中,所产生的耗材费用、邀请专家参与讨论产生的相关费用。

3.2 成本预算与承担：

3.2.1 本作品创作前，乙方拟定本作品的创作预算清单，经甲方确认后执行；该预算如遇变更则亦应事先由甲方确认。

3.2.2 由甲方承担本作品创作的全部成本。

3.2.3 乙方在负责款项支出时，应如实开具发票，如遇无法开具发票时，则开具收款收据，并据此作为支出凭证，在创作成本中列支。

3.3 创作报酬：

3.3.1 双方确认：乙方完成创作的酬金为（税前/税后）_____元人民币。

3.3.2 支付：

（1）本协议签署后支付酬金的 **20%** 作为定金。

（2）于完成初稿后_____日内支付酬金的_____％。

（3）完成最终稿后_____日内支付剩余酬金。

● 律师批注 8

【条款目的】

委托创作的创作成本应由委托方承担，但创作方进行创作发生的费用应经委托方事先同意或事后认可。为避免就费用发生争议，可先由双方制作预算，创作方在创作预算内的支出，无须经委托方审批。

4. 创作成果分享：

4.1 版权归属：

4.1.1 本作品自其最终成果和中间性成果形成或完成时，其版权归甲方单独享有，乙方对本作品不享有任何版权。

4.1.2 本作品的范畴和版权标的包括：创作思路、创作计划、创作纲要、本作品初稿、修改稿、定稿等。

4.1.3 在乙方完成本作品创作后，乙方享有作品的署名权。

● 律师批注 9

【条款目的】

1. 如委托创作双方未明确约定作品的版权归属，则作品的版权归受托人即创作方享有。但是，这又与委托方委托创作作品的目的相背离，所以委托方应当约定委托创作作品的版权归属和享有版权的范围。

2. 委托作品的创作者是否享有署名权，《著作权法》及其实施条例均未明确规定。为避免争议,应对创作者是否享有署名权或者作品作者以哪方署名进行明确约定。

【法律规定】

《中华人民共和国著作权法》(2010.02.26修正)

第十七条 受委托创作的作品,著作权的归属由委托人和受托人通过合同约定。合同未作明确约定或者没有订立合同的,著作权属于受托人。

【相关案例】

某公园委托李某创作一个雕塑,约定由公园提供材料、费用,李某应按照其创作构思和意图进行创作,公园向李某支付一定的报酬,但未约定版权归属。在李某完成雕塑之后,公园对雕塑不满意,另请赵某对雕塑进行了修改,赵某修改后在雕塑的底部对赵某和李某均进行署名。

该案例中,在双方未约定版权的情形下,雕塑的版权归李某;公园另行委托他人对其作品进行修改并对他人同时署名,侵犯了李某所享有的版权作品的完整权。

4.2 作品使用:

4.2.1 在本作品定稿前后,未经甲方同意,乙方不得以任何形式公开本作品或以本作品参加任何学术交流、参加任何评奖活动;否则,须赔偿甲方全部损失。

4.2.2 本作品创作过程中,乙方应对本作品的创作及创作思路、设想、计划等予以保密,直至甲方正式公开本作品。

● 律师批注10

【条款目的】

1. 约定禁止创作方在作品完成前即公开已完成的创作思路、作品提纲及部分作品,一方面,避免他人根据创作思路另行创作同样题材作品或其他形式作品,影响本作品未来的原创性和商业运作;另一方面,提前公开作品也会影响未来的出版。

2. 除禁止公开作品外,还应约定创作方对创作工作及创作内容予以保密的义务,同样有利于保护委托方的创作利益。

4.3 中途退出创作:

4.3.1 在创作过程中,未经甲方同意,乙方不得提出退出创作;除非甲方认为乙方的创作不符合其要求,甲方有权另行委托他人与乙方共同创作或停止委托乙方而直接委托他人合作继续完成创作。

4.3.2 如甲方停止委托乙方创作而重新委托他人创作或者委托他人与乙方共同创作时,则甲方根据乙方和重新的委托方对本作品的创作是否有实际贡献,决定对其进行署名。

4.3.3 在创作过程中,乙方如丧失创作能力或因客观原因无法继续创作,甲方有权重新委托他人完成创作。

● 律师批注 11

【条款目的】

委托创作双方可能因创作方自身原因自愿退出创作或者因创作成果不能得到委托方认可而协商由创作方退出创作。通常委托创作双方会约定委托创作作品的版权归委托方,故创作方退出创作不涉及版权问题,但会涉及对创作方的署名问题。

4.4 评奖:

4.4.1 甲方有权决定以本作品申报参加国内外相关文学艺术评奖活动;如甲方决定不参加评奖而乙方提出申报"作者"类别的评奖时,甲方同意予以配合,但由乙方以甲乙双方名义申报。

4.4.2 甲方决定申报参加评奖时,参加评奖的费用由甲方承担;经甲方同意由乙方参加"作者"类评奖时,参加评奖的费用由乙方自行承担。

4.4.3 由甲方申报参加评奖时,参加评奖所获"作者"类荣誉归甲乙双方共同所有、其余类别荣誉全部归甲方单独所有,所获物质奖励全部归甲方;经甲方同意由乙方参加评奖时,参加评奖所获"作者"类荣誉归甲乙双方共同所有、所获"作者"类别的物质奖励则在扣除乙方承担的申报费用后由甲乙双方按各50%的比例分配。

4.4.4 如乙方中途退出创作,如按本协议约定或双方另行约定甲方确定乙方在本作品中享有作者署名权,则按照本条款上述各项参奖约定执行;如退出的一方在本作品中不享有作者署名权,则其不享有参评奖项的申报权和奖励分享权。

● 律师批注 12

【条款目的】

1. 委托方对创作作品往往关注其商业性,而创作方则更关注其艺术性,所以在以作品参加评奖方面,创作方更积极、委托方则显得不太主动,故应当约定作品评奖申报。

2. 如作品获奖,创作方作为作者享有相应荣誉权,对于所获奖金等物质奖励应归委托方。但是,委托方为激发创作方的创作热情,可约定双方对评奖奖金进行分成。

3. 申报奖项及参加颁奖又会涉及申报费用、差旅费用等问题,需要双方予以明确。

> **5. 其他事项:**
> **5.1** 若任何一方不履行本合同的义务即构成违约,违约方除应当向守约方支付_____元违约金外,赔偿对方实际损失;延迟履行义务,应按日支付约定_____元违约金。

● **律师批注 13**
关于违约责任约定的注意事项及法律风险等,参见《文学艺术作品合作创作合同》律师批注 13。

> **5.2** 乙方应保证其创作的内容系本人独立创作,若有侵犯他人著作权或违反著作权法及我国相关法令规定的行为,由乙方负法律上的一切责任并赔偿甲方全部损失。
> **5.3** 本协议在履行中发生争议,双方应协商解决,如果协商不能解决,任何一方应如双方发生争议,按照第_____种方式解决。
> (1) 将争议提交_____仲裁委员会依照其最新生效的仲裁规则进行仲裁。
> (2) 向_____地(如:甲方所在地或乙方所在地或本合同签署地)有管辖权的人民法院提起诉讼。

● **律师批注 14**
关于争议解决条款约定的注意事项及法律风险等,参见《文学艺术作品合作创作合同》律师批注 15。

> **5.4** 本合同一式二份,双方各执一份。自双方签署后生效。

● **律师批注 15**
关于合同签署的注意事项及法律风险等,参见《文学艺术作品合作创作合同》律师批注 16。

5.5 本合同双方的联络方式如下,任何一方改变其联络方式,均须书面提前通知另一方,否则送达至原授权代表或以原联络方式进行送达即视为有效送达:

A. 甲方指定联系人:_____,电话_____,传真_____,手机_____,电子信箱_____,通信地址_____,邮编_____。

B. 乙方指定联系人:_____,电话_____,传真_____,手机_____,电子信箱_____,通信地址_____,邮编_____。

● **律师批注 16**

关于双方联系人及联系方式约定的注意事项及法律风险等,参见《文学艺术作品合作创作合同》律师批注17。

(以下无正文)
甲方:_____有限公司
法定代表人或授权代表:_____
乙方:(姓名)_____
签字:_____

第三章 文学艺术作品出版合同

文学艺术作品出版合同

作者：_____,笔名_____(以下简称"甲方")
身份证号：_____
地址：_____
出版方：_____出版社有限公司(以下简称"乙方")
法定代表人：_____
地址：_____

● **律师批注1**

关于合同的签约主体及其名称的注意事项与法律风险等，参见《文学艺术作品合作创作合同》律师批注1和《文学艺术作品委托创作合同》律师批注1。

【相关案例】

张作家与其合作伙伴组建了"丝路文学工作室"，有办公场所和相应工作人员，但该工作室未在工商机关注册。该工作室在对外开展合作中以工作室的名义签署合同，合同履行过程中对方发生违约，在该工作室向对方主张违约责任时，对方提出该工作室因不具备签约主体资质而主张合同无效，张作家及其合作伙伴无奈只得放弃追究对方的违约责任。

鉴于：

1. 甲方已经或准备创作或编写本合同约定的作品，并愿意由乙方在约定区域、期限内公开出版。

2. 在签署本合同前，甲乙双方已对本合同约定作品的基本内容进行交流且取得了共识，乙方愿意对本合同作品予以出版。

3. 本合同构成甲乙双方出版合同关系。

● **律师批注2**

关于鉴于条款的注意事项及法律风险等，参见《文学艺术作品合作创作合同》律师批注2。

为此,甲乙双方于_____年_____月_____日在_____市_____区达成如下约定:

● 律师批注3

关于签约时间、签约地点的注意事项及法律风险等,参见《文学艺术作品合作创作合同》律师批注3。

| 1. 出版作品:
1.1 作品形式:_____
（1）专著类:长篇小说/武打小说/中国诗画/油画/电影、电视剧剧本等。
（2）汇编类:大中小学教材/法规汇编/论文专辑/摄影、绘画专辑等。 |
|---|

● 律师批注4

【风险提示】

1. 专著类作品实际上是作者自己原创的作品,而汇编类作品是对他人的已有作品进行汇编、整理形成一本"集合作品",但其中各个作品仍具有独立版权。因而,汇编类作品要取得各个作品作者的授权:同意汇编、授权出版,否则构成对各个作品版权的侵犯。

2. 如为衍生作品,如根据原著改编的影视剧本,剧本作者要取得原著作者授予其影视剧拍摄权和剧本改编权。否则,剧本构成对原著的侵权。

【法律规定】

《中华人民共和国著作权法》(2010.02.26修正)

第十二条 改编、翻译、注释、整理已有作品而产生的作品,其著作权由改编、翻译、注释、整理人享有,但行使著作权时不得侵犯原作品的著作权。

【相关案例】

某月刊杂志社将其上年度12期刊物上发表的文章汇编为合订本出版,并对其中主要文章进行汇编、整理出版精华卷,但未经文章作者的同意。这种行为构成了对作者版权的侵犯,因为作者向期刊投稿行使的只是发表权,即将文章的首次公开发表权交予该期刊,但将其作品汇编和整理出版的权利并未授予该杂志社。

1.2 作品名称：_____（暂定名,最终名称应由甲方确定）（以下简称"本作品"）。

1.3 作品篇幅：约_____字的文字作品/_____中国诗画、油画/_____字的电影剧本/_____集电视剧剧本等。

1.4 作品版权：属于下列第_____种情形。

（1）本作品的作者为甲方并由其独立创作、全部版权归甲方单独所有。

（2）本作品系由甲方根据_____的原著《_____》翻译/改编,甲方已经取得前述原著作品版权人的授权,本作品的全部版权归甲方单独所有。

（3）本作品系由甲方对相关学习知识/专业知识/某比赛活动获奖作品/某行业法律法规进行整理、编辑,其中涉及的单项作品已获得版权人授权。

● 律师批注5

【条款目的】

关于创作来源的注意事项与法律风险,参见《文学作品合作创作合同》律师批注4。

【风险提示】

1. 对于剧本等非原创的演绎作品,出版社有责任审查是否取得原著作者的授权,否则,出版社因未审查而承担相应连带责任。

2. 对参加某项活动或比赛的参赛作品或获奖作品进行汇编、整理后出版,也需要作品作者的授权。当然,有些比赛或活动举办方在其举办通知或比赛规则中已经明示:举办方有权对作品进行编辑出版,如作者仍提交稿件,则视同作者已认可该规则并授权举办方对作品进行汇编出版。

1.5 作品公开性：属下列第_____项。

（1）甲方承诺,本作品虽已创作完成但尚未出版图书,也未通过报纸、期刊或网络等媒体公开发表,本协议约定出版为首次出版和公开。

（2）甲方承诺,本作品在创作过程中及创作完成后至乙方出版前,不通过其他方出版图书,也不通过报纸、期刊或网络等媒体公开发表。

（3）双方确认,本作品在创作过程中及创作完成后至乙方出版前,甲方已经或将通过报纸、期刊或网络等媒体逐次分章节公开发表,但不通过其他方出版图书。

（4）双方确认，本作品已由甲方通过_____出版社于_____年出版过图书，本协议约定出版系对原图书的再版。

（5）双方确认，本作品的原版已由甲方通过_____出版社于_____年出版过图书，现经甲方对原版进行修订和部分修改，本协议约定出版系对原版修订版的重新出版。

（6）双方确认，本作品系对××比赛活动中公开的论文/摄影/绘画等单项作品进行汇编。

● 律师批注6

【条款目的】

1. 如果拟出版的作品已完成，其是否公开及其公开程度对于出版方利益有重大影响，这也是出版方是否愿意出版及决定出版数量等的依据，故对此应予明确。

2. 如果拟出版的作品尚未完成、正在创作过程中，要求作者对其创作作品的全部或部分不予公开，是确保出版方未来出版利益的保障。

3. 对于作品公开状况进行确认或保障，也是对出版方对作品享有独占性出版权的保障，避免作者对作品委托多家出版。

2. 出版授权：

2.1 授权出版形式：甲方授予乙方以图书形式出版、发行及销售本作品（汉文、×文）文本。

2.2 授权出版性质：_____。

（1）甲方授予乙方的出版权为独占性使用权，即在约定区域、期限内，仅有乙方享有本作品的图书出版权。

（2）甲方授予乙方的出版权为非独占性使用权，即在约定区域、期限内，除乙方外，甲方还可授权他人享有本作品的图书出版权。

2.3 授权出版区域为：_____。

（1）中国大陆。

（2）中国香港、澳门、台湾地区。

（3）中国以外的其他国家和地区。

（4）_____国。

2.4 授权出版期限：_____年，自本协议签署之日起算。期限届满时，乙方不得再行出版、印制本作品，但可继续发行、销售已出版的库存图书。

2.5 转授权:甲方给予乙方的出版授权,未经甲方同意,乙方不可转让给他人;但在乙方对出版物进行发行、销售时,可自行委托其代理方进行发行、销售。

2.6 出口权:乙方不得将本作品出版后将出版物出口至授权区域以外的其他国家、地区。

● 律师批注7

【条款目的】

1. 明确向出版方授权的性质是否为独占性,这直接与许可费用有关,更与出版方的出版利益直接相关。因为授予独占性出版权,则意味着在特定区域、期限内,出版方取得对作品出版物的垄断性经营权。

2. 作者向出版方授权时,建议应禁止出版方将出版权再转授权给他人。因为转授权后,作者就会对出版权失去"控制",并对之后的转授权方缺乏直接合同约束。

3. 基于版权具有地域性的特点,作者会针对不同国家、地区授予不同出版方对作品的出版权,建议应禁止出版方的出口权。因为出版方将出版物出口至其他国家、地区时,会影响作者所授权的国家、地区的出版方的权益。

3. 出版安排:
3.1 出版要求:
3.1.1 甲方应确保本作品中不得含有下列任何内容:
(1)反对中国宪法及其确定的基本原则;
(2)危害国家统一、主权和领土完整;
(3)危害国家安全、荣誉和利益;
(4)煽动民族分裂,侵害少数民族风俗习惯,破坏民族团结;
(5)宣扬淫秽、迷信或者渲染暴力,危害社会公德和民族优秀文化传统。
3.1.2 甲方应确保本作品不侵犯他人名誉权、肖像权、姓名权等人身权或其他企事业和机关单位的商标号、名称权、名誉权。

● 律师批注8

【条款目的】

1. 本条款主要是对作品内容合法性的要求,除内容须符合法律法规的规定外,不得侵犯他人权利。

2. 作者对出版内容承担首要责任、全部责任，出版方如未尽注意义务进行全面、深入审查，也要承担连带责任。特别是作品中涉及使用他人姓名或名称、照片时，均应取得当事人的授权。

【相关案例】

2009年12月中国电影出版社出版发行了黄远高编著的《我叫小沈阳——小沈阳成长密码》一书。该书虽不是小沈阳的个人传记体文学，但在书的封面及内页大量使用其肖像，还以"小沈阳说"等第一人称的方式叙述了他的成长历程及婚姻家庭生活细节，但未取得小沈阳的授权。小沈阳本人以该书未经授权为由起诉作者黄远高及中国电影出版社、销售图书的中关村图书大厦侵权。北京市海淀区人民法院一审判决中国电影出版社、黄远高赔偿小沈阳9万余元，停止《我叫小沈阳——小沈阳成长密码》一书的出版和发行。

3.1.3 本作品的内容、篇幅、体例、图表、附录等应符合下列要求：
(1) 字数：_____（千字）；
(2) 开本：_____（开）；
(3) 图表：_____（幅）；
(4) 附录：_____（则）。

3.2 交稿：

3.2.1 甲方应于_____年_____月_____日前将本作品的定稿及其电子文档交付乙方，甲方交付的纸质稿件应有作者的签章。

3.2.2 乙方收到甲方交付的稿件后，有权进行审读并可提出相关意见，以供甲方及时进行修改。但是，如甲方交付的稿件不符合本合同约定，乙方有权要求甲方进行修改，如甲方拒绝按照本合同的约定修改，乙方有权终止合同并追究甲方违约责任。

3.2.3 甲方因故不能按时交稿，应在交稿期限届满前_____日通知乙方，双方另行协商约定交稿日期。甲方到期仍不能交稿的，乙方有权解除本合同并要求甲方应按_____元/千字支付违约金。

● 律师批注9

【条款目的】

本条款主要规定对作者完成和提交作品的要求，从而保障出版方如期出版作品。

3.3 出版约定:

3.3.1 乙方应于甲方交稿后_____个日历天内(不迟于_____年_____月_____日)出版本作品,第一次出版的最低印数为_____册。乙方延期交稿且经甲方同意的,出版日期相应顺延。

3.3.2 乙方如不能按时出版,应在出版期限届满的_____个日历天以前通知甲方,并按_____元/千字向甲方支付违约金,双方另行约定出版日期。乙方在另行约定期限内仍不出版的,除非因不可抗力所致,甲方有权解除本合同并要求乙方仍按本合同约定报酬标准向甲方支付报酬并归还本作品原件、删除其保存的电子文档。

3.3.3 本作品出版时名称确定为《_____》,乙方认为需变更本作品的出版名称或在出版时对作品进行修改、删节、增加图表及前言、后记,应征得甲方同意。

3.3.4 本作品出版时的校样由乙方审校,并按计划付印。

3.3.5 本作品出版后_____个日历天内乙方应将作品原稿退还甲方。如有损坏,应赔偿甲方_____元;如有遗失,赔偿_____元。

3.3.6 本作品首次出版后_____日内,乙方向甲方赠样书_____册,甲方如自行购买,乙方以_____折价出售,但甲方不得将所购图书用于销售。

3.4 重印与再版:

3.4.1 在本合同约定的授权期限内,乙方于本作品首次出版之日起_____年内可自行决定重印;乙方于本作品首次出版之日起_____年后决定重印,乙方应事先通知甲方,如甲方需要对本作品进行修改,应于其收到重印通知后_____个日历天内答复乙方,否则乙方可按原版重印。

3.4.2 在授权期限内,如本作品每次出版的图书脱销,甲方有权要求乙方重印、再版。如甲方收到乙方拒绝重印、再版的书面答复,或乙方收到甲方重印、再版的书面要求后_____个月内未重印、再版,甲方可以提前终止合同。

3.4.3 本作品每次再版后_____日内,乙方向甲方赠样书_____册。

● 律师批注10

【条款目的】

1. 本条款主要是对出版方的要求,明确作品出版的时间、数量、出版物的名称、重印等事项。

2. 对于作者而言,出版物脱销后,如出版方不愿再版或重印,则有权解除合同,另行委托其他出版方出版图书。

4. 稿酬:
4.1 双方同意,乙方采用下列_____方式及标准向甲方支付本作品每次出版的报酬:
(1) 基本稿酬加印数稿酬:_____元/千字×千字数+印数(以千册为单位)×基本稿酬_____%。
(2) 固定报酬:_____元(或_____元/千字×千字数)。
(3) 印数版税:图书定价(元)×_____%(版税率)×印刷数。
(4) 销售版税:图书定价(元)×_____%(版税率)×销售数。
4.2 上述报酬计算中,印刷数以本作品每次出版时所载印刷数量为准,图书定价按本作品每次出版时所标注定价为准,销售数量以乙方所提供的各版次销售数量为准。同时,如遇财政资金采购或类似集中购买项目,并且乙方供书价格为图书定价的50%及以下时,凡涉及销售数量的上述报酬计算中对该部分图书按照上述标准的50%结算。
4.3 乙方向甲方支付每次出版稿酬的时间:
4.3.1 基本稿酬加印数稿酬:乙方应在本作品每次出版后_____个日历天内付清报酬。
4.3.2 固定报酬:乙方应在本作品首次出版后(或者甲方交稿后)_____个日历天内付清报酬。
4.3.3 印数版税:乙方应在本作品每次出版后_____个日历天内付清报酬。
4.3.4 销售版税:乙方应在本作品每次出版后_____个日历天内支付暂按每次印刷数量的_____%预先计算和支付部分报酬,在出版之日起每满一年按本年实际销售数量计算销售版税,并在每年结束前支付实际销售版税与已支付部分报酬的差额。
4.4 乙方对本作品重印、再版时,应将印刷数、销售数通知甲方,并在重印、再版后参照上述约定结算和支付报酬。
4.5 甲方有权核查乙方据以计算报酬的印刷数量、销售数量及与此相关的账目。如甲方指定第三方进行核查,需提供书面授权书。如乙方故意隐瞒计算报酬的印刷或销售数量或者存在弄虚作假,除向甲方补齐应付报酬外,还应支付全部报酬_____%的违约金并承担核查费用。如核查结果与乙方提供的应付报酬相符,核查费用由甲方承担。

● 律师批注 11

【条款目的】

本条款主要是明确作者报酬的计算方式、计算依据和出版方虚报出版数量的"罚则"。

> 5. 其他事项：
>
> 5.1 与本作品有关的其他出版权：
>
> 5.1.1 在授权期限内，如乙方决定出版本作品的精华本、缩编本，则甲乙双方对此另议付酬方式和标准。
>
> 5.1.2 在授权期限内，甲方许可第三方出版包含本作品的选集、文集、全集的，须取得乙方许可。
>
> 5.1.3 乙方出版包含本作品的选集、文集、全集或者许可第三方出版包含本作品的选集、文集、全集的，须另行取得甲方书面授权。乙方取得甲方授权的，应及时将出版包含本作品选集、文集、全集的情况通知甲方，并将因本作品而所得报酬的_____%交付甲方。
>
> 5.1.4 在授权期限内，乙方出版上述作品电子版或者许可第三方出版上述作品电子版的，须另行取得甲方书面授权。乙方取得甲方授权的，应及时将出版上述作品电子版的情况通知甲方，并将因本作品所得报酬的_____%交付甲方。

● 律师批注 12

【条款目的】

本条款主要是约定出版方对出版作品进行与出版类似或相关的其他方式使用时的要求，并且应当取得作者的另行授权。

> 5.2 评奖：
>
> 5.2.1 甲方有权决定以本作品申报参加国内外相关文学艺术评奖活动；如甲方决定不参加评奖而乙方提出申报"图书出版"类别的评奖时，甲方同意予以配合，但乙方应以甲乙双方名义申报。
>
> 5.2.2 甲方决定申报参加评奖时，参加评奖的费用由甲方承担；经甲方同意由乙方参加"作者"类评奖时，参加评奖的费用由乙方自行承担。
>
> 5.2.3 由甲方申报参加评奖时，参加评奖所获"图书出版"类荣誉归甲乙双方共同所有、其余类别荣誉全部归甲方单独所有，所获物质奖励全部归甲方；经甲方同意由乙方参加评奖时，参加评奖所获"图书出版"类的荣誉归甲乙双方共同所有、所获"图书出版"类别的物质奖励则在扣除乙方承担的申报费用后由甲乙双方按_____%∶_____%的比例分配。

● 律师批注 13

【条款目的】

　　出版作品虽交由出版方出版,但其版权及对作品的其他使用方式的权利仍归作者本人,出版方可以出版物申请参加"图书出版"类评奖活动,但凡涉及作者、作品的评奖权及奖励均归作者。

　　5.3　违约责任:

　　5.3.1　本合同上述各项条款对违约责任另有特别约定的,则优先适用相应特别约定。

　　5.3.2　在授权期限内,未经双方同意,任何一方不得将本合同约定专有出版权许可第三方使用。如有违反,另一方有权要求违约方支付违约金_____元、赔偿损失且还有权解除本合同。一方经对方同意许可第三方使用上述权利,应将其因此所得报酬的_____%交付对方作为对对方的补偿。

　　5.3.3　若任何一方不履行本协议的义务即构成违约,违约方除应当向守约方支付_____元违约金外,赔偿对方实际损失;延迟履行义务,应按日支付约定_____元违约金。

　　5.3.4　如乙方实际出版数量低于本合同约定的最低印数,则甲方的稿酬仍按约定的最低数量计算且乙方还应支付稿酬_____%的违约金。

● 律师批注 14

【条款目的】

　　1. 本条款主要约定"违约责任",具有"普适性",可用于各种违约行为的"惩罚";但对于其他条款中特别约定的违约责任与本条款的关系,应明确特别约定违约责任的优先性、针对性。

　　2. 对于违约金等违约责任约定的注意事项与法律风险,参见《文学艺术作品合作创作合同》律师批注 14。

　　5.4　争议解决:

　　5.4.1　双方因合同的解释或履行发生争议,应先由双方协商解决。

　　5.4.2　如协商不成,按照第_____种方式解决。

　　(1) 将争议提交_____仲裁委员会依照其最新生效的仲裁规则进行仲裁。

　　(2) 向_____地(如:甲方所在地或乙方所在地或本合同签署地)有管辖权的人民法院提起诉讼。

● 律师批注 15

关于争议解决约定的注意事项与法律风险,参见《文学艺术作品合作创作合同》律师批注 15。

> 5.5 联络:本合同双方的联络方式如下,任何一方改变其联络方式,均须书面提前通知另一方,否则送达至原授权代表或以原联络方式进行送达即视为有效送达:
> (1)甲方指定联系人:_____,电话_____,传真_____,手机_____,电子信箱_____,通信地址_____,邮编_____。
> (2)乙方指定联系人:_____,电话_____,传真_____,手机_____,电子信箱_____,通信地址_____,邮编_____。

● 律师批注 16

关于联系人与联系方式约定的注意事项与法律风险,参见《文学艺术作品合作创作合同》律师批注 17。

> 5.6 合同生效与文本:
> 5.6.1 本合同的变更、续签及其他未尽事宜,由双方另行商定。
> 5.6.2 本合同自双方签署之日起生效,一式二份,双方各执一份。

● 律师批注 17

关于合同生效时间约定的注意事项与法律风险,参见《文学艺术作品合作创作合同》律师批注 16。

> (以下无正文)
> 甲方:(姓名)_____
> 签字:_____
> 乙方:_____出版社有限公司
> 法定代表人或授权代表:_____

第四章　文学作品翻译合同

> ### 文学作品翻译合同
>
> 甲方：_____，笔名_____
> 身份证号：_____
> 地址：_____
> 乙方：_____，笔名_____
> 身份证号：_____
> 地址：_____

● **律师批注1**

关于合同主体的注意事项及法律风险，参见《文学作品合作创作合同》律师批注1。

> 鉴于：
> 1. 甲方系本合同约定的作品的作者和版权人，愿意授权乙方对该作品进行翻译并对翻译作品发表、出版。
> 2. 本合同构成甲乙双方翻译授权合同关系。

● **律师批注2**

关于鉴于条款的注意事项及法律风险，参见《文学作品合作创作合同》律师批注2。

> 为此，甲乙双方于_____年_____月_____日在_____市_____区达成如下约定：

● **律师批注3**

关于签约时间、签约地点的注意事项及法律风险，参见《文学作品合作创作合同》律师批注3。

> **1. 原著作品：**
> **1.1** 作品形式：属于下列第_____类。
> （1）专著类：长篇小说/武打小说/电影、电视剧剧本等。
> （2）汇编类：大中小学教材/法规汇编/论文专辑/摄影、绘画专辑等。

● **律师批注 4**

关于作品形式的注意事项及法律风险，参见《文学艺术作品出版合同》律师批注 4。

> **1.2** 作品名称：_____（以下简称"本作品"）。
> **1.3** 作品篇幅：约_____字的文字作品。
> **1.4** 作品版权：属于下列第_____项。
> （1）本作品的作者为甲方并由其独立创作、全部版权归甲方单独所有。
> （2）本作品系由甲方根据_____的原著《_____》翻译/改编，甲方已经取得前述原著作品版权人的授权，本作品的全部版权归甲方单独所有。
> （3）本作品系由甲方对相关学习知识/专业知识/××比赛活动获奖作品/××行业法律法规进行整理、编辑，其中涉及的单项作品已获得版权人授权。

● **律师批注 5**

关于创作来源及版权的注意事项与法律风险，参见《文学艺术作品合作创作合同》律师批注 5 和《文学艺术作品出版合同》律师批注 5。

> **1.5** 作品公开性：属于下列第_____项（根据实际情况选择下列情形之一）。
> （1）甲方承诺，本作品虽已创作完成但尚未出版图书，也未通过报纸、期刊或网络等媒体公开发表。
> （2）甲方承诺，本作品在创作过程中及创作完成后至乙方翻译前，不通过其他方出版图书，也不通过报纸、期刊或网络等媒体公开发表。
> （3）双方确认，本作品在创作过程中及创作完成后至乙方翻译前，甲方已经或将通过报纸、期刊或网络等媒体逐次分章节公开发表，但不通过其他方出版图书。
> （4）双方确认，本作品已由甲方通过_____出版社于_____年出版过图书，本合同约定翻译系针对原图书。

● 律师批注6

关于作品的公开性约定的注意事项与法律风险,参见《文学艺术作品出版合同》律师批注6。

> **2. 翻译授权:**
> **2.1** 授权翻译形式:甲方授予乙方对本作品翻译为_____文文本(以下简称"翻译作品")。
> **2.2** 授权性质:为下列第_____种情形。
> (1) 甲方授予乙方的翻译权为独占性的专有使用权,即在约定区域、期限内,仅有乙方享有本作品约定翻译形式的翻译权。
> (2) 甲方授予乙方的翻译权为非独占性的专有使用权,即在约定区域、期限内,甲方及其授予的其他方均享有本作品约定翻译形式的翻译权。
> **2.3** 授权区域:全球范围。
> **2.4** 授权期限:_____年,自本合同签署之日起算。
> **2.5** 授权使用方式:包括下列第_____项使用方式。
> (1) 将本作品翻译为英语/法语/俄语/_____语言版权的作品。
> (2) 将本作品翻译的作品出版为图书。
> (3) 将本作品翻译的作品以文字形式通过互联网络传播、广播电视传播。
> (4) 不得自己或授权他人根据本作品翻译的作品授权他人拍摄任何语言电视剧、电影及为此改编影视剧本。
> (5) 可自己或授权他人根据本作品翻译的作品授权他人拍摄与翻译作品相同语言版本的电视剧、电影及为此改编与翻译作品相同语言的影视剧本。
> (6) 不得自己或授权他人将乙方翻译的作品再翻译为其他任何语言的作品。
> **2.6** 转授权:甲方给予乙方的翻译授权,未经甲方同意,乙方不可转让给他人。

● 律师批注7

【条款目的】

作品的翻译权是作者享有和行使版权的权利和方式,但需要对翻译方使用翻译作品的方式予以明确约定。

【法律规定】

《中华人民共和国著作权法》(2010.02.26 修正)

第十二条 改编、翻译、注释、整理已有作品而产生的作品,其著作权由改编、翻译、注释、整理人享有,但行使著作权时不得侵犯原作品的著作权。

【相关案例】

李教授经版权人授权将英国人查理的著名小说翻译为中文并出版。甲影视公司准备根据李教授翻译成中文的小说拍摄成电影,便与李教授签署了小说改编权及电影拍摄许可合同,甲公司为启动影片宣传同时召开新闻发布会。原著作者英国人查理的经纪公司向甲公司发函声称:甲公司无权拍摄电影,因为李教授并未取得原著作者授予其对翻译作品的拍摄权。

在该案中,李教授尽管取得了翻译作品的版权,但依据翻译作品拍摄电影直接损害了原著作者对作品的拍摄权。因为翻译作品只是对原著的语言文字的转换,故事情节等均未发生变化,而故事情节正是影视拍摄的关键。所以,甲公司既要从李教授处取得电影的拍摄权,还需要取得原著作者的授权。

3. 翻译作品的版权与使用:

3.1 翻译作品的版权:

3.1.1 翻译作品来源于本作品,但翻译完成后,乙方对翻译作品享有版权。

3.1.2 乙方必须在翻译作品中注明"翻译作品系根据本作品翻译而成"且须对本作品的作者予以署名。

3.2 翻译作品的使用:

3.2.1 乙方对于翻译作品通过各类媒体进行出版、发表、传播由其自行决定,无须再经甲方另行授权。

3.2.2 乙方改变翻译作品形式或依据翻译作品演绎或衍生其他形式的作品,则须经甲方另行授权。

● 律师批注 8

【条款目的】

本款约定的是明确翻译方对翻译作品使用时的要求。

4. 翻译安排:

4.1 翻译要求:

4.1.1 乙方应确保翻译作品符合下列各项:

(1) 忠实于本作品的原意、宗旨;

（2）不改变本作品的基本内容、情节结构；
（3）遵循翻译的基本规则。
4.1.2　乙方在翻译中遇到地名、人名等时，应依照原名称进行翻译。
4.1.3　乙方应在约定授权期限内完成翻译并提交出版或发表。
4.2　本作品稿件交付：甲方于_____年_____月_____日前将本作品交付乙方。
4.3　完成翻译：
4.3.1　乙方应于授权期限内完成翻译工作并提交出版或发表。
4.3.2　乙方应在出版或发表翻译作品后，向甲方赠送翻译作品的出版物_____套。
4.3.3　翻译作品名称确定为《_____》，未经甲方同意，乙方不得变更翻译作品名称。

● 律师批注9
【条款目的】
原著作者希望翻译作品能够体现原著的"原汁原味"，会对翻译提出具体要求。

5.　许可费用：
5.1　双方同意，就甲方授予乙方对本作品的翻译权，乙方向甲方支付_____元许可费用。
5.2　乙方应于本合同签署后_____个日历天内向甲方付清。
6.　其他事项：
6.1　评奖：
6.1.1　乙方有权决定以翻译作品申报参加国内外相关文学艺术评奖活动。
6.1.2　乙方决定申报参加评奖时，参加评奖的费用由乙方承担。以翻译作品参加评奖所获荣誉归甲乙双方共同所有，所获物质奖励在扣除乙方承担的申报费用后由甲乙双方按_____%：_____%的比例分配。

● 律师批注10
【条款目的】
翻译作品当中涉及原著与翻译著作两部作品、两个版权，作者和译者均对其作品享有相应评奖权，但需要对评奖申报及费用和所获奖金分配进行明确约定，避免因此产生争议。

6.2 违约责任：

6.2.1 本合同上述各项条款对违约责任另有特别约定的,则优先适用相应特别约定。

6.2.2 在授权期限内,未经双方同意,任何一方不得将本合同约定翻译权转让或许可第三方使用。如有违反,另一方有权要求违约方支付违约金_____元、赔偿损失且还有权解除本合同。

6.2.3 若任何一方不履行本合同的义务即构成违约,违约方除应当向守约方支付_____元违约金外,赔偿对方实际损失；延迟履行义务,应按日支付约定_____元违约金。

6.2.4 如乙方超出约定文字种类翻译作品或者超出约定使用翻译作品,则乙方除将因此所获收益归甲方外,还应向甲方支付_____元违约金并赔偿损失(含甲方向他人支付的违约金、赔偿金)。

● 律师批注 11

关于违约责任约定的注意事项及法律风险,参见《文学艺术作品出版合同》律师批注 14。

6.3 争议解决：

6.3.1 双方因合同的解释或履行发生争议,应先由双方协商解决。

6.3.2 如协商不成,按照第_____种方式解决。

(1) 将争议提交_____仲裁委员会依照其最新生效的仲裁规则进行仲裁。

(2) 向_____地(如：甲方所在地或乙方所在地或本合同签署地)有管辖权的人民法院提起诉讼。

● 律师批注 12

关于争议解决约定的注意事项及法律风险,参见《文学艺术作品合作创作合同》律师批注 15。

6.4 联络：本合同双方的联络方式如下,任何一方改变其联络方式,均须书面提前通知另一方,否则送达至原授权代表或以原联络方式进行送达即视为有效送达：

(1) 甲方指定联系人：_____,电话_____,传真_____,手机_____,电子信箱_____,通信地址_____,邮编_____。

(2) 乙方指定联系人：_____,电话_____,传真_____,手机_____,电子信箱_____,通信地址_____,邮编_____。

● 律师批注 13

关于联系人及联系方式约定的注意事项与法律风险,参见《文学艺术作品合作创作合同》律师批注 17。

> 6.5 合同生效与文本:
> 6.5.1 本合同的变更、续签及其他未尽事宜,由双方另行商定。
> 6.5.2 本合同自双方签署之日起生效,一式二份,双方各执一份。

● 律师批注 14

关于合同生效时间约定的注意事项及法律风险,参见《文学艺术作品合作创作合同》律师批注 16。

> (以下无正文)
> 甲方:(姓名)_____
> 签字:_____
> 乙方:(姓名)_____
> 签字:_____

第五章　文学作品授权改编合同

> **文学作品授权改编合同**
>
> **授权方：**_____，笔名_____（以下简称"甲方"）
> **身份证号：**_____
> **地址：**_____
> **被授权方：**_____有限公司（以下简称"乙方"）
> **法定代表人：**_____
> **地址：**_____

● **律师批注 1**
　　关于合同的签约主体及其名称的注意事项与法律风险等，参见《文学艺术作品合作创作合同》律师批注 1 和《文学艺术作品委托创作合同》律师批注 1。

> 鉴于：
> 　　1. 甲方系本合同约定原著文学作品的作者，现合法、单独享有原著作品的全部版权。
> 　　2. 乙方系依照《公司法》的规定在_____市依法设立并合法存续的有限责任公司，欲对原著作品依约进行改编。
> 　　3. 本合同签署前，乙方已完全了解和确认原著作品；乙方将自行或委托他人完成改编。
> 　　4. 本合同甲乙双方之间是就原著作品改编的授权合同关系。

● **律师批注 2**
　　关于鉴于条款约定内容及其法律意义，参见《文学艺术作品合作创作合同》律师批注 2。

> 为此，甲乙双方于_____年_____月_____日在_____市_____区订立条款如下：

● 律师批注3

关于签约时间、签约地点的注意事项及法律风险等,参见《文学艺术作品合作创作合同》律师批注3。

> 1. 拟改编作品:
> 1.1 小说/报告文学/散文/评书/相声中文作品《_____》(英文名:《_____》)(以下简称"本作品")系授权方在中国大陆独立创作并在全球范围内享有完全版权。
> 1.2 本作品创作于_____年_____月,长度为_____字,并已于_____年_____月_____日通过《_____》杂志发表/通过_____出版社出版图书,作品内容见向被授权方提供的文字稿所载内容。
> 1.3 双方确认,截至本合同签署日,本作品甲方自己尚未也未授权他人进行本合同约定的改编。
> 1.4 本合同签署时,甲方即向乙方提供本作品一本。

● 律师批注4

【条款目的】

1. 确定拟改编作品的基本情况、特征。
2. 传统的改编形式是由小说等作品改编为剧本等形式作品,但现在越来越多地再现"反向改编",即先直接创作影视剧本,根据剧本拍摄的电影或电视剧热播后,再根据剧本创作小说等体裁作品出版图书。
3. 拟改编的作品既可以是已经发表的作品,也可以是未发表的作品。

> 2. 授权改编内容
> 2.1 授权改编形式:
> 2.1.1 甲方授权乙方可将本作品改编为_____形式作品。
> 2.1.2 甲方授权乙方改编的版本为:中文,乙方如改编为其他语言文字或将改编后作品翻译为其他语言文本,均须经甲方另行授权。
> 2.2 授权性质:在约定期限和区域内,乙方享有独占性改编权,即:除乙方外,其他任何一方均不得以与本合同约定相同形式改编本作品。
> 2.3 授权区域:全球。
> 2.4 授权期限:
> 2.4.1 _____年,自本合同签署之日起算。

2.4.2 在授权期限内,仅有乙方享有改编权;授权期限届满后,则属于下列第_____种情形。

(1) 甲方可自己或另行授权他人进行相同形式和内容的改编权。

(2) 如乙方在授权期限内未完成改编,则乙方不得再改编;如乙方在授权期限内完成了改编,则乙方对所改编的作品享有版权。同时,甲方可在授权期限届满后再授予其他人享有独占性改编权。

2.5 转授权:

2.5.1 乙方不得将甲方对其授权的全部或部分,转授权、再授权或转让给他人享有和行使。

2.5.2 乙方对于其所改编的作品进行发表、出版或以其他方式使用时,可授权相关方对改编作品进行发表、出版或以其他方式使用。

2.6 改编署名:

2.6.1 乙方在其所改编的作品上,必须在改编作品的首页或首部对本作品作者予以署名,并注明系根据本作品改编而成。

2.6.2 乙方对所改编作品,可署名改编作者姓名或名称。

● 律师批注5

【条款目的】

明确约定改编作品的授权内容、授权性质及可否转授权,从而划定被授权方享有改编权的"权利范围"。

【风险提示】

约定了授权期限的改编权,乙方享有改编权只能在期限内享有和行使。如乙方在授权期限内未完成改编作品,则不再享有改编权,不得再改编作品;如乙方在授权期限内完成了改编,则可对改编作品享有版权。

【相关案例】

相声演艺家侯先生将其长篇相声段子《楚汉争雄》改编为小说的权利授予作家李某,授权期限为两年。作家李某在两年内完成了改编,但因出版社原因导致小说在第三年才出版。侯先生认为李先生超出授权期限出版,属于超出期限行使改编权。

在该案例中,小说作品自改编完成后其版权即已经形成,满足了两年内行使改编权的约定,出版小说则属于对小说的版权权利的行使,故李某不构成违约。

3. 授权费用：

3.1 双方同意，乙方须向甲方支付税后许可费用_____元（以下简称"协议总费用"），并且仅在乙方全额支付协议总费用后，方可取得甲方对其授权，否则视为乙方未经授权并构成违约或侵权。

3.2 乙方须于本合同签署后_____个工作日一次性支付协议总费用，逾期每日按照协议总费用的万分之_____支付违约金；逾期20日以上时，甲方还有权单方解除本合同。

● 律师批注6

【条款目的】

1. 明确约定授权报酬即许可改编的费用。

2. 应当明确许可费用为税后金额还是税前金额，如为税后金额，则由付款方缴纳许可费用的税金；如为税前金额，则由收款方缴纳许可费用的税金。

【风险提示】

约定了逾期付款的违约责任，并且在逾期一定期限时，授权方有权单方解除合同，这会导致被授权方已开展的部分改编因丧失授权而成为无效工作。当然，授权方在授权后其主要关注点即为能否收到款项。故被授权方应对此约定慎重考虑，并妥善处理好如约付款事宜。

4. 衍生作品相关权益：

4.1 乙方根据甲方授权进行改编，所取得的改编作品的著作权归乙方所有。

4.2 乙方根据甲方授权进行改编，须尊重本作品著作权及本作品的基本风格、情调等。

4.3 乙方根据甲方授权进行改编所取得的作品，应依照本合同约定使用；如乙方将改编作品版权转让、赠予或以其他方式处置给他人，乙方亦应在处置时要求受让、受赠方或其他权利方尊重本作品版权并遵守本合同约定。

4.4 乙方须在改编完成后，及时将其改编完成的作品（及重大修改内容）向甲方提交一份供甲方备存。

● 律师批注7

【条款目的】

被授权方通过改编虽然取得了改编作品的版权，但改编作品毕竟属于演绎作品，对改编作品版权的行使和处置需要取得与原著版权的"权利衔接"，故需要对改编作品版权的行使明确具体要求。

  4.5 评奖：
  4.5.1 乙方有权决定以改编作品申报参加国内外相关文学艺术评奖活动。
  4.5.2 乙方决定申报参加评奖时，参加评奖的费用由乙方承担。以改编作品参加评奖所获荣誉归甲乙双方共同所有，所获物质奖励在扣除乙方承担的申报费用后由甲乙双方按_____%：_____%的比例分配。

● **律师批注8**
【条款目的】
  改编方对改编作品享有版权，可以改编作品申请参加相关评奖活动，但凡涉及原著作者、作品的评奖权及奖励的相关权利均归原著作者。

  5. 其他事项：
  5.1 违约责任：
  5.1.1 本合同上述各项条款对违约责任另有特别约定的，则优先适用相应特别约定。
  5.1.2 除出现不可抗力，双方全面履行协议的义务至履行完毕时终止。任何一方违反约定义务（含保证义务、协助义务），每项或每次违约行为均应向另一方支付本合同总费用的_____%的违约金，并赔偿损失。
  5.1.3 任何一方严重违约，致使本合同继续履行无法达到约定目的，守约方有权单方解除本合同并向违约方发出解除通知时终止；这些严重违约行为包括但不限于：
  （1）超出本合同范围、期限、方式或版权等约定使用本作品；
  （2）侵害本作品版权或者因此遭受本作品作者等权利人向甲方主张权利、追究违约责任；
  （3）乙方将本合同约定权利的全部或部分转让、转委托或以其他方式交由其他人享有或行使；
  （4）乙方对其所改编作品的使用不符合本合同约定。
  5.1.4 本合同中约定的解除情形出现，有权解除方行使解除权并向另一方发出解除通知时终止。
  5.1.5 如乙方超出约定改编本作品或者超出约定使用改编作品，则乙方除将因此所获收益归甲方外，还应向甲方支付_____元违约金并赔偿损失（含甲方向他人支付的违约金、赔偿金）。

● 律师批注 9

关于违约金等违约责任约定的注意事项与法律风险,参见《文学艺术作品合作创作合同》律师批注 14 和《文学艺术作品出版合同》律师批注 14。

5.2 联络:本合同双方的联络方式如下,任何一方改变其联络方式,均须书面提前通知另一方,否则送达至原授权代表或以原联络方式送达即视为有效送达:

(1) 甲方指定联系人:＿＿＿＿,电话＿＿＿＿,传真＿＿＿＿,手机＿＿＿＿,电子信箱＿＿＿＿,通信地址＿＿＿＿,邮编＿＿＿＿。

(2) 乙方指定联系人:＿＿＿＿,电话＿＿＿＿,传真＿＿＿＿,手机＿＿＿＿,电子信箱＿＿＿＿,通信地址＿＿＿＿,邮编＿＿＿＿。

● 律师批注 10

关于联系人与联系方式约定的注意事项与法律风险,参见《文学艺术作品合作创作合同》律师批注 17。

5.3 争议解决:
5.3.1 双方因合同的解释或履行发生争议,应先由双方协商解决。
5.3.2 如协商不成,按照第＿＿＿＿种方式解决。
(1) 将争议提交＿＿＿＿仲裁委员会依照其最新生效的仲裁规则进行仲裁。
(2) 向＿＿＿＿地(如:甲方所在地或乙方所在地或本合同签署地)有管辖权的人民法院提起诉讼。

● 律师批注 11

关于争议解决约定的注意事项与法律风险,参见《文学艺术作品合作创作合同》律师批注 15。

5.4 协议文本及效力:
5.4.1 本合同的变更、续签及其他未尽事宜,由双方另行商定。
5.4.2 本合同自双方签署之日起生效,一式二份,双方各执一份。

● 律师批注 12

关于合同生效时间约定的注意事项与法律风险,参见《文学艺术作品合作创作合同》律师批注 16。

(以下无正文)
甲方:(姓名)_____
签字:_____
乙方:_____有限公司
法定代表人或授权代表:_____

第六章　文学艺术作品版权转让合同

> **文学艺术作品版权转让合同**
>
> **受让方：**＿＿＿＿有限公司(以下简称"甲方")
> **法定代表人：**＿＿＿＿
> **地址：**＿＿＿＿
> **转让方：**＿＿＿＿,笔名＿＿＿＿(以下简称"乙方")
> **身份证号：**＿＿＿＿
> **地址：**＿＿＿＿

● **律师批注1**
　　关于合同的签约主体及其名称的注意事项与法律风险等,参见《文学艺术作品合作创作合同》律师批注1和《文学艺术作品委托创作合同》律师批注1。

> 鉴于：
> 1. 甲方系在＿＿＿＿市依法注册的有限责任公司,愿意购买本合同约定作品版权。
> 2. 乙方系本合同约定作品的作者且完整、独立拥有作品的版权。
> 3. 本协议构成甲乙双方之间就约定作品版权的转让与受让合同关系。

● **律师批注2**
　　关于鉴于条款约定内容及其法律意义,参见《文学艺术作品合作创作合同》律师批注2。

> 为此,甲乙双方于＿＿＿＿年＿＿＿＿月＿＿＿＿日在＿＿＿＿市＿＿＿＿区订立条款如下：

● **律师批注3**
　　关于签约时间、签约地点的注意事项及法律风险等,参见《文学艺术作品合作创作合同》律师批注3。

1. 转让作品:
　　1.1　名称:《_____》,又名:《_____》、英文名称《_____》(以下简称"本作品")。
　　1.2　作品长度:共_____部分,共_____字。
　　1.3　作品的形式为:_____。
　　(1) 小说。
　　(2) 散文。
　　(3) 连环画。
　　(4) 传记文学。
　　1.4　本作品系由乙方单独直接创作,而非依其他原著进行改编或来源于其他作品。
　　1.5　创作时间与地点:本作品由乙方于_____年_____月_____日在中国大陆创作完成。
　　1.6　版权归属:乙方承诺,本作品的全部版权归乙方单独所有,不存在权属争议,且未设定质押等负担。

● 律师批注4
【条款目的】
1. 确定拟转让作品的基本情况、特征。
2. 拟转让的作品既可以是已经发表的作品,也可以是未发表的作品。

　　1.7　本作品的公开性:属下列第_____种情形。
　　(1) 乙方承诺,在本作品转让给甲方前,自己未曾、也未曾授权他人对本作品的全部或部分在任何公开发表、内部交流的期刊、报纸、网络等媒体上发表,且在本作品转让给甲方后,也不进行此类公开或发表本作品的行为,除非本协议另有约定。
　　(2) 双方确认,本作品已由乙方公开发表或出版。
　　(3) 双方确认,本作品已由乙方参加_____学术交流活动/申报_____评奖活动,但未公开发表或出版。

● 律师批注5
【条款目的】
1. 确认拟转让作品的公开性,作品是否公开及公开程度影响其版权价值是否完整。因为一般作品随着其不断公开,意味着其版权权益因作品不断被使用、传播而"消耗"。

2. 拟转让的作品可以是已经发表或出版的作品,也可以是未发表、未出版的作品,还可以是尚未完成创作的作品。

【风险提示】

版权受让方在购买作品版权前,应当对作品的原创性、作品版权的真实性与合法性及版权是否质押进行必要调查,避免购买存在权属争议的作品或作品版权已质押给他人的作品。

---

2. 转让与受让方式:

2.1 交付形式:乙方承诺于本协议签署后_____个日历天内,将本作品最终稿交付给甲方。

2.1.1 打印版、电子版本作品各一份,长度、字数等符合本协议约定。

2.1.2 对交付本作品版权的承诺书一式三份。

2.2 交付条件:乙方交付的本作品应符合下列各项条件。

2.2.1 本作品系由乙方单独完成作品创作,并保证所改编和创作的剧本的版权完整且在转让时全部归甲方单独享有,不存在任何法律瑕疵,不会就此产生任何法律纠纷。

2.2.2 本协议约定的其他各项前提条件、保证与承诺等。

2.3 权利转移:

2.3.1 本作品的版权在乙方交付甲方并经甲方确认时转移。

2.3.2 甲方在受让本作品版权后,如决定对本作品进行版权登记或处置时,乙方应予配合。

● 律师批注 6

【条款目的】

1. 明确转让方应向受让方交付作品的载体或形式,便于双方确认交接。

2. 明确作品版权转移时间。如未约定版权转移时间,则作品的版权随着作品的载体转移而转移。

3. 可以约定转让方配合受让方办理版权登记,通过版权登记可取得对抗第三人的法律效力。

【法律规定】

《中华人民共和国著作权法》(2010.02.26 修正)

第二十五条 与著作权人订立专有许可使用合同、转让合同的,可以向著作权行政管理部门备案。

3. 转让价款：

3.1 甲乙双方同意,本作品的全部转让价款为:(税前/税后)人民币_____元,前述价款已经包括乙方履行本协议约定全部义务的全部对价和费用,除此之外,甲方再无其他款项或费用支付义务。

3.2 转让价款支付进度为：

3.2.1 在本协议签署后三日内支付转让价款的_____%,作为定金。

3.2.2 在本作品交付后三日内支付转让价款的_____%。

3.2.3 在本作品交付且经甲方确认后三日内支付剩余款项。

3.2.4 乙方收到上述各笔款项时,须向甲方出具同等金额收据。

● 律师批注7

【条款目的】

1. 转让款项应明确款项为税前款还是税后款,如未对此明确约定而只约定转让款项的金额,则该转让价款为税前款并由转让方交付相应税金。

2. 约定的定金是一把"双刃剑",对双方均具有约束力。

【法律规定】

《中华人民共和国个人所得税法》(2011.06.30 修正)

第二条 下列各项个人所得,应纳个人所得税：

一、工资、薪金所得；

二、个体工商户的生产、经营所得；

三、对企事业单位的承包经营、承租经营所得；

四、劳务报酬所得；

五、稿酬所得；

六、特许权使用费所得；

七、利息、股息、红利所得；

八、财产租赁所得；

九、财产转让所得；

十、偶然所得；

十一、经国务院财政部门确定征税的其他所得。

第三条 个人所得税的税率：

一、工资、薪金所得,适用超额累进税率,税率为百分之三至百分之四十五(税率表附后)。

二、个体工商户的生产、经营所得和对企事业单位的承包经营、承租经营所得,适用百分之五至百分之三十五的超额累进税率(税率表附后)。

三、稿酬所得,适用比例税率,税率为百分之二十,并按应纳税额减征百分之三十。

四、劳务报酬所得,适用比例税率,税率为百分之二十。对劳务报酬所得一次收入畸高的,可以实行加成征收,具体办法由国务院规定。

五、特许权使用费所得,利息、股息、红利所得,财产租赁所得,财产转让所得,偶然所得和其他所得,适用比例税率,税率为百分之二十。

《中华人民共和国合同法》(1999.03.15公布)

第一百一十五条 当事人可以依照《中华人民共和国担保法》约定一方向对方给付定金作为债权的担保。债务人履行债务后,定金应当抵作价款或者收回。给付定金的一方不履行约定的债务的,无权要求返还定金;收受定金的一方不履行约定的债务的,应当双倍返还定金。

第一百一十六条 当事人既约定违约金,又约定定金的,一方违约时,对方可以选择适用违约金或者定金条款。

4. 其他事项:
4.1 特别约定:

4.1.1 本合同签署后,未经甲方同意,乙方不得对本作品以任何形式公开、参加学术交流活动。

● **律师批注8**

【条款目的】

本款约定的目的在于:在完成作品版权转让前及转让后,转让方不得再以任何形式公开作品,从而使转让作品版权的权益价值不因公开而遭受影响。因为版权作为无形资产,其价值因传播而会减损,就如同有形物品因对其的使用而"磨损"。

4.1.2 双方确认,本作品转让属于整体性买断,甲方取得本作品版权后,可自行进行经营、处置,并可根据需要进行调整、修改、改编和演化为其他形式的知识产权作品。

4.1.3 乙方保证:其创作本作品时不存在抄袭、剽窃他人作品或侵犯任何其他第三人知识产权或智力成果的情形;同时,本作品中的内容应为超出真实生活的艺术创作,不损害他人姓名或名称、名誉或声誉,不引起他人对本作品或甲方提出侵权主张。否则,乙方须向甲方支付违约金 _____ 元整,并承担由此引起的一切法律后果,包括但不限于赔偿给甲方带来的一切经济和名誉损失。

● 律师批注 9

【条款目的】

本款约定旨在约束转让方对转让作品承担瑕疵担保责任及出现瑕疵时的违约责任。

> 4.2 评奖：
>
> 4.2.1 甲方可以本作品申报参加国内外相关文学艺术评奖活动,所获全部奖项均归甲方,但其中所获"作者"类别荣誉奖项可归甲乙双方共同享有。
>
> 4.2.2 如甲方决定不参加评奖活动,经甲方同意,可由乙方申报参加"作者"类别的评奖活动,但参加评奖的费用由乙方承担,参加评奖所获荣誉归甲乙双方共同享有,所获物质奖励则在扣除双方或单方承担的申报费用后按照甲方_____%、乙方_____%的比例分配。

● 律师批注 10

【条款目的】

作品经转让后就会产生"先前版权人"和"后来版权人"两个版权人,但原版权人通常是作者。而对于作品是否参加评奖的权利在转让后由受让方享有和行使,但作品的奖项往往是颁发给作者的,所以双方应对评奖及奖金分配予以明确约定。

> 4.3 违约责任：
>
> 4.3.1 甲乙双方在本合同执行过程中,任何一方违反本合同条约内容,将视为违约；任何一方每项违约或/及每次违约时,违约方均应一次性向守约方支付违约金_____元(本合同其他条款对违约金另有特别约定的,则以特别约定执行)。
>
> 4.3.2 乙方违反本合同中的义务或保证义务,导致乙方不能按约向甲方交付本作品或甲方对本作品的著作权存在瑕疵,或者因乙方的原因、行为导致甲方遭受第三人权利主张或有关主管机关处罚,乙方除承担本合同约定的违约责任外,还须赔偿甲方向第三人支付的赔偿金、违约金和甲方的其他全部损失(包括经济损失和名誉损害)。在本合同履行过程中,如发生前述情形,甲方还可立即解除本协议。

● 律师批注 11

关于违约金等违约责任约定的注意事项与法律风险,参见《文学艺术作品合作创作合同》律师批注14和《文学艺术作品出版合同》律师批注14。

> 4.4 争议解决：
> 4.4.1 双方因合同的解释或履行发生争议，应先由双方协商解决。
> 4.4.2 如协商不成，按照第_____种方式解决。
> （1）将争议提交_____仲裁委员会依照其最新生效的仲裁规则进行仲裁。
> （2）向_____地（如：甲方所在地或乙方所在地或本合同签署地）有管辖权的人民法院提起诉讼。

● 律师批注12

关于争议解决约定的注意事项与法律风险，参见《文学艺术作品合作创作合同》律师批注15。

> 4.5 本合同一式二份，双方各执一份。自双方签署后生效。

● 律师批注13

关于合同生效时间约定的注意事项与法律风险，参见《文学艺术作品合作创作合同》律师批注16。

> 4.6 本合同双方的联络方式如下，任何一方改变其联络方式，均须书面提前通知另一方，否则送达至原授权代表或以原联络方式送达即视为有效送达：
> （1）甲方指定联系人：_____，电话_____，传真_____，手机_____，电子信箱_____，通信地址_____，邮编_____。
> （2）乙方指定联系人：_____，电话_____，传真_____，手机_____，电子信箱_____，通信地址_____，邮编_____。

● 律师批注14

关于联系人与联系方式约定的注意事项与法律风险，参见《文学艺术作品合作创作合同》律师批注17。

> （以下无正文）
> 甲方：_____公司
> 法定代表人或授权代表：_____
> 乙方：（姓名）_____
> 签字：_____

第七章 特约专栏作家合作协议

特约专栏作家合作协议

甲方：_____报社/杂志社/网站
法定代表人：_____
地址：_____
乙方：_____,笔名_____
身份证号：_____
地址：_____

● 律师批注1

关于合同的签约主体及其名称的注意事项与法律风险等，参见《文学艺术作品合作创作合同》律师批注1和《文学艺术作品委托创作合同》律师批注1。

鉴于：
1. 甲方系在_____报/杂志/网站的合法开办方，愿意邀请乙方担任相应专栏作家。
2. 在签署本协议前，甲乙双方已对约定专栏内容等事项进行了基本交流，乙方愿意担任约定专栏作家。
3. 本协议构成甲乙双方之间就约定专栏稿件创作合作关系。

● 律师批注2

关于鉴于条款约定内容及其法律意义，参见《文学艺术作品合作创作合同》律师批注2。

为此，甲乙双方于_____年_____月_____日在_____市_____区订立条款如下：

● 律师批注3

关于签约时间、签约地点的注意事项及法律风险等，参见《文学艺术作品

合作创作合同》律师批注3。

> 1. 合作专栏：
> 1.1 专栏名称:《_____》(以下简称"本专栏")。
> 1.2 专栏特点:以_____为主要内容。
> 1.3 专栏作品的形式:_____。
> (1) 小说。
> (2) 散文。
> (3) 文学或时事评论。
> (4) 杂记。

● 律师批注4

【条款目的】

确定双方合作的具体专栏及基本特征。

> 2. 合作内容：
> 2.1 合作关系：
> 2.1.1 在合作期限内，乙方属于本专栏的独占性合作关系，即:乙方只与甲方建立本协议约定合作关系而不与其他媒体建立相同或类似合作关系，仅向甲方提供符合专栏特色稿件且仅由甲方首次公开发表。
> 2.1.2 为保障本专栏的充足供稿，甲方在与乙方建立专栏合作关系的同时，可与其他专栏作家建立相同或类似合作关系，且甲方在各专栏作家当中选取稿件。
> 2.1.3 乙方自由创作符合专栏要求的稿件，并且其所创作的稿件首先供给甲方首次发表。
> 2.1.4 乙方所创作稿件的版权仍完全归乙方单独所有，甲方有权按照本协议约定进行发表等使用。

● 律师批注5

【条款目的】

1. 专栏作家的合作关系实际上是报刊等媒体向作家"定制"作品，并且作家将所"定制"作品的发表权交由媒体，但作品的版权仍归作家。

2. 专栏合作关系通常是作家向媒体建立独占性关系，但媒体与多位作家就同一专栏或多个专栏建立合作关系。因为媒体会顾虑作家在以专栏为平台形成一定知名度或品牌后，其他媒体与作家建立同样专栏合作关系，会影响该媒体的传媒效果。

  2.2 稿件创作：
  2.2.1 根据本栏目的特色和设想，乙方单独、直接、自由创作稿件，并须保证稿件系独立创作且不存在侵犯他人知识产权及名誉权等合法权利的情形。
  2.2.2 供稿时间：乙方应每_____个月向甲方供稿_____份。
  2.2.3 乙方承诺，在作品提供甲方前，自己未曾、也未曾授权他人对本作品的全部或部分在任何公开发表、内部交流的期刊、报纸、网络等媒体上发表，且在甲方未明确不采用稿件前，也不进行此类公开或发表作品的行为，除非本协议另有约定。
  2.2.4 交付形式：乙方每次向甲方供稿时，以电子邮件方式提供给甲方。

● 律师批注 6
  【条款目的】
  专栏刊登的文章是还未创作的文章或从未发表过的文章，媒体为确保专栏内容的"新鲜度"，应要求作家在其创作的文章发表前不通过正式途径(如报刊发表)或非正式途径(如内部交流刊物发表、在学术会议上公开、通过网络发表)公开。

  2.3 稿件采用：
  2.3.1 对于乙方所提供稿件，甲方有权审核后决定是否采用。甲方是否采用应明确告知乙方；任何一份作品在乙方供稿后_____个月内，无论甲方是否明确说明采用，甲方未在本专栏发表，则视为甲方不予采用，乙方可另选其他媒体或方式公开、发表或出版相应稿件作品。
  2.3.2 对于乙方提供的稿件，甲方有权进行文字审校、更改，还有权进行适当编辑和修改，但不得更改原稿件主题。
  2.3.3 对于乙方已在本专栏发表的稿件，甲方有权制作发行本报纸/本杂志/本网站的精华版专辑/年度合订本；在本协议签署后_____年内，甲方有权将本专栏或乙方在本专栏发表的作品编辑和出版专辑。前述作品的稿件另外由甲方按照本行业通行稿酬标准向乙方另行支付报酬。

● 律师批注 7

【条款目的】

与作家向媒体合作的独占性相对应,作家有权就媒体未采纳的稿件寻找其他媒体发表。故双方应约定稿件采用与退稿的程序,如未约定则按法律规定处理。

【法律规定】

《中华人民共和国著作权法》(2010.02.26 修正)

第三十三条 著作权人向报社、期刊社投稿的,自稿件发出之日起十五日内未收到报社通知决定刊登的,或者自稿件发出之日起三十日内未收到期刊社通知决定刊登的,可以将同一作品向其他报社、期刊社投稿。双方另有约定的除外。

3. 稿酬:

3.1 甲乙双方同意,本专栏的发表作品的计酬标准为:(税前/税后)人民币_____元/千字,除此之外,甲方再无其他款项或费用支付义务,除非本协议另有约定。

3.2 稿酬结算:

3.2.1 在每_____月/季/年结束后_____个工作日内,由甲方结清此期限内乙方发表作品的稿酬。

3.2.2 乙方指定的收款账户为:

户名:

开户行:

账号:

● 律师批注 8

【条款目的】

1. 专栏合作是一个长期合作关系,在合作期间可按一定期限结算稿酬,也可按采用稿件单笔结算。

2. 有关稿酬约定为税前款还是税后款的注意事项与法律风险,参见《文学艺术作品版权转让合同》律师批注 7。

4. 其他事项:

4.1 特别约定:

4.1.1 乙方保证:其创作本作品时不存在抄袭、剽窃他人作品或侵犯任何其他第三人知识产权或智力成果的情形;同时,本作品中的内容应为超出真实生活的艺术创作,不损害他人姓名或名称、名誉或声誉,不引起他人对本作品或甲方提出侵权主张。否则,乙方须向甲方支付违约金_____元整,并承担由此引起的一切法律后果,包括但不限于赔偿给甲方带来的一切经济和名誉损失。

4.1.2 如因乙方发表的稿件侵犯他人合法权利,则由乙方承担全部责任。

● 律师批注9
【条款目的】
本款约定旨在约束作家对作品承担瑕疵担保责任及出现瑕疵时的违约责任。

4.2 评奖:
4.2.1 凡甲方采用或拟采用的作品,在本专栏发表后,乙方可以其作品申报参加国内外相关文学艺术评奖活动,所获全部奖项均归乙方,但其中所获"编辑"或"出版"类别荣誉奖项归甲方单独享有。

4.2.2 如乙方决定不参加评奖活动,甲方可申报参加评奖活动,但参加评奖的费用由甲方承担,参加评奖所获荣誉归甲乙双方共同享有,所获物质奖励则在扣除甲方承担的申报费用后按照甲方_____%、乙方_____%的比例分配。

● 律师批注10
【条款目的】
媒体对作家在专栏发表的作品享有发表权,但作品的版权及对作品的其他使用方式的权利仍归作者本人,媒体可以作品申请参加"编辑"或"传媒"类评奖活动,但凡涉及作者、作品的评奖权及奖励均归作者。

4.3 违约责任:
4.3.1 甲乙双方在本合同执行过程中,任何一方违反本合同条约内容,将视为违约;任何一方每项违约或/及每次违约时,违约方均应一次性向守约方支付违约金_____元(本合同其他条款对违约金另有特别约定的,则以特别约定执行)。

4.3.2 乙方违反本合同中的义务或保证义务,导致乙方不能按约向甲方交付本作品或甲方对本作品的著作权存在瑕疵,或者因乙方的原因、行为导致甲方遭受第三人权利主张或有关主管机关处罚,乙方除承担本合同约定的违约责任外,还须赔偿甲方向第三人支付的赔偿金、违约金和甲方的其他全部损失(包括经济损失和名誉损害)。在本合同履行过程中,如发生前述情形,甲方还可立即解除本协议。

● 律师批注 11

关于违约金等违约责任约定的注意事项与法律风险,参见《文学艺术作品合作创作合同》律师批注 14 和《文学艺术作品出版合同》律师批注 14。

> 4.4 争议解决:
> 4.4.1 双方因合同的解释或履行发生争议,应先由双方协商解决。
> 4.4.2 如协商不成,按照第_____种方式解决。
> (1) 将争议提交_____仲裁委员会依照其最新生效的仲裁规则进行仲裁。
> (2) 向_____地(如:甲方所在地或乙方所在地或本合同签署地)有管辖权的人民法院提起诉讼。

● 律师批注 12

关于争议解决约定的注意事项与法律风险,参见《文学艺术作品合作创作合同》律师批注 15。

> 4.5 本合同一式二份,双方各执一份。自双方签署后生效。

● 律师批注 13

关于合同生效时间约定的注意事项与法律风险,参见《文学艺术作品合作创作合同》律师批注 16。

> 4.6 本合同双方的联络方式如下,任何一方改变其联络方式,均须书面提前通知另一方,否则送达至原授权代表或以原联络方式送达即视为有效送达:
> (1) 甲方指定联系人:_____,电话_____,传真_____,手机_____,电子信箱_____,通信地址_____,邮编_____。
> (2) 乙方指定联系人:_____,电话_____,传真_____,手机_____,电子信箱_____,通信地址_____,邮编_____。

● 律师批注 14

关于联系人与联系方式约定的注意事项与法律风险,参见《文学艺术作品合作创作合同》律师批注 17。

(以下无正文)
甲方：_____报社/杂志社/网站
法定代表人或授权代表：_____
乙方：(姓名)_____
签字：_____

第八章 独家新闻采访与报道协议

独家新闻采访与报道协议

甲方：_____电视台/报社/杂志社/网站
法定代表人：_____
地址：_____
乙方：_____
身份证号：_____
地址：_____

● **律师批注 1**

关于合同的签约主体及其名称的注意事项与法律风险等，参见《文学艺术作品合作创作合同》律师批注 1 和《文学艺术作品委托创作合同》律师批注 1。

鉴于：

1. 乙方知晓、经历了本协议约定的相应新闻事件，甲方愿意对乙方进行新闻采访并报道相关事实。

2. 本协议构成甲乙双方之间就约定新闻事件采访与报道的付费独家合作关系。

● **律师批注 2**

【条款目的】

1. 独家采访合同通常约定付费采访，即媒体为取得对采访对象的采访权和相关新闻事件的报道权，需要向采访对象支付报酬。

2. 付费采访不同于非法的有偿新闻，有偿新闻是报道涉及的单位为了达到新闻报道的目的而向新闻机构支付"报酬"，或者新闻机构为了达到其目的而向报道涉及的单位或个人索要"报酬"，这类"报酬"带有贿赂的性质，有碍新闻公正客观原则。

3. 付费新闻采访在国外很普遍，也属合法行为，但国内对于有偿新闻采访的法律规定尚不明确。

【相关案例】
电影艺术家孙某曾明确要求采访媒体付费,并表示某电视台因其录制两天节目支付了相当高的酬劳。消息披露后,在社会各界引起截然不同的反响,赞同者佩服他挑战传统观念、正视自己价值的勇气;质疑者认为作为被采访者并不意味着进行了创造性劳动而获得"知识产权";同情者理解艺术家有权利要求补偿自己的精力损失;失望者则反感孙某斤斤计较;叫好者认为他将媒体拉到了同等的地位上。

在该案例中,媒体向采访对象付费既是对因采访占用采访对象时间、精力的补偿,又是其取得新闻独家采访权、报道权的对价。

> 为此,甲乙双方于_____年_____月_____日在_____市_____区达成如下约定:

● 律师批注 3
关于签约时间、签约地点的注意事项及法律风险等,参见《文学艺术作品合作创作合同》律师批注 3。

> 1. 合作前提:
> 1.1　乙方知晓、经历了_____新闻事件(以下简称"本新闻"),愿意如实向甲方披露相关事实。
> 1.2　双方确认:乙方向甲方披露的本新闻不涉及国家或军事秘密。
> 1.3　甲方承诺:乙方向甲方披露的本新闻如涉及他人商业秘密、个人隐私时,甲方应采取适当措施予以报道,以不侵害他人商业秘密或个人隐私。

● 律师批注 4
【条款目的】
1. 本款在于确定采访的内容,这是媒体付费的重要目的所在。
2. 采访内容往往是采访对象亲身经历、知晓的新闻事件,其他人往往不知晓或不完全知晓,所以采访内容具有"秘密性"。但是,采访内容中如涉及国家机密、商业秘密或个人隐私等内容时,则不应纳入采访或报道内容,否则,可能构成违法或侵权。

2. 合作内容：

2.1 合作关系：

2.1.1　在合作期限内和合作区域内,乙方就本新闻与甲方建立独占性合作关系,即:乙方只向甲方披露本新闻而不向其他媒体建立相同或类似合作关系或向其他媒体披露本新闻;但如相应国家行政、司法等机关依法向乙方调查、核实本新闻相关情况时,乙方依法如实予以配合,不在此限。

2.1.2　甲方就取得对乙方就本新闻的独家采访和报道权,属于_____。

（1）有偿性质:甲方应向乙方支付费用_____元并于本协议签署时支付费用的_____%,于采访结束后支付费用的_____%。

（2）无偿性质:甲方无须就此向乙方支付任何费用,但本协议另有约定的除外。

2.1.3　甲方采访和撰写的新闻稿件的版权归甲方单独所有,甲方有权按照本协议约定进行发表等使用。

● 律师批注5

【条款目的】

1. 付费采访中,取得独占性采访权往往是媒体支付费用的出发点。如果媒体的采访不具有独占性,采访对象亦可接受其他媒体采访或其自行披露。

2. 采访对象授予媒体的独占性采访和报道权应当限定期限和区域,期限届满后,采访对象还可接受其他媒体的采访,也可选择自己发表文章、出版书籍等方式自行披露相关新闻信息。

2.2　采访与报道：

2.2.1　甲方于本协议签署后_____个日历天内,安排对乙方的采访活动,采访过程约_____个日历天,采访地点为乙方所在地。

2.2.2　乙方在接受采访过程中,应对甲方采访事项如实、充分披露,不应提供虚假新闻信息;乙方对于本新闻涉及的个人判断、分析或猜想事项,乙方应予提示或说明。

2.2.3　甲方采访和报道时,可在采访过程中对乙方进行拍照、摄像等,必要时可由乙方提供相应照片资料、视频资料,均由甲方用于新闻报道。

2.2.4 甲方采访和报道时,可如实披露乙方的姓名、工作单位、职务(或者不披露乙方的姓名、工作单位、职务等信息)。

2.2.5 甲方采访后,应将拟发表的新闻稿提交给乙方,以征求乙方对新闻稿的意见;对于乙方就新闻稿涉及的事实事项提出的修改意见,甲方应予采纳和修改,但对于乙方就新闻稿涉及的分析、评论等所提出的修改意见,甲方可以考虑后决定是否采纳。

2.2.6 甲方在向乙方采访后,可同时向了解和知晓本新闻的其他方进行采访、调查、核实,并根据综合掌握的信息进行分析汇总;同时,在报道时,甲方可将乙方与其他新闻信息提供方的差异和分歧予以披露或注明。

2.2.7 甲方对于本新闻的报道,可自由安排报道时间、报道方式,并可授权其他媒体转载或以其他方式使用。

● 律师批注6

【条款目的】

1. 付费采访的采访对象有权选择是隐名采访,还是实名采访,但应当在合同中明确。

2. 实名采访时,媒体如对采访对象进行拍照、摄像、录音并在报道时使用所拍照片、所录音视频时,则需要采访对象授权。

【风险提示】

采访对象可要求媒体明确对采访内容的报道时间,避免有的媒体"采而不报",而采访对象亦无权接受其他媒体采访或自行披露,媒体所付采访费变成了"封口费"。

3. 其他事项:

3.1 违约责任:

3.1.1 甲乙双方在本合同执行过程中,任何一方不履行合同、违反本合同条约内容,即为违约,且应承担违约责任。

3.1.2 乙方违反本合同中的义务或保证义务,导致甲方无法采访,或者因乙方的原因、行为导致甲方遭受第三人权利主张或有关主管机关处罚,乙方除返还甲方支付的报酬、承担本合同约定的违约责任外,还须赔偿甲方向第三人支付的赔偿金、违约金和甲方的其他全部损失(包括经济损失和名誉损害)。在本合同履行过程中,如发生前述任一情形,甲方还可立即解除本合同。

● 律师批注 7

关于违约金等违约责任约定的注意事项与法律风险,参见《文学艺术作品合作创作合同》律师批注 14 和《文学艺术作品出版合同》律师批注 14。

> 3.2 争议解决:
> 3.2.1 双方因合同的解释或履行发生争议,应先由双方协商解决。
> 3.2.2 如协商不成,按照第_____种方式解决。
> （1）将争议提交_____仲裁委员会依照其最新生效的仲裁规则进行仲裁。
> （2）向_____地(如:甲方所在地或乙方所在地或本合同签署地)有管辖权的人民法院提起诉讼。

● 律师批注 8

关于争议解决约定的注意事项与法律风险,参见《文学艺术作品合作创作合同》律师批注 15。

> 3.3 本合同一式二份,双方各执一份。自双方签署后生效。

● 律师批注 9

关于合同生效时间约定的注意事项与法律风险,参见《文学艺术作品合作创作合同》律师批注 16。

> 3.4 本合同双方的联络方式如下,任何一方改变其联络方式,均须书面提前通知另一方,否则送达至原授权代表或以原联络方式送达即视为有效送达:
> （1）甲方指定联系人:_____,电话_____,传真_____,手机_____,电子信箱_____,通信地址_____,邮编_____。
> （2）乙方指定联系人:_____,电话_____,传真_____,手机_____,电子信箱_____,通信地址_____,邮编_____。

● 律师批注 10

关于联系人与联系方式约定的注意事项与法律风险,参见《文学艺术作品合作创作合同》律师批注 17。

(以下无正文)
甲方：_____电视台/报社/杂志社/网站
法定代表人或授权代表：_____
乙方：(姓名)_____
签字：_____

第九章　新闻信息转载协议

新闻信息转载协议

甲方：_____报社/杂志社/网站
法定代表人：_____
地址：_____
乙方：_____报社/杂志社/网站
法定代表人：_____
地址：_____

● **律师批注 1**
　　关于合同的签约主体及其名称的注意事项与法律风险等，参见《文学艺术作品合作创作合同》律师批注 1 和《文学艺术作品委托创作合同》律师批注 1。

鉴于：
　　1. 甲乙双方均系具有合法资质且分别从事不同领域、行业的新闻传播业务的媒体，愿意本着优势互补、资源共享原则按照本合同约定相互转载新闻信息。
　　2. 本协议构成甲乙双方之间的合作合同关系。

● **律师批注 2**
　　【条款目的】
　　1. 关于鉴于条款约定内容及其法律意义，参见《文学艺术作品合作创作合同》律师批注 2。
　　2. 传媒机构中有的有新闻采访权，有的没有新闻采访权。因而，具有新闻采访权的传媒机构之间可相互提供转载，不具有新闻采访权的传媒机构需要从具有采访权的传媒机构转载新闻。

【法律规定】

《新闻记者证管理办法》(2009.08.24颁布)

第四条 本办法所称新闻记者,是指新闻机构编制内或者经正式聘用,专职从事新闻采编岗位工作,并持有新闻记者证的采编人员。

本办法所称新闻机构,是指经国家有关行政部门依法批准设立的境内报纸出版单位、新闻性期刊出版单位、通讯社、广播电台、电视台、新闻电影制片厂等具有新闻采编业务的单位。其中,报纸、新闻性期刊出版单位由国务院新闻出版行政部门认定;广播、电影、电视新闻机构的认定,以国务院广播电影电视行政部门的有关批准文件为依据。

为此,甲乙双方于_____年_____月_____日在_____市_____区达成如下约定:

● 律师批注3

关于签约时间、签约地点的注意事项及法律风险等,参见《文学艺术作品合作创作合同》律师批注3。

1. 合作方式:

1.1 甲乙双方相互授权对方可进行对方媒体已公开新闻信息转载,但不包括一方特别说明未经同意不得转载的图文资料。

1.1.1 转载对象为甲方或乙方自己采编的新闻信息,不含甲方或乙方转载甲乙双方以外的他方新闻信息。

1.1.2 转载对象为甲方或乙方自己采编的新闻信息,不含他人署名或不署名的通过甲方或乙方媒体平台发表、公开披露的论文、文章、照片、图画等。

1.1.3 转载对象为甲方或乙方自己采编的新闻信息,其表现形式包含新闻信息中的文字、图片、数据等。

● 律师批注4

【条款目的】

1. 明确可以转载的范围、不可以转载的范围。

2. 虽然对于"关于政治、经济、宗教问题的时事性文章",可以不经原刊载媒体同意直接转载且不支付费用,但对于"关于政治、经济、宗教问题的时事性文章"以外的时事新闻和其他资讯的转载,则需要经过原刊载媒体的授权。

3. 媒体刊登的新闻有的是自己采编的，有的是转载自其他媒体，对于媒体转载自其他媒体的新闻，再行转载则需要原刊登媒体的授权，所以应明确对方不应直接转载。

【风险提示】

基于新闻内容也是刊载媒体的劳动成果，为避免其他媒体"不劳而获"，许多媒体往往在其刊物或传播平台上明确载明"本刊/本报纸/本网站内容未经授权不得转载"。对于"关于政治、经济、宗教问题的时事性文章"，即使有禁止转载的声明也属无效。

【法律规定】

《中华人民共和国著作权法》（2010.02.26修正）

第二十二条 在下列情况下使用作品，可以不经著作权人许可，不向其支付报酬，但应当指明作者姓名、作品名称，并且不得侵犯著作权人依照本法享有的其他权利：

......

（三）为报道时事新闻，在报纸、期刊、广播电台、电视台等媒体中不可避免地再现或者引用已经发表的作品；

（四）报纸、期刊、广播电台、电视台等媒体刊登或者播放其他报纸、期刊、广播电台、电视台等媒体已经发表的关于政治、经济、宗教问题的时事性文章，但作者声明不许刊登、播放的除外。

......

【相关案例】

1991年广西广播电视报社起诉广西煤矿工人报社未经授权转载其刊登的电视节目预告表。广播报称：其经自治区广播电视厅和中国电视报社同意，取得刊登广西电视台和中央电视台节目预告的权利，并报纸声明禁止擅自刊登、转载。煤矿报称：电视节目预告是时事新闻，不受法律保护，不论作者、出版者均不享有版权。法院最终判决煤矿报败诉，构成侵权。

在该案例中，电视节目预告表是经过汇编的作品，编辑方对其享有版权；显然，电视节目表也不属于可直接转载的"关于政治、经济、宗教问题的时事性文章"。

1.2 甲乙双方在转载对方新闻信息时,应遵循下列约定:

1.2.1 转载对方新闻信息时,应对转载自对方的事实予以注明,并注明新闻稿件的编写者、署名图片的拍摄者。

1.2.2 转载对方新闻信息后,未经新闻提供方同意,转载方不再授权或许可其他媒体转载。

1.3 甲乙双方转载对方新闻信息系免费提供给受众、用户,甲乙双方相互转载新闻信息为无偿性质,除非双方另有明确约定。任何一方如有偿向受众、用户提供新闻信息,则应由双方对转载新闻信息价格确定后,方可转载。

● **律师批注5**

【条款目的】

1. 明确可以转载方不得再授权他人转载,这便于原刊登方控制新闻"流失"。因为刊载方所刊载的新闻有时也会发生错误进行勘误,甚至撤销新闻,控制转载方则可以在新闻发生错误时要求转载方同时也对转载的新闻及时进行勘误、撤销,避免"以讹传讹"及不断扩大未及时纠正的错误新闻可能导致的原刊载方承担的责任范围。

2. 转载方对于所转载的新闻及图片、照片等应载明出处、署名编辑、记者、摄影者,这是法定义务,同时也应当对此予以进一步约定。

2. 合作内容:

2.1 新闻信息提供:

2.1.1 任何一方可直接从对方媒体各项新闻信息正式公开、出版后,获取新闻信息并予转载;但如新闻信息提供方在其媒体上声明未经同意、不得转载时,另一方对此类新闻信息不得直接转载,应另行与原刊登方确认和取得授权。

2.1.2 任何一方均可向对方询问最新新闻信息(含:已发布、未发布新闻信息),另一方可直接将已发布新闻信息提供、推荐给对方,但对未发布新闻信息只可在其发布后再提供给对方。

2.2 新闻信息使用:

2.2.1 转载方对于另一方的新闻信息,在转载时应保证转载新闻信息的客观、真实、完整。

2.2.2 转载方对于另一方的新闻信息,如进行摘录时,应保证原新闻稿件真实意思不被改变。

2.2.3 转载方对于另一方的新闻信息,如添加背景说明或评论时,应使用与新闻信息不同字体且与原新闻稿件明显分开。

2.2.4 新闻信息的提供方如对新闻信息进行勘误时,转载方亦应对勘误予以发布。

2.2.5 新闻信息的提供方如因新闻信息失实、错误等原因而取消新闻信息时,转载方一旦接到此通知,如该新闻信息尚未转载发布则立即予以撤销,如已转载发布则立即采取措施予以撤销。

2.2.6 任何一方在另行编辑和出版"年度合订版本"、"精华版本"、"各项专题的专辑版本"时,未经另一方授权,不得在前述版本图书中使用所转载对方新闻信息。

● 律师批注6
【条款目的】
1. 约定转载方对于不同新闻进行转载时,应采取直接转载和特别授权后转载两种情形。
2. 约定转载方在使用所转载的新闻及图片、照片等时的要求。

3. 合作期限:
3.1 _____年,自本协议签署之日起算。
3.2 期限届满后,双方可协商续约。
4. 其他事项:
4.1 特别约定:
4.1.1 未经新闻信息提供方同意,转载方不得对转载对方的新闻信息以任何名义、形式申报、参加评奖活动。
4.1.2 双方均向对方保证:其提供的新闻信息客观真实且符合国家新闻稿件采集的规定和新闻行业通行规范,不存在侵害他人姓名或名称、名誉或声誉。
4.1.3 双方确认,尽管新闻信息提供方采取了合理、充分的新闻采集手段,但如因新闻采集手段的局限性等原因,导致新闻信息的不真实或其他瑕疵,因转载造成另一方名誉或经济损害,转载方均对新闻信息提供方予以免责。

● 律师批注 7

【条款目的】

1. 因转载新闻的版权归原刊登媒体,转载方除可以转载外,不得再对转载新闻行使其他版权权益,如参加评奖等。

2. 明确刊登方应对提供转载新闻的真实、合法性承担一定确保责任。

> 4.2 违约责任:
>
> 4.2.1 甲乙双方在本合同执行过程中,任何一方违反本合同条约内容,将视为违约;任何一方每项违约或/及每次违约时,违约方均应一次性向守约方支付违约金_____元(本合同其他条款对违约金另有特别约定的,则以特别约定执行)。
>
> 4.2.2 任何一方没有充分、及时履行义务,导致合同终止,无法继续履行时,违约方应当承担违约责任;给守约方造成损失的,应赔偿守约方由此所遭受的直接和间接经济损失。

● 律师批注 8

关于违约金等违约责任约定的注意事项与法律风险,参见《文学艺术作品合作创作合同》律师批注 14 和《文学艺术作品出版合同》律师批注 14。

> 4.3 争议解决:
>
> 4.3.1 双方因合同的解释或履行发生争议,应先由双方协商解决。
>
> 4.3.2 如协商不成,按照第_____种方式解决。
>
> (1)将争议提交_____仲裁委员会依照其最新生效的仲裁规则进行仲裁。
>
> (2)向_____地(如:甲方所在地或乙方所在地或本合同签署地)有管辖权的人民法院提起诉讼。

● 律师批注 9

关于争议解决约定的注意事项与法律风险,参见《文学艺术作品合作创作合同》律师批注 15。

> 4.4 本合同一式二份,双方各执一份。自双方签署后生效。

● 律师批注 10

关于合同生效时间约定的注意事项与法律风险,参见《文学艺术作品合

作创作合同》律师批注 16。

> **4.5** 本合同双方的联络方式如下,任何一方改变其联络方式,均须书面提前通知另一方,否则送达至原授权代表或以原联络方式送达即视为有效送达:
> （1）甲方指定联系人：_____,电话_____,传真_____,手机_____,电子信箱_____,通信地址_____,邮编_____。
> （2）乙方指定联系人：_____,电话_____,传真_____,手机_____,电子信箱_____,通信地址_____,邮编_____。

● **律师批注 11**
关于联系人与联系方式约定的注意事项与法律风险,参见《文学艺术作品合作创作合同》律师批注 17。

> （以下无正文）
> 甲方：_____报社/杂志社/网站
> 法定代表人或授权代表：_____
> 乙方：_____报社/杂志社/网站
> 法定代表人或授权代表：_____

第十章　人物传记许可协议

人物传记许可协议

甲方：_____,笔名：_____
身份证号：_____
地址：_____
乙方：_____
身份证号：_____
地址：_____

● **律师批注 1**

关于合同的签约主体及其名称的注意事项与法律风险等,参见《文学艺术作品合作创作合同》律师批注 1 和《文学艺术作品委托创作合同》律师批注 1。

鉴于：
1. 甲方拟撰写相应纪实性人物传记,乙方同意由甲方为撰写而进行的采访并提供相应背景资料。
2. 本协议构成甲乙双方之间就约定人物传记的许可合作关系。

● **律师批注 2**

【条款目的】

关于鉴于条款约定内容及其法律意义,参见《文学艺术作品合作创作合同》律师批注 2。

【风险提示】

我国法律未规定撰写和出版特定人物传记需要"传主"的授权,但撰写个人传记不可避免地要使用"传主"的姓名、肖像,甚至可能涉及个人隐私,如未经授权则构成对"传主"的侵权。

【法律规定】

《最高人民法院关于审理著作权民事纠纷案件适用法律若干问题的解

释》(法释〔2002〕31 号,2012.10.12 通过)

第十四条 当事人合意以特定人物经历为题材完成的自传体作品,当事人对著作权权属有约定的,依其约定;没有约定的,著作权归该特定人物享有,执笔人或整理人对作品完成付出劳动的,著作权人可以向其支付适当的报酬。

【相关案例】

1. 华夏出版社出版黄晓阳著《印象中国——张艺谋传》一书,但未取得著名导演张艺谋的相应授权。张艺谋导演起诉作者及出版社严重侵犯了其姓名权、肖像权、隐私权,最终张艺谋导演胜诉。

2. 中国言实出版社、石油工业出版社、北京工业大学出版社分别出版发行了《图解南怀瑾国学精粹》、《左手李叔同右手南怀瑾》、《南怀瑾大师开释人生》三册书。该三册书分别在封面、封底、切口、书腰等处不同数量地使用了南怀瑾的照片,且均未征得南怀瑾的同意。南怀瑾以侵犯其肖像权为由起诉三家出版社,最终法院支持了南怀瑾大师的诉讼请求。

为此,甲乙双方于_____年_____月_____日在_____市_____区达成如下约定:

● 律师批注 3

关于签约时间、签约地点的注意事项及法律风险等,参见《文学艺术作品合作创作合同》律师批注 3。

1. 传记概况:
   1.1 名称:《_____》,具体最终名称由甲方与乙方协商后由甲方确定。
   1.2 传记人物:_____。
   (1) 甲方以乙方及其真实事迹为对象撰写传记。
   (2) 甲方以_____(已去世)及其真实事迹为对象撰写传记,乙方为其子女。
   1.3 长度:计划约_____章、_____字。
   1.4 写作计划:甲方准备在_____个月内完成创作。

● 律师批注 4

【条款目的】

1. 人物传记的"传主"如已去世或丧失行为能力,则应由其继承人,如配偶、子女作为许可方授权作者。

2. 本条款主要明确传记的规模、完成时间等基本要求。

> **2. 许可事项：**
> **2.1 许可内容：**
> **2.1.1** 乙方许可甲方以本协议约定传记人物为对象进行创作，并可在传记中使用传记人物及其相关家庭人物的真名及其真实故事。
> **2.1.2** 乙方许可甲方参考、查阅并在传记中使用乙方所提供背景资料的相关信息。
> **2.1.3** 乙方许可甲方在传记出版或发表时，配合文字使用甲方对约定传记人所拍摄的照片或乙方提供给甲方使用的传记人物照片。
> **2.2** 许可性质：独占性授权，即：在约定区域和期限内，仅有甲方享有人物传记的创作权，乙方不得授权他人进行约定传记人物的传记创作。
> **2.3** 许可地域：全球范围。
> **2.4** 许可期限：自本协议生效后_____年内。
> **2.4.1** 在许可期限内，乙方许可甲方对人物传记享有独占性创作权，且乙方不再许可他人进行人物传记创作。
> **2.4.2** 在许可期限届满后，乙方可另行许可他人进行人物传记创作。

● **律师批注 5**

【条款目的】

本款在于明确撰写方使用"传主"姓名、肖像等的具体方式、期限、地域。

【风险提示】

确定了许可期限的人物传记应当在约定期限内完成，并且在该期限内仅有撰写方有权撰写"传主"的传记并使用其姓名、肖像等。期限届满后，撰写方则丧失对人物传记撰写的"独占性"，"传主"可另行授权他人进行传记创作。

> **2.5** 甲方就取得人物传记创作的许可，属于_____。
> （1）有偿性质：甲方应向乙方支付费用_____元并于本协议签署时支付费用的_____%，于传记创作结束后支付费用的_____%。
> （2）无偿性质：甲方无须就此向乙方支付任何费用，但本协议另有约定的除外。
> **2.6** 甲方采访和撰写的人物传记稿件的版权归甲方单独所有，甲方有权按照本协议约定进行发表、出版等使用。

● 律师批注6

【条款目的】

"传主"许可撰写方相应权利,可以为有偿许可,也可为无偿许可。

【风险提示】

人物传记的版权应当由双方约定,如无约定则传记的版权归"传主"。

3. 传记撰写:

3.1 采访与资料收集:

3.1.1 甲方于本协议签署后_____个日历天内,安排对乙方的采访活动,采访过程约_____个日历天,采访地点为乙方所在地。

3.1.2 乙方在接受采访过程中,应对甲方采访事项如实、充分披露,不应提供虚假新闻信息。

3.1.3 甲方采访时,可在采访过程中对乙方进行拍照、摄像。

3.1.4 乙方可向甲方提供相应照片、背景资料,均由甲方用于人物传记创作。

● 律师批注7

【条款目的】

撰写方应当对"传主"及其推荐的相应人员进行采访,从而收集"第一手"原始资料,为审慎起见,应当在采访时由接受采访的对象对采访内容签字确认。

3.2 稿件确定与使用:

3.2.1 甲方采访后,应将人物传记草稿提交给乙方,以征求乙方对草稿的意见;对于乙方就草稿涉及的事实提出的修改意见,甲方应予采纳和修改,但对于乙方就草稿涉及的分析、评论等所提出的修改意见,甲方可以考虑后决定是否采纳。

3.2.2 甲方在向乙方采访和收集资料后,可同时向了解和知晓传记人物相关情况的其他方进行采访、调查、核实,并根据综合掌握的信息进行分析汇总;同时,在传记发表或出版时,甲方可将乙方与其他信息提供方的差异和分歧予以披露或注明。

3.2.3 甲方对于人物传记,可选择相应媒体发表、出版,并可授权其他媒体转载或以其他方式使用。

● 律师批注 8

【条款目的】

"传主"为了确保传记对其个人经历或事迹描述客观真实,往往会要求其亲自对传记内容进行审查、把关。

> 3.3 特别承诺:
> 3.3.1 甲方向乙方承诺,本传记中涉及对传记人物及相关事实的描述真实、准确,不存在故意歪曲事实或重大错误。
> 3.3.2 甲方向乙方承诺,本传记中涉及对传记人物及相关事件的分析、评论时,应做到客观公正,并确保人物传记的积极向上主题,郑重体现传记人物的积极面。
> 3.3.3 在人物传记出版后 20 个日历天内,甲方无偿向乙方提供_____套出版物。
> 4. 其他事项:
> 4.1 违约责任:
> 4.1.1 甲乙双方在本合同执行过程中,任何一方不履行合同、违反本合同条约内容,即为违约,且应承担违约责任。
> 4.1.2 乙方违反本合同中的义务或保证义务,导致甲方无法采访或者因乙方的原因、行为导致甲方遭受第三人权利主张或有关主管机关处罚,乙方除返还甲方支付的报酬、承担本合同约定的违约责任外,还须赔偿甲方向第三人支付的赔偿金、违约金和甲方的其他全部损失(包括经济损失和名誉损害)。在本合同履行过程中,如发生前述任一情形,甲方还可立即解除本协议。

● 律师批注 9

关于违约金等违约责任约定的注意事项与法律风险,参见《文学艺术作品合作创作合同》律师批注 14 和《文学艺术作品出版合同》律师批注 14。

> 4.2 争议解决:
> 4.2.1 双方因合同的解释或履行发生争议,应先由双方协商解决。
> 4.2.2 如协商不成,按照第_____种方式解决。
> (1)将争议提交_____仲裁委员会依照其最新生效的仲裁规则进行仲裁。
> (2)向_____地(如:甲方所在地或乙方所在地或本合同签署地)有管辖权的人民法院提起诉讼。

● 律师批注 10

关于争议解决约定的注意事项与法律风险,参见《文学艺术作品合作创作合同》律师批注 15。

> 4.3 本合同一式二份,双方各执一份。自双方签署后生效。

● 律师批注 11

关于合同生效时间约定的注意事项与法律风险,参见《文学艺术作品合作创作合同》律师批注 16。

> 4.4 本合同双方的联络方式如下,任何一方改变其联络方式,均须书面提前通知另一方,否则送达至原授权代表或以原联络方式送达即视为有效送达:
> (1)甲方指定联系人:_____,电话_____,传真_____,手机_____,电子信箱_____,通信地址_____,邮编_____。
> (2)乙方指定联系人:_____,电话_____,传真_____,手机_____,电子信箱_____,通信地址_____,邮编_____。

● 律师批注 12

关于联系人与联系方式约定的注意事项与法律风险,参见《文学艺术作品合作创作合同》律师批注 17。

> (以下无正文)
> 甲方:_____报社/杂志社/网站
> 法定代表人或授权代表:_____
> 乙方:(姓名)_____
> 签字:_____

第十一章　文化艺术品委托拍卖合同

文化艺术品委托拍卖合同

委托方：_____(以下简称"甲方")
身份证号：_____
地址：_____
拍卖方：_____拍卖有限公司(以下简称"乙方")
法定代表人：_____
地址：_____

● **律师批注1**

关于合同的签约主体及其名称的注意事项与法律风险等，参见《文学艺术作品合作创作合同》律师批注1和《文学艺术作品委托创作合同》律师批注1。

鉴于：

1. 甲方系本合同约定拍卖品的所有人或受所有人全权委托而签署和履行本合同。

2. 乙方系具有合法拍卖资质和拍卖经验的拍卖企业，愿意接受委托进行拍卖。

3. 本协议构成甲乙双方之间委托拍卖合同关系。

● **律师批注2**

【条款目的】

关于鉴于条款约定内容及其法律意义，参见《文学艺术作品合作创作合同》律师批注2。

【风险提示】

受托从事拍卖的一方应当具备拍卖资质，否则将导致合同无效。

【法律规定】

《中华人民共和国拍卖法》(2004.08.28修正)

第十一条　拍卖企业可以在设区的市设立。设立拍卖企业必须经所在地的省、自治区、直辖市人民政府负责管理拍卖业的部门审核许可,并向工商行政管理部门申请登记,领取营业执照。

为此,甲乙双方依照《拍卖法》、《合同法》等的规定,于_____年_____月_____日在_____市_____区达成协议如下:

● **律师批注3**

关于签约时间、签约地点的注意事项及法律风险等,参见《文学艺术作品合作创作合同》律师批注3。

1. 委托关系:

1.1 乙方系接受甲方委托按照乙方的拍卖程序对外公开拍卖,但乙方对拍卖成交不承担保证责任,也不对竞买人的支付能力承担担保责任。

1.2 甲方知晓并认可乙方的拍卖程序,并愿意按照乙方的拍卖程序进行拍卖和拍卖交割,由其对拍卖交易的后果承担全部法律责任。

● **律师批注4**

【条款目的】

明确拍卖机构只是作为拍卖委托方的代理人地位从事拍卖,但拍卖的后果归拍卖委托方,与拍卖机构无关。

2. 拍卖品:

2.1 甲方委托乙方拍卖的标的:详见附件《拍卖标的清单》。

2.2 甲方保证其对拍卖标的拥有完全所有权及处分权或者得到了所有权人的完全授权。

2.3 甲方就拍卖品的合法性向乙方承诺:

2.3.1 拍卖品来源合法,非盗抢等赃物、非走私物等其他非法物品。

2.3.2 拍卖品不存在权属争议,也未设定抵押或质押或留置等负担。

2.3.3 拍卖品不存在侵犯他人版权、肖像权等合法权利的情形。

2.4 甲方承诺:根据乙方的要求提供拍卖标的的有关证明和资料,说明知道或应当知道的拍卖标的瑕疵;如参与竞买人对拍卖品提出疑问或异议,甲方应及时予以说明或澄清;甲方对于前述提供的证明、资料及相关说明、澄清等,均保证其真实性,不得弄虚作假。

● 律师批注5

【条款目的】

拍卖品的来源合法性、瑕疵、真伪等,均由委托方负责。拍卖机构虽对拍卖品的合法性、瑕疵、真伪等无担保责任,但其应尽到注意义务和相应审查义务。

【风险提示】

拍卖行如经过审查及评估、鉴定等程序仍无法确认拍卖品的真伪性,应当予以说明。

【法律规定】

《中华人民共和国拍卖法》(2004.08.28修正)

第四十二条 拍卖人应当对委托人提供的有关文件、资料进行核实。

第六十一条 拍卖人、委托人违反本法第十八条第二款、第二十七条的规定,未说明拍卖标的的瑕疵,给买受人造成损害的,买受人有权向拍卖人要求赔偿;属于委托人责任的,拍卖人有权向委托人追偿。拍卖人、委托人在拍卖前声明不能保证拍卖标的的真伪或者品质的,不承担瑕疵担保责任。

【相关案例】

在北京翰海公司举办的"2005秋季拍卖会油画雕塑专场"上,苏女士花230万元拍得了"吴冠中、池塘"油画一幅;后经画家吴冠中认定该画系伪作。苏女士起诉拍卖委托人和拍卖行,要求撤销相关拍卖合同,返还拍卖款及佣金23万元和其他费用。一审法院判决驳回了苏女士多项诉讼请求。

在该案例中,拍卖行是否承担责任主要是看其是否尽到特别注意义务。

3. 拍卖安排:

3.1 拍卖前的评估、鉴定:

3.1.1 乙方认为根据拍卖需要应在拍卖前对拍卖品进行价值评估的,由甲方委托甲乙双方共同认可且具备相应资质的评估机构进行评估,评估费用由甲方承担。

3.1.2 乙方认为根据拍卖需要应在拍卖前对拍卖标的进行鉴定的,由甲方委托甲乙双方共同认可且具备鉴定资质的鉴定机构进行鉴定,鉴定费用由甲方承担。

3.1.3 如果经过上述鉴定,其鉴定结论与甲方对拍卖品的陈述不相符时,乙方有权要求甲方变更相关陈述。

3.1.4 竞买人拍得拍卖品后,如委托评估或鉴定机构进行价值评估或相应鉴定,或者其评估、鉴定结论与甲方在拍卖前进行的评估或鉴定结论不符,由甲方与竞买人协商或按照法律规定处理,乙方与此无关。

● 律师批注6

【条款目的】

1. 拍卖前委托专业机构对拍卖品进行评估和鉴定,是帮助潜在竞买人了解拍卖品价值和真伪等的安排,同时,也可规避拍卖行鉴别真伪的责任。

2. 拍卖行应当对拍卖品的主要情况和存在或可能存在的瑕疵进行充分说明,便于潜在竞买人了解拍卖品的真实情况。

【法律规定】

《中华人民共和国拍卖法》(2004.08.28修正)

第四十三条 拍卖人认为需要对拍卖标的进行鉴定的,可以进行鉴定。鉴定结论与委托拍卖合同载明的拍卖标的状况不相符的,拍卖人有权要求变更或者解除合同。

> 3.2 拍卖前的准备工作:
>
> 3.2.1 乙方在拍卖日的_____个日历天以前,通过其合作报纸、网络等媒体发布包含拍卖品的拍卖会公告。
>
> 3.2.2 在拍卖日的_____个日历天以前,将组织拍卖品的展示,甲方应将拍卖品送交至乙方指定展示场所;在交付时,甲乙双方将采取措施对拍卖品予以签字确认。在展示期间,乙方将采取适当安全保护措施以保障拍卖品的安全无损。
>
> 3.2.3 在乙方对拍卖品展示时,甲方应提供经其盖章确认的拍卖说明书、相应证件复印件、承诺书等;必要时,甲方应委托一名人员赴现场负责解答相关咨询、询问。乙方不在展示期间对拍卖品的状况进行甲方提供的书面资料以外的解释、说明、承诺。

● 律师批注7

【条款目的】

1. 拍卖行在拍卖前对拍卖品进行预展,既是吸引潜在竞买人的必要措施,也是帮助潜在竞买人了解拍卖品真实情况的重要途径。

2. 除预展外,还可约定拍卖行进行相应宣传推广工作,以扩大拍卖品的宣传,利于充分实现拍卖品的市场价值。

3.3 拍卖期限、地点：
3.3.1 双方确认：拍卖品将于_____年_____月_____日在"_____拍卖会"中拍卖，如遇特殊情况需要变更须经甲乙双方协商一致。
3.3.2 双方确认：拍卖地点在_____市_____区_____。
3.4 拍卖价格：
3.4.1 保留价：拍卖品的保留价由甲方在拍卖前确定，乙方可对保留价的确定提供专业性意见。保留价一经确定，任何一方不得单方更改。
3.4.2 竞买人的最高应价未达到保留价时，乙方不得确认成交。
3.4.3 甲方要求/不要求乙方对保留价保密。

● 律师批注8

【条款目的】

1. 委托人可以事先确定保留价，也可不设保留价。设定保留价则意味着竞买人的出价低于保留价，拍卖行应当拒绝成交。

2. 拍卖行应当对保留价按约定保密或不保密。

3.5 拍卖品的产权转移：
3.5.1 拍卖成交后，由乙方与买受方签署拍卖成交确认书，该确认书一式_____份并提交甲方一份。
3.5.2 拍卖成交后，由甲方自行向买受人收取拍卖价款；甲方按合同约定与乙方结清拍卖佣金等拍卖费用后_____个工作日内，乙方将买受人事先向乙方交付的竞拍保证金转交甲方，并冲抵相应拍卖价款。甲方亦可委托乙方向买受人代为收取拍卖价款。
3.5.3 拍卖成交后，由_____方将拍卖品于_____年_____月_____日前交付买受人，交付地点为_____或者按照拍卖前明示的拍卖品交付时间、地点执行，具体交付条件按照甲方拍卖前提交和公示的交易条件执行。
3.5.4 拍卖品在上述交付时间、地点产权和风险发生转移。

● 律师批注9

【条款目的】

拍卖成交后，买受人应当与拍卖行及委托人签署相应成交文件。

【风险提示】

拍卖成功后,拍卖品的产权与风险转移可由交易双方约定,如无约定自交付时转移。

3.6 特别承诺:

3.6.1 甲方承诺:自己不参与竞买,也不委托他人代为参与竞买拍卖品。

3.6.2 任何一方不得擅自变更拍卖品的保留价,乙方也不得低于保留价拍卖。

3.6.3 乙方不得转委托而将拍卖品委托其他人进行拍卖。

● 律师批注 10

【条款目的】

1. 委托人不参加竞买,是拍卖价格竞争充分性、真实性的保障。

2. 拍卖行应当遵守拍卖保留价的约定,不得低于保留价成交,也应遵守保留价是否保密的约定。

3.7 拍卖的佣金与费用:

3.7.1 拍卖成交后,甲方应在拍卖举行之日起_____个日历天内向乙方支付成交价_____%的佣金。乙方亦可直接从买受人交纳的拍卖保证金中直接抵扣拍卖佣金。

3.7.2 如经拍卖但未能成交,甲方应在拍卖举行之日起_____个日历天内向乙方支付拍卖费用_____元。

● 律师批注 11

【条款目的】

1. 拍卖佣金是拍卖人从事和完成拍卖活动的报酬。

2. 拍卖佣金与拍卖价格直接"挂钩",有利于调动拍卖行的积极性。

3.8 拍卖品的撤回与撤除:

3.8.1 甲方在拍卖开始前可以取消对拍卖品的拍卖委托并撤回拍卖品,但仍应向乙方支付本合同约定的未成交拍卖费用。

3.8.2 乙方有确切证据证明拍卖标的存在下列情况之一的,有权单方解除本合同,撤销对拍卖品的拍卖,并不承担由此产生的法律责任:

(1) 拍卖品的来源不合法或与甲方承诺不符;

(2) 拍卖品权属存在争议或权属状况与甲方声明不一致的;

(3) 拍卖品非真品或存在甲方未声明的重大瑕疵的。

● 律师批注 12

【条款目的】

1. 拍卖合同在性质上仍属委托劳务合同,委托人享有"任意终止权",但应承担因此产生的费用,结清拍卖行的款项。

2. 设定拍卖行的单方解除权,有利于拍卖行在发生特殊情况且与委托人沟通无效、无法采取弥补措施时,直接通过解除合同来终止委托关系,避免因特殊情况给潜在购买人、委托人造成更大损失。

3.9 终止委托:

3.9.1 本合同因下列情形之一,终止委托且本合同终止,但如有违约责任或未结清事项,则应在合同终止前承担违约责任或结清相关事项。

(1) 流拍。

(2) 拍卖成交。

(3) 甲方撤销委托、撤回拍卖品。

(4) 因本合同被依法或依约解除。

3.9.2 因流拍致使拍卖标的未能售出的,本合同终止;如甲乙双方愿意再次拍卖,则另行续签合同。

3.9.3 本合同终止后,甲方应在接到乙方通知之日起_____个日历天内领回拍卖品,超过期限未领回的,视为放弃物且由乙方自行处置。

4. 其他事项:

4.1 违约责任:

4.1.1 甲乙双方在本协议执行过程中,任何一方不履行协议、违反本协议条约内容,即为违约,且应承担违约责任。

4.1.2 乙方保管不善造成拍卖标的毁损、灭失的,应参照拍卖品保留价予以赔偿。

4.1.3 乙方无故撤除拍卖品的,应支付拍卖品保留价10%的违约金。

4.1.4 任何一方迟延履行付款义务,则每延迟一日应向另一方支付逾期款项千分之三的违约金。

4.1.5 甲方隐瞒拍卖品的瑕疵或拍卖品的权属瑕疵,应赔偿由此给乙方造成的损失。

4.1.6 甲方参与竞买或委托他人代为竞买自己委托的拍卖品的,乙方有权制止甲方的相应行为或向有关行政机关举报,并解除合同;甲方对乙方由此受到的损失应承担赔偿责任。

4.1.7 乙方逾期未对拍卖标的进行拍卖的,甲方有权解除合同,收回拍卖标的。

● 律师批注 13

【条款目的】

1. 本条款主要约定"违约责任",具有"普适性",可用于各种违约行为的"惩罚";但对于其他条款中特别约定的违约责任与本条款的关系,应明确特别约定违约责任的优先性、针对性。

2. 对于违约金等违约责任约定的注意事项与法律风险,参见《文学艺术作品合作创作合同》律师批注 14。

> 4.2 争议解决:
> 4.2.1 双方因合同的解释或履行发生争议,应先由双方协商解决。
> 4.2.2 如协商不成,按照第_____种方式解决。
> (1) 将争议提交_____仲裁委员会依照其最新生效的仲裁规则进行仲裁。
> (2) 向_____地(如:甲方所在地或乙方所在地或本合同签署地)有管辖权的人民法院提起诉讼。

● 律师批注 14

关于争议解决约定的注意事项与法律风险,参见《文学艺术作品合作创作合同》律师批注 15。

> 4.3 本合同一式二份,双方各执一份。自双方签署后生效。

● 律师批注 15

关于合同生效时间约定的注意事项与法律风险,参见《文学艺术作品合作创作合同》律师批注 16。

> 4.4 本合同双方的联络方式如下,任何一方改变其联络方式,均须书面提前通知另一方,否则送达至原授权代表或以原联络方式送达即视为有效送达:
> (1) 甲方指定联系人:_____,电话_____,传真_____,手机_____,电子信箱_____,通信地址_____,邮编_____。
> (2) 乙方指定联系人:_____,电话_____,传真_____,手机_____,电子信箱_____,通信地址_____,邮编_____。

● 律师批注 16

关于联系人与联系方式约定的注意事项与法律风险,参见《文学艺术作品合作创作合同》律师批注 17。

(以下无正文)
甲方:_____
签字:_____
乙方:_____拍卖有限公司
法定代表人或授权代表:_____

附件:《拍卖标的清单》

序号	名称	特征:作者、年代	数量	单位	形式、尺寸	质地	保存现状	保留价(人民币)	备注
委托方确认				拍卖方确认					

第十二章　文化艺术品买卖合同

文化艺术品买卖合同

卖方：_____（以下简称"甲方"）
身份证号：_____
地址：_____
买方：_____有限公司（以下简称"乙方"）
法定代表人：_____
地址：_____

● 律师批注1

关于合同的签约主体及其名称的注意事项与法律风险等，参见《文学艺术作品合作创作合同》律师批注1和《文学艺术作品委托创作合同》律师批注1。

鉴于：

1. 甲方系本合同约定文化艺术品的所有人或受所有人全权委托而签署和履行本合同。
2. 乙方愿意购买本合同约定文化艺术品，本合同构成双方买卖关系。

● 律师批注2

关于鉴于条款约定内容及其法律意义，参见《文学艺术作品合作创作合同》律师批注2。

为此，甲乙双方于_____年_____月_____日在_____市_____区订立条款如下：

● 律师批注3

关于签约时间、签约地点的注意事项及法律风险等，参见《文学艺术作品

合作创作合同》律师批注3。

> 1. 标的艺术品：
> 　　1.1　甲乙双方买卖的文化艺术品见附件《文化艺术品清单》（以下简称"标的艺术品"）。
> 　　1.2　甲方保证其对标的艺术品拥有完全所有权及处分权或者得到了所有权人的完全授权。
> 　　1.3　甲方就标的艺术品的合法性向乙方承诺：
> 　　1.3.1　标的艺术品来源合法，非盗窃或抢劫物等赃物，非走私物等其他非法物品。
> 　　1.3.2　标的艺术品不存在权属争议，也未设定抵押或质押或留置等负担。
> 　　1.3.3　标的艺术品不存在侵犯他人版权、肖像权等合法权利的情形。
> 　　1.4　瑕疵：甲方承诺，标的艺术品所存在瑕疵除外观现状外，无其他品质瑕疵。

● 律师批注4

【条款目的】

　　买卖艺术品的来源合法性、瑕疵、真伪等，均由卖方负责。卖方往往声明对艺术品的瑕疵、真伪等不承担保证责任，买方需要通过相应鉴别手段来了解艺术品的真实状况。但对于买卖艺术品的来源性，卖方不应获得免责。

【相关案例】

　　企业家冯先生平时很喜欢收藏，2003年4月17日他在报纸上看到沈阳某艺术品公司的广告，前去购画。艺术品公司法定代表人称所有画均为真品，如有假可退还。冯先生当场花81万元购买了七幅画，包括齐白石的《红梅喜鹊》、《紫藤》、《螃蟹》，任伯年的《松林高士图》，林风眠的《鹭鸶图》，潘天寿的《秋崖小憩图》，刘海粟的《泼彩山水》。后冯先生私下委托北京中润文物鉴定中心鉴定为赝品。冯先生起诉到法院，虽然艺术品公司声称为真品但无法举证证明，最终法院要求艺术品公司退还购画款81万元。

> 2. 交易价款：
> 　　2.1　价格：
> 　　2.1.1　双方同意，标的艺术品的总价为人民币_____元。
> 　　2.1.2　甲乙双方及其工作人员均应对交易价格予以保密，任何一方违约，应向另一方支付交易总价_____%的违约金。

2.2 支付：
　　2.2.1 本合同签署后_____个日历天内,支付总价的_____%作为定金。
　　2.2.2 甲方向乙方交付标的艺术品日的_____个日历天前,支付总价的_____%。

● 律师批注5
【条款目的】
　　艺术品的买方购买艺术品后进行收藏、转卖,出于其未来以更好价格出售的目的,买方往往会要求卖方对价格予以保密,除非买方自愿向第三方披露。

3. 交付
　　3.1 交付时间:在乙方支付全部价款的条件下,甲方应于_____年_____月_____日前将标的艺术品交付乙方。
　　3.2 交付地点:在_____市_____区_____或甲方另行通知的地点。
　　3.3 验收：
　　3.3.1 甲乙双方进行交付时,乙方应进行验收,验收依据为本合同及其附件。
　　3.3.2 乙方在验收时如发现标的艺术品存在瑕疵或有其他异议,应当时提出。
　　3.3.3 验收结束后,甲乙双方应在标的艺术品的正视、俯视、底视照片上签字确认。
　　3.4 所有权与其风险转移：
　　3.4.1 交付完成后,在上述交付时间、地点产权和风险发生转移。
　　3.4.2 交付完成后,乙方向甲方所支付的定金自动转为应付价款。

● 律师批注6
【条款目的】
　　1. 明确买卖双方交接艺术品的程序及双方应保留交接时的照片。
　　2. 艺术品的产权和风险自双方交付时转移,当然卖方为保证买方付清全部价款也可约定在付清全部价款前,艺术品虽已交付但所有权暂时保留于卖方,直至付清全部价款。

【风险提示】

鉴于艺术品为特种物,买卖双方非通过拍卖行等中间机构而直接进行艺术品买卖,双方除开具付款凭证外,还应当对交易的艺术品制作交易记号,如:对器物类古董应当由双方当事人共同与艺术品拍照,对书画类艺术品应在背面作记号。因为交易完成后,买方最终鉴定的物品是否为双方交易的艺术品容易产生纠纷,特别是买方无法举证证明。

4. 其他事项:

4.1 中止交易:

4.1.1 乙方有确切证据证明标的艺术品存在下列情形之一的,有权单方解除本合同,并不承担由此产生的法律责任:

(1) 标的艺术品的来源不合法或其来源与甲方承诺不符;

(2) 标的艺术品的权属存在争议或权属状况与甲方声明不一致的;

(3) 标的艺术品并非真品或存在甲方未声明的重大瑕疵的。

4.1.2 本合同因中止交易而提前终止后,甲方应在接到乙方通知之日起_____个日历天内领回标的艺术品,超过期限未领回的,乙方有权收取保管费。

● 律师批注 7

【条款目的】

因为卖方对于艺术品信息的掌握程度远远高于买方,买方可能还需要借助其他途径来对艺术品的真伪、瑕疵等进行甄别,对其合法性等进行了解和判断。本条款主要基于保护买方利益,在艺术品的产权状况存在争议、品质或合法性存在瑕疵时,买方有权中止交易,直至卖方消除问题。

4.2 违约责任:

4.2.1 甲乙双方在本合同执行过程中,任何一方不履行合同、违反本合同条款内容,即为违约,且应承担违约责任。

4.2.2 任何一方拒不履行本合同或违反约定单方解除本合同,应向另一方支付约定交易总价_____%的违约金。

4.2.3 任何一方迟延履行交付义务,则每延迟一日应向另一方支付逾期款项金额或逾期物品价值千分之三的违约金;逾期超过_____日时,每日的违约金标准为逾期款项或逾期物品价值的千分之五。

4.2.4 标的艺术品交付后,因甲方隐瞒其瑕疵或其权属瑕疵,应赔偿由此给乙方造成的损失。

● 律师批注 8

【条款目的】

1. 本条款主要约定"违约责任",具有"普适性",可用于各种违约行为的"惩罚";但对于其他条款中特别约定的违约责任与本条款的关系,应明确特别约定违约责任的优先性、针对性。

2. 对于违约金等违约责任约定的注意事项与法律风险,参见《文学艺术作品合作创作合同》律师批注 14。

> 4.3 争议解决:
> 4.3.1 双方因合同的解释或履行发生争议,应先由双方协商解决。
> 4.3.2 如协商不成,按照第_____种方式解决。
> (1) 将争议提交_____仲裁委员会依照其最新生效的仲裁规则进行仲裁。
> (2) 向_____地(如:甲方所在地或乙方所在地或本合同签署地)有管辖权的人民法院提起诉讼。

● 律师批注 9

关于争议解决约定的注意事项与法律风险,参见《文学艺术作品合作创作合同》律师批注 15。

> 4.4 本合同一式二份,双方各执一份。自双方签署后生效。

● 律师批注 10

关于合同生效时间约定的注意事项与法律风险,参见《文学艺术作品合作创作合同》律师批注 16。

> 4.5 本合同双方的联络方式如下,任何一方改变其联络方式,均须书面提前通知另一方,否则送达至原授权代表或以原联络方式送达即视为有效送达:
> (1) 甲方指定联系人:_____,电话_____,传真_____,手机_____,电子信箱_____,通信地址_____,邮编_____。
> (2) 乙方指定联系人:_____,电话_____,传真_____,手机_____,电子信箱_____,通信地址_____,邮编_____。

● 律师批注 11

关于联系人与联系方式约定的注意事项与法律风险,参见《文学艺术作品合作创作合同》律师批注 17。

(以下无正文)
甲方:_____
签字:_____
乙方:_____拍卖有限公司
法定代表人或授权代表:_____

附件:《文化艺术品清单》

序号	名称	特征:作者、年代	数量	单位	形式、尺寸	质地	保存现状	价格(人民币)	备注
卖方确认					买方确认				

第二部分　演艺类合同范本律师批注

第十三章　演唱会演出合同

> **演唱会演出合同**
>
> 甲方：_____，艺名：_____
> 身份证号：_____
> 地址：_____
> 乙方：_____有限公司
> 法定代表人：_____
> 地址：_____

● 律师批注1

关于合同的签约主体及其名称的注意事项与法律风险等，参见《文学艺术作品合作创作合同》律师批注1和《文学艺术作品委托创作合同》律师批注1。

> 鉴于：
> 乙方准备举办本合同约定演唱会并准备邀请甲方出演，甲乙双方于_____年_____月_____日在_____市_____区达成如下约定：

● 律师批注2

关于签约时间、签约地点的注意事项及法律风险等，参见《文学艺术作品合作创作合同》律师批注3。

1. 演唱会概况：

1.1 演唱会的名称、类型与主题："_____演唱会"，属于商业/公益演唱会，是以_____为主题演唱活动（以下简称"本次演唱会"），预计观众人数达_____名。

1.2 演唱会的举办时间与地点：于_____年_____月_____日_____时至_____时，在_____市_____体育馆，乙方如变更时间与地点应与甲方协商。

1.3 演唱会的投资与举办及组织：

1.3.1 本次演唱会的投资方为乙方及_____公司等共同投资，演唱会开始前乙方应向甲方披露全部投资方情况。

1.3.2 本次演唱会的具体组织工作由乙方委托_____公司举办和具体负责。

● **律师批注3**

【条款目的】

1. 举办营业性演出应当为持有《营业性演出许可证》资质的单位，不具备此资质的投资方和主办方应当委托演艺经纪机构承办。

2. 本条款的各项约定旨在明确演出活动的基本特征。

【法律规定】

《营业性演出管理条例》（2008.07.22修正）

第十三条　文艺表演团体、个体演员可以自行举办营业性演出，也可以参加营业性组台演出。营业性组台演出应当由演出经纪机构举办；但是，演出场所经营单位可以在本单位经营的场所内举办营业性组台演出。

2. 演出事项：

2.1 演唱歌曲：乙方邀请甲方出席本次演唱会并在本次演唱会演唱_____首歌曲（以下简称"演唱歌曲"），分别为：

（1）歌曲：《_____》（作词：_____、作曲：_____）。

（2）歌曲：《_____》（作词：_____、作曲：_____）。

2.2 演出顺序：甲方演出歌曲的顺序由乙方根据整体情况考虑确定，甲方出演的化妆风格等由甲乙双方协商后确定。

2.3 歌曲授权：双方同意，甲方的演唱歌曲由_____方向歌曲的词曲作者、唱片版权方取得对本次演唱会演唱的授权，并且所需授权费用由_____方另行承担。

● 律师批注4

【条款目的】

1. 明确表演者应当演唱的歌曲,即确定演唱的"工作量"。

2. 明确演唱歌曲的授权由哪方负责办理,由哪方承担授权费用。

【风险提示】

表演者所演唱歌曲应当取得词曲作者的授权并支付费用,否则构成侵权。

【法律规定】

《中华人民共和国著作权法》(2010.02.26修正)

第三十七条 使用他人作品演出,表演者(演员、演出单位)应当取得著作权人许可,并支付报酬。演出组织者组织演出,由该组织者取得著作权人许可,并支付报酬。

【相关案例】

农民工组合"旭日阳刚"因激情演唱歌曲《春天里》走红网络,并参加了兔年的央视春晚,广受好评。由于未取得该歌曲词曲作者授权,"旭日阳刚"被禁止演唱《春天里》。

在该案例中,演唱者应当取得歌曲词曲作者的授权,而且组织演出方或演唱会举办方对此也要承担相应责任。

2.4 演出报酬:

2.4.1 报酬总额:双方同意,甲方出席本次演唱会及演唱歌曲的酬金为:人民币_____元(税前/税后)。前述报酬涉及甲方应缴纳的个人所得税由乙方另行缴纳和办理,并于本次演唱会结束后的第二个月15日前将缴税凭证提交甲方。

2.4.2 支付进度:

(1) 乙方应于本合同签署后_____个日历天内支付报酬总额的_____%作为定金。

(2) 乙方应于本次演唱会举行日的_____个日历天以前支付报酬总额的_____%。

(3) 乙方应于本次演唱会举行日支付剩余报酬。

● 律师批注5

【条款目的】

关于报酬款项为税前款还是税后款的注意事项和法律风险及定金条款

的法律后果,参见《文学艺术作品版权转让合同》律师批注7。

【法律规定】

《营业性演出管理条例》(2008.07.22修正)

第三十条 营业性演出经营主体应当对其营业性演出的经营收入依法纳税。演出举办单位在支付演员、职员的演出报酬时应当依法履行税款代扣代缴义务。

【相关案例】

2005年香港巨星刘德华"9·16"沈阳演唱会个人报酬30万元港币,缴纳了10余万元人民币的个人所得税。相关报道发出后,有的人对华仔主动纳税的举动大加赞扬,有的人则对华仔一次演唱会个人仅收入30万元港币持怀疑态度。代扣代缴表演者的个税是演出举办方的法定义务,也是表演者的法定义务。

> 3. 演出安排:
> 3.1 演唱会相关报审:乙方负责安排和落实本次演唱会及甲方与其随行人员演出的报审手续。
> 3.2 演唱会安保:乙方应确保甲方到达演出现场和出席演出直至离开演出现场的全程安保与秩序维护等事项。
> 3.3 演唱会宣传:甲方同意,为了发布本次演唱会及其宣传目的,可在本次演唱会举办前发布和使用的宣传海报及相关宣传中使用甲方的姓名、肖像及相应照片、视频,但不应用于其他目的或用途。
> 3.4 交通与食宿:
> 3.4.1 甲方及其_____名随行人员自其实际出发地至本次演唱会地点的往返交通费用及出席演唱会期间的食宿费用,均由乙方另行承担。
> 3.4.2 交通出行标准为:(1)飞机:甲方头等舱、随行人员经济舱;(2)如无航线时为火车高铁商务座;(3)市内交通为专车接送。
> 3.4.3 食宿标准为:甲方_____星级及以上级别酒店_____房间食宿,随行人员为_____星级酒店标准间食宿。
> 3.5 化妆与服装:甲方为出席本次演唱会的化妆与服装费用均由乙方另行承担。

● 律师批注6

【条款目的】

演出时,应当对表演者参加演出的各个细节予以明确约定,特别是对与演出相关的费用由哪方承担应予以确定,避免因约定不清产生争议、影响演出。

> **4. 演唱录制:**
> 4.1 甲方同意并授权由乙方对甲方在本次演唱会的现场表演进行同步、全程音像录制、拍照。但乙方承诺,本次演唱会将通过_____电视台实况播出。
> 4.2 甲乙双方确认:甲方拥有本次演唱会中甲方参加演出环节的拍摄画面、素材及音视频、照片等的使用决定权。
> 4.3 甲乙双方确认:除上述约定外,本次演唱会及其主办方、承办方如将甲方现场演唱和表演,自己或授权他人进行现场拍摄,或将甲方演唱的画面、素材及音视频、照片等进行任何方式使用或授权他人使用,需事先征得甲方的同意。

● **律师批注7**

【条款目的】

1. 因为演唱会举办者组织演出,表演者参加演出及收取报酬与演出及门票收入相关,录制表演者演唱内容或授权广播、电视、网络对表演者表演过程进行实况转播,是演唱会之外的合作,是否允许是表演者的权利,这也是决定演出报酬的重要因素。

2. 如果演唱会举办方还将演唱会内容实况转播或录制播出、制作音像制品等方式进行传播,则还需要歌曲词曲作者对此另行授权。

【法律规定】

《中华人民共和国著作权法》(2010.02.26修正)

第三十八条 表演者对其表演享有下列权利:

……

(三)许可他人从现场直播和公开传送其现场表演,并获得报酬;

(四)许可他人录音录像,并获得报酬;

(五)许可他人复制、发行录有其表演的录音录像制品,并获得报酬;

(六)许可他人通过信息网络向公众传播其表演,并获得报酬。

被许可人以前款第(三)项至第(六)项规定的方式使用作品,还应当取得著作权人许可,并支付报酬。

【相关案例】

中国音乐著作权协会作为相应音乐作品的著作权集体管理组织因2004

年 11 月 19 日中国演出家协会和天星公司举办的"大地飞歌——群星西安演唱会"中共有《好日子》、《爱我中华》等 8 首歌曲,未经其授权进行演唱,起诉该演唱会的举办方侵犯著作权,最终得到法院支持。

5. 其他事项:
5.1 具体安排:
5.1.1 乙方确保本次演唱会主办方、承办方等合作方能够尊重和履行本合同,并将安排其合作方落实相关具体事宜。

5.1.2 本合同签署后,甲方据此安排其相应档期,以确保按时出席。但如甲方确因突患严重疾病而导致无法演出时,甲方应提供甲乙双方共同认可的医院的诊断证明,否则,视为甲方违约。

● 律师批注 8
【条款目的】
在演唱会时间和内容确定后,表演者如不能参加演出,特别是作为演唱会主要表演者或演唱会"核心"表演者,将会造成举办者巨大损失。因而,双方应明确约定表演者确因突发情况,如生病无法演出的确认机制。

5.2 违约责任:
5.2.1 任何一方违反本合同或导致本合同约定无法履行、实现,均须承担违约责任并赔偿另一方全部损失。本合同以上各条款对违约责任另有特别约定的,优先适用特别约定。

5.2.2 甲方不得随意解除本合同或无故不出席演出,否则,除退还乙方已支付的报酬外,还须按照报酬总额_____%支付违约金并赔偿损失。乙方如取消本次演唱会或者因乙方变更演唱会时间、地点导致甲方不能出席演唱会的,乙方仍应按约定支付全部报酬;如因乙方变更演唱会时间、地点导致甲方需要协调其档期方可出席演唱会的,乙方仍应按约定支付全部报酬_____%的违约金并承担甲方因此产生的额外成本、费用(含向他人支付违约金、赔偿金)。

5.2.3 乙方如迟延支付报酬,则每逾期一日应按照逾期金额_____%支付违约金,逾期超过_____日时,每日违约金标准为逾期金额_____%;如至演唱会举办日前仍存在拖欠报酬及未结清的违约金时,甲方可拒绝出席演唱会且由乙方承担全部后果。

● 律师批注 9

关于违约金等违约责任约定的注意事项与法律风险,参见《文学艺术作品合作创作合同》律师批注 14 和《文学艺术作品出版合同》律师批注 14。

> 5.3 争议解决:
> 5.3.1 双方因合同的解释或履行发生争议,应先由双方协商解决。
> 5.3.2 如协商不成,按照第_____种方式解决。
> (1) 将争议提交_____仲裁委员会依照其最新生效的仲裁规则进行仲裁。
> (2) 向_____地(如:甲方所在地或乙方所在地或本合同签署地)有管辖权人民法院提起诉讼。

● 律师批注 10

关于争议解决约定的注意事项与法律风险,参见《文学艺术作品合作创作合同》律师批注 15。

> 5.4 本合同一式二份,双方各执一份。自双方签署后生效。

● 律师批注 11

关于合同生效时间约定的注意事项与法律风险,参见《文学艺术作品合作创作合同》律师批注 16。

> 5.5 本合同双方的联络方式如下,任何一方改变其联络方式,均须书面提前通知另一方,否则送达至原授权代表或以原联络方式送达即视为有效送达:
> (1) 甲方指定联系人:_____,电话_____,传真_____,手机_____,电子信箱_____,通信地址_____,邮编_____。
> (2) 乙方指定联系人:_____,电话_____,传真_____,手机_____,电子信箱_____,通信地址_____,邮编_____。

● 律师批注 12

关于联系人与联系方式约定的注意事项与法律风险,参见《文学艺术作品合作创作合同》律师批注 17。

(以下无正文)
甲方:＿＿＿＿
签字:＿＿＿＿
乙方:＿＿＿＿有限公司
法定代表人或授权代表:＿＿＿＿

第十四章 演艺人员经纪合同

> **演艺人员经纪合同**
>
> 经纪方：_____有限公司（以下简称"甲方"）
> 法定代表人：_____
> 地址：_____
> 艺人：_____（以下简称"乙方"）
> 身份证号：_____
> 住址：_____

● 律师批注1

　　关于合同的签约主体及其名称的注意事项与法律风险等，参见《文学艺术作品合作创作合同》律师批注1和《文学艺术作品委托创作合同》律师批注1。

> 鉴于：
> 　　1. 甲方系依法在_____市设立、专门从事_____的有限责任公司。
> 　　2. 乙方系职业演员，愿意按照本合同委托甲方管理、经纪其演艺事业。
> 　　3. 本合同是依照《合同法》的规定构成甲乙双方之间的演艺经纪合同关系，不构成《劳动法》上的劳动合同关系。

● 律师批注2

　　关于鉴于条款约定内容及其法律意义，参见《文学艺术作品合作创作合同》律师批注2。

> 为此，经甲乙双方于_____年_____月_____日在_____市_____区达成如下约定：

● 律师批注 3

关于签约时间、签约地点的注意事项及法律风险等,参见《文学艺术作品合作创作合同》律师批注3。

> **1. 合作方式:**
> **1.1** 双方依本合同约定确立乙方对甲方的独家演艺经纪委托合作关系,甲方作为乙方的独家经纪方、代理人,处理和管理本合同约定范围的乙方演艺活动并代表乙方与有关方签署和履行演艺活动协议。
> **1.2** 甲方作为乙方的独家经纪方,经营乙方的文化演艺活动,积极向有关演艺经营方、唱片公司及影视机构等推荐乙方,争取乙方承担相应演出任务。

● 律师批注 4

【条款目的】

1. 本条款在于明确经纪方与艺人之间的法律关系,通常经纪方会要求成为艺人的独占性经纪方,艺人不得再委托他人或自己对外签约、承揽演艺事务。

2. 经纪公司也可将艺人聘用为其员工并建立劳动合同关系,这种关系之下,艺人应当服从其用工单位的工作安排。传统的文化与演出单位和艺人之间就属于人事关系或劳动关系,例如,文工团的演员。

【风险提示】

对于艺人经纪合同的法律性质,法律并未明确规定,实践中也存在不同观点。但一般认为艺人经纪合同通常属于"概括委托"的委托代理合同性质,艺人基于对经纪方信任而将其演艺事务交由经纪方代理,经纪方根据艺人委托为其提供服务。

【法律规定】

《中华人民共和国合同法》(1999.03.15 公布)

第三百九十六条 委托合同是委托人和受托人约定,由受托人处理委托人事务的合同。

第三百九十七条 委托人可以特别委托受托人处理一项或者数项事务,也可以概括委托受托人处理一切事务。

第四百一十条 委托人或者受托人可以随时解除委托合同。因解除合同给对方造成损失的,除不可归责于该当事人的事由以外,应当赔偿损失。

【相关案例】

歌手刘某与经纪公司签订合约之后,公司为其发行了一张专辑。但自2008年起,公司就对其无任何投资,也无任何演艺活动安排,3年内其只从公司获得了1.3万余元收入。无奈之下,为解决生存问题,他不得不在酒吧唱歌以赚取生活费用,但不久公司便以其没有经过经纪公司允许私自演唱违反合同为由,向法院起诉并要求刘某赔偿违约金。

在许多案例当中,经纪合同已被视为艺人的"卖身契",艺人只能听众经纪方的安排,完全颠倒了"本人"与"代理人"的关系。基于经纪公司未尽代理职责,歌手刘某完全可主张解除合同并要求予以赔偿。

> 1.3 乙方委托和授权甲方独家经纪活动限于本合同约定的范围(该范围内有关活动均称为演出或演艺活动),具体包括:
> (1)国内外影视剧演出;
> (2)国内外舞台戏剧、话剧、歌舞、小品、各类晚会演出;
> (3)作为嘉宾、主持人等身份,参与国内外广播、电视节目和现场表演与宣传活动;
> (4)在国内外担任国内外厂家、品牌、商业或公益活动的代言人,或者在国内外拍摄有关厂家、品牌的商业广告及其他公益广告;
> (5)在国内外参加唱片录制,或者MTV、MV等拍摄制作;
> (6)对包含乙方演出内容的影视制品、录音、录像制品或演出画面的经营、使用授权或许可;
> (7)涉及乙方在上述各项活动中形成的个人形象、肖像权、名誉权、著作权等及其使用的一切活动;
> (8)双方共同确认的其他事务。
> 1.4 甲方在推荐和经纪乙方演出时,以甲方名义与有关接受或邀请方签署演艺方面的协议,但乙方应遵守以甲方名义签署的演出协议的约定并承担相应法律后果。

● 律师批注5

【条款目的】

本条款在于明确经纪方处理艺人演艺事务的范围,艺人既可将其全部演艺事务概括委托给一家经纪公司,也可按影视、广告等不同领域委托不同的专业经纪公司负责。

2. 合作内容：

2.1 合作期限：

2.1.1 本合同项下的合作期限为_____个月，即自_____年_____月_____日至_____年_____月_____日。如有必要，经双方协商同意，可以延长合作时间。

2.1.2 合作期限届满时，如仍有未结清事项，则合作期限顺延至结清时为止；但在该顺延期限内，甲方不再开展新的演艺与经纪业务，并且乙方可另行委托其他方从事其演艺事业的经营与管理。

2.2 地域范围：

2.2.1 双方合作区域为全世界各个国家、地区。

2.2.2 如境外有关国家、地区对演艺经纪的法律规定对本合同的履行造成限制或障碍时，甲方可通过转委托等方式，签署和履行有关演艺协议或演艺任务。

● **律师批注 6**

【条款目的】

本条款在于明确经纪方代理演艺事务的期限和地域。艺人通常可将全球演艺事务委托给经纪方，也可在不同国家和地区委托不同的经纪方，但委托不同的经纪方往往会造成艺人演艺的时间安排上难以协调甚至产生冲突。

3. 经纪事项种类：

3.1 在本合同约定经纪范围内的各种经纪事项。

3.2 甲方经纪的事项包括有偿或无偿的商业活动，也包括公益活动等一切可能会影响甲乙双方权益及收益的活动。

● **律师批注 7**

【条款目的】

因艺人演艺活动有的为商业有偿演出，有的则为公益或无偿演出，经纪公司为了防止艺人以无偿演出之名私下获得收益，往往会要求艺人将无偿或公益演艺事务也交由经纪方代理。

4. 对外报价体系：

4.1 甲乙双方应对外保持统一口径报价，具体由甲方负责对外报价。

4.2 甲方本着乙方利益最大化原则考虑、谋求乙方演艺事业的长远发展，掌握和确定乙方演出活动的报酬，并尽量保持相对统一、稳定的报酬标准。

4.3 甲方作为乙方的经纪人并且代表乙方与有关演出接受方或邀请方签署演出协议时，甲乙双方确定报酬和演出条件后再签署演出协议。

● 律师批注 8

【条款目的】

艺人演艺活动的报酬，应由双方协商并由艺人最终确定，但为保障艺人的长远发展，对外报价应当尽量保持统一口径、稳定报价。

5. 演出机会：

5.1 甲方通过其各种资源、途径向乙方推荐、提供演出机会，并以口头、书面、电子邮件等形式通覆乙方，经乙方同意接受或愿意承担演出任务后，再由甲方与有关方签署协议，乙方按照甲方所签署协议的约定完成演出任务。

5.2 在甲方推荐、提供演出机会的同时，乙方亦可通过其自身资源、途径寻找演出任务，向甲方通报有关演艺信息或其他邀请信息，甲方与有关演艺组织方、邀请方商谈和安排演艺条件、签署有关演艺协议。

5.3 乙方须保证在承接演艺任务时，能够提供满足演艺活动需要的连续工作时间，不得无故拒绝演艺安排或不承担演艺任务。

● 律师批注 9

【条款目的】

1. 经纪方为艺人寻找演艺机会，既是经纪方的基本职责，也是经纪方实际收益最大化的来源。

2. 随着艺人知名度的提高，往往会有演出组织方、影视投资方慕名直接找到艺人寻求合作，对主动或由艺人提供的演艺机会，经纪方节省了寻找和推广成本，应当适当降低其提成佣金。

6. 合作收益：

6.1 经纪酬金：

6.1.1 在本合同有效期内，甲方从乙方的演艺收益（包括因演艺事业而获取之酬金、各种形式的馈赠、奖金或权益及其他任何形式的一切利益）中提取其经纪报酬：甲方提取佣金的比例为各项演艺事务报酬金额的_____%；扣除甲方佣金及相关费用后，其余收入全部归乙方。

6.1.2 任何一方取得演艺收益款项后_____个工作日，应按约定比例向对方进行分配。

6.1.3 按照对外演艺协议所取得的报酬为税后酬金，则按照此约定分配时归乙方的收入为税后金额；按照对外演艺协议所取得的报酬为税前酬金，则按照此约定分配时归入乙方的收入为税前金额，则乙方收入涉及的个人所得税由甲方代为缴纳和办理。

6.2 经纪成本：

6.2.1 甲方对乙方进行市场开拓、演艺与形象宣传和推广等的成本均由甲方承担，按照约定向乙方提供演艺包装、附带服务等义务；前述各项投资、服务等成本和费用均由甲方自行承担，并作为本合同双方的合作对价。

6.2.2 如某项演艺经纪未成交或未取得演艺收益，乙方无须就甲方已付出的经纪活动、相应服务另外支付报酬，即甲方承担能否取得经纪报酬及其多少的风险。

● **律师批注10**

【条款目的】

1. 经纪方取得佣金的方式一般有两种：固定佣金和提成佣金。为激励经纪方的工作积极性，往往采用提成佣金，经纪方按事先约定比例提成获得佣金。

2. 经纪方开展经纪事务的成本，可以约定由艺人另外支付，也可约定由经纪方自行承担。

【相关案例】

据韩国媒体报道，韩国著名主持人刘某因薪酬被拖欠而向经纪公司发去了解除所属协议的通报。刘某的经纪公司先曝出财政危机，之后就一直拖欠旗下艺人的薪酬，仅刘某一人被拖欠的薪酬就高达5亿韩元。刘某曾给经纪公司发去了最后通牒，结果至今没有得到任何回复，无奈之下才解除了与经纪公司的所属协议。

7. 双方权利和义务：

7.1 甲方权利及义务：

7.1.1 甲方为乙方提供拍摄和演出机会，并承担经纪乙方演艺活动所涉及的策划、包装、规划、安排及实施；对外谈判、签约、收益的获得、法律事务代理、行政顾问等业务；以及对属于约定范围内的各种权益的转让和权利行使独家代理和管理权。

7.1.2 对于确定的演艺事项，除非不可抗力或者因伤、病等突发事件以及乙方无法克服的客观原因以外，乙方在指定的时间、地点工作，不得迟到、早退或缺席，更不得离组擅自活动。如因乙方原因给甲方或合作方造成损失的，乙方应赔偿甲方的直接、间接损失（包括但不限于前期收入及支出费用、签约费用、向第三方支付的违约金与赔偿金及甲方预期利润等，甲方有权直接从乙方其他活动收入中扣取），并承担由此产生的各种法律责任。

7.1.3 乙方委托甲方代理乙方联系、安排演艺活动，并与第三方签订有关协议与合同。未经甲方同意，乙方不得自行行使和处置相关权利，进行业务安排及与第三方签署任何协议。

7.1.4 乙方拥有自己的肖像权，但其权利的维护和许可由甲方管理和独家代理和处理。

7.1.5 乙方在工作期间（指经甲方经纪签约参加有关演出活动和剧组、摄制方等提出的工作时间）因伤或病请假，须按照演出协议的约定提供医院证明（有关演出活动的协议有不同，按照其约定执行）。如甲方对乙方证明的有效性有疑问，可以要求乙方到甲乙双方认可指定的医院复查，否则视为违约并承担违约责任，乙方应支付甲方相应活动或合约应获得毛收入额_____%的违约金并赔偿甲方由此产生的各种损失（赔偿额不低于活动毛收入），承担产生的法律责任。

7.1.6 甲乙双方都应遵守国家的法律、法规及有关规章制度。在合同期内，如甲方发现乙方有任何严重损害乙方自身名誉或者形象的违法行为，乙方应自负法律责任，甲方不承担任何连带责任，同时，甲方有权解除与乙方的合同。

7.1.7 甲方须严格执行本合同，全方位地完成乙方的经纪业务，并为乙方提供相应约定配套服务。但甲方无须为乙方购买或缴纳任何社会或商业保险。

7.1.8 甲方可依据乙方自身条件及特点制定有关经纪计划。在实施过程中，应充分尊重乙方意愿，友好协商。

7.1.9 甲方应尽全力维护和捍卫双方的荣誉,当乙方名誉受到损毁时,甲方应尽全力维护乙方名誉,并提供相应的协助,尽可能保护乙方不受侵害。

7.1.10 甲方承诺乙方所披露个人资讯的秘密,未经协商同意,不得随意披露乙方资讯,但为宣传目的而披露之情况除外。

● 律师批注11

【条款目的】

1. 本条款在于明确经纪方应尽的各项义务,从而更好地为艺人提供演艺管理服务。

2. 尽管艺人将其演艺事务交由经纪方来处理,但艺人对其演艺事务有最终决定权。因为艺人并不是经纪公司员工并受经纪公司管理。

【法律规定】

《中华人民共和国合同法》(1999.03.15公布)

第三百九十九条 受托人应当按照委托人的指示处理委托事务。需要变更委托人指示的,应当经委托人同意;因情况紧急,难以和委托人取得联系的,受托人应当妥善处理委托事务,但事后应当将该情况及时报告委托人。

【相关案例】

著名艺人杨某某以其经纪人许某某及所经营"特许国际"经纪公司未善尽经纪义务,且任由媒体不实报道及对外中伤等理由,向法院起诉解除与经纪方的经纪合约。

在该案例中,艺人如有对方违约的足够证据,是因对方违约而解约的,无须向对方赔偿。

7.2 乙方权利及义务:

7.2.1 乙方有权要求甲方严格按照合约规定,全面实施为自己进行的经纪业务活动;并且乙方须遵守本合同关于经纪和演艺的约定及甲方为履行本合同进行的相应安排。

7.2.2 乙方有权依据本合同约定获取相应收益,获得权益上的保护。

7.2.3 在合同实施过程中,乙方享有充分的知情权、参与权,有权向甲方提出合理的意见和建议,并得到甲方的充分尊重。

7.2.4 乙方在甲方违反本合同有关规定时,有权要求甲方进行相应赔偿直至要求依法解除合约。

7.2.5　乙方承诺,其身体健康,具备相应演出条件和表演潜力,积极安排演出的准备活动并尽力完成甲方经纪的演出任务,但乙方有权拒绝甲方的以下要求或安排:

(1) 色情的、违法的及违背社会公德等性质的活动。

(2) 潜在危险性较高,可能会对乙方造成身体伤害,乙方无法承担的活动。但甲方协调剧组、拍摄方采用替身演员时,乙方不得拒绝。

(3) 违背行业惯例,有损乙方声誉、信誉及人格的活动。

7.2.6　乙方严格遵守本合同的各项规定和规划安排及甲方经纪演出与他方有关协议的约定。

7.2.7　乙方严格实施甲方代理或代表乙方签订的合同,参加甲方安排的演艺活动。

7.2.8　当乙方的时间安排与双方已经确定的各项安排发生冲突时,乙方须优先服从甲乙双方确定活动安排(不可抗力情况除外),特殊情况下,由双方协商解决。

7.2.9　甲方实施本合同有需要时,乙方有义务向甲方提供真实和充分的个人资讯,并服从甲方对本人在言行举止方面的监督和指正。

7.2.10　乙方有义务保守甲方的商业秘密与本合同约定内容以及履行本合同约定过程中形成的保密事项。

● **律师批注 12**

【条款目的】

1. 本条款在于明确艺人应当配合经纪方的演艺事务安排,并履行经纪方对外签署的合同,如因艺人未能履行经纪方签署的演出合同,则艺人对外承担全部责任。因为经纪方只是其代理人。

2. 艺人还应在确定相应演艺事务后,妥善管理自己的行为,如因其故意违法或严重不当行为造成其身体遭受残疾或丧失履约能力,艺人还应当承担违约责任。

【相关案例】

曾经吸毒且被处罚过的某著名歌手由其经纪公司签约了某演唱会的演出任务,但临近演出前,该歌手因参加朋友生日宴会吸毒被公安机关再次抓获并处劳动教养3个月。经纪公司以不可抗力为由对该歌手无法参加演出要求免责。

在该案例中,履行约定合同的演出等义务是艺人的"积极义务",艺人还负有保证其不从事违法犯罪或故意伤害其身体、智力等的"消极义务",否则,同样构成违约。因为艺人对其从事前述有碍消极义务履行的活动时,能够预见到其行为的不利后果且能够不从事此行为,所以,该歌手因违法被劳教而丧失人身自由不构成不可抗力事件。

8. 特别承诺:

8.1 甲乙双方分别向对方声明、承诺和保证,双方同时向对方声明和承诺合同的签署和履行不与任何双方已经签署的协议或需承担的任何义务相冲突,并且也不会对协议外的第三方形成任何法律和商业上的冲突。

8.2 本合同所涉及的任何内容以及甲乙双方在执行过程中相关的一切法律、商业、合作业务的所有资讯,双方均有义务保守秘密,未经许可不得向双方以外的任意第三方披露。本保密约定在本合同终止后五年内仍具有约束力。

8.3 未经乙方同意,甲方不得将其在本协议中享有的权利和承担的义务转移给他人;否则,乙方有权解除本协议并追究违约责任。

● 律师批注 13

【条款目的】

经纪方不得转委托经纪事务,除非经艺人同意或在紧急情形下为艺人利益而为。

【法律规定】

《中华人民共和国合同法》(1999.03.15 公布)

第四百条 受托人应当亲自处理委托事务。经委托人同意,受托人可以转委托。转委托经同意的,委托人可以就委托事务直接指示转委托的第三人,受托人仅就第三人的选任及其对第三人的指示承担责任。转委托未经同意的,受托人应当对转委托的第三人的行为承担责任,但在紧急情况下受托人为维护委托人的利益需要转委托的除外。

9. 违约责任:

9.1 甲方对外透露乙方不实资讯,造成乙方声誉严重受损的,乙方有权要求甲方赔偿其相应损失。

9.2 乙方违反合同的独家排他特性,未经甲方书面允许,直接或间接与第三方进行合同规定的任何形式的合作或直接签署演出协议,应承担违约责任。

9.3 合同一方在获知合同对方违约后可向违约方发出书面通知要求改正。违约方在收到通知之日起的3日内未能改正其违约行为,守约方有权要求依法解除本合同,并追究违约方的责任,同时要求赔偿损失。

● 律师批注 14

关于违约金等违约责任约定的注意事项与法律风险，参见《文学艺术作品合作创作合同》律师批注 14 和《文学艺术作品出版合同》律师批注 14。

> 10. 其他事项：
>
> 10.1 争议解决：
>
> 10.1.1 如本合同与本合同履行及根据本合同签署的有关经纪演出任务发生争议或分歧，双方均应先协商解决。在争议未通过协商或司法程序解决前，双方均不应以不履行本合同及根据本合同签署的有关经纪演出任务向另一方提出要挟或条件，否则视为其违约并须承担违约责任。
>
> 10.1.2 如协商不成，按照第_____种方式解决。
>
> （1）将争议提交_____仲裁委员会依照其最新生效的仲裁规则进行仲裁。
>
> （2）向_____地（如：甲方所在地或乙方所在地或本合同签署地）有管辖权的人民法院提起诉讼。

● 律师批注 15

关于争议解决约定的注意事项与法律风险，参见《文学艺术作品合作创作合同》律师批注 15。

> 10.2 本合同一式二份，双方各执一份。自双方签署后生效。

● 律师批注 16

关于合同生效时间约定的注意事项与法律风险，参见《文学艺术作品合作创作合同》律师批注 16。

> 10.3 本合同双方的联络方式如下，任何一方改变其联络方式，均须书面提前通知另一方，否则送达至原授权代表或以原联络方式送达即视为有效送达：
>
> （1）甲方指定联系人：_____，电话_____，传真_____，手机_____，电子信箱_____，通信地址_____，邮编_____。
>
> （2）乙方指定联系人：_____，电话_____，传真_____，手机_____，电子信箱_____，通信地址_____，邮编_____。

● **律师批注 17**

关于联系人与联系方式约定的注意事项与法律风险,参见《文学艺术作品合作创作合同》律师批注 17。

> (以下无正文)
> 甲方:_____有限公司
> 法定代表人或授权代表:_____
> 乙方:_____
> 签字:_____

第十五章　演唱会投资合同

> 演唱会投资合同
>
> 甲方：_____有限公司
> 法定代表人：_____
> 地址：_____
> 乙方：_____有限公司
> 法定代表人：_____
> 地址：_____

● 律师批注 1
　　关于合同的签约主体及其名称的注意事项与法律风险等，参见《文学艺术作品合作创作合同》律师批注 1 和《文学艺术作品委托创作合同》律师批注 1。

> 甲乙双方准备共同投资举办本合同约定演唱会，于_____年_____月_____日在_____市_____区达成如下约定：

● 律师批注 2
　　关于签约时间、签约地点的注意事项及法律风险等，参见《文学艺术作品合作创作合同》律师批注 3。

　　1. 演唱会概况：
　　1.1 演唱会的名称、类型与主题："_____演唱会"，属于商业演唱会，是以_____为主题演唱活动（以下简称"本次演唱会"）。
　　1.2 演出场次：_____场。
　　1.3 演出规模：约_____名观众。
　　1.4 演唱会的举办时间与地点：于_____年_____月_____日_____时至_____时，在_____市_____体育馆，如变更时间与地点应由双方共同协商决定。
　　1.5 演唱会的投资与举办及组织：本次演唱会由甲乙双方共同投资，并共同委托具有演唱会举办资质和经验的机构具体承办。

● 律师批注 3

关于演唱会举办的注意事项与法律风险,参见《演唱会演出合同》律师批注 3。

> 2. 合作方式:
> 2.1 双方按约定提供投资,用于本次演唱会的各项支出。
> 2.2 双方除提供投资外,还须按约定完成所分配的工作任务,共同协作完成本次演唱会;双方约定的分配工作任务,系本协议签署的基础和分配利润的前提之一。
> 2.3 双方按照约定比例、方式分配本次演唱会全部收益。

● 律师批注 4

【条款目的】

明确各合作方的主要责任及各方之间合作关系。

> 3. 合作内容:
> 3.1 双方投资:
> 3.1.1 双方确认,本次演唱会的总预算为人民币_____元,包括:前期筹备费用、广告宣传、场地费用、各项演出酬金及相关支出;总预算如遇不足,由双方确认后按约定投资比例共同追加。
> 3.1.2 根据总预算确定总投资额,双方的投资比例分别为:
> (1) 甲方投资_____元,占总投资的_____%;
> (2) 乙方投资_____元,占总投资的_____%。
> 3.1.3 双方投资款项的支付进度如下,并将款项汇入双方共同指定银行账户。
> (1) 本协议签署后_____个日历天内,支付投资额的_____%;
> (2) 于_____年_____月_____日前,支付投资额的_____%;
> (3) 于_____年_____月_____日前,支付投资额的_____%。
> (4) 追加的投资,由双方本着不影响演唱会工作进度的原则确定到位进度和期限。
> 3.1.4 双方同意就本次演唱会在_____方名下在银行开立专用账户,该账户为本次演唱会支出与收入的主账户。凡各方投资、票房收入及广告赞助收入都进入该账户,所有涉及演唱会的支出也均从该账户中支出。

> **3.1.5** 双方均同意在双方对演唱会成本预算签字确认后,双方对演唱会进行运作。在预算范围之内的成本支出,须经双方共同签字后方可支出,超出预算部分也需经过双方另行协商同意后再行支出。
>
> **3.1.6** 本次演唱会的成本预算由双方共同编制和决定。
>
> (1) 经双方签字认可的本次演唱会成本预算表为本协议书不可分割的组成部分。
>
> (2) 本次演唱会在实施过程中如因实际情况致使成本增加时,双方应立即处理并经双方共同确认后执行。

● **律师批注5**

【条款目的】

1. 各投资方共同出资举办营业性演出能够分散投资风险、发挥各自资源优势。各方提供资金是演唱会举办的基础,也是各方享有投资权益的前提。

2. 对投资实际预算管理和各方共同监管是保障资金安全和运营管理的需要,同时,对于演唱会的收入也应当由专门账户来管理,防止收入被一方挪用。

> **3.2** 双方分配工作任务:
>
> **3.2.1** 甲乙双方分别为本次演唱会的第一、第二主办单位,决定本次演唱会全部事项,包括但不限于演出内容的确定、预决算的制定、本次演唱会权益的分配(主办单位、承办单位及协办单位的选择与确认)、票价的制定和票务销售方案的确认、宣传方案的确认、接待方案的确认、财务方案的确认、赞助商的确认等。
>
> **3.2.2** 甲方作为本次演唱会第一主办单位,须对本次演唱会的全部安全(含保安、消防等)事务负责并承担全部责任。
>
> **3.2.3** 在向演唱会相关主管机关报审、备案时,甲方作为第一申报单位,乙方作为共同申报单位。
>
> **3.3** 利润分配与盈亏责任:
>
> **3.3.1** 甲方按_____%的比例分享本次演唱会的盈利,按_____%的比例承担本次演唱会的亏损。
>
> **3.3.2** 乙方按_____%的比例分享本次演唱会的盈利,按_____%的比例承担本次演唱会的亏损。

3.3.3 双方确认,双方在本协议项下权利和对本次演唱会所拥有的权益,任何一方不得私自转让或转由他人享有;否则,将视为违约行为,且此类转让合同无效。

3.3.4 本次演唱会的成本预算表是双方权益分配及盈亏承担的基础文件,双方依据成本预算表对本次演唱会进行投资并按比例承担盈亏。

3.3.5 本次演唱会的收益核算与分配:

(1) 本次演唱会的净利润是指全部收益在扣除各项成本、税费且返还全部投资款项后的净额。本次演唱会的利润(亏损)计算公式为:本次演唱会的利润(亏损)额＝演唱会收入(票房收入＋赞助收入＋广告收入＋预算资金节余部分) – 实际成本支出。

(2) 全部收益的项目按照本协议约定确定。

(3) 收益核算由甲方负责编制草案,经双方共同认可后生效;乙方提出疑问、异议,甲方均应予必要解释、配合核查。如此类疑问、异议仍未得到满足,提出方还可自行委托会计师进行财务审计,甲方应予配合;如经审计出现差额或不实收支项目,则由双方协商处理,但在此情形下审计费用由甲方承担。

(4) 双方同意,在招募本次演唱会赞助商时,向营销方、承办方等合作方的提成比例或酬金视具体情况由双方共同决定。

(5) 双方同意,除现金赞助外,实物赞助及其他任何形式的广告赞助均无代理费提成。

(6) 双方同意,向赞助商(现金赞助)赠送本次演唱会入场券为赞助总额的＿＿＿＿＿＿%。实物赞助及其他赞助赠送的入场券数量,可根据实际情况双方协商决定。

3.3.6 双方同意,本次演唱会的结算工作在本次演唱会结束后的＿＿＿＿＿＿个工作日内完成,结算表需经双方同意并签字。双方所投入的资本金及本场演唱会的利润部分,按双方承担的盈亏比例进行分配。双方应得金额需在结算完成之日起＿＿＿＿＿＿个工作日内汇入双方指定账户。

3.3.7 若本次演唱会出现亏损,经甲乙双方确认,在双方投入资金与本场演唱会所有收入相加,不足以冲抵亏损额度时,甲乙双方均有义务向本场演唱会指定账户按盈亏比例注入资金,且必须在结算完成之日起＿＿＿＿＿＿个工作日内支付完毕。

● 律师批注6

【条款目的】

1. 明确各方对盈亏的分担责任及比例,一般应以实际到位投资比例作为依据;还应明确收入分配前的扣除项目及计算公式,避免因各方对扣除项目理解不一致而产生纠纷。

2. 演唱会除门票收入、转播收入外,还会有赞助、广告等收入,均应纳入统一收入管理。

4. 工作安排:

4.1 工作方案:

4.1.1 ＿＿＿＿＿方应在本协议签署后＿＿＿＿＿个工作日内制作演唱会具体工作进度表,经双方共同确认后执行。

4.1.2 ＿＿＿＿＿方应在本协议签署后＿＿＿＿＿个工作日内制作演唱会具体全面工作方案,经双方共同确认后执行。

4.1.3 上述工作进度表或工作方案如因特殊情况需要变更,亦须经双方共同确认后执行。

4.2 甲乙双方具体负责下列工作事项:

4.2.1 甲方负责完成下列工作事项:

(1) 负责本次演唱会的策划、统筹和组织工作。

(2) 负责本次演唱会演出内容的确认、硬件设备的租赁、搭建与使用以及演出需要的相关合同的签订。

(3) 负责办理本次演唱会演出批准文件。

(4) 负责本次演唱会运作成本的制定与控制、执行。

(5) 负责本次演唱会宣传方案的制定与执行。

(6) 负责本次演唱会票务方案的制定与执行。

(7) 负责本次演唱会接待方案的制定与执行。

(8) 负责本次演唱会财务方案的制定与执行。

(9) 负责本次演唱会对外的协调与联络工作。

(10) 负责本次演唱会各参与单位的确认与协调工作。

4.2.2 乙方负责完成下列工作事项:

(1) 承诺发挥自身优势与资源为本次演唱会进行宣传资源的提供、赞助商资源的提供和其他社会资源的提供。

(2) 负责与甲方共同制定本次演唱会的宣传方案。

(3) 负责与甲方共同制定本次演唱会的票务销售方案。

(4) 配合甲方共同完成本次演唱会航空公司、宾馆饭店等工作。

（5）有义务就本次演唱会的各个工作环节提出合理化建议和改进意见。

4.3 相关事项安排：

4.3.1 双方同意以_____方的名义与演员或其经纪公司签署演出协议。

4.3.2 双方代表均有权以同等身份出席与本次演唱会有关的各种活动。

4.3.3 双方均有权了解、查阅与本次演唱会有关的各类协议的具体内容、收支情况。

4.3.4 凡与本次演唱会有关合约中涉及的所有支出款项，双方均必须出具合法有效发票，经双方指定财务人员确认后，方可入账报销。无合法有效发票的支出款项，须经双方逐一确认后，方可支出，否则，将不会被列入本次演唱会成本。

4.3.5 双方享有的本次演唱会赠票，赠票数量为甲方_____张、乙方_____张（内场票及看台票各占50%）。此外，需赠送演出艺人本场演唱会赠票_____张。本次演唱会的各类工作证、车证、节目册获取的时间另行商定。

● **律师批注7**

【条款目的】

营业性演出涉及审批环节，组织工作复杂，各方应对各个细节予以明确分工和衔接，凡未完成分配任务或因其负责的分工出现问题的一方应对其他方承担违约责任，这样便于追查责任。

5. 其他事项：

5.1 不可抗力：由于地震、台风、水灾、火灾、传染性疾病流行等自然灾害或战争、政府行为及其他不能预见并且对其发生的后果不能防止或避免的不可抗力原因，致使直接或间接影响本协议的履行，或不能按约定的条件履行时，遇有上述不可抗力的合约方，应立即通知其他合约方，并需同时提供不可抗力的书面说明，及协议不能履行或部分不能履行或者需要延期履行的理由的有效证明文件，根据所发生不可抗力对本协议影响的程度，由双方协商是否继续履行或延期履行本协议。

5.2 违约责任

5.2.1 双方同意，本协议任何一方未履行或未完全履行本协议各合约方各自项下约定之义务时,即构成违约。违约方应向守约方承担违约责任,同时必须向守约方赔偿因未履行或未完全履行本协议本方项下约定之义务及责任而给守约方造成的经济损失。

5.2.2　任何一方延迟提供投资款项或迟延分配收益,则每延迟一日应向其他方支付本次演唱会总投资额_____%的违约金并赔偿因此造成的全部损失;如累计延迟超过_____日以上时,每日应向其他方支付前述标准两倍的违约金,其他方还可采取解除本协议并对违约方已投入款不予返还而直接抵为对其他方的赔偿款。

5.2.3　任何一方如在本协议履行过程中,弄虚作假或虚列收支或采取其他方式占用总收益、减少给其他方的分配,则其他方有权要求违约方公开道歉、支付违约方的投资份额_____%的违约金并赔偿全部损失。

5.2.4　如因任何一方工作失误或过错导致本次演唱会失败、亏损或超支、或者导致另一方承担其他责任,则该方须承担相应赔偿责任。

● **律师批注 8**

关于违约金等违约责任约定的注意事项与法律风险,参见《文学艺术作品合作创作合同》律师批注 14 和《文学艺术作品出版合同》律师批注 14。

5.3　争议解决:

5.3.1　双方因合同的解释或履行发生争议,应先由双方协商解决。

5.3.2　如协商不成,按照第_____种方式解决。

(1)将争议提交_____仲裁委员会依照其最新生效的仲裁规则进行仲裁。

(2)向_____地(如:甲方所在地或乙方所在地或本合同签署地)有管辖权的人民法院提起诉讼。

● **律师批注 9**

关于争议解决约定的注意事项与法律风险,参见《文学艺术作品合作创作合同》律师批注 15。

5.4　本合同一式二份,双方各执一份。自双方签署后生效。

● **律师批注 10**

关于合同生效时间约定的注意事项与法律风险,参见《文学艺术作品合

作创作合同》律师批注 16。

> 5.5 本合同双方的联络方式如下,任何一方改变其联络方式,均须书面提前通知另一方,否则送达至原授权代表或以原联络方式送达即视为有效送达:
> （1）甲方指定联系人:＿＿＿＿＿,电话＿＿＿＿＿,传真＿＿＿＿＿,手机＿＿＿＿＿,电子信箱＿＿＿＿＿,通信地址＿＿＿＿＿,邮编＿＿＿＿＿。
> （2）乙方指定联系人:＿＿＿＿＿,电话＿＿＿＿＿,传真＿＿＿＿＿,手机＿＿＿＿＿,电子信箱＿＿＿＿＿,通信地址＿＿＿＿＿,邮编＿＿＿＿＿。

● **律师批注 11**

关于联系人与联系方式约定的注意事项与法律风险,参见《文学艺术作品合作创作合同》律师批注 17。

> （以下无正文）
> 甲方:＿＿＿＿＿有限公司
> 法定代表人或授权代表:＿＿＿＿＿
> 乙方:＿＿＿＿＿有限公司
> 法定代表人或授权代表:＿＿＿＿＿

第十六章 演唱会赞助合同

演唱会赞助合同

甲方：_____有限公司
法定代表人：_____
地址：_____
乙方：_____有限公司
法定代表人：_____
地址：_____

● **律师批注1**

关于合同的签约主体及其名称的注意事项与法律风险等，参见《文学艺术作品合作创作合同》律师批注1和《文学艺术作品委托创作合同》律师批注1。

鉴于：
1. 甲方系本合同约定演唱会投资方、举办方，甲乙双方愿意就该演唱会开展赞助合作。
2. 本合同构成甲乙双方之间双务、有偿赞助合同关系。

● **律师批注2**

【条款目的】

关于鉴于条款约定内容及其法律意义，参见《文学艺术作品合作创作合同》律师批注2。

【风险提示】

赞助合同是否构成赠与合同，要看赞助合同是否为有偿合同，即赞助方提供赞助是否要求接受赞助方提供相应对价，该对价可以是款、物或某项行为、提供某项服务。如为无偿赞助合同，则构成赠与关系，赞助方有权在交付赞助款物前撤销赞助，除非该合同经过公证。

【法律规定】

《中华人民共和国合同法》(1999.03.15 公布)

第一百八十五条　赠与合同是赠与人将自己的财产无偿给予受赠人,受赠人表示接受赠与的合同。

第一百八十六条　赠与人在赠与财产的权利转移之前可以撤销赠与。

为此,甲乙双方于_____年____月____日在_____市_____区订立条款如下:

● 律师批注 3

关于签约时间、签约地点的注意事项及法律风险等,参见《文学艺术作品合作创作合同》律师批注 3。

1. 演唱会概况:

1.1　演唱会的名称、类型与主题:"_____演唱会",属于商业演唱会,是以_____为主题的演唱活动(以下简称"本次演唱会")。

1.2　演出场次:_____场。

1.3　演出规模:约_____名观众。

1.4　演唱会的举办时间与地点:于_____年____月____日____时至____时,在____市____体育馆,甲方如变更时间与地点应与乙方协商。

1.5　演唱会的投资与举办及组织:本次演唱会由甲方及其合作方共同投资,并共同委托具有演唱会举办资质和经验的机构具体承办。

● 律师批注 4

关于演唱会举办的注意事项与法律风险,参见《演唱会演出合同》律师批注 3。

2. 合作方式:

2.1　赞助内容:

2.1.1　赞助性质为有偿,即:甲方在取得乙方赞助款物的同时,向乙方提供相应权益或回报。

2.1.2　赞助方式为:

(1) 提供下列赞助商品用于本次演唱会并按甲方通知时间、地点送交:

品名：_____、品牌：_____、数量：_____。
(2) 提供现金赞助_____元，按照下列进度支付：
A. 本合同签署后_____个工作日内，支付赞助额的_____％。
B. 本次演唱会举办日的_____个日历天以前，支付赞助额的_____％。
C. 本次演唱会举办日后的_____个日历天内，支付剩余赞助款项。
2.1.3 双方确认：乙方为本次演唱会_____行业或_____类商品的唯一赞助商和合作伙伴，除乙方外，甲方不得再与前述行业、商品的企业建立与本合同内容相同或类似的合同关系。

● 律师批注5
【条款目的】
1. 本条款明确赞助方提供赞助的具体内容、形式和交付时间。
2. 赞助方往往要求接受赞助方确保其为演唱会某项产品的唯一赞助方，从而达到相应宣传效果。

【相关案例】
据报载，2005年上海亚洲音乐节组委会为了成功举办"第八届上海亚洲音乐节闭幕式暨Sony之夜2005反盗版演唱会"，约定由上海某物业公司提供150万元赞助费，赞助方在付了部分款项后以举办方对赞助方的宣传不到位为由拒绝支付。
在该案例中，举办方也要承担相应的违约责任。

2.2 赞助方权益：
2.2.1 甲方就乙方提供上述方式赞助的对价，向乙方提供的回报和权益包括：_____。
(1) 演唱会冠名：本次演唱会应以乙方指定名称冠名，即："_____演唱会"。本次演唱会的对外宣传、对外交往和实际举办时，只能使用该冠名名称并在相应文件、宣传资料、相关物品中使用，不得使用其他非冠名名称。
(2) 指定合作伙伴：乙方作为本次演唱会的_____合作伙伴，并在本次演唱会的对外宣传、对外交往和实际举办时予以注明和披露。
(3) 背景展示：本次演唱会的表演舞台背景中注明乙方LOGO、企业名称。

(4)用品展示：本次演唱会所使用的_____用品只能由乙方提供且带有乙方 LOGO 和企业名称的商品。

(5)特别鸣谢：在本次演唱会的宣传资料中予以注明，并在本次演唱会开幕时和闭幕时由主持人口头播报。

(6)新闻发布会：甲方在举办本次演唱会的各类新闻发布会时，乙方的 LOGO 在此类新闻发布会背景板出现。

(7)邀请乙方代表出席：A. 新闻发布会_____人；B. 本次演唱会_____人；C. 如有其他活动_____人。

● 律师批注 6

【条款目的】

对于赞助方的"回报"通常都是宣传推广方面的，应当明确具体内容、形式和数量。

【风险提示】

接受赞助方在向赞助方具体提供各项回报时，应由其签字确认。因为宣传推广方面的回报都是无形的、易逝的，事后很难再寻找履行提供回报的证据。

【相关案例】

据香港某报载，阔别乐坛 12 年的香港女歌手回归乐坛的三场演唱会的主办商与赞助商出现纷争。原因是赞助方提供了不少于 40 万元的宣传费来换取赞助商身份，并从比利时订入 500 万元的健康食品协助宣传，但最后被主办商单方面终止了合作。

在该案例中，赞助方提供赞助，举办方不履行提供赞助回报，则构成违约。

3. 其他事项：

3.1 违约责任：

3.1.1 双方同意，本合同任何一方未履行或未完全履行本合同各合约方各自项下约定之义务时，即构成违约。违约方应向守约方承担违约责任，同时必须向守约方赔偿因未履行或未完全履行本合同本方项下约定之义务及责任而给守约方造成的经济损失。

3.1.2 任何一方延迟履行义务，则每延迟一日应向其他方支付延迟履行义务涉及款项金额或物品价值_____%的违约金并赔偿因此造成的全部损失；如累计延迟超过_____日以上时，每日应向其他方支付前述标准两倍的违约金，其他方还可解除本合同。

3.1.3 甲方如违反本合同排除与乙方同行业或竞争企业合作的约定,则甲方不但应返还乙方提供的全部赞助款物,还应向乙方支付赞助款物价值总额_____%的违约金。

　　3.1.4 本次演唱会如未举办或者虽举办但未如约实现赞助方权益,则甲方应返还乙方提供的全部赞助款物。

● 律师批注7
　　关于违约金等违约责任约定的注意事项与法律风险,参见《文学艺术作品合作创作合同》律师批注14和《文学艺术作品出版合同》律师批注14。

　　3.2　争议解决:
　　3.2.1 双方因合同的解释或履行发生争议,应先由双方协商解决。
　　3.2.2 如协商不成,按照第_____种方式解决。
　　(1) 将争议提交_____仲裁委员会依照其最新生效的仲裁规则进行仲裁。
　　(2) 向_____地(如:甲方所在地或乙方所在地或本合同签署地)有管辖权的人民法院提起诉讼。

● 律师批注8
　　关于争议解决约定的注意事项与法律风险,参见《文学艺术作品合作创作合同》律师批注15。

　　3.3 本合同一式二份,双方各执一份。自双方签署后生效。

● 律师批注9
　　关于合同生效时间约定的注意事项与法律风险,参见《文学艺术作品合作创作合同》律师批注16。

　　3.4 本合同双方的联络方式如下,任何一方改变其联络方式,均须书面提前通知另一方,否则送达至原授权代表或以原联络方式送达即视为有效送达:
　　(1) 甲方指定联系人:_____,电话_____,传真_____,手机_____,电子信箱_____,通信地址_____,邮编_____。
　　(2) 乙方指定联系人:_____,电话_____,传真_____,手机_____,电子信箱_____,通信地址_____,邮编_____。

● **律师批注 10**

关于联系人与联系方式约定的注意事项与法律风险,参见《文学艺术作品合作创作合同》律师批注 17。

(以下无正文)
甲方:_____有限公司
法定代表人或授权代表:_____
乙方:_____有限公司
法定代表人或授权代表:_____

第十七章　演唱会录像与音像出版合同

演唱会录像与音像出版合同

甲方：_____有限公司

法定代表人：_____

地址：_____

乙方：_____音像有限公司

法定代表人：_____

地址：_____

● 律师批注 1

　　对于合同的签约主体及其名称的注意事项与法律风险等，参见《文学艺术作品合作创作合同》律师批注 1 和《文学艺术作品委托创作合同》律师批注 1。

鉴于：

　　1. 甲方系本合同约定拟录制演唱会的投资方与举办方，在取得演唱会表演者授权的前提下，现代表本次演唱会的全部投资方委托乙方进行现场录制并出版音像制品。

　　2. 乙方系具有音像制品出版资质的机构，愿意接受甲方委托录制并出版音像制品。

　　3. 本合同构成甲乙双方之间就约定演唱会录制与出版的委托合同关系。

● 律师批注 2

　　关于鉴于条款约定内容及其法律意义，参见《文学艺术作品合作创作合同》律师批注 2。

为此，甲乙双方于_____年_____月_____日在_____市_____区订立条款如下：

● 律师批注3

关于签约时间、签约地点的注意事项及法律风险等,参见《文学艺术作品合作创作合同》律师批注3。

> **1. 演唱会概况：**
> **1.1** 演唱会的名称、类型与主题："＿＿＿＿＿＿＿演唱会",属于商业演唱会,是以＿＿＿＿＿＿为主题的演唱活动(以下简称"本次演唱会")。
> **1.2** 演出场次：＿＿＿＿＿＿场。
> **1.3** 演出规模：约＿＿＿＿＿＿名观众。
> **1.4** 演唱会的举办时间与地点:于＿＿＿＿年＿＿＿＿月＿＿＿＿日＿＿＿＿时至＿＿＿＿时,在＿＿＿＿市＿＿＿＿体育馆,甲方如变更时间与地点应与乙方协商。
> **1.5** 演唱会的投资与举办及组织:本次演唱会由甲方及其合作方共同投资,并共同委托具有演唱会举办资质和经验的机构具体承办。
> **1.6** 演唱会的节目:具体节目清单及主要演出人员、单位,由甲方于演唱会举办前提供给乙方。

● 律师批注4

关于演唱会举办的注意事项与法律风险,请参见《演唱会演出合同》律师批注3。

> **2. 录制与出版：**
> **2.1** 录制授权：
> **2.1.1** 甲方确认已获得表演者同意和获得涉及作品作者或版权人相应授权,许可乙方对本次演唱会的现场表演进行同步、全程音像录制和拍照。
> **2.1.2** 甲方委托乙方对本次演唱会录制的拍摄画面、素材及音视频、照片等拍摄素材,其版权完全归甲方。
> **2.1.3** 乙方录制完成后,应在本次演唱会结束＿＿＿＿＿＿个工作日内,向甲方提供一套母带以供甲方保存和使用。

● 律师批注5

【条款目的】

1. 现场录制需要表演者授权,同时考虑到录制后出版及进行其他传播,还涉及词曲作品作者的授权。

2. 录制作品的版权一般归录制者所有。在本合同中,录制者实际上接受演唱会举办方委托进行录制,可以约定版权归演唱会举办方。

【法律规定】
《中华人民共和国著作权法》(2010.02.26 修正)
第四十一条 录音录像制作者制作录音录像制品,应当同表演者订立合同,并支付报酬。
第四十二条 录音录像制作者对其制作的录音录像制品,享有许可他人复制、发行、出租、通过信息网络向公众传播并获得报酬的权利……
被许可人复制、发行、通过信息网络向公众传播录音录像制品,还应当取得著作权人、表演者许可,并支付报酬。

【相关案例】
某出版社出版了《四大男高音合辑》CD,但该 CD 中四大男高音之一男高音歌唱家王某主张其侵权出版。该出版社主张 CD 中的曲目都是从本市广播电台为其提供的 50 年代录音资料中筛选的,故不构成侵权。而广播电台提供的录音资料是为对王某参加的某次演唱会活动进行广播而进行的现场录音。

在该案例中,广播电台为播出目的录制演唱会,即使获得表演者授权,其授权范围也限于广播电台传播,而未授权其可委托或转授权他人出版。所以,该出版社的出版行为为侵权行为。

2.2 出版委托:
2.2.1 甲方委托乙方根据其对本次演唱会录制内容制作并出版音像制品。
2.2.2 乙方进行出版时,有权对录制完成的内容进行适当加工整理、技术处理和编辑,由此形成的版权亦归甲方。
2.2.3 乙方出版前,应在确定出版内容后_____个工作日内提交甲方在_____个工作日内确认后,方可正式出版。
2.2.4 授权出版区域为:_____。
(1) 中国大陆。
(2) 中国香港、澳门、台湾地区。
(3) 中国以外的其他国家和地区。
(4) _____国。

2.2.5　授权出版期限：_____年,自本协议签署之日起算。期限届满时,乙方不得再行出版、复制,但可继续发行、销售已出版的库存音像制品。

　　2.2.6　授权出版性质：甲方授予乙方的出版权为独占性使用权,即在约定区域、期限内,仅有乙方享有本次演唱会的音像制品出版权。

　　2.2.7　转授权：甲方给予乙方的出版授权,未经甲方同意,乙方不可转让给他人；但在乙方对音像制品进行发行、销售时,可自行委托其代理方进行发行、销售。

● **律师批注6**

　　关于向出版方授权的注意事项与法律风险,参见《文学艺术作品出版合同》律师批注7。

　　2.3　上游授权：

　　2.3.1　表演者授权：甲方承诺,对于本次演唱会现场录制并出版音像制品,其已取得全部出演人员、单位的同意,如因此发生纠纷由甲方承担全部后果。

　　2.3.2　词曲及其他作品作者(版权人)授权：甲方承诺,对于本次演唱会现场录制并出版音像制品,其已取得涉及全部音乐词曲及其他作品原文作者(版权人)的同意,如因此发生纠纷由甲方承担全部后果。

　　2.3.3　乙方认为必要时,可要求甲方提供上述上游授权的授权文件或证明文件。

● **律师批注7**

　　【风险提示】

　　出版方有义务审查演唱会是否取得涉及的上游作品版权人的相应授权,否则出版方亦应承担连带侵权赔偿责任。

　　【法律规定】

《中华人民共和国著作权法》(2010.02.26 修正)

　　第四十二条　录音录像制作者对其制作的录音录像制品,享有许可他人复制、发行、出租、通过信息网络向公众传播并获得报酬的权利……

　　被许可人复制、发行、通过信息网络向公众传播录音录像制品,还应当取得著作权人、表演者许可,并支付报酬。

3. 音像制品的制作与发行、销售：

3.1 出版约定：

3.1.1 出版时间：乙方应于甲方确认出版内容后_____个日历天内(不迟于_____年_____月_____日)出版。甲方延期确认出版内容,出版日期相应顺延。

3.1.2 出版形式、数量：第一次出版的为DVD_____张、VCD_____张、录像带_____部、CD_____张。

3.1.3 乙方如不能按时出版,应在出版期限届满的_____个日历天以前通知甲方,并按每延迟一日支付_____元违约金,双方另行约定出版日期。乙方在另行约定期限内仍不出版的,除非因不可抗力所致,甲方有权解除本合同并追究违约责任。

3.2 出版名称：本次演唱会出版时名称确定为《_____》,如变更出版名称应征得甲方同意。

3.3 其他事项：

3.3.1 本次演唱会首次出版后_____日内,乙方向甲方赠送DVD_____张、CD_____张,但甲方不得将赠送的音像制品用于销售。

3.3.2 在授权出版期限内,乙方可自行决定重新复制、出版,并且在每次重新复制、出版后_____日内,乙方向甲方赠送DVD_____张、CD_____张。

3.3.3 未经甲方另行授权,乙方不得将本次演唱会中单个表演或单曲演唱或者本次演唱会部分内容,制作、出版音像制品。

● **律师批注8**

【条款目的】

本条款在于明确对出版方出版的各项要求。

4. 许可费用：

4.1 就甲方许可乙方进行本次演唱会音像制品制作、出版,乙方向甲方支付许可费_____元。乙方在许可期限内再次制作、出版音像制品时,无须另行支付费用。

4.2 乙方按以下进度支付许可费,甲方收取各笔款项时应向乙方开具同等金额发票。

4.2.1 于本合同签署后_____个工作日内,支付许可费的_____%。

4.2.2 于本次演唱会结束后_____个工作日内,支付许可费的_____%。

4.2.3 于甲方确认音像制品出版内容后_____个工作日内,支付许可费的_____%。

● 律师批注 9
【条款目的】
1. 本条款主要是明确出版方向许可方支付报酬的约定,其中应当包含演唱会举办方向表演者、歌曲作者就出版支付的报酬。
2. 许可费用既可为固定酬金,也可以"版税"形式计算和支付。

5. 其他约定:
5.1 违约责任:
5.1.1 本合同上述各项条款对违约责任另有特别约定,则优先适用相应特别约定。
5.1.2 在授权期限内,未经双方同意,任何一方不得将本合同约定专有出版权许可第三方使用。如有违反,另一方有权要求违约方支付违约金_____元、赔偿损失且还有权解除本合同。一方经对方同意许可第三方使用上述权利,应将其因此所得报酬的_____%交付对方作为对对方的补偿。
5.1.3 若任何一方不履行本协议的义务即构成违约,违约方除应当向守约方支付_____元违约金外,赔偿对方实际损失;延迟履行义务,应按日支付约定_____元违约金。
5.1.4 如甲方未能如期举办演唱会,则甲方应退还乙方已支付的全部款项并支付约定许可费用总额_____%的违约金。

● 律师批注 10
关于违约金等违约责任约定的注意事项与法律风险,参见《文学艺术作品合作创作合同》律师批注 14 和《文学艺术作品出版合同》律师批注 14。

5.2 争议解决:
5.2.1 双方因合同的解释或履行发生争议,应先由双方协商解决。
5.2.2 如协商不成,按照第_____种方式解决:
(1)将争议提交_____仲裁委员会依照其最新生效的仲裁规则进行仲裁。
(2)向_____地(如:甲方所在地或乙方所在地或本合同签署地)有管辖权的人民法院提起诉讼。

● 律师批注 11

关于争议解决约定的注意事项与法律风险,参见《文学艺术作品合作创作合同》律师批注 15。

> 5.3 联络:本合同双方的联络方式如下,任何一方改变其联络方式,均须书面提前通知另一方,否则送达至原授权代表或以原联络方式送达即视为有效送达:
> (1) 甲方指定联系人:_____,电话_____,传真_____,手机_____,电子信箱_____,通信地址_____,邮编_____。
> (2) 乙方指定联系人:_____,电话_____,传真_____,手机_____,电子信箱_____,通信地址_____,邮编_____。

● 律师批注 12

关于联系人与联系方式约定的注意事项与法律风险,参见《文学艺术作品合作创作合同》律师批注 17。

> 5.4 合同生效与文本:
> 5.4.1 本合同的变更、续签及其他未尽事宜,由双方另行商定。
> 5.4.2 本合同自双方签署之日起生效,一式二份,双方各执一份。

● 律师批注 13

关于合同生效时间约定的注意事项与法律风险,参见《文学艺术作品合作创作合同》律师批注 16。

> (以下无正文)
> 甲方:_____有限公司
> 法定代表人或授权代表:_____
> 乙方:_____音像有限公司
> 法定代表人或授权代表:_____

第十八章 演唱会广播电视转播合同

演唱会广播电视转播合同

甲方：_____**有限公司**
法定代表人：_____
地址：_____
乙方：_____**广播电台/电视台**
法定代表人：_____
地址：_____

● **律师批注 1**
　　关于合同的签约主体及其名称的注意事项与法律风险等，参见《文学艺术作品合作创作合同》律师批注 1 和《文学艺术作品委托创作合同》律师批注 1。

鉴于：
　　1. 甲方系本合同约定拟录制演唱会的投资方与举办方，现代表该演唱会的全部投资方委托乙方进行现场转播该演唱会。
　　2. 本合同构成甲乙双方之间就约定演唱会广播/电视转播许可合同关系。

● **律师批注 2**
　　关于鉴于条款约定内容及其法律意义，参见《文学艺术作品合作创作合同》律师批注 2。

　　为此，甲乙双方于_____年_____月_____日在_____市_____区订立条款如下：

● **律师批注 3**
　　对于签约时间、签约地点的注意事项及法律风险等，参见《文学艺术作品合作创作合同》律师批注 3。

1. 演唱会概况：

　　1.1 演唱会的名称、类型与主题："＿＿＿＿＿演唱会"，属于商业演唱会，是以＿＿＿＿＿为主题的演唱活动（以下简称"本次演唱会"）。

　　1.2 演出场次：＿＿＿＿＿场。

　　1.3 演出规模：约＿＿＿＿＿名观众。

　　1.4 演唱会的举办时间与地点：于＿＿＿＿＿年＿＿＿＿＿月＿＿＿＿＿日＿＿＿＿＿时至＿＿＿＿＿时，在＿＿＿＿＿市＿＿＿＿＿体育馆，甲方如变更时间与地点应与乙方协商。

　　1.5 演唱会的投资与举办及组织：本次演唱会由甲方及其合作方共同投资，并共同委托具有演唱会举办资质和经验的机构具体承办。

　　1.6 演唱会的节目：具体节目清单及主要演出人员、单位，由甲方于演唱会举办前提供给乙方。

● **律师批注 4**

关于演唱会举办的注意事项与法律风险，参见《演唱会演出合同》律师批注 3。

2. 广播/电视转播：

　　2.1 授权内容：

　　2.1.1 授权方式：甲方许可乙方对本次演唱会的现场表演进行同步、全程广播/电视转播；并且，乙方转播时有权对转播内容进行适当加工整理、技术处理和编辑。

　　2.1.2 授权平台：乙方所属电台/频道进行播映，包含/不包含其所属卫星电视频道。

　　2.1.3 授权播出区域为：乙方所属电台/电视频道在中国大陆的播映范围，但不包含在中国大陆以外的落地广播/播映。

　　2.1.4 授权播出次数、期限：实况转播，并于本次演唱会当天播出＿＿＿＿＿次。

　　2.1.5 授权播出性质：甲方授予乙方的广播/电视播出权为独占性使用权，即在约定区域、期限内，仅有乙方享有本次演唱会的广播/电视播出权。

　　2.1.6 转授权：甲方给予乙方的播出授权，未经甲方同意，乙方不可转让、分许可给他人或再授权其他广播电台/电视台、频道播出。

● 律师批注 5

【条款目的】

1. 现场直播需要表演者授权,同时考虑到录制后出版及进行其他传播,还涉及作品作者的授权。演唱会举办方在聘请表演者的同时即可在合同中约定现场直播等的授权,这样演唱会举办者即可直接向广播电台授权。

2. 广播电台在现场直播的同时,再授权其他广播电台转播亦应得到授权。

【法律规定】

《中华人民共和国著作权法》(2010.02.26 修正)

第三十八条　表演者对其表演享有下列权利:

……

(三) 许可他人从现场直播和公开传送其现场表演,并获得报酬;

……

  2.2　上游授权:

  2.2.1　表演者授权:甲方承诺,对于本次演唱会现场广播/电视转播,其已取得全部出演人员、单位的同意,如因此发生纠纷由甲方承担全部后果。

  2.2.2　词曲及其他作品作者(版权人)授权:甲方承诺,对于本次演唱会现场广播/电视转播,其已取得涉及全部音乐词曲及其他作品原文作者(版权人)的同意,如因此发生纠纷由甲方承担全部后果。

  2.2.3　乙方认为必要时,可要求甲方提供上述上游授权的授权文件或证明文件。

  2.3　版权归属:本次演唱会内容及相应制品的版权,归甲方所有。

● 律师批注 6

关于上游授权的注意事项与法律风险,参见《演唱会录像与音像出版合同》律师批注 7。

  3. 许可费用:

  3.1　就甲方许可乙方进行本次演唱会广播/电视转播,乙方向甲方支付许可费_____元。

  3.2　乙方按以下进度支付许可费,甲方收取各笔款项时应向乙方开具同等金额发票。

  3.2.1　于本合同签署后_____个工作日内,支付许可费的_____%。

  3.2.2　于本次演唱会结束后_____个工作日内,支付许可费的_____%。

● 律师批注 7

关于许可费用的注意事项与法律风险,参见《演唱会录像与音像出版合同》律师批注 9。

---

4. 其他约定:

4.1 违约责任:

4.1.1 本合同上述各项条款对违约责任另有特别约定的,则优先适用相应特别约定。

4.1.2 在授权期限内,未经双方同意,任何一方不得将本合同约定专有播映权许可第三方使用。如有违反,另一方有权要求违约方支付违约金_____元、赔偿损失且还有权解除本合同。一方经对方同意许可第三方使用上述权利,应将其因此所得报酬的_____%交付对方作为对对方的补偿。

4.1.3 若任何一方不履行本协议的义务即构成违约,违约方除应当向守约方支付_____元违约金外,赔偿对方实际损失;延迟履行义务,应按日支付约定_____元违约金。

4.1.4 如甲方未能如期举办演唱会,则甲方应退还乙方已支付的全部款项并支付约定许可费用总额_____%的违约金。

● 律师批注 8

关于违约金等违约责任约定的注意事项与法律风险,参见《文学艺术作品合作创作合同》律师批注 14 和《文学艺术作品出版合同》律师批注 14。

4.2 争议解决:

4.2.1 双方因合同的解释或履行发生争议,应先由双方协商解决。

4.2.2 如协商不成,按照第_____种方式解决。

(1) 将争议提交_____仲裁委员会依照其最新生效的仲裁规则进行仲裁。

(2) 向_____地(如:甲方所在地或乙方所在地或本合同签署地)有管辖权的人民法院提起诉讼。

● 律师批注 9

关于争议解决约定的注意事项与法律风险,参见《文学艺术作品合作创作合同》律师批注 15。

> 4.3 联络：本合同双方的联络方式如下，任何一方改变其联络方式，均须书面提前通知另一方，否则送达至原授权代表或以原联络方式送达即视为有效送达：
> （1）甲方指定联系人：_____，电话_____，传真_____，手机_____，电子信箱_____，通信地址_____，邮编_____。
> （2）乙方指定联系人：_____，电话_____，传真_____，手机_____，电子信箱_____，通信地址_____，邮编_____。

● 律师批注 11

关于联系人与联系方式约定的注意事项与法律风险，参见《文学艺术作品合作创作合同》律师批注 17。

> 4.4 合同生效与文本：
> 4.4.1 本合同的变更、续签及其他未尽事宜，由双方另行商定。
> 4.4.2 本合同自双方签署之日起生效，一式二份，双方各执一份。

● 律师批注 11

关于合同生效时间约定的注意事项与法律风险，参见《文学艺术作品合作创作合同》律师批注 16。

> （以下无正文）
> 甲方：_____有限公司
> 法定代表人或授权代表：_____
> 乙方：_____广播电台/电视台
> 法定代表人或授权代表：_____

第十九章 演艺活动委托承办合同

> 演艺活动委托承办合同
>
> **委托方：_____有限公司(以下简称"甲方")**
> **法定代表人：_____**
> **地址：_____**
> **承办方：_____有限公司(以下简称"乙方")**
> **法定代表人：_____**
> **地址：_____**

● 律师批注1

关于合同的签约主体及其名称的注意事项与法律风险等，参见《文学艺术作品合作创作合同》律师批注1和《文学艺术作品委托创作合同》律师批注1。

> 鉴于：
> 1. 甲方系本合同约定演艺活动的投资方、主办方，愿意委托乙方承办该演艺活动。
> 2. 乙方系专业从事演艺活动举办、组织及相关经营业务的有限公司，具有从事本合同约定演艺活动的承办经验、能力和涉及的资质。
> 3. 本合同构成甲乙双方之间委托承揽合同关系。

● 律师批注2

关于鉴于条款约定内容及其法律意义，参见《文学艺术作品合作创作合同》律师批注2。

> 为此，甲乙双方于_____年_____月_____日在_____市_____区订立条款如下：

● 律师批注3

关于签约时间、签约地点的注意事项及法律风险等，参见《文学艺术作品

合作创作合同》律师批注3。

> **1. 演艺活动概况：**
> **1.1** 活动形式：名称为"_____"，以_____为主题(具体活动方案见附件)(以下简称"本次活动")。
> **1.2** 活动场次：_____场。
> **1.3** 活动规模：约_____名观众。
> **1.4** 活动的举办时间与地点：于_____年_____月_____日_____时至_____时，在_____市_____，甲方如变更时间与地点应与乙方协商。
> **1.5** 活动的投资与举办及组织：本次演唱会由甲方及其合作方共同投资，并共同委托乙方具体承办。
> **1.6** 活动性质：免费的非商业活动(甲方不对本次活动公开售票)。

● **律师批注4**

关于演唱会举办的注意事项与法律风险，参见《演唱会演出合同》律师批注3。

> **2. 合作内容：**
> **2.1** 乙方对本次活动承担的工作任务，具体包括：
> **2.1.1** 乙方负责配合当地媒体邀请本次活动所需现场嘉宾_____名参加。
> **2.1.2** 乙方负责安排本次活动演出所需的歌唱、舞蹈等人员。
> **2.1.3** 乙方负责联络和安排本次活动所需要的演出配备，包括：乐器、道具、服务、化妆用品。
> **2.1.4** 乙方负责联系、落实上述人员的交通、住宿事宜，但费用由甲方承担。
> **2.1.5** 乙方负责安排本次活动的主持人员，争取邀请_____担任。
> **2.1.6** 乙方负责本次活动的策划、筹备和实施。
> **2.1.7** 乙方负责联系演职人员并代表甲方与其签署演出协议。
> **2.1.8** 乙方负责安排本次活动安全保卫、消防安全，保证不少于_____人负责维护现场秩序，确保本次活动不受外界干扰或现场秩序良好。
> **2.1.9** 乙方负责办理本次活动所需的政府审批、核准、备案、检查或其他管理措施(如有)。

2.1.10 乙方根据需要代表甲方为演职人员在往返途中投保人身意外保险。

2.2 甲方对本次活动承担的工作任务,具体包括:

2.2.1 甲方负责提供本次活动的场地,配合乙方在本次活动前后期搭拆建舞台灯光音响给予方便。

2.2.2 甲方负责按照乙方要求配备本次活动所需的用电、用水、照明等。

2.2.3 甲方负责配合乙方对本次活动的文化、公安、消防、安保报批的相关材料。

2.2.4 甲方须确保本次活动不受外界干扰或现场秩序因活动外因素导致混乱。

● 律师批注5

【条款目的】

1. 尽管活动由承办方负责,但明确双方分工与衔接,可避免因分工不清或双方不衔接造成演艺活动失败。

2. 承办方的优势在于在演艺方面具有资源,所以对于需要在当地办理相关审批等事项应由活动举办方负责为宜。

2.3 知识产权与肖像权:

2.3.1 乙方及安排、联络、邀请参加本次活动的演职人员参与演出活动的表演内容,其知识产权不归甲方,分别归表演者。

2.3.2 甲方如可以对本次活动进行录像、录音、拍照须经乙方同意并审核其内容,同时其录像、录音只能用于甲方内部展示、播放,不得用于其他目的或用途。

2.3.3 因本次活动为在甲方场所内举办的免费的非商业活动,在本次活动中演职人员所表演的音乐、歌曲等,由甲方指定且确认不需向著作权人付费。如音乐、歌曲著作权人提出主张,则由甲方处理。

2.3.4 本次活动的署名为:甲方主办、乙方承办。

2.3.5 甲方为本次活动可进行公开宣传。

● 律师批注6

【条款目的】

1. 演艺活动中表演内容涉及版权问题,亦应获得相应授权并明确由哪方负责。

2. 尽管活动系举办方出资举办并由承办方负责承办,但表演者对其表演内容亦享有相应权利,举办方如录像或通过广播电视、网站转播需要经表演者授权。

3. 合作酬金:
3.1 甲乙双方同意,甲方向乙方支付的酬金为(税前/税后)人民币_____元。
3.1.1 甲方支付的酬金应打入乙方指定银行账户或交付乙方指定人员。
3.1.2 甲方支付给乙方的酬金中包含/不包含乙方代表甲方聘请演职人员的酬金及相关费用。
3.2 支付进度:
3.2.1 在本协议签署时向乙方支付酬金的_____%为定金。
3.2.2 在本次活动举办的_____个日历天以前,向乙方支付酬金的_____%。
3.3 乙方收到各笔款项后,向甲方开具合法有效发票。
3.4 其他费用:
3.4.1 如因乙方垫付费用或因乙方承担约定事项外的费用,甲方应偿还。
3.4.2 如因不可抗力原因或情势变迁或非人力因素导致相关费用增加,双方协商处理。

● 律师批注 7

关于报酬款项为税前款还是税后款的注意事项和法律风险及定金条款的法律后果,参见《文学艺术作品版权转让合同》律师批注 7。

4. 其他事项:
4.1 违约责任:
4.1.1 任何一方违约均须承担违约责任,赔偿由此造成另一方的全部损失(含向他人支付的违约金、赔偿金等和为追究违约责任发生的差旅、律师费用)。任何一方逾期履行义务时,每逾期一日应向另一方支付_____元违约金。
4.1.2 本合同以上条款对违约责任另有特殊约定的,则先执行特殊约定。

4.1.3 在下列情形下,乙方有权解除本合同并追究违约责任：
　　（1）甲方累计逾期付款超过_____个日历天且经乙方催促后仍未付款；
　　（2）甲方违反约定进行相应宣传或违反关于知识产权的约定且经乙方提出后仍未纠正或采取补救措施。
　　4.1.4 甲乙双方精心组织安排确保活动顺利开展、确保参加本次活动人员的人身财产安全,涉及保险赔偿的,则按照保险条款处理。如因乙方存在过错且未尽组织责任,则乙方承担责任,如因甲方场地内原因导致则由甲方承担全部责任。

● **律师批注8**
　　对于违约金等违约责任约定的注意事项与法律风险,参见《文学艺术作品合作创作合同》律师批注14和《文学艺术作品出版合同》律师批注14。

　　4.2　争议解决：
　　4.2.1 双方因合同的解释或履行发生争议,应先由双方协商解决。
　　4.2.2 如协商不成,按照第_____种方式解决。
　　（1）将争议提交_____仲裁委员会依照其最新生效的仲裁规则进行仲裁。
　　（2）向_____地（如：甲方所在地或乙方所在地或本合同签署地）有管辖权的人民法院提起诉讼。

● **律师批注9**
　　关于争议解决约定的注意事项与法律风险,参见《文学艺术作品合作创作合同》律师批注15。

　　4.3　联络：本合同双方的联络方式如下,任何一方改变其联络方式,均须书面提前通知另一方,否则送达至原授权代表或以原联络方式送达即视为有效送达：
　　（1）甲方指定联系人：_____,电话_____,传真_____,手机_____,电子信箱_____,通信地址_____,邮编_____。
　　（2）乙方指定联系人：_____,电话_____,传真_____,手机_____,电子信箱_____,通信地址_____,邮编_____。

● 律师批注 10

关于联系人与联系方式约定的注意事项与法律风险,参见《文学艺术作品合作创作合同》律师批注 17。

> **4.4 合同生效与文本:**
> 4.4.1 本合同的变更、续签及其他未尽事宜,由双方另行商定。
> 4.4.2 本合同自双方签署之日起生效,一式二份,双方各执一份。

● 律师批注 11

关于合同生效时间约定的注意事项与法律风险,参见《文学艺术作品合作创作合同》律师批注 16。

> (以下无正文)。
> 附件:
> 1. 演职人员住宿、餐饮的人数与标准;
> 2. 演职人员往返的交通、保险的人数与标准;
> 3. 本次活动方案(的基本内容和剧目单等)(初稿)。
> (以下无正文)
> 甲方:_____有限公司
> 法定代表人或授权代表:_____
> 乙方:_____有限公司
> 法定代表人或授权代表:_____

第二十章 歌曲词/曲版权转让合同

> 歌曲词/曲版权转让合同
>
> 转让方：_____，艺名：_____（以下简称"甲方"）
> 身份证号：_____
> 地址：_____
> 受让方：_____有限公司（以下简称"乙方"）
> 法定代表人：_____
> 地址：_____

● 律师批注1

关于合同的签约主体及其名称的注意事项与法律风险等，参见《文学艺术作品合作创作合同》律师批注1和《文学艺术作品委托创作合同》律师批注1。

> 鉴于：
> 1. 甲方系本合同约定歌曲的词/曲作者并独立拥有作品的全部版权。
> 2. 乙方愿意有偿受让约定作品的版权。

● 律师批注2

关于鉴于条款约定内容及其法律意义，参见《文学艺术作品合作创作合同》律师批注2。

> 为此，甲乙双方于_____年_____月_____日在_____市_____区订立条款如下：

● 律师批注3

关于签约时间、签约地点的注意事项及法律风险等，参见《文学艺术作品合作创作合同》律师批注3。

1. 转让标的：
1.1 歌曲名称：《_____》，又名《_____》，英文名称《_____》。
1.2 甲方自己独立创作了上述歌曲的歌词/乐曲（以下简称"本作品"），并拥有该歌词/乐曲的版权。
1.3 甲方创作上述本作品时间为_____年_____月，且本作品未曾转让给他人或许可他人经营。
1.4 甲方承诺：本作品的版权完整、独立且无任何法律瑕疵。

● 律师批注 4
【条款目的】
1. 确定拟转让歌曲的基本情况、特征。
2. 拟转让的歌曲既可以是已发表、演唱的作品，也可以是未发表、未演唱的作品。

2. 版权转让：
2.1 甲方同意于本合同签署之日起将本作品在全球范围内的版权完整转让给乙方，但乙方在取得本作品后应对甲方作为作者予以署名。
2.2 乙方取得本作品版权后，可自行进行使用、经营、管理和处置。

● 律师批注 5
关于转让时间约定的注意事项与法律风险，参见《文学艺术作品版权转让合同》律师批注 6。

3. 转让价格：
3.1 双方同意：本作品版权的转让价格为：（税前/税后）人民币_____元整。
3.2 乙方在本合同签署后_____日内，将上述转让价款支付给甲方。甲方指定账号（开户行：_____，账号：_____，户名：_____）。

● 律师批注 6
关于转让价款约定的注意事项与法律风险，参见《文学艺术作品版权转让合同》律师批注 7。

4. 其他事项：

4.1 双方确认，本作品转让属于整体性买断，甲方取得本作品版权后，可自行进行经营、处置，并可根据需要进行调整、修改、改编和演化为其他形式的知识产权作品。

4.2 甲方保证：其创作本作品时不存在抄袭、剽窃他人作品或侵犯任何其他第三人知识产权或智力成果的情形；本作品为原创之作品，甲方拥有完整版权，并保证乙方享有和行使本作品版权不会构成对他人侵权或其他违法行为。否则，甲方须向乙方支付违约金_____元整，并承担全部法律后果。

4.3 乙方在对本作品经营、处置过程中，应确保甲方的合法署名权。

● 律师批注7

关于转让歌曲的合法性约定的注意事项与法律风险，参见《文学艺术作品版权转让合同》律师批注9。

4.4 评奖：

4.4.1 乙方可以本作品申报参加国内外词/曲类评奖活动，所获全部奖项均归甲方，但其中所获词/曲"作者"类别荣誉奖项可归甲乙双方共同享有。

4.4.2 如乙方决定不参加评奖活动，经乙方同意，可由甲方申报参加词/曲"作者"类别的评奖活动，但参加评奖的费用由甲方承担，参加评奖所获荣誉归甲乙双方共同享有，所获物质奖励则在扣除双方或单方承担的申报费用后按照甲方_____%、乙方_____%的比例分配。

● 律师批注8

关于转让歌曲评奖约定的注意事项与法律风险，参见《文学艺术作品版权转让合同》律师批注10。

4.5 违约责任：

4.5.1 甲乙双方在本合同执行过程中，任何一方违反本合同条约内容，将视为违约；任何一方每项违约或/及每次违约时，违约方均应一次性向守约方支付违约金_____元（本合同其他条款对违约金另有特别约定的，则以特别约定执行）。

4.5.2 甲方违反本协议中的义务或保证义务,导致甲方不能按约向乙方交付本作品或甲方对本作品的著作权存在瑕疵,或者因甲方的原因、行为导致乙方遭受第三人权利主张或有关主管机关处罚,甲方除承担本协议约定的违约责任外,还须赔偿乙方向第三人支付的赔偿金、违约金和乙方的其他全部损失(包括经济损失和名誉损害)。在本协议履行过程中,如发生前述情形,乙方还可立即解除本协议。

● **律师批注9**

关于违约金等违约责任约定的注意事项与法律风险,参见《文学艺术作品合作创作合同》律师批注14和《文学艺术作品出版合同》律师批注14。

4.6 争议解决:
4.6.1 双方因合同的解释或履行发生争议,应先由双方协商解决。
4.6.2 如协商不成,按照第_____种方式解决。
(1)将争议提交_____仲裁委员会依照其最新生效的仲裁规则进行仲裁。
(2)向_____地(如:甲方所在地或乙方所在地或本合同签署地)有管辖权的人民法院提起诉讼。

● **律师批注10**

关于争议解决约定的注意事项与法律风险,参见《文学艺术作品合作创作合同》律师批注15。

4.7 本合同一式二份,双方各执一份。自双方签署后生效。

● **律师批注11**

关于合同生效时间约定的注意事项与法律风险,参见《文学艺术作品合作创作合同》律师批注16。

4.8 本合同双方的联络方式如下,任何一方改变其联络方式,均须书面提前通知另一方,否则送达至原授权代表或以原联络方式送达即视为有效送达:
(1)甲方指定联系人:_____,电话_____,传真_____,手机_____,电子信箱_____,通信地址_____,邮编_____。
(2)乙方指定联系人:_____,电话_____,传真_____,手机_____,电子信箱_____,通信地址_____,邮编_____。

● **律师批注 12**

关于联系人与联系方式约定的注意事项与法律风险,参见《文学艺术作品合作创作合同》律师批注 17。

>（以下无正文）
>甲方：_____
>签字：_____
>乙方：_____有限公司
>法定代表人或授权代表：_____

第二十一章　歌曲演唱授权合同

> **歌曲演唱授权合同**
>
> 授权方：_____，艺名：_____（以下简称"甲方"）
> 身份证号：_____
> 地址：_____
> 演唱方：_____，艺名：_____（以下简称"乙方"）
> 身份证号：_____
> 地址：_____

● 律师批注 1

　　关于合同的签约主体及其名称的注意事项与法律风险等，参见《文学艺术作品合作创作合同》律师批注 1 和《文学艺术作品委托创作合同》律师批注 1。

> 鉴于：
> 1. 甲方系本合同约定歌曲的词/曲作者并独立拥有作品的全部版权。
> 2. 乙方愿意有偿受让约定作品的版权。

● 律师批注 2

　　关于鉴于条款约定内容及其法律意义，参见《文学艺术作品合作创作合同》律师批注 2。

> 为此，甲乙双方于_____年_____月_____日在_____市_____区订立条款如下：

● 律师批注 3

　　关于签约时间、签约地点的注意事项及法律风险等，参见《文学艺术作品合作创作合同》律师批注 3。

1. 授权作品：

1.1 歌曲名称：《_____》,又名《_____》,英文名称《_____》。

1.2 作品形式：甲方自己独立创作了上述歌曲的歌词/乐曲（以下简称"本作品"），并拥有该歌词/乐曲的版权。

1.3 创作与公开：

1.3.1 甲方创作上述本作品时间为_____年_____月，且甲方有权签署和履行本合同。

1.3.2 本作品于_____年_____月通过发表、公开演唱、网络传播等方式公开。

● 律师批注 4

【条款目的】

1. 确定拟授权歌曲的基本情况、特征。

2. 拟授权的歌曲既可以是已发表、演唱的作品，也可以是未发表、未演唱的作品。

2. 授权内容：

2.1 授权使用方式：_____。

（1）可在商业或非商业演唱会等各种场合以表演方式演唱各项作品。

（2）可对其演唱录制音频和视频。

（3）可对演唱制作、复制音像制品或 DVD、VCD 等数字制品并进行销售。

（4）可授权广播、电视（含有线或无线电视、卫星电视、手机电视、IPTV 等）、网络（含国际互联网、手机网络、广电网络等）、手机、手机彩铃等媒体或终端播映其演唱或音视频。

（5）可授权他人在影视剧中使用其演唱或音视频作为主题曲、背景歌曲。

（6）可制作为 MV 或 MTV 或卡拉 OK 形式并可授权 KTV 等经营场所经营和使用。

（7）可以_____方式使用。

● 律师批注 5

【条款目的】

1. 明确演唱者对授权歌曲使用的具体方式及是否包含因演唱产生的传

播权利。

2. 歌曲作者既可采取单次授权方式,也可采取按期限"打包授权"方式。

> **2.2** 授权使用性质:_____。
> (1) 在约定期限内对上述各项作品享有独占性使用权,即除乙方外,其他人(含甲方、作者、版权人)均不得以相同方式演唱和使用。
> (2) 在约定期限内对上述各项作品享有普通使用权,即除乙方外,其他人(含甲方、作者、版权人)均可以相同方式演唱和使用。
> **2.3** 转授权与分许可:乙方不可再授权他人或者分许可他人使用,但在乙方对其演唱形成的作品进行使用时,可对他人进行相应授权。
> **2.4** 下游产品权利:在约定使用期限内,乙方将上述各项作品用于影视剧,或者制作为音像或数字制品和 MV、MTV 等形式作品,或者置入 KTV 系统中时,此类下游产品或作品形式均拥有独立权利,即使授权期限届满后,下游产品或作品仍可合法使用、发行、播映、销售,无须再另获授权或支付费用。
> **2.5** 授权使用期限:_____年,自本合同签署之日起算。
> **2.6** 授权使用区域:_____。
> (1) 全球范围。
> (2) 中国大陆范围。
> (3) 中国港澳台地区。

● **律师批注6**

【条款目的】

1. 作者给予的授权如为独占演唱性质,那么其他人均不可演唱约定歌曲。

2. 作者如授权演唱者演唱后再根据其演唱录制内容制作音像制品,或者将歌曲用于影视剧的主题曲,甚或制作为可供卡拉 OK 点播的作品形式,均需要歌曲作者的另行授权。如作者采取"打包"方式将前述权利均授予演唱者,那么可能会影响今后作者对歌曲进行其他经营。

> **3.** 授权费用:
> **3.1** 双方同意:本作品演唱授权费用为:(税前/税后)人民币_____元整。
> **3.2** 乙方在本合同签署后_____日内,将上述授权费用支付给甲方。甲方指定账号(开户行:_____,账号:_____,户名:_____)。

● 律师批注 7

关于授权费用约定的注意事项与法律风险,参见《文学艺术作品版权转让合同》律师批注 7。

> **4. 其他事项:**
> 4.1 甲方保证:其创作本作品时不存在抄袭、剽窃他人作品或侵犯任何其他第三人知识产权或智力成果的情形;本作品为原创之作品,甲方拥有完整版权,并保证乙方使用时不会构成对他人的侵权行为或其他违法行为。否则,甲方须向乙方支付违约金_____元整,并承担全部法律后果。

● 律师批注 8

关于转让歌曲的合法性约定的注意事项与法律风险,参见《文学艺术作品版权转让合同》律师批注 9。

> **4.2 评奖:**
> 4.2.1 在授权期限内,乙方可以其对本作品的演唱及相应制品申报参加国内外演唱评奖活动,所获奖项均归乙方,但其中所获歌曲及其词/曲"作者"类别奖项全部归甲方所有。
> 4.2.2 在授权期限内,乙方不可以本作品参加除演唱外的其他任何评奖活动。

● 律师批注 9

关于转让歌曲评奖约定的注意事项与法律风险,参见《文学艺术作品版权转让合同》律师批注 10。

> **4.3 违约责任:**
> 4.3.1 甲乙双方在本合同执行过程中,任何一方违反本合同条约内容,将视为违约;任何一方每项违约或/及每次违约时,违约方均应一次性向守约方支付违约金_____元(本合同其他条款对违约金另有特别约定的,则以特别约定执行)。
> 4.3.2 甲方违反本合同中的义务或保证义务,导致甲方不能按约向乙方交付本作品或甲方对本作品的著作权存在瑕疵,或者因甲方的原因、行为导致乙方遭受第三人权利主张或有关主管机关处罚,甲方除承担本合同约定的违约责任外,还须赔偿乙方向第三人支付的赔偿金、违约金和乙方的其他全部损失(包括经济损失和名誉损害)。在本合同履行过程中,如发生前述情形,乙方还可立即解除本协议。

● 律师批注 10

　　关于违约金等违约责任约定的注意事项与法律风险,参见《文学艺术作品合作创作合同》律师批注 14 和《文学艺术作品出版合同》律师批注 14。

4.4　争议解决：
4.4.1　双方因合同的解释或履行发生争议,应先由双方协商解决。
4.4.2　如协商不成,按照第_____种方式解决。
　(1) 将争议提交_____仲裁委员会依照其最新生效的仲裁规则进行仲裁。
　(2) 向_____地(如:甲方所在地或乙方所在地或本合同签署地)有管辖权的人民法院提起诉讼。

● 律师批注 11

　　关于争议解决约定的注意事项与法律风险,参见《文学艺术作品合作创作合同》律师批注 15。

4.5　本合同一式二份,双方各执一份。自双方签署后生效。

● 律师批注 12

　　关于合同生效时间约定的注意事项与法律风险,参见《文学艺术作品合作创作合同》律师批注 16。

4.6　本合同双方的联络方式如下,任何一方改变其联络方式,均须书面提前通知另一方,否则送达至原授权代表或以原联络方式送达即视为有效送达：
　(1) 甲方指定联系人：_____,电话_____,传真_____,手机_____,电子信箱_____,通信地址_____,邮编_____。
　(2) 乙方指定联系人：_____,电话_____,传真_____,手机_____,电子信箱_____,通信地址_____,邮编_____。

● 律师批注 13

　　关于联系人与联系方式约定的注意事项与法律风险,参见《文学艺术作品合作创作合同》律师批注 17。

(以下无正文)
甲方：_____
签字：_____
乙方：_____
签字：_____

第二十二章　音乐/手机彩铃网络传播与下载许可合同

音乐/手机彩铃网络传播与下载许可合同

许可方：_____有限公司（以下简称"甲方"）
法定代表人：_____
地址：_____
被许可方：_____网站（以下简称"乙方"）
法定代表人：_____
地址：_____

● 律师批注1
　　关于合同的签约主体及其名称的注意事项与法律风险等，参见《文学艺术作品合作创作合同》律师批注1和《文学艺术作品委托创作合同》律师批注1。

鉴于：
1. 甲方系有本合同约定音乐作品的全部版权，有权签署和履行本合同。
2. 乙方系具有合法资质网络运营方，愿意按照本合同约定开展合作。
3. 本合同构成甲乙双方许可合同关系。

● 律师批注2
　　关于鉴于条款约定内容及其法律意义，参见《文学艺术作品合作创作合同》律师批注2。

为此，甲乙双方于_____年_____月_____日在_____市_____区订立条款如下：

● 律师批注 3

关于签约时间、签约地点的注意事项及法律风险等,参见《文学艺术作品合作创作合同》律师批注 3。

> 1. 许可音乐:
> 1.1 音乐名称:《_____》,又名《_____》,英文名称《_____》。
> 1.2 作品形式:_____(以下简称"本作品")。
> (1) 由_____演唱《_____》歌曲而制作的音频作品/手机彩铃。
> (2) 由_____演奏而制作的音频作品/手机彩铃。
> (3) 由甲方使用设备合成或制作的音频作品/手机彩铃。
> 1.3 作品版权:
> 1.3.1 甲方拥有本作品的完整版权。
> 1.3.2 本作品涉及的乐曲、歌词,甲方已取得作者或版权人对本作品的授权。
> 1.3.3 本作品涉及的演唱者、表演者、演奏者,甲方已取得其对本作品的授权。
> 1.4 创作:本作品创作于_____年_____月。

● 律师批注 4

【条款目的】

1. 能够在网络传播或用作彩铃的音乐作品,往往都是多种版权权利的"复合品",既有词作者的版权,也有曲作者的版权,还有演奏者、表演者、制作者甚至录制者的权利。所以,要取得完整权利就需要获得前述各方的授权。

2. 注明音乐作品的创作时间,在于确定其版权保护期限。

> 2. 许可内容:
> 2.1 许可使用方式:_____。
> (1) 可在乙方自己开办的网站(网址:_____)上以供网络或手机用户在线播放、下载的方式传播。
> (2) 乙方可以免费方式或有偿方式向用户传播。
> (3) 上述网络或手机用户在线播放或下载的目的仅限于个人娱乐或作为手机铃声使用,但在线播放或下载不包含其他目的或用途。

2.2 许可使用性质:_____。
(1) 在约定期限内对上述各项作品享有独占性使用权,即除乙方外,其他人(含甲方)均不得以相同方式使用。
(2) 在约定期限内对上述各项作品享有普通使用权,即除乙方外,其他人(含甲方)均可以相同方式使用。
2.3 转授权与分许可:乙方不可再授权他人或者分许可他人使用。
2.4 许可使用期限:_____年,自本合同签署之日起算。
2.5 许可使用区域:_____。
(1) 全球范围。
(2) 中国大陆范围。
(3) 中国港澳台地区。

● 律师批注5
【条款目的】
1. 网络传播的方式基本上是在线听看和下载听看,无论听看的终端是什么,只要基于国际网络便属于网络传播。
2. 音乐作品的版权方既可授权一家网站独占使用,也可授权多家网站使用;但应当禁止被授权方再行授权,便于控制音乐作品传播的网站。

3. 许可费用:
3.1 双方同意:本作品许可费用按照下列第_____种方式计算:
(1) 按许可时间计算,每月人民币_____元整。
(2) 按网络用户点击量计算,每千名用户点击人民币_____元整。
(3) 按网络用户与手机用户下载量计算,每千名用户点击人民币_____元整。
(4) 按甲方向网络用户或手机用户点击和下载收费的_____%提成。
3.2 甲乙双方每_____(月、季、年)度结算一次,在每个自然_____(月、季、年)结束后_____日内由乙方支付上一期许可费。
3.3 乙方将上述许可费用支付给甲方指定账号(开户行:_____,账号:_____,户名:_____)。

● 律师批注 6

【条款目的】
　　网络传播或下载彩铃的许可费用,可有多种方式。通过点击量来计算许可费用,体现对作品多使用、多付费的原则,对双方而言都比较公平。

> 　　4. 其他事项:
> 　　4.1　甲方保证:其创作的本作品不存在抄袭、剽窃他人作品或侵犯任何其他第三人知识产权或智力成果的情形;本作品为原创之作品,甲方拥有完整版权,并保证已获得涉及的上游版权方的合法授权,不会构成对他人的侵权行为。否则,甲方须向乙方支付违约金_____元整,并承担全部法律后果。

● 律师批注 7

　　关于授权音乐作品合法性约定的注意事项与法律风险,参见《文学艺术作品版权转让合同》律师批注 9。

> 　　4.2　评奖:
> 　　4.2.1　在授权期限内,甲方可以其对本作品的演唱及相应制品申报参加国内外演唱评奖活动,所获奖项均归甲方。
> 　　4.2.2　在授权期限内,乙方不可以本作品参加任何评奖活动。

● 律师批注 8

　　关于授权音乐作品评奖约定的注意事项与法律风险,参见《文学艺术作品版权转让合同》律师批注 10。

> 　　4.3　违约责任:
> 　　4.3.1　甲乙双方在本合同执行过程中,任何一方违反本合同条约内容,将视为违约;任何一方每项违约或/及每次违约时,违约方均应一次性向守约方支付违约金_____元(本合同其他条款对违约金另有特别约定的,则以特别约定执行)。
> 　　4.3.2　乙方迟延支付许可费用,则每逾期一日应支付逾期金额千分之_____的违约金;逾期超过 10 日,每日违约金为前述标准的两倍;逾期超过 30 日时,甲方还有权解除本合同。

● 律师批注 9

　　关于违约金等违约责任约定的注意事项与法律风险,参见《文学艺术作品合作创作合同》律师批注 14 和《文学艺术作品出版合同》律师批注 14。

4.4 争议解决:
4.4.1 双方因合同的解释或履行发生争议,应先由双方协商解决。
4.4.2 如协商不成,按照第_____种方式解决。
(1)将争议提交_____仲裁委员会依照其最新生效的仲裁规则进行仲裁。
(2)向_____地(如:甲方所在地或乙方所在地或本合同签署地)有管辖权的人民法院提起诉讼。

● 律师批注 10
关于争议解决约定的注意事项与法律风险,参见《文学艺术作品合作创作合同》律师批注 15。

4.5 本合同一式二份,双方各执一份。自双方签署后生效。

● 律师批注 11
关于合同生效时间约定的注意事项与法律风险,参见《文学艺术作品合作创作合同》律师批注 16。

4.6 本合同双方的联络方式如下,任何一方改变其联络方式,均须书面提前通知另一方,否则送达至原授权代表或以原联络方式送达即视为有效送达:
(1)甲方指定联系人:_____,电话_____,传真_____,手机_____,电子信箱_____,通信地址_____,邮编_____。
(2)乙方指定联系人:_____,电话_____,传真_____,手机_____,电子信箱_____,通信地址_____,邮编_____。

● 律师批注 12
关于联系人与联系方式约定的注意事项与法律风险,参见《文学艺术作品合作创作合同》律师批注 17。

(以下无正文)
甲方:_____有限公司
法定代表人或授权代表:_____
乙方:_____网站
法定代表人或授权代表:_____

第二十三章　音乐广播电视播出许可合同

> **音乐广播电视播出许可合同**
>
> 许可方：_____有限公司(以下简称"甲方")
> 法定代表人：_____
> 地址：_____
> 被许可方：_____广播电台/电视台(以下简称"乙方")
> 法定代表人：_____
> 地址：_____

● 律师批注1
　　关于合同的签约主体及其名称的注意事项与法律风险等,参见《文学艺术作品合作创作合同》律师批注1和《文学艺术作品委托创作合同》律师批注1。

> 鉴于：
> 1. 甲方拥有本合同约定音乐作品的全部版权或相应授权,有权签署和履行本合同。
> 2. 乙方愿意按照本合同约定开展合作,本合同构成甲乙双方许可合同关系。

● 律师批注2
　　关于鉴于条款约定内容及其法律意义,参见《文学艺术作品合作创作合同》律师批注2。

> 为此,甲乙双方于_____年_____月_____日在_____市_____区订立条款如下：

● 律师批注3
　　关于签约时间、签约地点的注意事项及法律风险等,参见《文学艺术作品合作创作合同》律师批注3。

1. 许可音乐:
1.1 音乐作品目录:(以下简称"音乐作品")

编号	音乐名称	词作者	曲作者	作品/表演形式	演唱者/表演者	时间长度	创作时间	版权人

1.2 作品版权:
1.2.1 甲方拥有音乐作品的完整版权或获得了音乐作品的合法、充分授权。
1.2.2 甲方确保,音乐作品涉及的乐曲、歌词,均已取得作者或版权人对音乐作品的授权。
1.2.3 甲方确保,音乐作品涉及的演唱者、表演者、演奏者,已取得其对音乐作品的授权。

● 律师批注4
【条款目的】
1. 关于广播电视传播的音乐作品的相应授权的注意事项与法律风险,参见《音乐/手机彩铃网络传播与下载许可合同》律师批注4。
2. 通过广播电视传播的音乐作品,可以是一个音乐作品,也可是多个音乐作品。

2. 许可内容:
2.1 许可使用方式:_____。
(1) 可在乙方所属广播电台/电视频道播出,供听众/观众欣赏。
(2) 乙方可以免费方式或有偿方式向用户传播。
(3) 上述传播的目的仅限于个人或家庭娱乐使用,但不包含其他目的或用途。
2.2 许可使用性质:_____。
(1) 在约定期限内对上述各项作品享有独占性使用权,即除乙方外,其他人(含甲方)均不得以相同方式使用。

（2）在约定期限内对上述各项作品享有普通使用权，即除乙方外，其他人（含甲方）均可以相同方式使用。

2.3　转授权与分许可：乙方不可再授权他人或者分许可他人使用。

2.4　许可使用期限：_____年，自本合同签署之日起算。

2.5　许可使用区域：广播电视主管部门确定乙方在中国大陆范围内的播出区域。

● 律师批注5

【条款目的】

1. 本款在于明确广播电视台享有音乐作品传播的权利范围和权利"深度"，广播电视传播的方式基本上是实时听看，但随着广播电视技术的发展，现在很多电视传播具备了回看功能。

2. 广播电视台往往自办网站，并将其播出内容同步或滞后在其网站上播出，虽然该网站隶属于广播电视台，但网站的传播方式并不包含在广播电视传播方式当中，故其网站不得使用。

3. 许可费用：

3.1　双方同意：音乐作品许可费用按照下列第_____种方式计算：

（1）按许可时间计算，人民币_____元整/月。

（2）按许可音乐数量计算，每单个音乐作品在许可期限的许可费为人民币_____元整。

3.2　甲乙双方按第_____种方式结算许可费用。

（1）按照许可时间计算费用的，每_____（月、季、年）度结算一次，在每个自然_____（月、季、年）结束后_____日内由乙方支付上一期许可费。

（2）按照许可音乐数量计算费用的，在本合同签署后_____个工作日内支付许可费用总额的_____%，在甲方提供载有音乐作品的母带后_____个工作日内支付许可费用总额的_____%。

3.3　乙方将上述许可费用支付给甲方指定账号（开户行：_____，账号：_____，户名：_____）。

● 律师批注6

【条款目的】

广播电视传播的许可费用，可以采取固定费用方式，也可按一定期限分别计算和收取。

> **4. 其他事项：**
> **4.1** 甲方保证：其提供的音乐作品不存在抄袭、剽窃他人作品或侵犯任何其他第三人知识产权或智力成果的情形；音乐作品为原创之作品，甲方拥有完整版权或获得了版权人的完全授权，并保证已获得涉及的上游版权方的合法授权，不会构成对他人的侵权行为。否则，甲方须向乙方支付违约金_____元整，并承担全部法律后果。

● **律师批注 7**

关于授权音乐作品合法性约定的注意事项与法律风险，参见《文学艺术作品版权转让合同》律师批注 9。

> **4.2 评奖：**
> **4.2.1** 在授权期限内，甲方可以其对音乐作品的演唱及相应制品申报参加国内外演唱评奖活动，所获奖项均归甲方。
> **4.2.2** 在授权期限内，乙方不可以音乐作品参加任何评奖活动。

● **律师批注 8**

关于授权音乐作品评奖约定的注意事项与法律风险，参见《文学艺术作品版权转让合同》律师批注 10。

> **4.3 违约责任：**
> **4.3.1** 甲乙双方在本合同执行过程中，任何一方违反本合同条约内容，将视为违约；任何一方每项违约或／及每次违约时，违约方均应一次性向守约方支付违约金_____元（本合同其他条款对违约金另有特别约定的，则以特别约定执行）。
> **4.3.2** 乙方迟延支付许可费用，则每逾期一日应支付逾期金额千分之_____的违约金；逾期超过 10 日，每日违约金为前述标准的两倍；逾期超过 30 日时，甲方还有权解除本合同。

● **律师批注 9**

关于违约金等违约责任约定的注意事项与法律风险，参见《文学艺术作品合作创作合同》律师批注 14 和《文学艺术作品出版合同》律师批注 14。

4.4 争议解决:
4.4.1 双方因合同的解释或履行发生争议,应先由双方协商解决。
4.4.2 如协商不成,按照第_____种方式解决。
(1) 将争议提交_____仲裁委员会依照其最新生效的仲裁规则进行仲裁。
(2) 向_____地(如:甲方所在地或乙方所在地或本合同签署地)有管辖权的人民法院提起诉讼。

● 律师批注 10
关于争议解决约定的注意事项与法律风险,参见《文学艺术作品合作创作合同》律师批注 15。

4.5 本合同一式二份,双方各执一份。自双方签署后生效。

● 律师批注 11
关于合同生效时间约定的注意事项与法律风险,参见《文学艺术作品合作创作合同》律师批注 16。

4.6 本合同双方的联络方式如下,任何一方改变其联络方式,均须书面提前通知另一方,否则送达至原授权代表或以原联络方式送达即视为有效送达:
(1) 甲方指定联系人:_____,电话_____,传真_____,手机_____,电子信箱_____,通信地址_____,邮编_____。
(2) 乙方指定联系人:_____,电话_____,传真_____,手机_____,电子信箱_____,通信地址_____,邮编_____。

● 律师批注 12
关于联系人与联系方式约定的注意事项与法律风险,参见《文学艺术作品合作创作合同》律师批注 17。

(以下无正文)
甲方:_____有限公司
法定代表人或授权代表:_____
乙方:_____广播电台/电视台
法定代表人或授权代表:_____

第二十四章　MTV 作品卡拉 OK 许可使用合同

MTV 作品卡拉 OK 许可使用合同

许可方：_____有限公司（以下简称"甲方"）
法定代表人：_____
地址：_____

被许可方：_____有限公司（以下简称"乙方"）
法定代表人：_____
地址：_____

● **律师批注 1**
　　关于合同的签约主体及其名称的注意事项与法律风险等，参见《文学艺术作品合作创作合同》律师批注 1 和《文学艺术作品委托创作合同》律师批注 1。

鉴于：
1. 甲方拥有本合同约定本作品的全部版权或相应授权，有权签署和履行本合同。
2. 乙方系具有 KTV 运营方，愿意按照本合同约定开展合作。
3. 本合同构成甲乙双方许可合同关系。

● **律师批注 2**
　　关于鉴于条款约定内容及其法律意义，参见《文学艺术作品合作创作合同》律师批注 2。

为此，甲乙双方于_____年____月____日在_____市_____区订立条款如下：

● **律师批注 3**
　　关于签约时间、签约地点的注意事项及法律风险等，参见《文学艺术作品合作创作合同》律师批注 3。

1. 许可作品：
1.1　MTV作品目录：（以下简称"本作品"）

编号	名称	词作者	曲作者	表演形式	演唱者/表演者	时间长度	创作时间	版权人

1.2　作品版权：
1.2.1　甲方拥有本作品的完整版权或获得了本作品的合法、充分授权。
1.2.2　甲方确保，本作品涉及的乐曲、歌词，均已取得作者或版权人对本作品的授权。
1.2.3　甲方确保，本作品涉及的演唱者、表演者、演奏者，已取得其对本作品的授权。

● 律师批注4
【条款目的】
1. 关于MTV作品的相应授权的注意事项与法律风险，参见《音乐/手机彩铃网络传播与下载许可合同》律师批注4。
2. MTV作品不单纯是音乐作品，其内容涵盖了词曲、音乐、剧情、画面、表演等，属于《著作权法》规定的电影作品和以类似摄制电影的方法创作的作品。故MTV作品的版权人是唱片公司等制作方。

【法律规定】
《中华人民共和国著作权法》（2010.02.26修正）
第十五条　电影作品和以类似摄制电影的方法创作的作品的著作权由制片者享有，但编剧、导演、摄影、作词、作曲等作者享有署名权，并有权按照与制片者签订的合同获得报酬。
电影作品和以类似摄制电影的方法创作的作品中的剧本、音乐等可以单独使用的作品的作者有权单独行使其著作权。

【相关案例】
2003年北京市第一中级人民法院判决播放陈慧琳的MTV作品的北京纯音歌舞娱乐有限公司赔偿香港正东唱片公司56 376元。此案是大陆KTV使用 MTV 作品的侵犯著作权纠纷第一案。同年 12 月北京市第二中级人民法院判令北京唐人街餐饮娱乐有限公司赔偿华纳唱片有限公司经济损失 2.3 万元和因诉讼而支出的合理费用 1.5 万元。

2. 许可内容：
2.1 许可使用对象：
（1）乙方在中国大陆范围内直接投资开办、经营的_____家 KTV 等提供卡拉 OK 服务的经营门店，具体门店的名称、地址、包间数量等如下：

编号	门店名称	所在市、区/县	地址	负责人	联系电话	包间数量	备注

（2）上述门店以外的经营机构、个人不在授权对象范围内，乙方的门店名称或地址变更应事先通知并经甲方确认方为有效。

（3）如授权期限内，乙方停止某个或若干门店的营业，则对其停业的门店从授权对象中撤销，且不因此减少许可费用。

（4）如授权期限内，乙方新开某个或若干门店，则对其新开业的门店应另行与甲方协商许可事宜。

● 律师批注 5
【条款目的】
本条款目的在于明确卡拉 OK 经营者可使用具体 MTV 作品和可使用授权作品的经营门店。

2.2 许可使用方式：
（1）乙方所属门店以卡拉 OK 服务方式供消费者演唱娱乐。
（2）乙方所提供的卡拉 OK 服务是指歌曲的伴奏/伴唱音乐、歌词视频字幕、特定/非特定画面视频等服务，来满足一般消费者自娱自乐演唱歌曲的消费需求。
（3）乙方所提供的卡拉 OK 服务是以营利为目的的有偿服务，不包括家庭或由专业演员演出的演唱会、演出现场等传播目的的使用。

2.3 许可使用性质：_____。

（1）在约定期限内对上述各项作品享有独占性使用权，即除乙方外，其他人（含甲方）均不得以相同方式使用。

（2）在约定期限内对上述各项作品享有普通使用权，即除乙方外，其他人（含甲方）均可以相同方式使用。

2.4 转授权与分许可：乙方不可再授权他人或者分许可他人使用。

2.5 许可使用期限：

2.5.1 _____个月，自本合同签署之日起算。授权期限内，甲方向乙方开具其在各个授权门店内公示的《许可使用证明》。

2.5.2 期限届满前，甲乙双方另行协商续约事宜；续约后，甲方向乙方开具下一期限的《许可使用证明》。

● **律师批注6**

【条款目的】

1. 关于MTV作品授权的注意事项与法律风险，参见《音乐/手机彩铃网络传播与下载许可合同》律师批注4。

2. MTV作品向KTV经营者的授权一般为普通许可，不采用独占性许可，从而扩大MTV作品版权人的经营收益。

3. 许可费用：

3.1 双方同意：本作品许可费用按照下列第_____种方式计算：

（1）按许可门店及其包间的数量和使用期间计算，每个包间每天许可费人民币_____元整。

（2）采取固定费用方式，即在许可期限内乙方支付许可费人民币_____元整。

3.2 甲乙双方按第_____种方式结算许可费用。

（1）按照包间数量和使用期间计算费用的，每_____（月、季、半年）度结算一次，在每个自然_____（月、季、半年）结束后_____日内由乙方支付上一期许可费。

（2）按照固定费用计算的，在本合同签署后_____个工作日内支付许可费用总额的_____％，在甲方提供载有本作品的母带后_____个工作日内支付许可费用总额的_____％。

3.3 乙方将上述许可费用支付给甲方指定账号（开户行：_____，账号：_____，户名：_____）。

● 律师批注 7

【条款目的】

1. MTV作品的许可费用,既可采用"打包"价格计算和支付,也可按卡拉OK经营者的经营门店数量、包厢数量按天计算,还可根据卡拉OK经营者对授权作品的实际点歌量来计算。

2. 中国音像著作权集体管理协会目前向各卡拉OK经营者收取许可费用属于不视具体作品的"一揽子"许可费用,而唱片公司等版权人可依据享有版权的作品曲目向KTV经营者授权。

【法律规定】

《卡拉OK经营行业版权使用费标准》(2006.11.09施行)

卡拉OK经营行业以经营场所的包房为单位,支付音乐作品、音乐电视作品版权使用费,基本标准为12元/包房/天(含音乐和音乐电视两类作品的使用费)。

> 4. 其他事项:
>
> 4.1 甲方保证:其提供的本作品不存在抄袭、剽窃他人作品或侵犯任何其他第三人知识产权或智力成果的情形;本作品为原创之作品,甲方拥有完整版权或获得了版权人的完全授权,并保证已获得涉及的上游版权方的合法授权,不会构成对他人的侵权行为。否则,甲方须向乙方支付违约金_____元整,并承担全部法律后果。

● 律师批注 8

关于授权音乐作品合法性约定的注意事项与法律风险,参见《文学艺术作品版权转让合同》律师批注 9。

> 4.2 违约责任:
>
> 4.2.1 甲乙双方在本合同执行过程中,任何一方违反本合同条约内容,将视为违约;任何一方每项违约或/及每次违约时,违约方均应一次性向守约方支付违约金_____元(本合同其他条款对违约金另有特别约定的,则以特别约定执行)。
>
> 4.2.2 乙方迟延支付许可费用,则每逾期一日应支付逾期金额千分之_____的违约金;逾期超过10日,每日违约金为前述标准的两倍;逾期超过30日时,甲方还有权解除本合同。

● 律师批注 9

关于违约金等违约责任约定的注意事项与法律风险,参见《文学艺术作品合作创作合同》律师批注 14 和《文学艺术作品出版合同》律师批注 14。

4.3　争议解决:
4.3.1　双方因合同的解释或履行发生争议,应先由双方协商解决。
4.3.2　如协商不成,按照第_____种方式解决。
（1）将争议提交_____仲裁委员会依照其最新生效的仲裁规则进行仲裁。
（2）向_____地(如:甲方所在地或乙方所在地或本合同签署地)有管辖权的人民法院提起诉讼。

● 律师批注 10

关于争议解决约定的注意事项与法律风险,参见《文学艺术作品合作创作合同》律师批注 15。

4.4　本合同一式二份,双方各执一份。自双方签署后生效。

● 律师批注 11

关于合同生效时间约定的注意事项与法律风险,参见《文学艺术作品合作创作合同》律师批注 16。

4.5　本合同双方的联络方式如下,任何一方改变其联络方式,均须书面提前通知另一方,否则送达至原授权代表或以原联络方式送达即视为有效送达:
（1）甲方指定联系人:_____,电话_____,传真_____,手机_____,电子信箱_____,通信地址_____,邮编_____。
（2）乙方指定联系人:_____,电话_____,传真_____,手机_____,电子信箱_____,通信地址_____,邮编_____。

● 律师批注 12

关于联系人与联系方式约定的注意事项与法律风险,参见《文学艺术作品合作创作合同》律师批注 17。

(以下无正文)
甲方:_____有限公司
法定代表人或授权代表:_____
乙方:_____有限公司
法定代表人或授权代表:_____

第二十五章　音乐作品音像出版合同

音乐作品音像出版合同

委托方：_____有限公司（以下简称"甲方"）

法定代表人：_____

地址：_____

出版方：_____音像出版社（以下简称"乙方"）

法定代表人：_____

地址：_____

● 律师批注 1

关于合同的签约主体及其名称的注意事项与法律风险等，参见《文学艺术作品合作创作合同》律师批注 1 和《文学艺术作品委托创作合同》律师批注 1。

鉴于：

1. 甲方拥有本合同约定音乐作品的全部版权或相应授权，有权签署和履行本合同。

2. 乙方为具有音像制品出版、发行等合法资质的机构，愿意按照本合同约定完成约定音乐作品的音像出版。

3. 本合同构成甲乙双方就约定音乐作品的音像出版合同关系。

● 律师批注 2

关于鉴于条款约定内容及其法律意义，参见《文学艺术作品合作创作合同》律师批注 2。

为此，甲乙双方于_____年_____月_____日在_____市_____区订立条款如下：

● 律师批注 3

关于签约时间、签约地点的注意事项及法律风险等，参见《文学艺术作品

合作创作合同》律师批注3。

1. 出版作品：
1.1 音乐作品目录：（以下简称"本作品"）

编号	音乐名称	词作者	曲作者	表演形式	演唱者/表演者	时间长度	创作时间	版权人

1.2 作品版权：
1.2.1 甲方拥有本作品的完整版权或获得了本作品的合法、充分授权。
1.2.2 甲方确保，本作品涉及的乐曲、歌词，均已取得作者或版权人对本作品的授权。
1.2.3 甲方确保，本作品涉及的演唱者、表演者、演奏者，已取得其对本作品的授权。

● 律师批注4
关于音乐作品的相应授权的注意事项与法律风险，参见《音乐/手机彩铃网络传播与下载许可合同》律师批注4。

1.3 作品形式：本作品已由甲方制作为_____。
（1）音频作品形式。
（2）音视频作品形式。
1.4 作品公开性：属于第_____种情形。
（1）甲方承诺，本作品虽已创作完成但尚未出版，也未通过广播、电视、网络等媒体公开播出，本协议约定出版为首次出版和公开。
（2）双方确认，本作品在乙方出版前，甲方已经或将通过广播、电视、网络等媒体公开播出。
（3）双方确认，本作品已由甲方通过_____音像出版社于_____年出版过音像制品，本合同约定出版系对本作品的再次音像出版。

（4）双方确认,本作品的原版已由甲方通过_____出版社于_____年出版过音像制品,现经甲方对原版进行重新录制和部分修改,本协议约定音像出版系对原版的重新音像出版。

（5）双方确认,本作品系对××歌曲比赛活动中参加比赛的单项音乐作品进行汇编出版。

● **律师批注5**

音乐作品公开性对出版的影响与文字作品相同,参见《文学艺术作品出版合同》律师批注6。

2. 出版授权：

2.1 授权出版形式:甲方授予乙方以音像形式出版、发行及销售本作品,具体形式包括_____。

（1）VCD。

（2）DVD。

（3）CD。

（4）录像带。

2.2 授权出版性质:甲方授予乙方的音像出版权为独占性使用权,即在约定区域、期限内,仅有乙方享有本作品的音像出版权。

2.3 授权出版区域为:_____。

（1）中国大陆。

（2）中国香港、澳门、台湾地区。

（3）中国以外的其他国家和地区。

（4）_____国。

2.4 授权出版期限:_____年,自本协议签署之日起算。期限届满时,乙方不得再行出版、复制本作品,但可继续发行、销售已出版的音像制品。

2.5 转授权:甲方给予乙方的出版授权,未经甲方同意,乙方不可转让给他人;但在乙方对出版物进行发行、销售时,可自行委托其代理方进行发行、销售。

● **律师批注6**

音乐作品的出版授权与文字作品相同,参见《文学艺术作品出版合同》律师批注7。

3. 出版安排：
3.1 出版要求：
3.1.1 甲方应确保本作品中不得含有下列任何内容：
（1）反对中国宪法及其确定的基本原则；
（2）危害国家统一、主权和领土完整；
（3）危害国家安全、荣誉和利益；
（4）煽动民族分裂，侵害少数民族风俗习惯，破坏民族团结；
（5）宣扬淫秽、迷信或者渲染暴力，危害社会公德和民族优秀文化传统。

3.1.2 甲方应确保本作品不侵犯他人名誉权、肖像权、姓名权等人身权或其他企事业和机关单位的商标号、名称权、名誉权。

● 律师批注7

关于出版要求的注意事项与法律风险，参见《文学艺术作品出版合同》律师批注8。

3.2 交付：
3.2.1 甲方应于本合同签署后_____个日历天内将本作品交付乙方，甲方交付的形式为：
（1）光盘。
（2）录像带。
（3）录音带。
（4）其他：_____。

3.2.2 乙方收到甲方交付的本作品后，及时审核；如有修改意见，及时反馈甲方进行修改，并经甲方确认后定稿。

3.2.3 甲方如因客观原因导致未按期交付本作品，则应在乙方给予的宽限期内交付；如在宽限期内仍未交付，每逾期一日应向乙方支付违约金_____元且乙方还有权视情况解除本合同。

3.3 出版约定：
3.3.1 乙方应于甲方交付本作品后_____个日历天内（不迟于_____年_____月_____日）出版。甲方延期交付作品且经乙方同意的，出版日期相应顺延。

3.3.2 乙方如不能按时出版，应在出版期限届满的_____个日历天以前通知甲方，并每逾期一日支付_____元违约金，双方另行约定出版日期。乙方在另行约定期限内仍不出版的,除非因不可抗力所致,甲方有权解除本合同并要求乙方仍按本合同约定报酬标准向甲方支付报酬并归还本作品原件。

3.3.3 本作品出版时名称确定为《_____》,乙方认为需变更本作品的出版名称或在出版时对作品进行修改、删减,应征得甲方同意。

3.3.4 本作品音像出版的格式(含封面、包装及其设计图案、定价)由甲乙双方协商确定,但乙方有决定权。

3.3.5 本作品出版后_____个日历天内乙方应将本作品原件退还甲方。如有损坏,应赔偿甲方_____元;如有遗失,赔偿_____元。

3.3.6 本作品首次音像出版后_____日内,乙方向甲方赠送_____套出版物,但甲方不得将该出版物用于销售。

3.3.7 乙方对本作品的首次音像出版的复制数量不少于_____套/张/盒。

● **律师批注 8**

关于作品交付和出版安排的注意事项与法律风险,参见《文学艺术作品出版合同》律师批注 9、10。

4. 报酬:

4.1 双方同意,乙方采用下列_____种方式及标准向甲方支付本作品每次出版的报酬:

(1)基本报酬加复制数量报酬:基本报酬为_____元+复制数量报酬为[复制数(以千套/张/盒为单位)×基本报酬_____%]。

(2)固定报酬:_____元。

(3)销售数版税:音像制品定价(元)×_____%(版税率)×销售数量。

(4)复制数版税:音像制品定价(元)×_____%(版税率)×复制数量。

4.2 上述报酬计算中,复制数以本作品每次复制数量为准,音像制品定价按本作品每次出版时所标注定价为准,销售数量以乙方所提供的各版次发行和销售数量为准。

4.3 乙方向甲方支付每次出版报酬的时间:

4.3.1 基本报酬加复制数报酬:乙方应在本作品每次出版后_____个日历天内付清报酬。

4.3.2 固定报酬:乙方应在本作品首次出版后(或者甲方交稿后)_____个日历天内付清报酬。

4.3.3 复制数版税:乙方应在本作品每次复制后_____个日历天内付清报酬。

4.3.4 销售数版税:乙方应在本作品每次复制后_____个日历天内支付暂按每次复制数量的_____%预先计算和支付部分报酬,在每次复制之日起每满一年按本年实际销售数量计算销售版税,并在每年结束前支付实际销售版税与已支付部分报酬的差额。

4.4 乙方对本作品重新复制、再版时,应将复制数、销售数通知甲方,并在重新复制、再版后参照上述约定结算和支付报酬。

4.5 甲方有权核查乙方据以计算报酬的复制数量、销售数量及与此相关的账目。如甲方指定第三方进行核查,需提供书面授权书。如乙方故意隐瞒计算报酬的复制或销售数量或者存在弄虚作假,除向甲方补齐应付报酬外,还应支付全部报酬_____%的违约金并承担核查费用。如核查结果与乙方提供的应付报酬相符,核查费用由甲方承担。

● **律师批注9**

关于出版稿酬约定的注意事项与法律风险,参见《文学艺术作品出版合同》律师批注11。

5. 其他事项:

5.1 评奖:

5.1.1 甲方有权决定以本作品申报参加国内外相关文学艺术评奖活动;如甲方决定不参加评奖而乙方提出申报"音像制品出版"类别的评奖时,甲方同意予以配合,但乙方应以甲乙双方名义申报。

5.1.2 甲方决定申报参加评奖时,参加评奖的费用由甲方承担;经甲方同意由乙方参加"音像制品出版"类评奖时,参加评奖的费用由乙方自行承担。

5.1.3 由甲方申报参加评奖时,参加评奖所获"音像制品出版"类荣誉归甲乙双方共同所有,其余类别荣誉全部归甲方单独所有,所获物质奖励全部归甲方;经甲方同意由乙方参加评奖时,参加评奖所获"音像制品出版"类的荣誉归甲乙双方共同所有,所获"音像制品出版"类别的物质奖励则在扣除乙方承担的申报费用后由甲乙双方按_____%:_____%的比例分配。

● 律师批注 10

关于作品评奖约定的注意事项与法律风险,参见《文学艺术作品出版合同》律师批注 13。

> 5.2 违约责任:
> 5.2.1 本合同上述各项条款对违约责任另有特别约定的,则优先适用相应特别约定。
> 5.2.2 在授权期限内,未经双方同意,任何一方不得将本合同约定专有出版权许可第三方使用。如有违反,另一方有权要求违约方支付违约金_____元、赔偿损失且还有权解除本合同。一方经对方同意许可第三方使用上述权利,应将其因此所得报酬的_____%交付对方作为对对方的补偿。
> 5.2.3 若任何一方不履行本协议的义务即构成违约,违约方除应当向守约方支付_____元违约金外,赔偿对方实际损失;延迟履行义务,应按日支付约定_____元违约金。
> 5.2.4 如乙方实际出版数量低于本合同约定的最低数量,则甲方的报酬仍按约定的最低数量计算且乙方还应支付报酬_____%的违约金。

● 律师批注 11

关于违约金等违约责任约定的注意事项与法律风险,参见《文学艺术作品合作创作合同》律师批注 14 和《文学艺术作品出版合同》律师批注 14。

> 5.3 争议解决:
> 5.3.1 双方因合同的解释或履行发生争议,应先由双方协商解决。
> 5.3.2 如协商不成,按照第_____种方式解决。
> (1)将争议提交_____仲裁委员会依照其最新生效的仲裁规则进行仲裁。
> (2)向_____地(如:甲方所在地或乙方所在地或本合同签署地)有管辖权的人民法院提起诉讼。

● 律师批注 12

关于争议解决约定的注意事项与法律风险,参见《文学艺术作品合作创作合同》律师批注 15。

> 5.4 联络:本合同双方的联络方式如下,任何一方改变其联络方式,均须书面提前通知另一方,否则送达至原授权代表或以原联络方式送达即视为有效送达:
> (1)甲方指定联系人:_____,电话_____,传真_____,手机_____,电子信箱_____,通信地址_____,邮编_____。
> (2)乙方指定联系人:_____,电话_____,传真_____,手机_____,电子信箱_____,通信地址_____,邮编_____。

● 律师批注 13

关于联系人与联系方式约定的注意事项与法律风险,参见《文学艺术作品合作创作合同》律师批注 17。

> 5.5 合同生效与文本:
> 5.5.1 本合同的变更、续签及其他未尽事宜,由双方另行商定。
> 5.5.2 本合同自双方签署之日起生效,一式二份,双方各执一份。

● 律师批注 14

关于合同生效时间约定的注意事项与法律风险,参见《文学艺术作品合作创作合同》律师批注 16。

> (以下无正文)
> 甲方:_____有限公司
> 法定代表人或授权代表:_____
> 乙方:_____音像出版社
> 法定代表人或授权代表:_____

第三部分 广告类合同范本律师批注

第二十六章 企业整体广告服务合同

企业整体广告服务合同

甲方：_____有限公司

法定代表人：_____

地址：_____

乙方：_____广告传媒有限公司

法定代表人：_____

地址：_____

● 律师批注1

关于合同的签约主体及其名称的注意事项与法律风险等，参见《文学艺术作品合作创作合同》律师批注1和《文学艺术作品委托创作合同》律师批注1。

鉴于：

1. 甲方系从事_____经营活动的有限公司，希望通过与乙方开展企业整体广告合作，实现企业声誉和产品及其品牌的进一步推广和提升。

2. 乙方系具备广泛广告行业资源和丰富广告设计与策划团队、经验的广告服务企业，愿意按照本合同约定开展合作。

● 律师批注2

关于鉴于条款约定内容及其法律意义，参见《文学艺术作品合作创作合同》律师批注2。

为此,甲乙双方于_____年_____月_____日在_____市_____区订立条款如下:

● **律师批注3**

关于签约时间、签约地点的注意事项及法律风险等,参见《文学艺术作品合作创作合同》律师批注3。

1. 合作方式:

1.1 乙方作为甲方的企业整体广告服务商,为甲方及相应产品与其品牌的推广宣传进行整体把握和全方位规划,提供约定服务。

1.2 甲方根据乙方提供的广告策略及具体广告策划方案,确定具体广告发布方案和广告发布形式,乙方根据甲方的委托具体执行广告发布业务。

● **律师批注4**

【条款目的】

1. 明确双方的合作关系为整体、全方位广告服务关系,即乙方为甲方的广告总服务商和总代理商,针对各个媒体广告,再由其选择、推荐或直接委托各个媒体的广告代理商。

2. 整体广告服务实际上是企业的服务"外包",广告服务商能够从企业长远发展规则、从整体角度策划企业对外宣传广告计划,有利于企业对外形象的稳定性、宣传与广告理念的持续性。

2. 合作内容:

2.1 乙方向甲方提供企业整体广告的服务工作内容:

2.1.1 针对甲方已执行和发布的广告业务及相关宣传工作,协助甲方做好日常管理及提供咨询意见。

2.1.2 针对甲方拟实施的广告业务和配合甲方整体营销方案,为甲方提供的服务范畴:

(1)策划企业或产品的总体策略方案,具体包括:进行市场分析并提出分析报告,为品牌策略及定位提出专业意见和具体方案,提出整合传播方案,各阶段的媒介建议。

(2)平面广告创意、撰文设计等,包括报纸广告、车体广告、路牌广告、宣传册(单张、折页)、展板、围墙、户外展板、销售资料等。

(3)影视广告:创意、撰文等。

(4) 广告发布情况的监控。
(5) 针对广告受众进行适当的市场调查(定性分析)。
(6) 项目视觉系统的设计补充。

2.1.3 竞争分析：

(1) 乙方每_____(月、季、半年)度对广告宣传效果进行跟踪、分析并提交甲方。

(2) 乙方每_____(月、季、半年)度对竞争对手状况(包括竞争品牌的广告样稿收集及分析)进行分析总结并提交甲方。

● 律师批注5

【条款目的】

广告服务商提供市场分析、竞争分析等基础性工作是企业对外宣传规划和广告发布的前提和基础，而且提供此项服务是动态、跟踪型、有针对性的。

2.2 广告发布：

2.2.1 广告发布规划：

(1) 针对甲方的整体营销方案和宣传策略及公关需要，规划甲方的整体广告发布方案和总体预算。

(2) 在年初制定年度整体方案与年度广告预算并提交甲方进行修改和确认后执行。

(3) 根据年度整体方案与年度广告预算的执行情况，分别制定各个季度、月度广告发布方案及季度、月度预算并提交甲方进行修改和确认后执行。

(4) 除年度、季度、月度等常规广告方案外，乙方还应根据甲方经营需要及突发公共关系事件，及时向甲方提供与之相适应的广告服务具体方案。

2.2.2 广告媒体选择、商谈：

(1) 乙方根据甲方确认的各个季度、月度广告发布方案及季度、月度预算，于每季度、月度开始前提出各个季度、月度的广告媒体合作方案，其中应初步确定目标媒体范围、各媒体的报价等。

(2) 甲方根据乙方提供的媒体合作方案，初步与各媒体进行接触、商谈，乙方应予协助并提供专业咨询意见。

2.2.3 执行广告发布：

(1) 经甲方确认的具体广告发布方案后，由甲方自己或甲方委托乙方与媒体确定广告发布事宜并签署相应广告发布协议。

（2）如甲方委托乙方执行广告发布事宜,甲方另行向乙方支付代理费用,且乙方应对此广告发布事宜承担责任并及时向甲方通报执行情况。

（3）广告投放后,乙方应配合甲方进行广告效果跟踪,必要时经甲方同意后,交由专业市场调查机构进行广告效果评估,由乙方负责监控,调查所需费用由甲方与市调机构结算。

（4）广告发布后,乙方应按周向甲方提供最新的媒体价格、收视率、发行量等数据信息。

2.2.4 协调与调整：

（1）甲乙双方每月至少进行一次由双方主管领导共同参与的例会,评估上月广告效果,以指导未来的广告策略,同时配合市场变化修整工作计划和实施方案。

（2）甲乙双方业务主管人员每周一次工作例会,以确定甲方工作要求和乙方服务进度计划。

（3）因实际需要,甲乙双方都可要求召开临时会议,提议召开会议一方应及时通知另一方并协商确定会议内容、时间等事项。

● 律师批注6

【条款目的】

1. 通过引进整体广告服务商,企业的宣传和广告不再是盲目的应急式、零碎式的"做广告",而是根据企业的需要和市场竞争状况进行整体规划,有计划地"做广告"。

2. 在选择发布媒体和具体广告代理商时,企业有最终决定权,但整体广告服务商应提供咨询意见、协助选择和决策;同时,整体广告服务商还应对广告发布的执行情况进行监控。

2.3 工作安排：

2.3.1 甲方应及时向乙方提供广告业务所需的各种技术性资料（包括产品知识）及市场资料,并应对提供资料负责,如因资料有误而引起的纠纷,责任由甲方承担。

2.3.2 甲方对乙方下达一般性工作要求,应以书面的"工作委托单"形式提交乙方;对于重要性工作要求,双方通过会议纪要、备忘录、协议等确定。

2.3.3 乙方对于本合同工作事项,应尽职尽责、按时保质保量完成,采取措施保管甲方资料与数据。

2.3.4 乙方所提交各项阶段性或最终工作成果应经甲方签字确认后方可实施。

2.3.5 乙方须确保其工作成果系其独立创作且不存在侵犯他人著作权、肖像权等合法权利的情形,如因此产生的纠纷均由乙方负责并赔偿甲方全部损失。

2.3.6 在本合同约定合作期间,乙方不得承接甲方之竞争对手的广告服务或广告代理工作。

● 律师批注7

【条款目的】

1. 明确企业与整体广告服务商之间的工作流程和衔接节点。

2. 为避免整体广告服务商同时为同行业企业或竞争企业服务时,泄露企业的宣传规划、营销方案及相关监测数据等商业秘密,或者因其服务于同行业企业或竞争企业在一定程度上会造成企业宣传规划及广告方案"雷同"而使广告丧失对竞争企业的"杀伤力",因此,应当禁止整体广告服务商不得承担竞争企业的广告业务。

3. 服务报酬:

3.1 甲方就乙方提供本合同项下整体广告的服务费用为:人民币_____元。

3.2 上述服务费用的支付进度:

3.2.1 本合同签署后_____个工作日内,支付费用总额的_____%。

3.2.2 本合同约定服务期限过半后_____个工作日内,支付费用总额的_____%。

3.2.3 本合同约定服务期限届满前,支付费用总额的_____%。

3.3 如在乙方提供整体广告服务过程中,因实施或执行约定事项而产生的差旅费用、其他费用(如模特费用、广告材料印刷费用等),经甲方事先确认后,由甲方另行承担;但乙方在履约过程中,不再由甲方承担工作费用(如设备费用、人员费用、耗材费用等)。

3.4 如甲方委托乙方代理媒体广告发布,则由双方另行签订媒体代理或广告发布协议。

● 律师批注 8

【条款目的】

1. 整体广告服务商主要是提供广告策划、规划等服务工作,其对价即为报酬。

2. 为促使整体广告服务商保持持续高效的服务质量,在支付报酬时应尽量分为多个进度支付,这样较签约后一次性支付更能调动其工作积极性。

> 4. 服务期限:
>
> 4.1 乙方为甲方提供服务的期限为_____个月,自_____年_____月_____日起算。
>
> 4.2 服务期限届满时,如仍有未完成事项或未结清款项,则本合同期限延长至事项完毕或款项结清之日,但在该延长期限内不再开展新业务合作或执行新事项。

● 律师批注 9

【条款目的】

整体广告服务的服务期限可按一年度或若干年为期限,较长的服务期限有利于其对企业的宣传从长远考虑。

> 5. 知识产权:
>
> 5.1 乙方系受甲方委托开展本合同约定工作事项,因为完成委托事项而产生的一切作品或智力成果(含:策划方案、创意构思及相关方案、平面设计及创作作品方案)的版权自其形成时即均归甲方拥有,乙方不得以任何理由要求甲方支付版权费用,也不对作品享有任何使用权,但乙方享有署名权。
>
> 5.2 乙方应确保其工作人员不会对上述作品或智力成果提出权利主张或因此与甲方产生版权纠纷;否则,由乙方承担全部法律后果并赔偿甲方全部损失。

● 律师批注 10

【条款目的】

整体广告服务商提供服务、开展工作均是基于企业的委托,在提供服务过程中会形成企业宣传规划、广告策划案等文字、图片、音视频成果。如企业不对此类成果拥有版权,会导致因广告服务商拥有其版权致使此类成果被用于其他企业或对外流失,造成企业在对外宣传和营销方面的被动。

6. 其他事项:
6.1 保密:

6.1.1 甲方向乙方提供经营信息、客户信息等资料均为甲方商业秘密;同时,乙方为甲方提供广告服务而形成的、未公开的创意、广告方案、调研信息、广告监测数据等信息,亦为甲方商业秘密。

6.1.2 对于甲方的保密信息,乙方有保密义务,不得以任何形式向第三方透露或以任何方式向第三方提供。如因乙方泄密造成损失,甲方有权立刻解除本协议并索赔直至追究乙方法律责任。

6.1.3 本保密义务在本合同期限届满时,仍具有约束力,除非保密信息成为公开信息。

6.2 乙方保证:其提供的广告服务相关作品和工作成果不存在抄袭、剽窃他人作品或侵犯任何其他第三人知识产权或智力成果的情形;否则,乙方须向甲方返还全部服务费用,支付违约金_____元整,并承担全部法律后果。

6.3 评奖:在本合同期限届满后,经甲方同意,乙方有就其完成的创意、制作内容等作品,申报参加"广告创意类"评奖的权利,所获得荣誉归甲乙双方共同享有,所获得物质奖励归_____方所有,申报费用由乙方承担。

● **律师批注 11**

【条款目的】

整体广告服务商因近距离、全方位为企业提供服务,会掌握和了解企业的营销方案、宣传规划、广告方案等企业商业秘密,故约定保密义务对企业利益具有极大保护作用。

6.4 违约责任:

6.4.1 本合同上述各项条款对违约责任另有特别约定的,则优先适用相应特别约定。

6.4.2 若任何一方不履行本合同的义务即构成违约,违约方除应当向守约方支付_____元违约金外,赔偿对方实际损失;延迟履行义务,应按日支付约定_____元违约金。

● **律师批注 12**

关于违约金等违约责任约定的注意事项与法律风险,参见《文学艺术作品合作创作合同》律师批注 14 和《文学艺术作品出版合同》律师批注 14。

> **6.5 争议解决:**
> 6.5.1 双方因合同的解释或履行发生争议,应先由双方协商解决。
> 6.5.2 如协商不成,按照第_____种方式解决。
> (1)将争议提交_____仲裁委员会依照其最新生效的仲裁规则进行仲裁。
> (2)向_____地(如:甲方所在地或乙方所在地或本合同签署地)有管辖权的人民法院提起诉讼。

● **律师批注 13**

关于争议解决约定的注意事项与法律风险,参见《文学艺术作品合作创作合同》律师批注 15。

> **6.6 联络:** 本合同双方的联络方式如下,任何一方改变其联络方式,均须书面提前通知另一方,否则送达至原授权代表或以原联络方式送达即视为有效送达:
> (1)甲方指定联系人:_____,电话_____,传真_____,手机_____,电子信箱_____,通信地址_____,邮编_____。
> (2)乙方指定联系人:_____,电话_____,传真_____,手机_____,电子信箱_____,通信地址_____,邮编_____。

● **律师批注 14**

关于联系人与联系方式约定的注意事项与法律风险,参见《文学艺术作品合作创作合同》律师批注 17。

> **6.7 合同生效与文本:**
> 6.7.1 本合同的变更、续签及其他未尽事宜,由双方另行商定。
> 6.7.2 本合同自双方签署之日起生效,一式二份,双方各执一份。

● **律师批注 15**

关于合同生效时间约定的注意事项与法律风险,参见《文学艺术作品合作创作合同》律师批注 16。

(以下无正文)

甲方:_____有限公司

法定代表人或授权代表:_____

乙方:_____广告传媒有限公司

法定代表人或授权代表:_____

第二十七章　广告招商代理合同

广告招商代理合同

甲方：_____报纸/网站/广播电台/电视台
法定代表人：_____
地址：_____
乙方：_____广告传媒有限公司
法定代表人：_____
地址：_____

● **律师批注 1**

关于合同的签约主体及其名称的注意事项与法律风险等，参见《文学艺术作品合作创作合同》律师批注 1 和《文学艺术作品委托创作合同》律师批注 1。

鉴于：

1. 甲方系愿意将其媒体中约定的广告资源交由乙方以约定方式招商经营。

2. 乙方系具备广告经营资质且具有广泛客户资源和相应广告团队、经验的广告经营企业，愿意按照本合同约定开展合作。

● **律师批注 2**

【条款目的】

1. 关于鉴于条款约定内容及其法律意义，参见《文学艺术作品合作创作合同》律师批注 2。

2. 本合同项下的合作关系是广播电台、电视台、报纸等媒体委托广告代理商，由广告代理商为媒体寻求企业广告发布。

为此，甲乙双方于_____年_____月_____日在_____市_____区订立条款如下：

● 律师批注 3

关于签约时间、签约地点的注意事项及法律风险等,参见《文学艺术作品合作创作合同》律师批注 3。

> 1. 合作方式:
> 1.1 甲方交由乙方代理的广告资源为_____。
> (1) 甲方的_____报纸_____版面的广告空间。
> (2) 甲方网站_____栏目的广告空间。
> (3) 甲方的_____广播电台/电视栏目的广告时段_____点_____分至_____点_____分,广告时长约_____分钟。

● 律师批注 4

【条款目的】

明确委托广告代理商进行招商的具体媒体资源或具体发布平台。

【相关案例】

2003 年 10 月 25 日,内地某公司与香港某卫视签订了为期三年的独家代理该卫视中文台、资讯台的各大城市天气预报栏目广告权益的协议,该卫视"不得转售给第三方,也不得再自行销售"。但该卫视于 2004 年违约与第三方就前述广告资源签署同样的独家代理协议。该公司提出交涉后,该卫视以"不可抗力"为由函告该公司终止双方协议。

在该案例中,该卫视显然构成严重违约且其所谓不可抗力亦无事实根据,该公司有权要求继续履约,追究违约责任。

> 1.2 乙方以第_____种方式代理甲方的上述广告资源。
> (1) 乙方以"买断"方式取得上述广告资源的代理权,对招商与代理自负盈亏。
> (2) 乙方以普通代理商方式对上述广告资源进行招商代理,按照招商成交金额提取佣金。
> (3) 乙方以独家代理商方式对上述广告资源进行招商代理,按照招商成交金额提取佣金。

● 律师批注 5

【条款目的】

1. 广告代理商可选择不同方式代理媒体的广告招商,如为买断方式,则广告代理商以固定广告费取得媒体的广告平台,然后自行寻找和选择企业广告在广告平台上发布,媒体不对广告代理商的经营亏损承担责任,也不参与其从企业所获广告发布费用的分配。

2. 如为普通或独家代理方式,则媒体要承担代理商招商成败的后果,即发一笔广告、提一笔佣金。在这种方式下,媒体承担广告平台的盈亏风险。

【相关案例】

北京某广告公司于2008年3月与某劳动报社签订了健康行业广告代理协议,约定由该广告公司独家代理该报健康行业(指医药、医疗机构、保健品、保健用品、保健饮品、医疗器械等)各种形式的广告业务。签约后,该公司开展了招聘业务员、增加办公地点、积极寻找广告客户等准备工作,但在2008年4月起该报连续8天以"报花"刊登了其他公司代理的打呼噜、健康枕、耳聋耳鸣名医会诊等广告。该广告公司遂以报社根本违约起诉解除合同,但被法院驳回。

在该案例中,广告代理商取得了独家代理权,报社刊登其他代理方的广告构成违约,但利用报花刊登8次广告,并不构成根本性违约。实际上,该广告公司应主张违约赔偿。

2. 合作内容:

2.1 广告招商代理要求:

2.1.1 乙方在广告招商时,只以自己名义对外招商并签署广告发布或投放协议,不得以甲方名义对外招商;并且,乙方独立对广告招商客户承担责任,甲方不对乙方承担担保或连带责任。

2.1.2 乙方在广告招商时,应当按照现行广告法律法规及甲方的要求,对拟发布的广告内容和广告主进行相应审查并保存相关审查文件,不得与广告主串通弄虚作假;否则,一切后果均由乙方承担。

2.1.3 甲方对于拟发布的广告内容及广告主相应情况,有权进行审查,如经审查发现不符合法律法规及甲方要求的情形,有权要求纠正或不予发布。

2.1.4 乙方在广告招商时,自行向广告主或其代理方收取广告款项并承担收款风险。

2.2 广告发布工作安排:

2.2.1 在乙方审查并确保广告主、广告内容符合法律法规及甲方要求后,甲方根据乙方提供的发布内容确认可以发布的广告长度、篇幅、形式,乙方与广告发布方最终确定广告发布稿内容。

2.2.2 甲方根据乙方提供的最终发布稿进行广告发布；如因实际情况需要缩短或缩小长度、篇幅的，应不改变原稿件主要内容且缩短或缩小后应不少于原稿件的_____%。

2.2.3 甲方根据确定的发布时间进行广告发布，并提前告知乙方；如因特殊情况未能提前告知的，则应在事后向乙方提供广告发布实样。

2.2.4 甲方进行广告发布，乙方有权进行发布监测，乙方如对广告发布有异议，应及时向甲方提出。

2.2.5 甲方对广告发布以"先款后发"为原则，除非乙方对广告款项的偿付承担保证责任。如因款项未能按时支付造成广告发布延误或未能发布的责任由乙方承担。

● 律师批注6

【条款目的】

1. 广告代理商是以自己名义对外签署广告发布合同的，故由广告代理商自行对外承担责任。

2. 广告代理商与发布媒体对发布的广告都有法定审查义务，确保广告内容合法合规。

【法律规定】

《中华人民共和国广告法》(1994.10.27通过)

第二十七条 广告经营者、广告发布者依据法律、行政法规查验有关证明文件，核实广告内容。对内容不实或者证明文件不全的广告，广告经营者不得提供设计、制作、代理服务，广告发布者不得发布。

第二十八条 广告经营者、广告发布者按照国家有关规定，建立、健全广告业务的承接登记、审核、档案管理制度。

2.3 代理保证金：

2.3.1 乙方应在本合同签署后_____个工作日内一次性将人民币_____元的广告代理保证金支付给甲方。

2.3.2 如乙方未完成约定广告营业额(应支付给甲方部分)或存在其他违约行为时，甲方有权从该保证金中扣除相应金额以补足广告营业额(应支付给甲方部分)或抵扣违约金、赔偿金。

2.3.3 代理期间，保证金经扣除后的不足部分，由乙方及时补足，否则，甲方有权立即中止合同履行。代理期限届满后，甲方将保证金或其余额在代理届满后_____个工作日内一次性返还乙方。

● 律师批注7

【条款目的】

媒体一般要求广告代理商交纳一定押金或保证金,作为广告代理商的履约保障。

【风险提示】

对于保证金或押金不但要约定其交纳金额,还应当约定媒体对保证金的处理方式,即在哪些情形下可直接扣除保证金;否则,如未约定而由媒体直接扣划保证金,可能造成媒体违约。

2.4 合作期限:

2.4.1 乙方进行广告招商的期限为_____个月,自_____年_____月_____日起算。

2.4.2 代理期限届满时,如仍有未完成事项或未结清款项,则本合同期限延长至事项完毕或款项结清之日,但在该延长期限内不再开展新业务合作或执行新事项。

2.5 合作区域:_____。

(1) 中国大陆。

(2) 华东区域/华北区域/东北区域。

(3) _____省/自治区/直辖市范围。

● 律师批注8

【条款目的】

1. 合作期限是双方合作的基本期限,但在该期限内可能会签署期限更长的具体广告发布合同,在基本期限届满时,广告发布合同还未履行完毕,这种情形下就要顺延基本期限,避免因期限届满、合同终止,造成具体广告发布合同的相应配合、结算受到影响。

2. 媒体可在国内不同区域选择不同的广告代理商,但各区域的代理商往往会因发生招商"重叠"而产生纠纷。

3. 代理佣金:

3.1 本合同项下代理佣金按_____方式结算和支付。

(1) 买断式代理权:乙方就取得本合同约定广告资源代理应向甲方支付买断代理的对价_____元,甲方不再向乙方支付代理佣金,乙方对其招商代理自负盈亏,乙方的最低广告业绩额为_____元。

A. 于本合同签署后_____个工作日内,支付上述对价的_____%。

B. 于本合同签署后每个月第_____日前,支付上述对价的_____%。

(2) 普通代理权:甲方从乙方实际收取的到账款项中按照以下约定比例支付佣金,但乙方的最低广告业绩额为_____元。

A. 乙方累计完成_____元人民币以下的广告销售额时,乙方可提成广告收费标准的_____%。

B. 乙方累计完成_____元人民币以上至累计完成_____元人民币以下的广告销售额时,乙方可提成广告收费标准的_____%。

C. 乙方累计完成_____元人民币以上的广告销售额时,乙方可提成广告收费标准的_____%。

(3) 独家代理权:甲方从乙方实际收取的到账款项中按照以下约定比例支付佣金,但乙方的最低广告业绩额为_____元。

A. 乙方累计完成_____元人民币以下的广告销售额时,乙方可提成广告收费标准的_____%。

B. 乙方累计完成_____元人民币以上至累计完成_____元人民币以下的广告销售额时,乙方可提成广告收费标准的_____%。

C. 乙方累计完成_____元人民币以上的广告销售额时,乙方可提成广告收费标准的_____%。

3.2 甲方收取乙方支付的广告款项时,向乙方开具同等金额发票;乙方向广告主等发布方收取款项时,向广告主等发布方开具同等金额发票。

3.3 乙方提供广告招商过程中,产生的差旅费用、其他费用,由乙方自行承担,不再由甲方另行承担,也不从广告款项中扣除,除非双方另有明确约定。

● 律师批注9

【条款目的】

不同的广告代理方式,计算佣金的方式也不同。在买断式代理方式下,广告代理商支付买断费用后,对所买断的广告资源自负盈亏。

【相关案例】

某航空企业与山东某广告公司就某航空杂志上发布济南区域广告的独家代理签署协议,约定济南地区"吃、喝、玩、健、购、住、行、游"八方面的广告业务均由该广告公司代理,否则,该航空企业即构成违约并按该广告公司应得广告代理费的两倍赔偿。但是,该航空杂志未经该广告公司代理发布了济南的某咖啡、某健身俱乐部、某购物中心、某酒店等单位的广告。该广告公司起诉要求赔偿前述违约发布广告代理费两倍的损失,得到法院支持。

在该案例中,航空企业擅自发布广告,造成了广告公司应得利益损失。

> **4. 其他事项:**
> **4.1 违约责任:**
> **4.1.1** 本合同上述各项条款对违约责任另有特别约定的,则优先适用相应特别约定。
> **4.1.2** 若任何一方不履行本合同的义务即构成违约,违约方除应当向守约方支付_____元违约金外,赔偿对方实际损失;延迟履行义务,应按日支付约定_____元违约金。

● **律师批注 10**

关于违约金等违约责任约定的注意事项与法律风险,参见《文学艺术作品合作创作合同》律师批注 14 和《文学艺术作品出版合同》律师批注 14。

> **4.2 争议解决:**
> **4.2.1** 双方因合同的解释或履行发生争议,应先由双方协商解决。
> **4.2.2** 如协商不成,按照第_____种方式解决。
> (1)将争议提交_____仲裁委员会依照其最新生效的仲裁规则进行仲裁。
> (2)向_____地(如:甲方所在地或乙方所在地或本合同签署地)有管辖权的人民法院提起诉讼。

● **律师批注 11**

关于争议解决约定的注意事项与法律风险,参见《文学艺术作品合作创作合同》律师批注 15。

> **4.3 联络:** 本合同双方的联络方式如下,任何一方改变其联络方式,均须书面提前通知另一方,否则送达至原授权代表或以原联络方式送达即视为有效送达:
> (1)甲方指定联系人:_____,电话_____,传真_____,手机_____,电子信箱_____,通信地址_____,邮编_____。
> (2)乙方指定联系人:_____,电话_____,传真_____,手机_____,电子信箱_____,通信地址_____,邮编_____。

● 律师批注 12

关于联系人与联系方式约定的注意事项与法律风险,参见《文学艺术作品合作创作合同》律师批注 17。

> 4.4 合同生效与文本:
> 4.4.1 本合同的变更、续签及其他未尽事宜,由双方另行商定。
> 4.4.2 本合同自双方签署之日起生效,一式二份,双方各执一份。

● 律师批注 13

关于合同生效时间约定的注意事项与法律风险,参见《文学艺术作品合作创作合同》律师批注 16。

> (以下无正文)
> 甲方:_____报纸/网站/广播电台/电视台
> 法定代表人或授权代表:_____
> 乙方:_____广告传媒有限公司
> 法定代表人或授权代表:_____

第二十八章　广告发布合同

> 广告发布合同
>
> 甲方：_____有限公司
> 法定代表人：_____
> 地址：_____
> 乙方：_____报纸/广播电台/电视台
> 法定代表人：_____
> 地址：_____

● **律师批注 1**
　　关于合同的签约主体及其名称的注意事项与法律风险等，参见《文学艺术作品合作创作合同》律师批注 1 和《文学艺术作品委托创作合同》律师批注 1。

> 鉴于：
> 1. 甲方系从事_____经营活动的有限公司，希望通过乙方进行广告发布，以实现企业声誉和产品及其品牌的进一步推广和提升。
> 2. 乙方愿意按照本合同约定进行广告发布。

● **律师批注 2**
　　关于鉴于条款约定内容及其法律意义，参见《文学艺术作品合作创作同》律师批注 2。

> 为此，甲乙双方于_____年_____月_____日在_____市_____区订立条款如下：

● **律师批注 3**
　　关于签约时间、签约地点的注意事项及法律风险等，参见《文学艺术作品合作创作合同》律师批注 3。

> 1. 广告发布基本情况：
> 1.1　广告发布内容：
> 1.1.1　广告涉及的企业或产品或服务名称：_____。
> 1.1.2　广告涉及的商标及LOGO：_____。
> 1.1.3　广告主要宣传内容：_____。

● **律师批注4**

【风险提示】

企业对外发布的广告，一般情形下都被认为是要约邀请，不会被认定为要约。但是，在特殊情况下，特别是广告主在广告中对外作出具体承诺时，会被认定为要约，一旦成交，广告内容应当被认定为合同约定。例如，悬赏广告。

【法律规定】

《最高人民法院关于审理商品房买卖合同纠纷案件适用法律若干问题的解释》（法释〔2003〕7号）（2003.03.24通过）

第三条　商品房的销售广告和宣传资料为要约邀请，但是出卖人就商品房开发规划范围内的房屋及相关设施所作的说明和允诺具体确定，并对商品房买卖合同的订立以及房屋价格的确定有重大影响的，应当视为要约。该说明和允诺即使未载入商品房买卖合同，亦应当视为合同内容，当事人违反的，应当承担违约责任。

【相关案例】

广东某化妆品品牌在广告中承诺"10分钟白发变黑发"、"从源头消除染发过敏、致癌、伤发、染头皮等伤害！绝不含汞、间苯二胺等有害化学成分，如有检出厂家重赏10万元"。郑州市民吴某对广告信以为真，购买了该产品，使用后却出现了过敏症状，其将产品送检后，竟然查出产品里含有汞和间苯二胺的成分，吴某要求生产商和发布广告的郑州代理商支付10万元的奖金。

在该案例中，厂家对于产品的特殊功效的宣传，显然属于虚假广告内容，广告主、广告代理商须承担虚假广告责任；同时，其对10万奖赏的承诺，则构成悬赏广告。

> 1.2　广告发布规格：
> 1.2.1　尺寸为_____×_____，大小在_____以下。
> 1.2.2　广告的格式为_____。
> 1.2.3　广告为_____（动态/静态）。

1.2.4 数量：_____。
1.2.5 材料要求：_____。
1.3 广告发布媒体与平台：_____。
（1）甲方的_____报纸_____版面的广告空间。
（2）甲方的_____广播电台/电视栏目的广告时段_____点_____分至_____点_____分，广告时长约_____分钟。

1.4 广告发布日期：
（1）_____年_____月_____日_____时至_____年_____月_____日_____时。
（2）_____年_____月_____日_____时至_____年_____月_____日_____时。

● 律师批注5
【条款目的】
明确媒体作为广告发布者需要向广告主或其代理商提供广告发布的内容、规格、时间等具体细节。

2. 广告发布要求：
2.1 发布广告内容的合法性、真实性承诺：
2.1.1 甲方承诺，其为合法设立的企业且具备拟发布广告涉及产品或服务所需的经营资质。
2.1.2 甲方承诺，拟发布广告涉及的产品或服务已取得了经国家主管机关对生产、销售的批准、核准(如有)。
2.1.3 甲方承诺，拟发布广告内容不存在虚假、夸大等不实宣传内容。
2.2 广告内容要求：
2.2.1 甲方应确保广告使用数据、统计资料、调查结果、文摘、引用语，应当真实、准确，并标明出处。
2.2.2 甲方应确保广告中涉及专利产品或者专利方法的，应当标明专利号和专利种类。禁止使用未授予专利权的专利申请和已经终止、撤销、无效的专利做广告。
2.2.3 甲方应确保广告不得贬低其他生产经营者的商品或者服务。
2.2.4 甲方应确保广告使用的图像、语言文字、汉语拼音、计量单位等应当符合国家有关规定。

2.2.5 甲方应确保广告在总体设计、正文、标语、解说词、音乐等方面不得仿照他人的广告或使消费者产生误解。

2.2.6 甲方应确保广告不得损害未成年人和残疾人的身心健康或存在民族歧视的内容。

2.2.7 甲方应确保广告内容中不包含禁止广告的内容,包括:烟草类广告、麻醉药品、精神药品、毒性药品、放射性药品等特殊药品等。

2.2.8 甲方应确保广告用语不得有违反法律法规及主管部门的要求。

2.2.9 甲方配合乙方进行广告监管部门对广告的审查并办理相应手续,广告监管部门提出修改要求,乙方直接根据监管部门的意见进行修改。

● **律师批注 6**

【风险提示】

作为媒体应当要求广告主、广告代理商确保广告内容的真实性、合法性,但媒体仍承担注意义务和审查责任。

【法律规定】

《中华人民共和国广告法》(1994.10.27 通过)

第三十八条 违反本法规定,发布虚假广告,欺骗和误导消费者,使购买商品或者接受服务的消费者的合法权益受到损害的,由广告主依法承担民事责任;广告经营者、广告发布者明知或者应知广告虚假仍设计、制作、发布的,应当依法承担连带责任。

广告经营者、广告发布者不能提供广告主的真实名称、地址的,应当承担全部民事责任。

社会团体或者其他组织,在虚假广告中向消费者推荐商品或者服务,使消费者的合法权益受到损害的,应当依法承担连带责任。

2.3 广告发布工作安排:

2.3.1 甲方应于本合同签署后_____个工作日内向乙方提供已制作完好广告发布稿件,提供介质为_____(光盘/打印文字稿)。

2.3.2 乙方有权在_____个工作日内审查广告主、广告内容符合法律法规及上述广告内容要求,如发现不符合本合同约定,则有权拒绝发布或要求更正后发布;如广告内容只涉及用语不符合约定,则乙方有权直接予以修改后发布。

2.3.3 乙方根据甲方提供的发布内容在_____个工作日内确认可以发布的广告长度、篇幅、形式,并由甲方在_____个工作日内最终确定广告发布稿内容。

2.3.4 乙方根据甲方提供的最终发布稿进行广告发布;如因实际情况需要缩短或缩小长度、篇幅的,应不改变原稿件主要内容且缩短或缩小后应不少于原稿件的_____%。

2.3.5 乙方根据确定的发布时间进行广告发布,无须另行告知甲方;如因特殊情况不能按确定时间发布而提前或延后发布,则及时向甲方告知并提供广告发布实样。

2.3.6 乙方进行广告发布,甲方有权进行发布监测,甲方如对广告发布有异议,应及时向乙方提出。

2.3.7 乙方对广告发布以"先款后发"为原则,如因款项未能按时支付造成广告发布延误或未能发布的责任由甲方承担。

● 律师批注7

【条款目的】

因广告发布需要发布双方相互配合,特别是发布内容、形式往往因媒体实际情况需要进行调整、修改,本条款在于明确广告主、广告代理商与发布媒体之间的广告发布流程、确认流程。

【相关案例】

广州某广告公司代理在某都市报发布"××·朗逸轩"房地产项目广告,该报在约定版面刊登了"××·朗逸轩"广告,但广告遗漏了配套的文字内容,特别是遗漏了房产的开发企业名称和房产预售许可证号。该广告公司据此拒绝支付广告发布费。经查,在双方确认的最终发布稿中就遗漏了房产企业名称及其预售许可证号,但双方是以传真件签字确认。

在该案例中,该报的广告发布存在履约瑕疵,但该发布内容已经广告代理商确认,不应由媒体承担责任,并且广告的实质内容已发布,拒付全部广告费无事实根据。

2.4 广告发布区域：_____。
(1) 中国大陆。
(2) 本合同约定媒体及其发布形式传播/发行的区域。
3. 广告费用：
3.1 本合同项下广告发布费合计为_____元,其中包括:广告单价_____元、加急费_____元、其他费用_____元、扣除优惠_____元。
3.2 支付进度：
3.2.1 于本合同签署后_____个工作日内,支付上述费用的_____%。
3.2.2 于广告发布日的_____个工作日以前,支付上述剩余费用。
3.3 乙方收取甲方支付的广告费用时,向甲方开具同等金额发票。

● 律师批注8

【风险提示】
因媒体广告发布均具有"易逝性",特别是广播电视、户外电子广告等媒体,务必要提取和保留广告发布的证据或者由对方签字确认发布事实。否则,如对方否认广告发布并据此拒绝支付广告费,将会使媒体"无言应对"。

4. 其他事项：
4.1 违约责任：
4.1.1 本合同上述各项条款对违约责任另有特别约定的,则优先适用相应特别约定。
4.1.2 若任何一方不履行本合同的义务即构成违约,违约方除应当向守约方支付_____元违约金外,赔偿对方实际损失;延迟履行义务,应按日支付约定_____元违约金。
4.1.3 甲方逾期支付广告费,则每逾期一日,按年广告发布费总额的_____%向乙方支付违约金,逾期_____天以上时,乙方还有权解除本合同,并要求甲方承担损失(含乙方向他人支付违约金、赔偿金)。
4.1.4 在发布过程中,如果出现漏发布、错发布,则乙方应按相同形式以"漏一补一"、"错一补一"的方式进行赔偿、补偿,该赔偿、补偿日期由乙方安排确定。
4.1.5 若乙方按擅自修改的广告样本进行发布的,乙方应向甲方支付广告费总额_____%的违约金,并对由此造成的一切损失承担赔偿责任。

4.1.6 若遇媒体有重大特殊活动或宣传主管部门、广告监管部门指令媒体发布其他规定内容或提出管制等特殊情形,致使广告临时不能发布的,乙方应按"缺一补一"的方式进行赔偿、补偿,赔偿、补偿自前述特殊情形消失之日起_____个日历天内,由乙方根据媒体的安排确定日期,并书面通知甲方。

● 律师批注9

【条款目的】

关于违约金等违约责任约定的注意事项与法律风险,参见《文学艺术作品合作创作合同》律师批注14和《文学艺术作品出版合同》律师批注14。

【风险提示】

发布广告媒体往往会因一些突发情况调整版面,从而影响广告发布;但双方应将该突发情况限定在一定范围内且确实属于媒体不可预见或基于相应主管部门的要求,从而避免因媒体无限扩大突发情况,或者媒体为获得更高广告费而优先发布出价更高的广告,致使企业错失相应广告发布时机,甚至宣传方案被打乱。

4.2 争议解决:

4.2.1 双方因合同的解释或履行发生争议,应先由双方协商解决。

4.2.2 如协商不成,按照第_____种方式解决。

(1)将争议提交_____仲裁委员会依照其最新生效的仲裁规则进行仲裁。

(2)向_____地(如:甲方所在地或乙方所在地或本合同签署地)有管辖权的人民法院提起诉讼。

● 律师批注10

关于争议解决约定的注意事项与法律风险,参见《文学艺术作品合作创作合同》律师批注15。

4.3 联络:本合同双方的联络方式如下,任何一方改变其联络方式,均须书面提前通知另一方,否则送达至原授权代表或以原联络方式送达即视为有效送达:

(1)甲方指定联系人:_____,电话_____,传真_____,手机_____,电子信箱_____,通信地址_____,邮编_____。

(2)乙方指定联系人:_____,电话_____,传真_____,手机_____,电子信箱_____,通信地址_____,邮编_____。

● 律师批注 11

关于联系人与联系方式约定的注意事项与法律风险,参见《文学艺术作品合作创作合同》律师批注 17。

> 4.4 合同生效与文本:
> 4.4.1 本合同的变更、续签及其他未尽事宜,由双方另行商定。
> 4.4.2 本合同自双方签署之日起生效,一式二份,双方各执一份。

● 律师批注 12

关于合同生效时间约定的注意事项与法律风险,参见《文学艺术作品合作创作合同》律师批注 16。

> (以下无正文)
> 甲方:_____有限公司
> 法定代表人或授权代表:_____
> 乙方:_____报纸/广播电台/电视台
> 法定代表人或授权代表:_____

第二十九章　广告发布委托合同

> **广告发布委托合同**
>
> **委托方：**_____有限公司（以下简称"甲方"）
> **法定代表人：**_____
> **地址：**_____
> **代理方：**_____广告传媒有限公司（以下简称"乙方"）
> **法定代表人：**_____
> **地址：**_____

● **律师批注1**
　　关于合同的签约主体及其名称的注意事项与法律风险等，参见《文学艺术作品合作创作合同》律师批注1和《文学艺术作品委托创作合同》律师批注1。

> 鉴于：
> 　　1. 甲方系从事_____经营活动的有限公司，希望通过乙方进行广告发布，以实现企业声誉和产品及其品牌的进一步推广和提升。
> 　　2. 乙方系专门从事广告传媒经营活动的有限公司且具有广泛广告行业资源，愿意按照本合同约定进行广告发布。

● **律师批注2**
　　【条款目的】
　　1. 关于鉴于条款约定内容及其法律意义，参见《文学艺术作品合作创作合同》律师批注2。
　　2. 本合同与《广告发布合同》的区别在于：本合同是企业委托广告代理商选择相应媒体进行广告发布的合同；而《广告发布合同》是企业直接与媒体签署的发布合同，或者是广告代理商与媒体签署的发布合同。

> 　　为此，甲乙双方于_____年_____月_____日在_____市_____区订立条款如下：

● 律师批注 3

关于签约时间、签约地点的注意事项及法律风险等,参见《文学艺术作品合作创作合同》律师批注 3。

> 1. 委托发布广告基本情况:
> 1.1 广告发布内容:
> 1.1.1 广告涉及的企业或产品或服务名称:_____。
> 1.1.2 广告涉及的商标及 LOGO:_____。
> 1.1.3 广告主要宣传内容:_____。
> 1.2 广告发布规格:
> 1.2.1 尺寸为_____×_____,大小在_____以下。
> 1.2.2 广告的格式为_____。
> 1.2.3 广告为_____(动态/静态)。
> 1.2.4 数量:_____。
> 1.2.5 材料要求:_____。
> 1.3 广告发布媒体:_____。
> (1) _____报纸_____版面的广告空间。
> (2) _____网站栏目的广告空间。
> (3) _____广播电台/电视栏目的广告时段_____点_____分至_____点_____分,广告时长约_____分钟。
> 1.4 广告发布日期:
> (1) _____年_____月_____日_____时至_____年_____月_____日_____时。
> (2) _____年_____月_____日_____时至_____年_____月_____日_____时。

● 律师批注 4

广告发布约定的注意事项和法律风险,参见《广告发布合同》律师批注 4 和律师批注 5。

> 2. 广告发布要求:
> 2.1 发布广告内容的合法性、真实性承诺:
> 2.1.1 甲方承诺,其为合法设立的企业且具备拟发布广告涉及产品或服务所需的经营资质。
> 2.1.2 甲方承诺,拟发布广告涉及的产品或服务已取得了经国家主管机关对生产、销售的批准、核准(如有)。

2.1.3 甲方承诺，拟发布广告内容不存在虚假、夸大等不实宣传内容。

2.2 广告内容要求：

2.2.1 甲方应确保广告使用数据、统计资料、调查结果、文摘、引用语，应当真实、准确，并标明出处。

2.2.2 甲方应确保广告中涉及专利产品或者专利方法的，应当标明专利号和专利种类。禁止使用未授予专利权的专利申请和已经终止、撤销、无效的专利做广告。

2.2.3 甲方应确保广告不得贬低其他生产经营者的商品或者服务。

2.2.4 甲方应确保广告使用的图像、语言文字、汉语拼音、计量单位等应当符合国家有关规定。

2.2.5 甲方应确保广告在总体设计、正文、标语、解说词、音乐等方面不得仿照他人的广告或使消费者产生误解。

2.2.6 甲方应确保广告不得损害未成年人和残疾人的身心健康或存在民族歧视的内容。

2.2.7 甲方应确保广告内容中不包含禁止广告的内容，包括：烟草类广告，麻醉药品、精神药品、毒性药品、放射性药品等特殊药品等。

2.2.8 甲方应确保广告用语不得有违反法律法规及广告监管部门的要求。

● 律师批注5

广告发布要求约定的注意事项与法律风险，参见《广告发布合同》律师批注6。

2.3 广告发布工作安排：

2.3.1 甲方应于本合同签署后_____个工作日内向乙方提供已制作完好的广告发布稿件，提供介质为_____（光盘/打印文字稿）。

2.3.2 乙方配合甲方对广告主、广告内容是否符合法律法规及拟发布媒体对广告内容的要求，如发现不符，应及时提出并协助甲方采取更正、补正等措施；如经乙方努力补正及与拟发布媒体争取，仍无法达到广告发布要求，则乙方应及时告知甲方。

2.3.3 乙方代理甲方向广告监管部门办理广告审查及相关手续，如遇广告监管部门对广告内容提出修改意见，乙方应及时反馈甲方并直接进行修改。

2.3.4 乙方代理甲方向发布媒体提供发布内容进行确认可以发布的广告长度、篇幅、形式,并由乙方及时向甲方反馈以确定最终发布内容、形式等事项。

2.3.5 如因发布媒体实际情况需要对广告进行缩短或缩小长度、篇幅的,乙方应及时向甲方告知。

2.3.6 乙方委托媒体根据确定的发布时间进行广告发布,并告知甲方发布时间;如因发布媒体的特殊情况不能按确定时间发布而提前或延后发布,则乙方应及时向甲方告知并提供广告发布实样。

2.3.7 乙方代表对广告进行监测发布,甲方亦有权进行监测并对广告发布提出异议,应及时向发布媒体乙方提出。

2.3.8 甲方应确保及时支付广告款项以便乙方向广告媒体支付发布费用,如因款项未能按时支付造成广告发布延误或未能发布的责任由甲方承担。

2.4 广告发布区域:_____。

(1) 中国大陆。

(2) 本合同约定媒体及其发布形式传播/发行的区域。

● **律师批注 6**

广告发布流程约定的注意事项与法律风险,参见《广告发布合同》律师批注 7。

3. 广告费用:

3.1 本合同项下应向媒体支付广告发布费合计为_____元,其中包括:广告单价_____元、加急费_____元、其他费用_____元、扣除优惠_____元。

3.1.1 如遇发布媒体对发布费用的调整,则以调整后的价格为准。

3.1.2 广告发布费用的支付进度,以乙方与发布媒体的协议约定为准执行。

3.2 本合同项下应向乙方支付的广告代理费为_____元。

3.3 广告代理费支付进度:

3.3.1 于本合同签署后_____个工作日内,支付上述费用的_____%。

3.3.2 于广告发布日的_____个工作日以前,支付上述剩余费用。

3.4 乙方收取甲方支付的广告代理费时,向甲方开具同等金额发票;甲方向发布媒体支付的发布费用,由媒体向甲方开具同等金额发票。

● 律师批注 7

【条款目的】

1. 关于广告费用的注意事项与法律风险,参见《广告发布合同》律师批注 8。

2. 因为广告代理商是为企业提供代理服务,通常只收取服务报酬。当然,也有的广告代理商本身具有相应广告资源,能从媒体直接取得价格比较低的发布费用,广告代理商直接从企业收取包含发布费和代理费在内的"打包"费用,其从中以差价方式获得回报。

4. 其他事项:

4.1 违约责任:

4.1.1 本合同上述各项条款对违约责任另有特别约定的,则优先适用相应特别约定。

4.1.2 若任何一方不履行本合同的义务即构成违约,违约方除应当向守约方支付_____元违约金外,赔偿对方实际损失;延迟履行义务,应按日支付约定_____元违约金。

4.1.3 甲方逾期支付广告费用,则每逾期一日,按年广告费用总额的_____%向乙方支付违约金,逾期_____天以上时,乙方还有权解除本合同,并要求甲方承担损失(含乙方向他人支付违约金、赔偿金)。

4.1.4 在发布过程中,如果出现漏发布、错发布,则乙方应按相同形式以"漏一补一"、"错一补一"的方式进行赔偿、补偿,该赔偿、补偿日期由乙方按照相关媒体的安排确定。

4.1.5 若乙方按擅自修改的广告样本进行发布的,乙方应向甲方支付广告费总额_____%的违约金,并对由此造成的一切损失承担赔偿责任。

4.1.6 若遇媒体有重大特殊活动或宣传主管部门、广告监管部门指令媒体发布其他规定内容或提出管制等特殊情形,致使广告临时不能发布的,乙方应按"缺一补一"的方式进行赔偿、补偿,赔偿、补偿自前述特殊情形消失之日起_____个日历天内,由乙方根据媒体的安排确定日期,并书面通知甲方。

● 律师批注 8

关于违约责任约定的注意事项与法律风险,参见《文学艺术作品合作创作合同》律师批注 14 和《文学艺术作品出版合同》律师批注 14 及《广告发布合同》律师批注 9。

4.2 争议解决：
4.2.1 双方因合同的解释或履行发生争议，应先由双方协商解决。
4.2.2 如协商不成，按照第_____种方式解决。
（1）将争议提交_____仲裁委员会依照其最新生效的仲裁规则进行仲裁。
（2）向_____地（如：甲方所在地或乙方所在地或本合同签署地）有管辖权的人民法院提起诉讼。

● 律师批注 9
关于争议解决约定的注意事项与法律风险，参见《文学艺术作品合作创作合同》律师批注 15。

4.3 联络：本合同双方的联络方式如下，任何一方改变其联络方式，均须书面提前通知另一方，否则送达至原授权代表或以原联络方式送达即视为有效送达：
（1）甲方指定联系人：_____，电话_____，传真_____，手机_____，电子信箱_____，通信地址_____，邮编_____。
（2）乙方指定联系人：_____，电话_____，传真_____，手机_____，电子信箱_____，通信地址_____，邮编_____。

● 律师批注 10
关于联系人与联系方式约定的注意事项与法律风险，参见《文学艺术作品合作创作合同》律师批注 17。

4.4 合同生效与文本：
4.4.1 本合同的变更、续签及其他未尽事宜，由双方另行商定。
4.4.2 本合同自双方签署之日起生效，一式二份，双方各执一份。

● 律师批注 11
关于合同生效时间约定的注意事项与法律风险，参见《文学艺术作品合作创作合同》律师批注 16。

（以下无正文）
甲方：_____有限公司
法定代表人或授权代表：_____
乙方：_____广告传媒有限公司
法定代表人或授权代表：_____

第三十章 电影贴片广告发布合同

电影贴片广告发布合同

甲方：_____有限公司

法定代表人：_____

地址：_____

乙方：_____广告有限公司

法定代表人：_____

地址：_____

● **律师批注1**

关于合同的签约主体及其名称的注意事项与法律风险等，参见《文学艺术作品合作创作合同》律师批注1和《文学艺术作品委托创作合同》律师批注1。

鉴于：

1. 甲方系从事_____经营活动的有限公司，希望通过乙方进行电影贴片广告发布，以实现企业声誉和产品及其品牌的进一步推广和提升。

2. 乙方系受本合同约定电影出品方委托签署和履行本合同，并按本合同约定进行电影贴片广告发布。

3. 乙方为履行本合同已拒绝或放弃其他合作方的贴片广告合作机会。

● **律师批注2**

【条款目的】

1. 关于鉴于条款约定内容及其法律意义，参见《文学艺术作品合作创作合同》律师批注2。

2. 电影贴片广告是一种利用影院和影片作为平台发布广告的新型形式，也属于广告法律法规调整的广告行为。

【法律规定】

《国家广播电影电视总局、国家工商行政管理总局关于加强影片贴片广告管理的通知》(广发影字〔2004〕700号,2004.06.25发布)

一、影片贴片广告必须严格执行广告管理的有关规定,内容要真实合法,符合社会主义精神文明建设的要求,不得欺骗和误导消费者。

二、未经工商行政管理机关登记,未取得相应的广告经营资格,不得设计、制作、代理、发布影片贴片广告。

为此,甲乙双方于_____年_____月_____日在_____市_____区订立条款如下:

● 律师批注3

关于签约时间、签约地点的注意事项及法律风险等,参见《文学艺术作品合作创作合同》律师批注3。

1. 电影概况:
    1.1 名称:《_____》,又名《_____》,系_____(国产/合拍/港澳台)影片,拍摄许可证号:_____(以下简称"本片")。
    1.2 片长:约_____分钟,主要讲述_____的故事。
    1.3 主创团队:导演_____,主要演员_____、_____、_____。
    1.4 投资方及出品方:_____公司、_____公司。

● 律师批注4

【条款目的】

电影贴片广告的宣传效果基本上依赖于电影的知名度,电影知名度往往是由影片的导演、编剧、演员阵容及投资方的知名度、以往业绩等因素决定的。因而,应对电影的主要要素进行明确约定。

2. 贴片广告发布情况:
    2.1 发布内容:
        2.1.1 广告涉及的企业或产品或服务名称:_____。
        2.1.2 广告涉及的商标及LOGO:_____。
        2.1.3 广告主要宣传内容:_____。

2.2 广告发布规格:
2.2.1 尺寸为_____×_____,大小在_____以下。
2.2.2 广告的格式为_____。
2.2.3 广告为_____(动态/静态)。
2.2.4 数量:_____。
2.2.5 材料要求:_____。

● 律师批注5

关于广告发布内容的注意事项及法律风险等,参见《广告发布合同》律师批注4和律师批注5。

3. 广告贴片方式:
3.1 贴片范围:本片在中国大陆首轮院线公映时进行贴片广告。
3.2 贴片位置:_____。
(1) 片头贴片:本片开始前(公映许可片播出前)第_____个广告贴片。
(2) 贴片时长:_____分_____秒。
3.3 电影公映:目前,本片已经制作完成(或预计于_____年_____月制作完成),计划于_____年_____月前在中国大陆公映。

● 律师批注6

【条款目的】

1. 电影贴片广告是在电影正式公映前即《电影片公映许可证》播出前的时段,不能插入电影内容。

2. 电影贴片广告依附于电影,因而发布时间与电影上映时间相同,应约定电影的制作进度和公映时间。

【法律规定】

《国家广播电影电视总局、国家工商行政管理总局关于加强影片贴片广告管理的通知》(广发影字〔2004〕700号,2004.06.25发布)

四、影片贴片广告一律加在《电影片公映许可证》画面之前,不得占用电影放映时间。

4. 贴片广告发布:
4.1 甲方确认发布的广告内容合法、真实。
4.1.1 甲方承诺,其为合法设立的企业且具备拟发布广告涉及产品或服务所需的经营资质。
4.1.2 甲方承诺,拟发布广告涉及的产品或服务已取得了经国家主管机关对生产、销售的批准、核准(如有)。
4.1.3 甲方承诺,拟发布广告内容不存在虚假、夸大等不实宣传内容。
4.1.4 甲方应确保广告使用数据、统计资料、调查结果、文摘、引用语,应当真实、准确,并标明出处。
4.1.5 甲方应确保广告中涉及专利产品或者专利方法的,应当标明专利号和专利种类。禁止使用未授予专利权的专利申请和已经终止、撤销、无效的专利做广告。
4.1.6 甲方应确保广告不得贬低其他生产经营者的商品或者服务。
4.1.7 甲方应确保广告使用的图像、语言文字、汉语拼音、计量单位等应当符合国家有关规定。
4.1.8 甲方应确保广告在总体设计、正文、标语、解说词、音乐等方面不得仿照他人的广告或使消费者产生误解。
4.1.9 甲方应确保广告不得损害未成年人和残疾人的身心健康或存在民族歧视的内容。
4.1.10 甲方应确保广告内容中不包含禁止广告的内容,包括:烟草类广告、麻醉药品、精神药品、毒性药品、放射性药品等特殊药品等。
4.1.11 甲方应确保广告用语不得有违反法律法规及主管部门的要求。

● 律师批注7
广告发布要求约定的注意事项与法律风险,参见《广告发布合同》律师批注6。

4.2 广告发布工作安排:
4.2.1 甲方配合乙方进行广告监管部门对广告的审查并办理相应手续,广告监管部门提出修改要求,乙方直接根据监管部门的意见进行修改。
4.2.2 甲方应于本合同签署后_____个工作日内向乙方提供已制作完好且符合本合同约定的广告发布稿,提供介质为光盘。

4.2.3 乙方有权在_____个工作日内审查广告主、广告内容符合法律法规及上述广告内容要求,如发现不符合本合同约定,则有权拒绝发布或要求更正后发布;如广告内容只涉及用语不符合约定,则乙方有权直接予以修改后发布。

4.2.4 乙方根据甲方提供的发布内容在_____个工作日内确认可以发布的广告长度、篇幅、形式,并由甲方在_____个工作日内最终确定广告发布稿内容。

4.2.5 乙方根据甲方提供的最终发布稿进行广告发布。

● **律师批注 8**

广告发布流程约定的注意事项与法律风险,参见《广告发布合同》律师批注7。

5. 贴片广告费用:

5.1 本合同项下广告发布费按第_____种方式计算。

(1) 固定费用标准:按照贴片时长计算费用,每秒_____元。

(2) 基本费用加发布范围费用:基本费用为贴片时长×每秒_____元,发布范围费用为公映场次每超过_____场次增加广告费用_____元。

5.2 支付进度:

5.2.1 于本合同签署后_____个工作日内,支付上述费用的_____%。

5.2.2 于本片首次商业公映后_____个工作日内,支付上述费用的_____%。

5.2.3 于本片从院线下线后的_____个工作日内,支付剩余费用。

5.3 乙方收取甲方支付的广告费用时,向甲方开具同等金额发票。

● **律师批注 9**

关于广告费用的注意事项与法律风险,参见《广告发布合同》律师批注8。

6. 其他事项:

6.1 违约责任:

6.1.1 本合同上述各项条款对违约责任另有特别约定的,则优先适用相应特别约定。

6.1.2 若任何一方不履行本合同的义务即构成违约,违约方除应当向守约方支付_____元违约金外,赔偿对方实际损失;延迟履行义务,应按日支付约定_____元违约金。

6.1.3 甲方逾期支付广告费,则每逾期一日,按年广告发布费总额的_____%向乙方支付违约金,逾期_____天以上时,乙方还有权解除本合同,并要求甲方承担损失(含乙方向他人支付违约金、赔偿金)。

6.1.4 在发布过程中,如果出现漏发布、错发布,则乙方应按相同形式在其他影片中以"漏一补一"、"错一补一"的方式进行赔偿、补偿,具体赔偿、补偿方案由甲乙双方另行协商确定。

6.1.5 若乙方按擅自修改的广告样本进行发布的,乙方应向甲方支付广告费总额_____%的违约金,并对由此造成的一切损失承担赔偿责任。

6.1.6 若遇有重大特殊活动或宣传主管部门、广告或电影监管部门指令媒体发布其他规定内容或提出管制等特殊情形,致使广告临时不能发布的,乙方应在其他电影中按"缺一补一"的方式进行赔偿、补偿,该赔偿、补偿方案由甲乙双方另行协商确定或由乙方退还全部广告费。

● **律师批注10**

关于违约责任约定的注意事项与法律风险,参见《文学艺术作品合作创作合同》律师批注14和《文学艺术作品出版合同》律师批注14及《广告发布合同》律师批注9。

6.2 争议解决:

6.2.1 双方因合同的解释或履行发生争议,应先由双方协商解决。

6.2.2 如协商不成,按照第_____种方式解决。

(1)将争议提交_____仲裁委员会依照其最新生效的仲裁规则进行仲裁。

(2)向_____地(如:甲方所在地或乙方所在地或本合同签署地)有管辖权的人民法院提起诉讼。

● **律师批注11**

关于争议解决约定的注意事项与法律风险,参见《文学艺术作品合作创作合同》律师批注15。

6.3　联络:本合同双方的联络方式如下,任何一方改变其联络方式,均须书面提前通知另一方,否则送达至原授权代表或以原联络方式送达即视为有效送达：

　　(1)甲方指定联系人：_____,电话_____,传真_____,手机_____,电子信箱_____,通信地址_____,邮编_____。

　　(2)乙方指定联系人：_____,电话_____,传真_____,手机_____,电子信箱_____,通信地址_____,邮编_____。

● **律师批注 12**

　　关于联系人与联系方式约定的注意事项与法律风险,参见《文学艺术作品合作创作合同》律师批注 17。

　　6.4　合同生效与文本：
　　6.4.1　本合同的变更、续签及其他未尽事宜,由双方另行商定。
　　6.4.2　本合同自双方签署之日起生效,一式二份,双方各执一份。

● **律师批注 13**

　　关于合同生效时间约定的注意事项与法律风险,参见《文学艺术作品合作创作合同》律师批注 16。

(以下无正文)
甲方：_____有限公司
法定代表人或授权代表：_____
乙方：_____广告有限公司
法定代表人或授权代表：_____

第三十一章　影视剧品牌植入委托合同

影视剧品牌植入委托合同

甲方：_____有限公司
法定代表人：_____
地址：_____
乙方：_____广告有限公司
法定代表人：_____
地址：_____

● 律师批注1
　　关于合同的签约主体及其名称的注意事项与法律风险等，参见《文学艺术作品合作创作合同》律师批注1和《文学艺术作品委托创作合同》律师批注1。

甲乙双方根据《合同法》等法律法规的规定，经双方友好平等协商，现就甲方委托乙方在本合同约定的电影/电视剧中进行品牌植入合作事宜于_____年_____月_____日在_____市_____区达成如下约定。

● 律师批注2
　　关于签约时间、签约地点的注意事项及法律风险等，参见《文学艺术作品合作创作合同》律师批注3。

　　1. 合作方式：
　　1.1 在签署本合同前，甲方已通过乙方介绍等方式了解约定影视剧的基本剧情。
　　1.2 甲方委托乙方按照本合同约定在约定影视剧中进行约定品牌植入。
　　1.3 乙方按照本合同约定通过与影视剧投资方协商等方式完成本合同约定品牌植入事项，在影视剧的适合场景、画面中将品牌植入内容作为道具、台词、背景等方式予以实现；可以自己名义与影视剧的投资方签署协议及确定合作方式，并自行承担相应责任。

● 律师批注 3

【条款目的】

1. 影视剧品牌植入实际上就是通常所说的"广告植入",是通过影视剧中道具、台词、背景等方式实现企业品牌、产品的宣传和展示。

2. 影视剧品牌植入是间接实现企业或产品的宣传,但其宣传方式与传统的广告具有明显区别:一个是消极、间接宣传,一个是积极、直接宣传。

【风险提示】

鉴于影视剧品牌植入与传统广告具有明显区别,并且影视剧品牌植入并未正式纳入广告法律法规调整范围,所以合同签署的依据不列"依据《广告法》"、在合同中不应表述为植入广告等,否则,可能因未遵守广告法律法规的强制性规定导致合同无效。因为《广告法》及《广告管理条例》不但要求广告代理方、发布方具备相应资质,而且广告发布也须遵照广告法律法规的规定。

2. 实施品牌植入的影视剧(以下简称"本剧")系植入对象:

类型: 电影/电视剧_____ 片名/剧名:_____

拍摄许可证号:_____ 发证机关:_____

长度:电影:片长约_____分钟 电视剧:共_____集,每集约_____分钟

主创人员:导演_____ 编剧_____

制作计划:开机_____ 关机_____ 报审_____

投资方:_____

剧情: 见本合同附件(略):本剧故事梗概

● 律师批注 4

【条款目的】

1. 影视剧是品牌植入的"平台",而品牌植入的最终宣传效果直接受影视剧质量、影响力决定;而决定影视剧质量与影响力的就是其导演、编剧、演员等主创团队和投资方的知名度。

2. 植入品牌的宣传依附于影视剧的传播,故由制作方或其委托代理商对影视剧的制作进度和未来播映予以确定和承诺。

3. 品牌植入是否成功及其植入效果往往还取决于影视剧的剧情是否合适、与品牌的价值或观念是否相辅相成。

【相关案例】

某国内知名保险企业向一部涉及骗保、追究骗保责任的电视剧进行品牌

植入,其中凡涉及保险公司或保险员的环节均以该保险公司及其业务人员形象展现。结果,该电视剧更多地展现了保险公司对保险业务员苛刻管理、保险代理人员内外勾结,反而使该保险企业的形象受到不利影响。

在该案例中,该剧的剧情和剧本提纲甚或剧本如事先经过该保险企业确认,则该剧制作方并无违约或侵权责任。

3. 甲方委托乙方品牌植入的内容(以下简称"植入标的")如下,具体植入方式、手段见本合同附件(略):
3.1 商标: 具体式样见本合同附件(略)
3.2 LOGO: 具体式样见本合同附件(略)
3.3 商号:
3.4 产品标志:
3.5 企业名称:
3.6 企业口号:
3.7 其他:

● 律师批注 5
【条款目的】
确定品牌植入的具体内容,影视剧制作方或代理商在进行品牌植入时,要取得企业对其植入商标、名称、标识等给予授权。

4. 影视剧播映:
4.1 首轮播映:指本剧在中国大陆各省级电视台或卫视首次播出/指本剧在中国大陆电影院线首次集中商业公映。

预计时间:本剧取得发行许可证/公映许可证后_____个月内,不晚于_____年_____月_____日开始首轮播映。

播映平台:电视剧:_____个省级电视台或频道;电影:国内电影院线投放。

4.2 二轮播映:指本剧在本合同约定的首轮播出之后的省级电视台或频道首次或重复播出/指本剧在中国大陆电影院线首次集中商业公映之后的公映。

预计时间:本剧完成首轮播映后_____个月内开始二轮播映。

播映平台:电视剧:_____个省级电视台或频道;电影:国内电影院线投放。

4.3　其他:省级及以上电视台指中央电视台、各省、自治区、直辖市、新疆生产建设兵团及深圳市的电视台、卫星台及其频道。任何一个卫星频道播出、中央电视台的1—＿＿＿＿频道的任何一频道播出,视同＿＿＿＿个省级电视台播映;中央电视台的1—＿＿＿＿频道的任何一频道黄金时段（20:00—23:00）播出,视同＿＿＿＿个省级电视台播映。

● 律师批注6

【条款目的】

品牌植入包含在影视剧当中,因而影视剧传播广度、热度和传播平台、播映频次,都影响着品牌植入的效果。故应对未来播映平台、规模等进行明确约定。

【风险提示】

品牌植入合同产生纠纷往往都是基于播映不符合双方约定,因为影视剧制作环节都是制片方可以控制的,但播映环节不一定可控。影视剧在播出时,经常会遇到调整播映等变化,因而,对于播映平台等的约定还应约定相应调整机制。

5. 报酬:
5.1　报酬总额:＿＿＿＿
5.2　支付安排:甲方应按下列期限向乙方支付报酬总额
第一期款项:时间:＿＿＿＿　金额:＿＿＿＿
注:第一期款项系定金,在甲方支付最后一期款项时,定金自动转为甲方应付报酬
第二期款项:时间:＿＿＿＿　金额:＿＿＿＿
第三期款项:时间:＿＿＿＿　金额:＿＿＿＿
第四期款项:时间:＿＿＿＿　金额:＿＿＿＿
5.3　乙方账户:　开户单位:＿＿＿＿　开户银行:＿＿＿＿　账号:＿＿＿＿

● 律师批注7

【条款目的】

品牌植入所收取的报酬,类似"广告费"。通常报酬的支付进度是与制作进度相对应的,但品牌植入的企业应当"扣留"部分报酬在影视剧播出后再支付。

6. 工作衔接：

6.1 植入标的：

6.1.1 由甲方负责提供，作为植入标的本剧拍摄所需道具物料及实物产品；

6.1.2 提供植入标的的时间由乙方根据本剧实际拍摄需要确定并通知甲方；

6.1.3 植入标的物品包括但不限于企业 LOGO 及标准色、标准字、商标注册证明、专利证书、广告材料的肖像使用许可合同、宣传图片、招贴画等相关文件资料及实物产品；

6.1.4 甲方保证植入标的及所包含商标、商号、企业名称、标识、技术成果和信息的合法性及真实性且不会侵犯他人合法权利或公共利益，并对此承担全部责任。

6.2 植入方式：

6.2.1 乙方按照本合同约定，负责具体植入执行保障，监督品牌植入拍摄制作，协调处理拍摄过程中产生的意见分歧；

6.2.2 乙方保证协助和督导制作方，以自然并尽可能明显的方式将植入标的植入本剧，具体应以与摄制方及导演的沟通意见为准。

6.3 植入步骤：

6.3.1 本合同签署后，乙方与本剧投资方或摄制方就品牌植入具体细节进行沟通，并签署相应协议；

6.3.2 乙方拟定植入草案并与本剧投资方或摄制方确定植入方案，经甲方确认后作为最终植入方案；

6.3.3 植入方案在具体执行中，摄制方如确因特殊情况无法执行，则乙方应及时通报甲方并协商处理方案；

6.3.4 植入方案在具体执行中，如影视主管部门、宣传部门的意见、原因需要删减、变更，则应服从并视为不可抗力事件；

6.3.5 最终植入方案作为本合同附件和有效组成部分。

6.4 其他：

6.4.1 在拍摄中，甲方如需增加植入标的，由双方另行协商并与摄制方讨论其可行性；在后期剪辑中对已确认植入标的再次进行修改，应先与摄制方讨论其可行性，并由甲方承担由此增加的成本；

6.4.2 本剧中的品牌植入不构成剧中演员对甲方或其产品的代言，也不构成许可甲方可使用包含有植入标的的情节、画面；为避免演员肖像权等相关法律纠纷，甲方不得擅自截取剧中人物形象单独用于平面、音像

广告等使用,否则构成违约和对演员的肖像侵权,相关法律责任由甲方全权负责,并支付相应赔偿;

6.4.3 除本合同约定的首轮、二轮播映平台外,本剧通过 VCD、DVD 等音像制品发行和销售、网络传播、其他媒体或方式播映时,甲方不再另外向乙方或本剧摄制方、播映方付费。

● 律师批注8

【条款目的】

1. 品牌植入是一个复杂的过程,需要双方相互配合、衔接各项工作,对此约定应当尽量明确。

2. 品牌植入一般是在剧本开始着手设计相关可植入情节,在拍摄环节需要导演、演员予以配合,在后期剪辑中亦需要导演、剪辑师等配合。所以,影视剧的整体制作环节都需要品牌植入企业与制作方紧密配合。

【相关案例】

深圳某手机厂家向某热播电视剧的续集进行品牌植入,约定植入三款新手机。在制作环节,该厂家只寄来了两款手机,虽经多次催要仍无果。制片方只好以该两款手机植入,结果在演员对白中展示的手机没有提供。电视剧再度热播后,许多观众发现市面销售的该三款手机与电视剧中展示的不一致,引发怀疑。

7. 保密约定:

7.1 保密信息:

7.1.1 本剧剧本(含各类非正式稿)、拍摄与制作相关情况、剧组人员安排及变更、拍摄素材、拍摄完成剧(片)、拍摄资料等等;

7.1.2 本合同及其履行的相关信息、甲乙双方各自的客户信息、报价信息;

7.1.3 植入方案、植入标的及相应植入细节。

7.2 保密范围:

7.2.1 双方的保密义务,延及双方的员工、工作人员,如因其员工、工作人员违反保密义务,则由该方承担违约责任;

7.2.2 保密义务在本合同履行完毕时仍然有效,除非保密信息已成为公众知晓的公开信息。

7.3 保密要求:

7.3.1 鉴于电视剧拍摄过程的保密性要求,所有拍摄资料的获取都要取得制作公司的授权,甲方在出席剧组相关活动或莅临拍摄现场时要严格遵守拍摄纪律,不得私自拍摄任何资料,不得将剧组拍摄具体内容通过任何渠道对外发布;

7.3.2 对获得、知晓、接触本剧的相关资料、信息应妥善保管和采取保密措施,不对外披露、泄露。

7.4 其他:

甲乙双方在合作过程中,不与对方的客户、合作伙伴及竞争对手进行业务接触、商洽或了解对方向其客户的报价信息或与其合作伙伴的经营模式等商业秘密;任何一方均不得以任何形式将本合同书及以往所订之相关合同的任何信息及细节泄露给第三方。如因此造成任何损失,均由违约一方赔偿给另一方。乙方的秘密信息包括但不限于剧本、音视频、图像、技术数据。

● 律师批注9

【条款目的】

品牌植入企业全程参与影视剧制作,完全知晓影视剧全部情况,故需要其承担保密义务。因为影视剧剧情的提前曝光往往会影响影视剧的"卖座率",特别是处于剧本创作阶段的构思被泄露后,可能会造成其他剧目制作方模仿创意。

8. 违约责任:

8.1 双方:

8.1.1 任何一方如有违反本合同的任何条款,必须承担、弥补及赔偿另一方或任何第三者,因其违约行为产生,导致或遭受一切索偿、追讨、诉讼、损失、伤害、费用及开支;

8.1.2 任何一方没有行使或有延迟行使本合同项下的任何权利或补救,不视为该方放弃权利或补救;

8.1.3 任何一方违反保密义务,则每次违约应向另一方支付违约金10万元。

8.2 甲方:

8.2.1 甲方应按乙方要求按时提供在广告执行中所需的部分物料和实物产品。如甲方未按时或者所提供的物料不符合要求而造成的电视剧成本增加,由甲方负责,并支付乙方本合同总额2%～5%的违约金;

8.2.2 甲方迟延付款时,则每迟延一日按逾期金额的千分之_____每日向乙方支付违约金。

8.3 乙方：

8.3.1 乙方根本未履行本合同约定义务导致甲方的植入标的未能实现植入时，甲方可向乙方要求赔偿未履行部分的经济损失并主张支付未执行权益应付款总额5%~10%的违约金；

8.3.2 如因乙方过错导致甲方没有享受到本合同所述的各项品牌内容传播或者播出服务，甲方可向乙方要求赔偿未履行部分的经济损失并主张支付未执行权益应付款总额2%~5%的违约金；

8.3.3 甲方全部植入标的在本剧播出时，如展示时间未达到本合同约定的不少于＿＿＿＿＿＿分钟的要求，乙方须提供自己公司平台上其他电视剧或电影资源，或者本剧宣传资源，经甲方认可后，予以无偿制作和播出未达时长的等价权益；

8.3.4 本剧虽制作完成但未能按约定期限播出时，乙方承诺甲方可拒付本合同剩余款项，同时，乙方提供自己公司平台上其他电视剧或电影资源，经甲方认可后予以无偿制作和播出甲方在本合同中已付款部分的等价权益。

8.4 其他：

若发生不可抗力，则遭遇不可抗力的一方对不能履行或不能及时履行本合同的行为不承担责任，但须在14日内将不可抗力的事由通知另一方，并采取一切必要措施以减少损失。

● 律师批注10

关于违约责任约定的注意事项与法律风险，参见《文学艺术作品合作创作合同》律师批注14、《文学艺术作品出版合同》律师批注14及《广告发布合同》律师批注9。

9. 其他事项：

9.1 版权：

9.1.1 本剧版权完全归本剧制作方、投资方，甲方对本剧不享有版权；

9.1.2 本剧制作方在全世界范围内以任何方式发行本剧或对本剧进行任何形式的商业开发均无需征得甲方的同意，亦无须向甲方支付任何费用；

9.1.3 未经制作方和乙方事先书面同意，甲方不得以任何方式使用本剧的任何部分，无论该部分是否包含植入标的的情景。

9.2 合同组成与修改：

9.2.1 本合同的附件构成本合同不可分割的组成部分，并对双方具有同等的约束力；

9.2.2 对本合同或其附件的修改，双方以书面方式进行；

9.2.3 本合同未尽事宜，双方可再进行协商并达成书面约定，此类书面约定及本合同履行过程中双方及其工作人员关于特定情节、费用数额等的确认文件均为本合同的有效组成部分。

9.3 争议解决：

未尽事宜，双方友好协商解决，协商不成，任何一方均有权向本合同签订地或甲乙双方所在地有管辖权的人民法院提起诉讼。

9.4 协议效力：

9.4.1 本合同经双方签字盖章后生效，至双方完成履约时自行终止；

9.4.2 本合同一式二份，甲乙双方各执一份，具有同等法律效力。

● **律师批注 11**

1. 关于争议解决约定的注意事项与法律风险，参见《文学艺术作品合作创作合同》律师批注 15。

2. 关于合同生效时间约定的注意事项与法律风险，参见《文学艺术作品合作创作合同》律师批注 16。

10. 联络：

联络途径：甲乙双方指定联系人及其联系方式，本合同项下有关文件的送达与确认，均可与对方指定联系人联络并送达；

任何一方变更其联系人及其联系方式均应提前告知对方，否则送达至原联系人及联系方式即为有效送达；

在相互配合或需确认时，任何一方在接到另一方通知、文件时，如在 3 日内未答复、确认或提出异议，则视为该方已确认或同意该通知、文件的内容。

联系人：甲方_____ 乙方_____

姓名：_____ 姓名：_____

电话：_____ 电话：_____

电子邮件：_____ 电子邮件：_____

通信地址：_____ 通信地址：_____

邮编：_____ 邮编：_____

● **律师批注12**

关于联系人与联系方式约定的注意事项与法律风险,参见《文学艺术作品合作创作合同》律师批注17。

> (以下无正文)
> 甲方:_____有限公司
> 法定代表人或授权代表:_____
> 乙方:_____广告有限公司
> 法定代表人或授权代表:_____

第三十二章　影视剧品牌植入合作合同

影视剧品牌植入合作合同

甲方：_____有限公司
法定代表人：_____
地址：_____
乙方：_____有限公司
法定代表人：_____
地址：_____

● **律师批注1**
　　关于合同的签约主体及其名称的注意事项与法律风险等，参见《文学艺术作品合作创作合同》律师批注1和《文学艺术作品委托创作合同》律师批注1。

　　甲乙双方根据《合同法》等法律法规的规定，经双方友好平等协商，现就甲方委托乙方在本合同约定的电影/电视剧中进行品牌植入合作事宜于_____年_____月_____日在_____市_____区达成如下约定。

● **律师批注2**
　　关于签约时间、签约地点的注意事项及法律风险等，参见《文学艺术作品合作创作合同》律师批注3。

　　1. 合作方式：
　　1.1　甲方承诺其为本合同约定影视剧的投资方、制作方或受约定影视剧投资方、制作方的委托签署和履行本合同，本合同约定影视剧需要和适宜进行本合同约定的品牌植入。
　　1.2　乙方系受其客户委托开展本合同约定的品牌植入事宜，并愿与甲方就此进行合作。
　　1.3　甲方按照本合同约定完成本合同约定品牌植入事项，在影视剧的适合场景、画面中将品牌植入内容作为道具、台词、背景等方式予以实现。

> **1.4** 甲方完成本合同约定品牌植入为有偿合作,由乙方按照约定支付相应酬金;通过本合同项下合作实现本合同约定品牌植入的影视剧按约播出是本合同的根本目的。

● 律师批注3
【条款目的】
1. 影视剧品牌植入合作方式的注意事项及法律风险等,参见《影视剧品牌植入委托合同》律师批注3。
2. 本合同是品牌植入的企业或其代理商与影视剧的制作方签署的影视剧品牌植入的执行合同,而《影视剧品牌植入委托合同》是品牌植入企业委托广告代理商向某部影视剧进行品牌植入的委托合同。

> 2. 实施品牌植入的影视剧(以下简称"本剧")系植入对象:
> 类型　　电影/电视剧_____　　片名/剧名_____
> 拍摄许可证号:_____　　发证机关:_____
> 长度:电影:片长约_____分钟　电视剧:共_____集,每集约_____分钟
> 主创人员:导演_____　　编剧_____
> 制作计划:开机_____　　关机_____　　报审_____
> 投资方/版权方:_____
> 剧情: 见本合同附件:本剧故事梗概

● 律师批注4
品牌植入影视剧的注意事项及法律风险等,参见《影视剧品牌植入委托合同》律师批注4。

> 3. 甲方进行品牌植入的内容(以下简称"植入标的")如下,具体植入方式、手段见本合同附件(略):
> 　3.1　商标:_____　　　　具体式样见本合同附件(略)
> 　3.2　LOGO:_____　　　具体式样见本合同附件(略)
> 　3.3　商号:_____
> 　3.4　产品标志:_____
> 　3.5　企业名称:_____
> 　3.6　企业口号:_____
> 　3.7　其他:_____

● 律师批注 5

影视剧品牌植入内容的注意事项及法律风险等,参见《影视剧品牌植入委托合同》律师批注 5。

> 4. 影视剧播映:
> 4.1 首轮播映:指本剧在中国大陆各省级电视台或卫视首次播出/指本剧在中国大陆电影院线首次集中商业公映。
> 时间安排:不晚于_____年_____月_____日前完成首轮播映。
> 播映平台:电视剧:_____个省级电视台或频道;电影:国内电影院线投放。
> 4.2 二轮播映:电视剧:指本剧在本合同约定的首轮播出之后的省级电视台或频道首次或重复播出/电影:指本剧在中国大陆电影院线首次集中商业公映之后的公映。
> 时间安排:本剧完成首轮播映后_____个月内开始二轮播映。
> 播映平台:电视剧:_____个省级电视台或频道;电影:国内电影院线投放。
> 4.3 其他:
> 省级电视台指中央电视台、各省、自治区、直辖市、新疆生产建设兵团及深圳市的电视台、卫星台及其频道。任何一个卫星频道播出、中央电视台的1—_____频道的任何一频道播出,视同_____个省级电视台播映;中央电视台的1—_____频道的任何一频道黄金时段(20:00—23:00)播出,视同_____个省级电视台播映。

● 律师批注 6

关于影视剧播映约定的注意事项及法律风险等,参见《影视剧品牌植入委托合同》律师批注 6。

> 5. 报酬:
> 5.1 报酬总额:
> 5.2 支付安排:乙方应按下列期限向甲方支付报酬总额。
> 第一期款项:时间:_____ 金额:_____
> 注:第一期款项系定金,在乙方支付最后一期款项时,定金自动转为乙方应付报酬。
> 第二期款项:时间:_____ 金额:_____
> 第三期款项:时间:_____ 金额:_____
> 第四期款项:时间:_____ 金额:_____
> 5.3 甲方账户 开户单位:_____ 开户银行:_____ 账号:_____

● 律师批注7

1. 关于影视剧品牌植入报酬的注意事项及法律风险等,参见《影视剧品牌植入委托合同》律师批注3。

2. 关于代理商所获报酬的注意事项及法律风险,参见《广告委托发布合同》律师批注7。

6. 工作衔接:
6.1 植入标的:
6.1.1 由乙方负责提供,作为植入标的本剧拍摄所需道具物料及实物产品;
6.1.2 需要提供植入标的的时间,甲方须提前通知乙方,且植入标的在使用后应返还给乙方,甲方根据本剧实际拍摄需要确定并通知乙方;
6.1.3 植入标的物品包括但不限于企业LOGO及标准色、标准字、商标注册证明、专利证书、广告材料的肖像使用许可合同、宣传图片、招贴画等相关文件资料及实物产品;
6.1.4 乙方保证已取得其客户对植入标的及所包含商标、商号、企业名称、标识、技术成果和信息的授权且其客户保证不会侵犯他人合法权利。
6.2 植入方式:
6.2.1 甲方按照本合同约定,负责具体植入执行和拍摄制作,处理拍摄过程中产生的意见分歧;
6.2.2 甲方保证以自然并尽可能明显的方式将植入标的植入本剧,且受到甲方的合作方及导演的尊重。
6.3 植入步骤:
6.3.1 本合同签署后,甲方与乙方就品牌植入具体细节进行沟通,并在本剧开机5日以前确定最终植入方案;
6.3.2 甲乙双方共同拟定植入草案,经乙方的客户确认后作为最终植入方案;
6.3.3 植入方案在具体执行中,甲方如确因特殊情况无法执行,则甲方应先通报乙方并取得乙方及其客户的同意;
6.3.4 植入方案在具体执行中,如影视主管部门、宣传部门的意见、原因需要删减、变更,则由甲乙双方共同协商处理;
6.3.5 最终植入方案作为本合同附件和有效组成部分。
6.4 植入标准:
6.4.1 人物锁定:涉及植入标的的剧中人物包括但不限于_____、_____、_____;

6.4.2 植入不少于_____条情节,累计时长不少于_____分钟;

6.4.3 道具展现时长及有效的认定标准:重要道具不少于_____分钟,固定陈设道具不少于_____分钟。以中、近景、特写展示,每个投放镜头长度需至少为 2—3 秒,确保甲方客户的 LOGO 和标识清晰;

6.4.4 电影片尾或电视剧的每集片尾鸣谢字幕出现乙方客户的中文名称文字及 LOGO;

6.4.5 本剧的每次新闻发布会背景版及媒体采访区布置乙方客户名称或其品牌 LOGO;开关机新闻发布会现场展示乙方客户的产品及相关物料;开关机新闻发布会邀请乙方客户的企业领导出席并致辞;开机新闻发布会及关机仪式上配合甲方做产品展示及背板布置;

6.4.6 本剧的宣传画册、海报及官网鸣谢,出现乙方客户的名称文字及 LOGO;

6.4.7 乙方客户可在其官方网站和公司内部使用本剧图片、片花、海报等资料;

6.4.8 在电影的片尾或电视剧的每集片尾中展示乙方企业名称和 LOGO。

6.5 其他:

6.5.1 在最终植入方案确定后,本剧如已进入拍摄阶段,乙方需增加植入标的,由双方另行协商并与摄制方讨论其可行性;本剧如已进入后期剪辑阶段,乙方需对已确认植入标的再次进行修改,应先与摄制方讨论其可行性;

6.5.2 本剧中的品牌植入不构成剧中演员对乙方或其产品的代言,也不构成许可乙方或其客户可使用包含有植入标的的情节、画面;为避免演员肖像权等相关法律纠纷,乙方不得擅自截取剧中人物形象单独用于平面、音像广告等使用,否则构成违约和对演员的肖像侵权;

6.5.3 除本合同约定的首轮、二轮播映平台外,本剧通过 VCD、DVD 等音像制品发行和销售、网络传播、其他媒体或方式播映,乙方或其客户不再另外向甲方或本剧摄制方、播映方支付任何费用;

6.5.4 甲方向乙方提供本剧正版精装 DVD 30 套,但乙方不得出售。

● 律师批注 8

关于影视剧品牌植入工作衔接的注意事项及法律风险等,参见《影视剧品牌植入委托合同》律师批注 8。

7. 保密约定：
7.1 保密信息：
7.1.1 本剧剧本（含各类非正式稿）、拍摄与制作相关情况、剧组人员安排及变更、拍摄素材、拍摄完成剧（片）、拍摄资料等；
7.1.2 本合同及其履行的相关信息、甲乙双方各自的客户信息、报价信息；
7.1.3 植入方案、植入标的及相应植入细节。
7.2 保密范围：
7.2.1 双方的保密义务，延及双方的员工、工作人员，如因其员工、工作人员违反保密义务，则由该方承担违约责任；
7.2.2 保密义务在本合同履行完毕时仍然有效，除非保密信息已成为公众知晓的公开信息。
7.3 保密要求：
对获得、知晓、接触本剧的相关资料、信息应妥善保管和采取保密措施，不对外披露、泄露。
7.4 其他：
甲乙双方在合作过程中，不与对方的客户、合作伙伴及竞争对手进行业务接触、商洽或了解对方向其客户的报价信息或与其合作伙伴的经营模式等商业秘密；任何一方均不得以任何形式将本合同书及以往所订之相关合同的任何信息及细节泄露给第三方。如因此造成任何损失，均由违约一方赔偿给另一方。甲方的秘密信息包括但不限于剧本、音视频、图像、技术数据。

● **律师批注 9**

影视剧品牌植入涉及的保密事项及法律风险等，参见《影视剧品牌植入委托合同》律师批注 9。

8. 违约责任：
8.1 双方：
8.1.1 任何一方如有违反本合同的任何条款，必须承担、弥补及赔偿另一方或任何第三者，因其违约行为产生，导致或遭受一切索偿、追讨、诉讼、损失、伤害、费用及开支；
8.1.2 任何一方没有行使或有延迟行使本合同项下的任何权利或补救，不视为该方放弃权利或补救；
8.1.3 任何一方违反保密义务，则每次违约应向另一方支付违约金 10 万元。

8.2 乙方：

8.2.1 乙方应按甲方要求按时提供在广告执行中所需的部分物料和实物产品。如乙方未按时或者所提供的物料不符要求而造成的电视剧成本增加，由乙方负责，并支付甲方本合同约定报酬总额2%的违约金；

8.2.2 乙方迟延付款时，则每迟延一日按逾期金额的千分之_____每日向甲方支付违约金。

8.3 甲方：

8.3.1 甲方根本未履行本合同约定义务导致本合同约定的植入标的未能实现植入时，甲方应赔偿乙方全部经济损失并支付本合同约定报酬总额5%的违约金；

8.3.2 本合同约定的植入标的未能实现植入时，甲方应赔偿乙方全部经济损失并支付本合同约定报酬总额5%的违约金；

8.3.3 本剧首播未达到约定播出平台数量时，则地面台每减少一家甲方须支付违约金_____万元，卫视台每减少一家甲方须支付违约金_____万元；

8.3.4 本剧如展示的有效时间未达到本合同约定的标准，乙方有权要求甲方以提供其他影视剧植入赔偿也有权要求按照未达到的时间比例相应扣减本合同约定的报酬，同时甲方还应支付本合同约定报酬总额5%的违约金；植入不符合本合同约定植入标准的为无效植入，不计入有效植入时间；

8.3.5 发生下列任一情形时，乙方有权解除本合同；同时，在本合同解除时，违约方仍应承担违约责任（含支付本合同约定报酬总额5%的违约金）

A. 截止首轮播映期本剧仍未取得电视剧发行许可或电影公映许可

B. 本剧未在约定期限完成首轮播出并且在给予的宽限期内仍未完成

C. 本剧中任何艺人在此期间被中国法院裁定犯有刑事罪行且被判监禁，则需承担法律责任而影响到双方合作

D. 本剧因政治问题或严重违法、严重违反国家政策、宣传导向在播出后又被影视、文化或宣传部门禁止播映或责令停播；

8.3.6 本剧中品牌植入、剧尾鸣谢广告、户外媒体广告、发行宣传广告、公关活动广告各项目中，如出现甲方客户同行业竞品的内容时，乙方承诺甲方可不付剩余款项，同时需支付甲方本合同总额15%的违约金。

8.4 其他：

若发生不可抗力，则遭遇不可抗力的一方对不能履行或不能及时履行本合同的行为不承担责任，但须在14日内将不可抗力的事由通知另一方，并采取一切必要措施以减少损失。

● 律师批注 10

关于违约责任约定的注意事项与法律风险,参见《文学艺术作品合作创作合同》律师批注 14、《文学艺术作品出版合同》律师批注 14 及《广告发布合同》律师批注 9。

> **9. 其他事项:**
> **9.1 版权:**
> 9.1.1 本剧版权完全归本剧制作方、投资方,乙方对本剧不享有版权;
> 9.1.2 本剧制作方在全世界范围内以任何方式发行本剧或对本剧进行任何形式的商业开发均无需征得乙方的同意,甲乙双方亦无需向对方支付任何费用;
> 9.1.3 未经制作方和甲方事先书面同意,乙方不得以任何方式使用本剧的任何部分,无论该部分是否包含植入标的的情景。
> **9.2 合同组成与修改:**
> 9.2.1 本合同的附件构成本合同不可分割的组成部分,并对双方具有同等的约束力;
> 9.2.2 对本合同或其附件的修改,双方以书面方式进行;
> 9.2.3 本合同未尽事宜,双方可再进行协商并达成书面约定,此类书面约定及本合同履行过程中双方及其工作人员关于特定情节、费用数额等的确认文件均为本合同的有效组成部分。
> **9.3 争议解决:**
> 未尽事宜,双方友好协商解决,协商不成,任何一方均有权向本合同签订地或甲乙双方所在地有管辖权的人民法院提起诉讼。
> **9.4 合同效力:**
> 9.4.1 本合同经双方签字盖章后生效,至双方完成履约时自行终止;
> 9.4.2 本合同一式二份,甲乙双方各执一份,具有同等法律效力。

● 律师批注 11

1. 关于争议解决约定的注意事项与法律风险,参见《文学艺术作品合作创作合同》律师批注 15。

2. 关于合同生效时间约定的注意事项与法律风险,参见《文学艺术作品合作创作合同》律师批注 16。

10. 联络:

联络途径: 甲乙双方指定联系人及其联系方式,本合同项下有关文件的送达与确认,均可与对方指定联系人联络并送达;任何一方变更其联系人及其联系方式均应提前告知对方,否则送达至原联系人及联系方式即为有效送达;在相互配合或需确认时,任何一方在接到另一方通知、文件时,如在 3 日内未答复、确认或提出异议,则视为该方已确认或同意该通知、文件的内容。

联系人:甲方_____　　乙方_____
姓名:_____　　　　 姓名:_____
电话:_____　　　　 电话:_____
电子邮件:_____　　 电子邮件:_____
通信地址:_____　　 通信地址:_____
邮编:_____　　　　 邮编:_____

● **律师批注 12**

关于联系人与联系方式约定的注意事项与法律风险,参见《文学艺术作品合作创作合同》律师批注 17。

(以下无正文)
甲方:_____有限公司
法定代表人或授权代表:_____
乙方:_____有限公司
法定代表人或授权代表:_____

第三十三章 广告代言合同

广告代言合同

甲方：_____有限公司
法定代表人：_____
地址：_____
乙方：_____有限公司
法定代表人：_____
地址：_____

● 律师批注1
　　关于合同的签约主体及其名称的注意事项与法律风险等，参见《文学艺术作品合作创作合同》律师批注1和《文学艺术作品委托创作合同》律师批注1。

鉴于：
1. 甲方系专门从事_____产品开发与经营的有限公司，拟委托演艺人士担任其产品代言人和从事约定范围的广告宣传。
2. 乙方系艺人_____（身份证号：_____）（以下简称"该艺人"）的代表方并经该艺人授权签署和履行本合同；在签署本合同前，甲方已对该艺人相关情况进行了全面了解。
3. 甲乙双方确认，通过本合同项下合作有利于推广和提升甲方约定产品的知名度；本合同构成甲乙双方之间广告合作合同关系。

● 律师批注2
　　【条款目的】
　　关于鉴于条款约定内容及其法律意义，参见《文学艺术作品合作创作合同》律师批注2。

　　【风险提示】
　　通常艺人安排其经纪公司代表其签署相应代言合同，但经纪公司仍是艺人的代理人,代理行为后果均归艺人。企业在与艺人的经纪公司签约时,需要由经纪公司提供艺人的授权,方可将合同后果与艺人"连接"起来。

为此,甲乙双方于_____年_____月_____日在_____市_____区订立条款如下:

● 律师批注3
关于签约时间、签约地点的注意事项及法律风险等,参见《文学艺术作品合作创作合同》律师批注3。

> 1. 广告代言产品:
> 1.1 产品名称:_____。
> 1.2 产品生产情况:
> 1.2.1 生产方及产地:_____。
> 1.2.2 出品方:_____。
> 1.3 产品特征:
> 1.3.1 适合于_____使用。
> 1.3.2 规格、款式为:_____。
> 1.4 产品相关许可、资质:
> 1.4.1 甲方承诺:其已取得中国大陆主管机构颁发的从事生产与经营的资质或许可;
> 1.4.2 产品已经获得中国大陆法律所规定的销售、使用、经营的许可。

● 律师批注4
【条款目的】
1. 代言产品可以为某一款产品,也可以是一个系列的产品,或者是某个企业、品牌的全部产品,但应通过列明产品规格等指标来确定代言目标。因为代言产品的多少与酬金相关。
2. 代言产品必须为取得生产资质、符合上市销售的合格产品。

【风险提示】
艺人代言特别是影视明星代言产品,需要全面调查产品的品质可靠性,慎重考虑代言不佳品质产品可能产生的严重不利影响。否则,代言品质不佳产品会使艺人的社会形象遭受贬损,降低其未来代言市场价格。特别是国家在研究修改广告法律规范,未来艺人的广告代言行为将被纳入广告法律规范调整的范围。

【相关案例】

某相声明星代言的"藏秘排油百草减肥茶"广告被指夸大宣传、欺骗消费者；某影视明星为新星医院做广告，新星医院因为涉嫌虚假广告被工商局立案调查；某影视明星一句"合作造林，首选亿霖"的电视广告词，引来不少人去买亿霖的树木，没想到"亿霖木业案件"被定性为"北京迄今为止最大的传销案"。

这些事件中的明星、艺人虽未被追究相应法律责任，但这些事件使这些公众人物的形象与社会责任受到严重质疑和激烈批评。

  2. 广告代言内容：
  2.1 广告代言范围：
  2.1.1 限定于上述广告代言产品；
  2.1.2 其他产品或非代言产品不属于代言范围，甲方不得使用该艺人肖像、姓名和音视频等广告作品。
  2.2 广告代言形式：
  2.2.1 广告渠道：
  (1) 产品本身所附带的广告，包括：产品包装物、宣传手册等。
  (2) 为推广代言产品，通过互联网络发布的使用文字或含有照片的网页、FLASH等动漫广告、音视频广告或其他广告短片。
  (3) 为推广代言产品，通过户外广告牌、广告显示屏、室内的电梯等广告牌和显示屏发布的文字或含有照片的广告画面、FLASH等动漫广告、音视频广告或其他广告短片。
  (4) 为推广代言产品，通过有线或无线电视、卫星电视发布的文字或含有照片的广告画面、FLASH等动漫广告、音视频广告或其他广告短片。
  (5) 为推广代言产品，通过《_____》杂志发布代言产品的新闻稿和文字介绍性广告。
  2.2.2 广告形式：
  (1) 乙方同意，由甲方在上述广告形式中使用该艺人的姓名(含该艺人的签名)。
  (2) 乙方同意，由甲方在上述广告形式中使用该艺人的照片，该照片由该艺人配合甲方进行拍摄并经该艺人确认的照片范围内由乙方挑选使用；同时，甲方承诺，在使用该艺人照片时，不得有损该艺人形象。但前述全部照片的著作权归该艺人。

(3) 乙方同意,由甲方在上述广告形式中使用该艺人的音视频,该音视频由该艺人配合甲方进行拍摄并经该艺人确认后由乙方挑选、编辑使用;同时,甲方承诺,在使用该艺人音视频时,不得有损该艺人形象。但前述音视频的著作权归该艺人。

(4) 乙方同意,由甲方在上述广告形式中可以该艺人的肖像制作动漫作品,该动漫作品由该艺人配合甲方进行制作并经该艺人确认后由乙方挑选、编辑使用;同时,甲方承诺,在制作和使用涉及该艺人的动漫作品时,不得有损该艺人形象。但前述动漫作品的著作权归该艺人。

● 律师批注5

【条款目的】

广告形式和广告渠道决定了企业对代言艺人肖像、形象使用形式、范围和规模。

【相关案例】

某食品企业决定从其每件商品售价中捐出一元钱用于"某公益工程",并聘用著名电视节目主持人李某某无偿担任其公益形象大使,该主持人只在企业的公益广告片和公益捐款的相关资料中出现。后来,该企业将利用该主持人制作的公益宣传资料作为随产品包装、销售的资料。该企业的做法虽然实现了该主持人间接为其产品进行宣传、代言的目的,但并未违反约定。可见,该代言约定不够严密。

2.3 具体安排:

2.3.1 本合同签署后,甲乙双方共同协商拍摄照片、广告宣传片及制作其他广告作品形式等的具体时间。

(1) 其中:拍摄照片的时间共计_____天、拍摄音视频广告作品的时间共计_____天,该时间的使用可根据实际情况拆分使用,但每天累计工作时间应不超过_____个小时,并保证该艺人每天有不少于8个小时的连续休息时间。

(2) 乙方配合甲方安排该艺人参加对代言产品的新闻发布会一次,具体时间双方商定。

2.3.2 在该艺人配合甲方拍摄、制作和参加发布会等活动时,如在该艺人居住地以外地区进行,甲方应承担该艺人及其一名助理的往返差旅费和食宿费用,交通标准为飞机商务舱、住宿标准为四星级酒店。

2.3.3 在该艺人参加拍摄和制作工作时,甲方应保障该艺人的人身财产安全,如遇危险拍摄,该艺人有权拒绝。

2.3.4 甲方如委托他方进行拍摄或广告作品制作时,应保证其委托方亦遵守本合同约定,且确保受托方对所完成作品不享有版权。

2.3.5 甲方在进行约定产品的广告宣传时,应遵照本合同约定的广告渠道和广告形式以及约定的区域、期限约定,不应超过约定范围进行广告宣传。

2.3.6 尽管甲乙双方已对相应照片、音视频及相关广告作品的版权进行了约定或者存在未约定版权归属的事项,但只要双方约定合作期限届满,则任何一方均不得在代言产品中使用,即使享有版权的一方也不得以任何形式、渠道、目的进行使用。

2.3.7 该艺人参加照片、音视频或其他广告作品的拍摄、制作时,该艺人所需服装、化妆费用由甲方另外承担;甲方承诺该艺人拍摄所着服装不会过于暴露或具有挑逗性,并需提前与乙方协商并经乙方确认后方可使用,否则该艺人有权拒绝参加拍摄并视为甲方违约。

● 律师批注6

【条款目的】

本条款在于明确艺人为满足企业制作广告宣传品进行广告拍照、拍摄广告片的具体义务和艺人在履行此项义务时的具体细节。

3. 合作的期限、区域:

3.1 本合同约定广告合作的期限为:_____个月,自本合同签署之日起算。合作期限届满前,甲乙双方协商一致可延续合作;合作期限届满时,甲乙双方合作终止,甲方应在各种广告渠道中撤销并停止使用该艺人姓名或肖像的各类广告。

3.2 本合同约定的广告合作区域为:中国大陆范围内,不含港澳台地区。

● 律师批注7

【条款目的】

艺人进行广告代言时,企业会形成大量使用艺人肖像、姓名制作的广告制品,合作期限届满时,企业则应停止使用这些广告制品。但对于企业已制作完成的库存商品上印刷的广告或者其包装物上的图案等,企业则应与艺人协商一个妥善处理方案。

4. 广告代言酬金：

4.1 甲乙双方同意,就该艺人按约定代言甲方产品甲方向乙方支付该艺人的酬金为：(税后)人民币_____元。

4.2 支付进度：

4.2.1 本协议签署后_____个日历天内,甲方支付酬金的_____%作为定金。

4.2.2 该艺人配合甲方进行拍摄开始之日起_____个日历天内,甲方支付酬金的_____%。

4.3 甲方将上述款项支付至下列账号：

开户行：

户名：

账号：

● **律师批注8**

【条款目的】

1. 代言酬金既包含了艺人参与广告拍摄的报酬,也包括了企业在广告中使用艺人姓名、肖像等的许可费用。

2. 代言酬金的高低应考虑代言产品的多少、产品市场价值等因素。

5. 其他事项：

5.1 违约责任：

5.1.1 任何一方违反约定,均应承担违约责任,并赔偿给对方造成的名誉和经济损失。任何一方在履行本合同时,如与他方合作,则其合作违反本合同,视为该方违约并由其承担违约责任。

5.1.2 任何一方在获知对方违约后可向违约方发出书面通知要求改正。违约方在收到通知之日起的_____日内未能改正其违约行为,守约方有权要求依法解除本合同,并追究违约方的责任,同时要求违约方赔偿损失。但甲方如超出合作期限,仍未停止使用该艺人姓名、肖像及相关广告作品时,应按每日_____元的标准向乙方支付违约金。

5.1.3 如乙方未获得该艺人同意而签署本合同,则乙方须赔偿甲方全部损失。

5.1.4 任何一方迟延履行约定义务,则每延迟一日应每日向另一方支付约定总酬金千分之_____的违约金;迟延超过_____日时,另一方还有权解除本合同并追究其他违约责任。

5.1.5 出现以下情况之一的,乙方可以解除本合同:

（1）甲方违反本合同约定的范围(含广告形式、广告渠道)使用该艺人的姓名和肖像,且经乙方提出后仍未及时纠正的;

（2）代言产品因缺乏合法资质的或其合法资质被取消而引发舆论批评的,且如继续代言会使该艺人名誉遭受损害的;

（3）甲方营业执照或经营资质被吊销或被责令停业。

乙方因上述情况解除本合同的同时,有权要求甲方赔偿乙方和该艺人受到的直接和间接损失。

● 律师批注9

【条款目的】

1. 关于违约责任约定的注意事项与法律风险,参见《文学艺术作品合作创作合同》律师批注14、《文学艺术作品出版合同》律师批注14及《广告发布合同》律师批注9。

2. 出于保护艺人形象的考虑,在违约责任中应设定在企业或其产品突发变故或者产品引发社会广泛批评时,艺人可以解约的机制。

5.2 争议解决:

5.2.1 双方因合同的解释或履行发生争议,应先由双方协商解决。

5.2.2 如协商不成,按照第_____种方式解决。

（1）将争议提交_____仲裁委员会依照其最新生效的仲裁规则进行仲裁。

（2）向_____地(如:甲方所在地或乙方所在地或本合同签署地)有管辖权的人民法院提起诉讼。

● 律师批注10

关于争议解决约定的注意事项与法律风险,参见《文学艺术作品合作创作合同》律师批注15。

5.3 联络:本合同双方的联络方式如下,任何一方改变其联络方式,均须书面提前通知另一方,否则送达至原授权代表或以原联络方式送达即视为有效送达:

（1）甲方指定联系人:_____,电话_____,传真_____,手机_____,电子信箱_____,通信地址_____,邮编_____。

（2）乙方指定联系人:_____,电话_____,传真_____,手机_____,电子信箱_____,通信地址_____,邮编_____。

● 律师批注 11

关于联系人与联系方式约定的注意事项与法律风险,参见《文学艺术作品合作创作合同》律师批注 17。

> 5.4 合同生效与文本:
> 5.4.1 本合同的变更、续签及其他未尽事宜,由双方另行商定。
> 5.4.2 本合同自双方签署之日起生效,一式二份,双方各执一份。

● 律师批注 12

关于合同生效时间约定的注意事项与法律风险,参见《文学艺术作品合作创作合同》律师批注 16。

> (以下无正文)
> 甲方:_____有限公司
> 法定代表人或授权代表:_____
> 乙方:_____有限公司
> 法定代表人或授权代表:_____

第三十四章　艺人广告业务经纪合同

> **艺人广告业务经纪合同**
>
> 甲方：_____有限公司
> 法定代表人：_____
> 地址：_____
> 乙方：_____,艺名：_____
> 身份证号：_____
> 地址：_____

● **律师批注 1**

关于合同的签约主体及其名称的注意事项与法律风险等,参见《文学艺术作品合作创作合同》律师批注 1 和《文学艺术作品委托创作合同》律师批注 1。

> 鉴于:
> 1. 甲方系注册于_____且专门从事广告及经纪等业务的有限责任公司,愿意接受委托、开展合作。
> 2. 乙方系专职影视演员/歌手,愿意按照本合同约定委托甲方作为其广告业务的经纪方。
> 3. 本合同构成甲乙双方就约定范围事务的委托合作关系。

● **律师批注 2**

关于鉴于条款约定内容及其法律意义,参见《文学艺术作品合作创作合同》律师批注 2。

> 为此,甲乙双方于_____年_____月_____日在_____市_____区订立条款如下:

● **律师批注 3**

关于签约时间、签约地点的注意事项及法律风险等,参见《文学艺术作品合作创作合同》律师批注3。

> 1. 合作方式：
> 　　1.1　乙方现将其演艺事业中的广告业务委托给甲方管理、经营及代理。
> 　　1.2　甲方根据本合同取得授权后独家负责乙方的广告业务，甲乙双方按照约定分配收益。
> 　　1.3　甲方取得授权后，甲方作为乙方广告业务领域的独家经纪方、代理人，处理和管理本合同约定范围的事务，可以自己名义对外商谈广告业务，经乙方确认后可签署相关协议，安排乙方参加完成广告业务相关活动或事项。

● 律师批注4
【条款目的】
　　1. 关于合作方式的注意事项和法律风险，参见《演艺人员经纪合同》律师批注4。
　　2. 艺人广告经纪合同实际上只是演艺人员经纪合同中的一种，是针对艺人在广告领域的经纪业务开展合作。

> 2. 合作范围：
> 　　2.1　业务范围：
> 　　乙方委托和授权甲方独家经纪活动限于下列范围（该范围内有关活动均称为广告业务），具体包括：
> 　　2.1.1　乙方有偿担任国内外厂家、品牌、商业或公益活动的广告代言人而使用乙方的姓名、肖像。
> 　　2.1.2　乙方有偿拍摄国内外有关厂家、品牌的商业广告及其他公益广告。
> 　　2.1.3　其他因企事业单位因商业广告目的而以其他方式使用乙方的姓名、肖像。

● 律师批注5
【条款目的】
　　本条款在于明确经纪方处理艺人广告业务的范围。实际中，有些企业的宣传活动不一定以广告形式体现，如通过艺人参加其企业某项现场活动，实现对企业或产品的宣传。对于这类非广告业务但与企业宣传有关的活动，通常纳入艺人广告经纪业务有利于统一管理。

2.2 合作期限:
2.2.1 本合同项下的合作期限为_____个月,自本合同签署之日起算。
2.2.2 如有必要,经双方协商同意,可以延长合作时间。本合同终止时,仍有在有效期内签署、确定的相应事务未履行完毕或未结清时,由相应方继续履行,本合同有效期予以延续并对此类事项继续具有约束力;但在延续的期限内,甲方不再签署、安排新的事务、业务。
2.2.3 甲方在对外广告经纪活动中,应确保广告业务不超出上述合作期限并应在上述合作期限届满时对外终止广告业务,除非经过乙方事先书面同意。本合同终止时,甲方亦应终止对外合作并配合乙方衔接、移交好未完成的事项。

2.3 合作地域:
2.3.1 双方合作区域为_____。
(1)中国大陆。
(2)中国大陆及港澳台地区。
(3)全世界各个国家、地区。
2.3.2 如境外有关国家、地区对广告业务经纪的法律规定对本合同的履行造成限制或障碍时,经乙方事先确认,甲方可通过其他方式签署和履行有关合同。

● **律师批注6**
关于合作期限与区域的注意事项和法律风险,参见《演艺人员经纪合同》律师批注6。

3. 合作内容:
3.1 合作报价
3.1.1 甲方应对外保持统一口径报价,所报价格范围应按乙方事先确认的价格范围执行,具体由甲方负责对外报价。
(1)广告业务的报价标准,由双方商议确定,第一个年度确定一次报价标准,第二个年度起每半年商议一次报价标准。
(2)一旦双方确认报价标准,甲方有权在价格范围内自行对外报价且该报价如被客户接受则对甲乙双方都有约束力且可据此与客户签约。
(3)如需对报价进行调整,乙方另行通知甲方进行商议后确定。

3.1.2 甲方作为乙方广告业务的经纪人并且代表乙方与有关广告业务接受方或邀请方签署广告业务合同时,乙方确定广告业务各项条件后再由甲方签署合同。

● 律师批注7

关于对外报价的注意事项和法律风险,参见《演艺人员经纪合同》律师批注8。

3.2 合作机会:

3.2.1 甲方通过其各种资源、途径向乙方推荐、提供乙方广告业务机会,并以书面、电子邮件等形式通报乙方,经乙方同意接受或愿意承担广告业务任务后,再由甲方与有关方签署合同,乙方按照甲方所签署合同的约定完成广告业务。

3.2.2 在甲方推荐、提供广告业务机会的同时,乙方亦可通过其自身资源、途径寻找广告业务任务,向甲方通报有关广告业务信息,甲方与有关广告业务组织方、邀请方商谈和签署有关合同。

3.2.3 乙方确保对其确认的广告业务,能够安排乙方满足广告业务需要的工作时间。

● 律师批注8

关于合作机会的注意事项和法律风险,参见《演艺人员经纪合同》律师批注8。

3.3 合作收益:

3.3.1 甲方对进行市场开拓和与此相关的形象宣传、推广等产生的成本均由甲方承担,并作为本合同双方的合作对价。

3.3.2 在本合同有效期内,甲方从乙方的广告业务收益(包括因广告业务而获取之酬金、现金形式的馈赠)中提取其经纪报酬:

(1) 对于因甲方开发和提供的广告业务,甲方提取佣金的比例为广告业务报酬金额的_____%;扣除甲方佣金后,其余收入全部归乙方。

(2) 对于因乙方介绍和提供的广告业务,甲方提取佣金的比例为广告业务报酬金额的_____%;扣除甲方佣金后,其余收入全部归乙方。

(3) 本合同约定分配给甲方的佣金中已包含甲方进行成功或未成功经纪活动的交通、运输、通讯、法律服务、中介等费用;如甲方的经纪活动未能成功或经纪活动产生亏损,均与乙方无关,乙方无义务为此支付费用或报酬;但甲方如有代为乙方垫付的其他费用,甲方可从毛收入中扣除并告知乙方。甲方承担能否取得经纪报酬及多少的风险。

(4)任何一方取得广告业务收益款项后_____个工作日,应按约定比例向对方进行分配。在本合同终止时,仍有未结清广告业务款项,则甲方仍应按约定予以处理或按双方协商的其他方式结清。

● 律师批注9

关于合作收益及佣金的注意事项和法律风险,参见《演艺人员经纪合同》律师批注10。

4. 相关安排:

4.1 甲方为乙方提供广告业务机会,并承担经纪广告业务所涉及的策划、包装、规划、安排及实施;对外谈判、签约、收益的获得、法律事务代理、行政顾问等业务;以及对属于约定范围内的各种权益的转让和权利行使独家代理和管理权。

4.2 对于确定的广告业务,除非不可抗力或者因伤、病等突发事件以及乙方无法克服的客观原因以外,甲方应安排乙方参加。如因乙方原因给甲方或合作方造成损失的,乙方应承担由此产生的各种法律责任。

4.3 乙方委托甲方代理乙方联系、安排广告业务时,应按下列要求执行:

4.3.1 甲方为乙方确定或签署的每一项广告业务,甲方应提前_____日通知乙方并经双方确认时间后,甲方方可就该项业务的确切日期、行程等事宜在乙方知情并书面同意的前提下做合理安排。

4.3.2 未经甲方同意,乙方不得自行行使和处置与广告业务的相关权利,进行广告业务安排及与第三方签署任何协议。

4.4 甲乙双方都应遵守国家的法律、法规及有关规章制度。在合同期内,如甲方发现乙方有任何严重损害乙方自身名誉或者形象的违法行为,乙方应自负法律责任,甲方不承担任何连带责任,同时,甲方有权解除与乙方的合同。

4.5 甲方可依据乙方自身条件及特点制定有关经纪计划。在实施过程中,应充分尊重乙方意愿,友好协商。

4.6 甲方应尽全力维护和捍卫双方的荣誉,当乙方名誉受到损毁时,甲方应尽全力维护其名誉,并提供相应的协助,尽可能保护其不受侵害。

4.7 乙方有权要求甲方严格按照合约规定,全面实施为自己进行的经纪业务活动;并且乙方须遵守本合同关于广告业务的约定及甲方为履行本合同进行的相应安排。

4.8 乙方在甲方违反本合同有关规定时,有权要求甲方进行相应赔偿直至要求依法解除合约。

4.9 鉴于乙方为国内一线影视演员,因此而具有广泛片约,双方对此知情并对时间紧急及具有可变性有充足考虑,故在本合同业务活动中,需要双方通力配合并充分考虑和尽量配合乙方的工作安排。

4.10 甲乙双方确认,本合同项下任何事项的安排、确定和协议签署,均应事先经乙方确认后方可安排、确定、签署。乙方可将其已确定的非广告业务和非本合同合作范围的事务、个人事务的行程、时间安排,事先通报甲方,甲方则在前述已确定的行程和时间安排中,不再安排与其产生冲突的本合同约定的事务。

4.11 鉴于国家相关规定对演员从事广告业务具有约束且须对消费者承担一定的法律责任,故甲方在提供广告经纪业务时,须对广告业务涉及的产品或服务、企业进行充分了解和调查,并符合下列要求;否则,乙方有权拒绝或停止此类广告业务。

4.11.1 广告业务涉及的企业和产品或服务均为合法经营企业和产品,不存在涉及传销等犯罪或严重欺诈等问题。

4.11.2 广告业务涉及的企业系合法存续的企业且具有其广告业务涉及的经营或从业资质。

4.11.3 广告业务涉及的产品或服务,均须具备法律法规规定的产品合格证或服务业务许可、认证。

4.11.4 广告业务涉及的企业和产品或服务,不存在严重社会诚信危机或发生严重环境污染、严重人员伤亡等公共事件或已遭受社会公众批评、质疑的情形,或者已遭受政府主管部门查处或通报批评的情形。

4.12 在完成甲方提供的经纪业务期间,乙方应向甲方提供乙方所在地的最新地址及通信联络电话号码,使甲方在合理时间内,不论日夜均能与乙方联络并发出通告。

4.13 在乙方时间安排允许的情形下,乙方有义务参加每半年一次的甲方举办的面向社会的推介会(但不包括以企业或其产品推广宣传为目的的商务活动、现场活动),推介会由甲方策划,可由第三方承办。

● 律师批注 10

关于合作安排的注意事项和法律风险,参见《演艺人员经纪合同》律师批注 11 和律师批注 12。

5. 其他事项:
5.1 违约责任:
5.1.1 甲方对外透露乙方不实资讯,造成乙方声誉严重受损的,乙方有权要求甲方赔偿其相应损失。

5.1.2 乙方违反合同的独家排他特性,未经甲方书面允许,直接或间接与第三方进行广告业务合作或直接签署广告业务协议,应承担违约责任。

5.1.3 合同一方在获知合同对方违约后可向违约方发出书面通知要求改正。违约方在收到通知之日起的 3 日内未能改正其违约行为,守约方有权要求依法解除本合同,并追究违约方的责任,同时要求违约方赔偿损失。

5.1.4 如本合同与本合同履行及根据本合同签署的有关经纪广告业务发生争议或分歧,双方均应先协商解决;在争议未通过协商或司法程序解决前,双方均不应以不履行本合同及根据本合同签署的有关广告业务向另一方提出要挟或条件,否则视为其违约并须承担违约责任。

5.1.5 出现以下情况之一的,乙方可以解除本合同:
(1)甲方违反本合同的规定未提供双方约定的合作服务,致使乙方受到严重影响的;
(2)甲方对外透露乙方不实个人资讯,造成乙方声誉严重受损的;
(3)甲方营业执照被吊销或被责令停业;
(4)乙方的广告业务未达到年收益额_____元或者本合同签署后_____个月内仍无广告业务收益。

乙方因上述情况解除本合同的同时,有权要求甲方赔偿乙方受到的直接和间接的损失。

5.1.6 如因甲方对广告业务涉及的企业或产品未尽约定调查义务,发生或可能影响乙方权益或声誉的情形,则乙方可立即要求甲方停止此类广告业务和解除相关协议,并由甲方承担因此产生的全部后果及对乙方的违约责任。如甲方已尽约定调查义务,仍发生此类情形,则甲乙双方协商予以紧急处理并按照双方商议意见执行。

● 律师批注 11

关于违约责任约定的注意事项与法律风险,参见《文学艺术作品合作创作合同》律师批注 14、《文学艺术作品出版合同》律师批注 14、《广告发布合同》律师批注 9 和《广告代言合同》律师批注 9。

> 5.2 争议解决:
> 5.2.1 双方因合同的解释或履行发生争议,应先由双方协商解决。
> 5.2.2 如协商不成,按照第_____种方式解决。
> (1) 将争议提交_____仲裁委员会依照其最新生效的仲裁规则进行仲裁。
> (2) 向_____地(如:甲方所在地或乙方所在地或本合同签署地)有管辖权的人民法院提起诉讼。

● 律师批注 12

关于争议解决约定的注意事项与法律风险,参见《文学艺术作品合作创作合同》律师批注 15。

> 5.3 联络:本合同双方的联络方式如下,任何一方改变其联络方式,均须书面提前通知另一方,否则送达至原授权代表或以原联络方式送达即视为有效送达:
> (1) 甲方指定联系人:_____,电话_____,传真_____,手机_____,电子信箱_____,通信地址_____,邮编_____。
> (2) 乙方指定联系人:_____,电话_____,传真_____,手机_____,电子信箱_____,通信地址_____,邮编_____。

● 律师批注 13

关于联系人与联系方式约定的注意事项与法律风险,参见《文学艺术作品合作创作合同》律师批注 17。

> 5.4 合同生效与文本:
> 5.4.1 本合同的变更、续签及其他未尽事宜,由双方另行商定。
> 5.4.2 本合同自双方签署之日起生效,一式二份,双方各执一份。

● 律师批注 14

关于合同生效时间约定的注意事项与法律风险,参见《文学艺术作品合

作创作合同》律师批注 16。

(以下无正文)
甲方:_____有限公司
法定代表人或授权代表:_____
乙方:_____
签字:_____

第三十五章　广告片拍摄制作合同

> **广告片拍摄制作合同**
>
> 甲方：_____有限公司
> 法定代表人：_____
> 地址：_____
> 乙方：_____广告有限公司
> 法定代表人：_____
> 地址：_____

● 律师批注 1

关于合同的签约主体及其名称的注意事项与法律风险等，参见《文学艺术作品合作创作合同》律师批注 1 和《文学艺术作品委托创作合同》律师批注 1。

> 鉴于：
> 1. 甲方系从事_____经营活动的有限公司，准备制作广告片，以实现企业声誉和产品及其品牌的进一步推广和提升。
> 2. 乙方系依照《公司法》的规定在_____市设立并合法存续的有限公司，专门从事宣传及传媒的机构，愿意按照本协议约定与甲方开展合作。

● 律师批注 2

【条款目的】

1. 关于鉴于条款约定内容及其法律意义，参见《文学艺术作品合作创作合同》律师批注 2。

2. 企业的广告片实质是企业委托他人为其制作广告作品的委托创作关系。

> 为此，甲乙双方于_____年____月____日在_____市_____区订立条款如下：

● 律师批注 3

关于签约时间、签约地点的注意事项及法律风险等,参见《文学艺术作品合作创作合同》律师批注 3。

> 1. 制作标的:
> 甲方委托乙方拍摄制作电视广告片要求如下:
> 1.1 广告片名称、数量:《_____》、《_____》共_____部(以下简称"广告片")。
> 1.2 广告片长度:
> 1.2.1 完成片长度:
> 《_____》_____分_____秒。
> 《_____》_____分_____秒。
> 1.2.2 拍摄素材长度:不少于_____分_____秒。
> 1.2.3 语言:中文标准普通话,并配中文简体与英文字幕。
> 1.2.4 材料:35MM 或 16MM。
> 1.2.5 拍摄地及拍摄周期:_____市_____天、_____市_____天。
> 1.2.6 最终交片日期:_____年_____月_____日。
> 1.2.7 交付规格与数量:
> (1) 数码母带(Digital-Betacam)_____套。
> (2) 模拟母带(Betacam)_____套。
> (3) DVD_____套。
> (4) 音乐分轨版本(CDR)_____套。

● 律师批注 4

【条款目的】

本款在于明确制作方需要完成"定制产品"的具体规格、要求。

> 2. 制作安排:
> 2.1 创意与纲要:
> 2.1.1 广告片的创意由乙方负责,并在本合同签署后_____个日历天内完成创意初稿并提交甲方审查;广告片创意经甲方书面确认后,方可编写拍摄剧本(脚本)。
> 2.1.2 广告片创意初稿完成后,甲方在审查过程中,可与乙方共同研究讨论,并有权对广告创意提出修改意见或建议,或者要求返工。

2.1.3 乙方对广告片创意应以文字形式描述广告片的基本目的、主要内容、表现手法、基调与风格等,并由乙方据此制作和确定拍摄纲要。

2.1.4 乙方应及时按照甲方修改意见及其要求对广告片创意进行修改、完善或返工,并重新提交甲方审查;如经甲方_____次审查仍无法达到甲方要求,甲方有权单方解除本合同。

2.1.5 在乙方创意过程中,如需要甲方提供相关资料,甲方应予配合。

● 律师批注5

【条款目的】

1. 广告创意是广告片的灵魂,完成创意是拍摄广告片的基础。双方通过广告创意的交流和沟通,便于制作方了解企业的文化、理念,也便于企业了解制作方的广告创作水准。

2. 基于委托关系,在广告创意过程中,如企业不认同制作方的制作理念和创作水平,可解除委托合同,另行委托他人进行广告片制作。

2.2 拍摄剧本(脚本):

2.2.1 广告片创意及纲要经甲方书面确认后,由乙方负责撰写广告的拍摄剧本;广告片拍摄剧本经甲方书面确认后,方可拍摄广告片。

2.2.2 乙方应于甲方确认广告片创意后_____个日历天内完成广告片的拍摄剧本;拍摄剧本须按分镜头分节撰写,对拍摄全部内容予以文字表述。

2.2.3 乙方完成广告片拍摄剧本后及时提交甲方审查,拍摄剧本须符合广告片创意和纲要的要求。甲方有权对拍摄剧本提出修改意见或建议,或者要求返工;乙方须及时按照甲方修改意见及其要求对广告片创意进行修改、完善或返工,并重新提交甲方审查;如经甲方_____次审查仍无法达到甲方要求,甲方有权单方解除本合同。

● 律师批注6

【条款目的】

本条款在于明确在剧本、拍摄脚本等创作方面需要双方的配合与工作衔接。

2.3 拍摄制作:

2.3.1 广告片拍摄剧本经甲方书面确认后_____个日历天内完成广告片的拍摄制作。

2.3.2 乙方在拍摄制作过程中,甲方有权全程跟踪、监督并对拍摄情节提出意见。

2.3.3 乙方在拍摄制作过程中,乙方须自行准备拍摄设备、人员、场景并对拍摄制作过程的安全等事项承担责任。

● 律师批注7

【条款目的】

本条款在于明确广告拍摄的工作进度,同时约定拍摄过程中安全管理等责任承担。

2.4 后期制作:

2.4.1 乙方负责广告片的后期制作及剪辑并应于广告片完成拍摄制作后_____个日历天内完成后期制作。

2.4.2 乙方在后期制作及剪辑过程中,甲方有权全程跟踪、监督并有权提出修改意见。

2.4.3 后期制作及剪辑过程中,乙方须自行准备后期制作及剪辑所需的设备、人员等。

● 律师批注8

【条款目的】

本条款在于明确广告片后期制作的工作进度,同时约定后期制作所需设备的提供。

2.5 工作成果交付:

2.5.1 乙方须于本合同签署后_____个日历天内完成广告片全部制作工作,并向甲方交付工作成果。

2.5.2 在乙方向甲方提交工作成果后,甲方有权自行进行验收,也可委托其他方进行验收。

2.5.3 乙方交付的工作成果包括:广告片创意、纲要、拍摄剧本和广告片的拍摄完成片及拍摄形成的素材。

2.5.4 甲方对于乙方交付的工作成果在交付后_____个工作日内进行验收;经过甲方验收后,方为乙方完成交付。

2.5.5 如验收不通过或甲方在验收时提出修改意见,乙方应及时予以修改。

● 律师批注 9
【条款目的】
本条款在于明确广告片成果交付期限,广告片作为"委托创作作品"其完成的认定权在委托企业。

> 3. 制作费用:
> 3.1 本合同项下广告片制作费用为_____元。该费用为乙方履行全部合同义务的对价,除此之外,甲方再无款项或费用支付义务,除非双方另有明确约定。
> 3.2 支付进度:
> 3.2.1 于本合同签署后_____个工作日内,支付上述费用的_____%。
> 3.2.2 于广告片创意完成后的_____个工作日内,支付上述费用的_____%。
> 3.2.3 于广告片拍摄剧本完成后的_____个工作日内,支付上述费用的_____%。
> 3.2.4 于广告片拍摄完成后的_____个工作日内,支付上述费用的_____%。
> 3.2.5 于广告片后期制作完成后的_____个工作日内,支付上述费用的_____%。
> 3.2.6 于广告片交付且经甲方验收后的_____个工作日内,支付剩余费用。
> 3.3 乙方收取甲方支付的广告费用时,向甲方开具同等金额发票。

● 律师批注 10
【条款目的】
1. 明确支付的报酬中包含了广告片制作方完成制作所投入的人力、物力和其完成成果的对价。
2. 为了促使广告片制作方按进度推进工作,制作报酬应考虑与工作进度相结合分期支付。

> 4. 知识产权:
> 4.1 乙方确认其向甲方提供的电视广告、成果、服务或制作、拍摄所产生的影像资料等系其独立创作且全部版权归甲方单独享有。

4.2 乙方承诺其提供的广告片及其他交付资料中不存在侵犯他方知识产权、肖像权的任何情形（包括著作权、商标权、专利权及一切相关之权利）。

4.3 乙方向甲方保证甲方不会发生因签署本合同、接受或使用本合同中约定的内容而被追诉或遭受任何侵害或权利主张，如有发生由乙方承担全部责任并赔偿甲方因此遭受的全部损失和名誉损害。

● **律师批注11**
【条款目的】
1. 广告片作为委托创作成果，应约定其版权归属委托企业，否则，将会影响企业的正常使用。
2. 应当要求广告片制作企业对其工作成果的合法性承担瑕疵担保责任，确保企业广告片不侵犯他人知识产权或肖像权、名称权等。

5. 其他事项：
5.1 保密：
5.1.1 本合同中的任何一方由于签署或履行本合同了解、接触或获得的本合同中其他方未公开的一切资料、信息、报价（以下简称"保密信息"）均应保守秘密，非经本合同中其他方事先书面同意，不得以任何方式向本合同之外的任何其他方披露、泄露；根据法律、法规要求或应行政主管机关、法院及仲裁机构要求公开的情形除外。

5.1.2 前款中获悉保密内容的一方承诺其有权触及保密信息的人员仅限于履行本合同项下义务必需的范围。该等人员应当遵守本合同中对保密信息的所有规定且获悉保密内容的一方对其人员就此条款的违约行为承担法律责任。

5.2 违约责任：
5.2.1 本合同上述各项条款对违约责任另有特别约定的，则优先适用相应特别约定。

5.2.2 若任何一方不履行本合同的义务即构成违约，违约方除应当向守约方支付＿＿＿＿元违约金外，赔偿对方实际损失；延迟履行义务，应按日支付约定＿＿＿＿元违约金。

5.2.3 如因甲方过错，致使乙方未能按时完成电视广告的制作，则广告片完成时间相应顺延。

5.2.4　如乙方逾期_____日以上仍未能交付符合本合同规定质量标准的制作成果,则甲方有权单方解除本合同,乙方应全额退还甲方预付款,并按本合同所规定的制作费总额的_____%向甲方支付违约金。
　　5.2.5　如因乙方所制作的广告片存在侵犯他人知识产权、肖像权或者在拍摄制作过程中存在其他重大违法行为、不良社会影响时,甲方均有权单方解除本合同并要求立即返还已支付的全部费用。
　　5.2.6　本合同终止(含提前终止)或期满后三日内,乙方须将含有甲方商标、商标名称或行业、公司标志及标识的所有广告印刷品原件返还给甲方,乙方同时应将活动所拍摄和制作的成果全部交付给甲方。
　　5.2.7　不论出于何种情况,乙方无权将印有甲方商标、商标名称或行业、公司标志及标识的产品、标签、包装、影像资料等提供给除甲方或甲方指定人员以外的任何人或单位。否则,应支付制作费总额_____%的违约金并赔偿损失。

● **律师批注 12**
　　对于违约责任约定的注意事项与法律风险,参见《文学艺术作品合作创作合同》律师批注 14、《文学艺术作品出版合同》律师批注 14、《广告发布合同》律师批注 9 和《广告代言合同》律师批注 9。

　　5.3　争议解决:
　　5.3.1　双方因合同的解释或履行发生争议,应先由双方协商解决。
　　5.3.2　如协商不成,按照第_____种方式解决。
　　(1)将争议提交_____仲裁委员会依照其最新生效的仲裁规则进行仲裁。
　　(2)向_____地(如:甲方所在地或乙方所在地或本合同签署地)有管辖权人民法院提起诉讼。

● **律师批注 13**
　　关于争议解决约定的注意事项与法律风险,参见《文学艺术作品合作创作合同》律师批注 15。

　　5.4　联络:本合同双方的联络方式如下,任何一方改变其联络方式,均须书面提前通知另一方,否则送达至原授权代表或以原联络方式送达即视为有效送达:

> (1) 甲方指定联系人：_____，电话_____，传真_____，手机_____，电子信箱_____，通信地址_____，邮编_____。
> (2) 乙方指定联系人：_____，电话_____，传真_____，手机_____，电子信箱_____，通信地址_____，邮编_____。

● 律师批注 14

关于联系人与联系方式约定的注意事项与法律风险,参见《文学艺术作品合作创作合同》律师批注 17。

> **5.5 合同生效与文本：**
> 5.5.1 本合同的变更、续签及其他未尽事宜，由双方另行商定。
> 5.5.2 本合同自双方签署之日起生效，一式二份，双方各执一份。

● 律师批注 15

关于合同生效时间约定的注意事项与法律风险,参见《文学艺术作品合作创作合同》律师批注 16。

> (以下无正文)
> 甲方：_____有限公司
> 法定代表人或授权代表：_____
> 乙方：_____广告有限公司
> 法定代表人或授权代表：_____

第四部分　影视类合同范本律师批注

第三十六章　文学作品影视拍摄与改编许可合同

> **文学作品影视拍摄与改编许可合同**
>
> 许可方：_____，笔名_____（以下简称"甲方"）
> 身份证号：_____
> 地址：_____
> 被许可方：_____有限公司（以下简称"乙方"）
> 法定代表人：_____
> 地址：_____

● 律师批注1

关于合同的签约主体及其名称的注意事项与法律风险等，参见《文学艺术作品合作创作合同》律师批注1和《文学艺术作品委托创作合同》律师批注1。

> 鉴于甲方系本合同约定文学作品的作者和版权人，甲乙双方为就原著许可影视剧拍摄与改编事宜于_____年_____月_____日在_____市_____区达成如下约定：

● 律师批注2

对于签约时间、签约地点的注意事项及法律风险等，参见《文学艺术作品合作创作合同》律师批注3。

> **1. 原著作品：**
> **1.1** 作品名称:《_____》,又名《_____》(以下简称"原著")。
> **1.2** 作品长度:共_____章,约_____字。
> **1.3** 创作时间与公开性:原著系甲方于_____年_____月创作,已由_____杂志或_____网站刊载(或_____出版社出版)。
> **1.4** 作品版权:原著系甲方单独创作完成,并拥有全部版权且不存在任何权利瑕疵或被质押等权利限制。

● 律师批注3

【条款目的】

确定要改编的"目标"及原著的版权状况、公开程度,确保改编形成的剧本和据此拍摄的影视剧的来源合法。

【风险提示】

如拟改编的原著系翻译作品,则需要取得翻译作品的"上游作品"即原版作品的版权的授权。因为翻译作品主要是对原版作品语言的转换,对翻译作品的改编和拍摄影视剧其实质对象仍然是原版作品。

> **2. 许可内容：**
> **2.1** 许可前状况为:_____。
> (1) 本合同签署前,甲方未曾对原著行使影视拍摄权和相应改编权,也未曾授予他人进行影视拍摄及相应改编。
> (2) 本合同签署前,甲方曾有条件、有期限地授予他人对原著小说的影视剧拍摄权和为拍摄进行修改和改编的权利,该授权已于_____年_____月_____日过期。
> (3) 本合同签署前,甲方曾有条件、有期限地授予他人对原著小说的电影/电视剧拍摄权和为拍摄进行修改和改编的权利,该授权的性质为非独占性普通许可,不影响本合同项下许可。

● 律师批注4

【条款目的】

1. 本款在于确定许可改编前,原著是否已授权改编过电影剧本或电视剧剧本、是否拍摄过电影或电视剧,从而便于改编方了解原著的改编权、拍摄权是否"用尽"、是否存在重复授权、重复授权是否存在矛盾。

2. 非独占许可则意味着原著作者可授权多人同时进行原著的影视剧剧

本改编和影视剧拍摄。

> **2.2 许可方式**：甲方许可乙方对原著行使下列权利_____。
> (1) 将原著进行电影拍摄和为拍摄而对原著修改、改编而创作电影剧本的权利。
> (2) 将原著进行电视连续剧拍摄和为拍摄而对原著修改、改编而创作电视剧剧本的权利。

● 律师批注5

【条款目的】

原著作品的改编权、拍摄权和修改权是不同的版权权益，如果只取得改编权和拍摄权，意味着只能依据原著的情节和故事结构来改编、拍摄，不得改变原著的故事结构。

【风险提示】

基于小说、相声、评书、散文等原著与影视剧拍摄的出发点、商业运作规律、作品表现手段与形式不同，通常依据原著改编影视剧本和拍摄时，多少会对原著人物、故事情节进行调整修改，从而改变了原著故事和情节的基本结构，形成了对原著的修改。故在取得原著改编权、拍摄权的同时，还应取得对原著的修改权。近年来，多部影视作品受到其原著作者的指责，基本都是缘于未取得原著的修改权。

【法律规定】

《中华人民共和国著作权法》(2010.02.26修正)

第十条 著作权包括下列人身权和财产权：

……

(三) 修改权，即修改或者授权他人修改作品的权利；

(四) 保护作品完整权，即保护作品不受歪曲、篡改的权利；

……

(十三) 摄制权，即以摄制电影或者以类似摄制电影的方法将作品固定在载体上的权利；

(十四) 改编权，即改变作品，创作出具有独创性的新作品的权利；

……

【相关案例】

据报道，2010年北京一家传媒公司要根据经典童话故事《神笔马良》打造3D现代超级英雄电影《神笔》，在该3D电影中，马良会有爱情戏，将成为崇尚环保事业,一心拯救人类、保护地球的大英雄,欲将马良改编成真人版的"中国式哈利波特"。"《神笔马良》之父"已故童话作家洪汛涛的儿子洪画千和母亲却忧心忡忡,断然反对如此改编。

在该案例中,该传媒公司即使取得了原著作者或继承人的影视剧改编权和拍摄权许可,但其大幅度改变故事结构与情节,实际上是对原著作者作品完整权的侵犯,除非该传媒公司取得了作品的修改权。

2.3 许可性质:_____。
(1) 授予乙方独占且排他享有,即:甲方自己或其另行许可方均不得以相应方式使用原著。
(2) 非独占性的普通许可,即:甲方自己或其另行许可方亦可以相应方式使用原著。
2.4 许可地域:全球范围,即乙方根据原著小说拍摄的影视剧可在该地域范围内进行播映。
2.5 许可期限:_____。
(1) _____年,自本合同签署之日起算。乙方对于其享有的独占或非独占性许可权利,均应在该期限内行使,期限届满后即丧失许可权利。
(2) 永久,自本合同签署之日起算。在原著作品的版权保护期内,乙方均享有所许可的权利。
2.6 权利转让与分许可:
2.6.1 甲方授予乙方的权利,在未经甲方另行同意的条件下,乙方可以/不可以直接将其所获得的权利转让给他人。
2.6.2 甲方授予乙方的权利,可在影视剧实际制作时与他人进行合作,在影视剧播映、发行及相关产品销售时,许可他人行使相应权利。
2.7 其他要求:
2.7.1 乙方在所完成的影视剧作品当中,应对原著名称予以注明并对甲方予以署名。
2.7.2 乙方为完成影视剧拍摄制作,可委托他人完成剧本的创作;此类编剧在影视剧作品中享有相应署名权,具体由乙方与编剧约定。
2.7.3 乙方完成影视剧剧本后,用于影视剧拍摄制作,并对剧本享有单独权利;影视剧的剧名或片名由乙方自行确定,可采用原著小说的原名,也可改名。
2.7.4 在影视剧制作过程中,乙方与他方进行合作或联合制作,不影响本合同及其项下授权的效力。

● 律师批注 6

【条款目的】

1. 授权性质如为独占,则包括原著作者自己及其他任何人均不得再依据原著进行改编和拍摄影视剧,但原著作者可将电影和电视剧两种作品形式的授权分开。

2. 关于授权期限和分许可、转授权及署名等约定的注意事项与法律风险,参见《文学作品改编许可合同》律师批注 5。

【相关案例】

热播电视剧《暗算》是由著名作家麦家授权,根据其所著长篇小说《暗算》的上部《听风者》、中部《看风者》、下部《捕风者》中的《韦夫的灵魂说》改编和拍摄的。在授权时,双方也约定了制片方应在电视剧作品以及一切派生品对原著作者予以署名权。但是,该剧在浙江台等首播时,并未对原著作者署名,在该剧音像制品、电视小说以及互联网传播时也没有署原著作者的名字。麦家即起诉制片方侵犯其署名权,得到法院支持。

3. 衍生影视及其剧本相关权益:

3.1 乙方根据甲方授权进行改编,所取得的改编作品的著作权归乙方所有。

3.2 乙方根据甲方授权进行改编,须尊重本作品著作权及本作品的基本风格、情调等。

3.3 乙方根据甲方授权进行改编所取得的作品,应依照本合同约定使用;如乙方将改编作品版权转让、赠予或以其他方式处置给他人,乙方亦应在处置时要求受让、受赠方或其他权利方尊重本作品版权并遵守本合同约定。

3.4 乙方须在改编完成后,及时将其改编完成的作品(及重大修改内容)向甲方提交一份供甲方备存。

● 律师批注 7

【条款目的】

1. 取得原著影视剧改编权和拍摄权后,会形成影视剧本、影视剧和拍摄素材等形式的作品,此类作品的版权归影视剧投资方。

2. 鉴于改编方取得的授权有期限限制,改编完成后应向原著作者提交改编完成的说明,这样改编方在授权期限内完成改编并可充分行使剧本的版权。

4. 许可费用：

4.1 双方同意,乙方向甲方支付税后/税前许可费用_____元,系取得原著约定许可权利的对价。

4.2 乙方须于本合同签署后_____个工作日一次性支付上述费用。

● 律师批注 8

关于许可费用的注意事项与法律风险,参见《文学作品改编许可合同》律师批注 7。

5. 其他事项：

5.1 评奖：

5.1.1 乙方有权决定以改编作品申报参加国内外相关文学艺术评奖活动。

5.1.2 乙方决定申报参加评奖时,参加评奖的费用由乙方承担。以改编作品参加评奖所获荣誉归甲乙双方共同所有,所获物质奖励在扣除乙方承担的申报费用后由甲乙双方按_____%:_____%的比例分配。

● 律师批注 9

关于评奖约定的注意事项与法律风险,参见《文学作品改编许可合同》律师批注 8。

5.2 违约责任：

5.2.1 除出现不可抗力事件(指自然灾害和动乱、瘟疫、政府行为),双方均应全面履行本合同的义务至履行完毕时终止。

5.2.2 若任何一方不履行本合同的义务即构成违约,违约方除应当向守约方支付_____元违约金外,赔偿对方实际损失;延迟履行义务,应按日支付_____元违约金。

● 律师批注 10

关于违约金等违约责任约定的注意事项与法律风险,参见《文学艺术作品合作创作合同》律师批注 14 和《文学艺术作品出版合同》律师批注 14。

> 5.3 争议解决:
> 5.3.1 双方因合同的解释或履行发生争议,应先由双方协商解决。
> 5.3.2 如协商不成,按照第_____种方式解决。
> （1）将争议提交_____仲裁委员会依照其最新生效的仲裁规则进行仲裁。
> （2）向_____地（如:甲方所在地或乙方所在地或本合同签署地）有管辖权的人民法院提起诉讼。

● 律师批注 11

　　关于争议解决约定的注意事项与法律风险,参见《文学艺术作品合作创作合同》律师批注 15。

> 5.4 联络:本合同双方的联络方式如下,任何一方改变其联络方式,均须书面提前通知另一方,否则送达至原授权代表或以原联络方式送达即视为有效送达:
> （1）甲方指定联系人:_____,电话_____,传真_____,手机_____,电子信箱_____,通信地址_____,邮编_____。
> （2）乙方指定联系人:_____,电话_____,传真_____,手机_____,电子信箱_____,通信地址_____,邮编_____。

● 律师批注 12

　　关于联系人与联系方式约定的注意事项与法律风险,参见《文学艺术作品合作创作合同》律师批注 17。

> 5.5 合同生效与文本:
> 5.5.1 本合同的变更、续签及其他未尽事宜,由双方另行商定。
> 5.5.2 本合同自双方签署之日起生效,一式二份,双方各执一份。

● 律师批注 13

　　关于合同生效时间约定的注意事项与法律风险,参见《文学艺术作品合作创作合同》律师批注 16。

(以下无正文)
甲方:(姓名)_____
签字:_____
乙方:_____有限公司
法定代表人或授权代表:_____

第三十七章 影视剧本委托创作合同

影视剧本委托创作合同

委托方：_____有限公司（以下简称"甲方"）

法定代表人：_____

地址：_____

创作方：_____，笔名：_____（以下简称"乙方"）

身份证号：_____

地址：_____

● **律师批注1**

【条款目的】

关于合同的签约主体及其名称的注意事项与法律风险等，参见《文学艺术作品合作创作合同》律师批注1和《文学艺术作品委托创作合同》律师批注1。

【相关案例】

张导演与其合作伙伴组建了"梦飞电影工作室"，该工作室有办公场所和相应工作人员，但该工作室未在工商机关注册。该工作室在对外开展合作过程中以工作室名义签署合同，在合同履行过程中对方发生违约，在该工作室向对方主张违约责任时，对方提出该工作室因不具备签约主体资质而主张合同无效，张导演及其合作伙伴无奈只得放弃追究对方的违约责任。

鉴于：

1. 甲方系依照《公司法》的规定在_____市设立并合法存续的有限责任公司，准备创作本合同约定影视剧本进行影视剧制作。

2. 乙方具有一定经验和创作能力，愿意按照本合同约定接受甲方委托创作约定影视剧本。

3. 在签署本合同前，甲乙双方已就约定剧本的概要情况进行必要交流，乙方已了解和掌握了甲方的委托创作意图和基本要求。

4. 本合同构成甲乙双方之间的剧本委托创作合同关系。

● 律师批注 2

关于鉴于条款约定内容及其法律意义,参见《文学艺术作品合作创作合同》律师批注 2。

为此,甲乙双方于＿＿＿＿年＿＿＿＿月＿＿＿＿日在＿＿＿＿市＿＿＿＿区订立条款如下:

● 律师批注 3

关于签约时间、签约地点的注意事项及法律风险等,参见《文学艺术作品合作创作合同》律师批注 3。

1. 委托创作标的:
1.1 创作基础: ＿＿＿＿。
(1) 根据甲乙双方设想思路/历史故事直接创作。
(2) 根据真实人物/真实故事直接创作。
(3) 根据＿＿＿＿的原著作品《＿＿＿＿》改编剧本。

● 律师批注 4

关于创作来源的注意事项与法律风险,参见《文学艺术作品合作创作合同》律师批注 4。

1.2 创作目标:
1.2.1 剧本剧名:《＿＿＿＿》(暂定名)(以下简称"本剧剧本")。
1.2.2 剧本长度:字数不少于＿＿＿＿字/每集,共计＿＿＿＿集。
1.2.3 剧本剧情:本剧剧本剧情应符合本合同附件及甲方随时提出的意见。
1.2.4 创作形式:剧本及故事梗概、分集提纲、人物小传、创作思路等。
1.3 创作要求:
1.3.1 乙方应独立创作本剧剧本,不得抄袭或剽窃他人作品或侵犯他人知识产权、名誉权。
1.3.2 如乙方需要其他辅助人员协助其创作,须事先经甲方书面确认,且保证协助人员不参与实质创作工作,不对本剧剧本享有任何权利主张。
1.3.3 按照本合同约定进度、期限完成相应创作工作并提交甲方审核、确认。

● 律师批注5

【条款目的】

创作目标是对创作"产品"的具体要求，也是委托方验收创作成果的依据。

【相关案例】

著名作家麦家作为电视剧《暗算》的编剧，以该剧播出集数比剧本合同约定的剧集多出4集，起诉要求支付多出4集的酬金8万元。但制作方以编剧只交付了30集的剧本而没多交另外4集的剧本提出抗辩。

在该案例中，是否应当支付多出4集的酬金，要看编剧合同对创作目标约定的是30集还是34集，最终酬金是按约定集数计算还是按播出集数计算。

2. 创作安排：
2.1 创作要求：
2.1.1 乙方根据甲方确定的创意、思路和所确认乙方所提供的创作大纲、概要，直接撰写剧本（包括分集梗概和分场本），按照本合同约定及甲方的要求与指示完成剧本编写并提供给甲方。
2.1.2 甲方有权就剧本的风格、基调、基本剧情和最终目标等向乙方提出要求。
2.1.3 在乙方前述分期交付的提纲、剧本过程中，若发现乙方创作的作品不符合甲方的创作要求，或者经要求乙方限期修改后仍不能通过甲方认可时，甲方有权单方解除本合同，双方结清与已完成工作成果相对应的报酬。

● 律师批注6

【条款目的】

剧本的创作过程类似于盖高楼大厦，确定剧本的故事梗概和分集纲要就是"打地基"，从打地基到盖每一层楼都需要"工程业主"确认后再进行下一步建设，工程业主确认了建设质量以后，如果再"返工"或推倒重建，则工程业主要承担责任。因而，在剧本创作过程中，对故事梗概、分集纲要和各轮次剧本修改稿，由委托方确认既是剧本的创作按照委托方意图完成的保证，也可避免受托创作方的重复劳动。

【风险提示】

双方各阶段工作成果确认或交付时，应由双方签字确认，避免就此出现争议。

【相关案例】

甲公司在委托李先生根据原著改编电视剧剧本过程中,经过多次沟通和反复修改,最终以故事梗概和分集纲要的方式确定剧本的基本情节和构思。在李先生完成剧本初稿后,甲公司提出对基本情节进行调整,需要增加两个重要人物及相应情节线条,李先生提出增加报酬和延长创作期限。

在此案例中,李先生的要求是合理的,因为增加人物及情节线条必然会出现修改、调整分集纲要及初稿剧本等返工工作,并且返工工作是由委托方原因产生的。

2.2 创作条件:

2.2.1 在剧本创作期间,乙方自行准备和提供创作条件及承担相关费用,如需甲方协助须与甲方协商。

2.2.2 乙方保证:其在创作活动中不存在抄袭、剽窃他人作品或侵犯任何其他第三人知识产权或智力成果的情形;同时,其创作活动应为超出真实生活的艺术创作,不损害他人姓名或名称、名誉或声誉,不引起他人对本剧剧本或甲方提出侵权主张。否则,乙方须向甲方支付违约金_____元整,并承担由此引起的一切法律后果,包括但不限于赔偿给甲方带来的一切经济和名誉损失。

● 律师批注7

【条款目的】

1. 剧本属于委托创作作品,编剧创作完成后,剧本的版权和法律责任归委托方(也可归创作方);创作要求,是剧本版权无法律瑕疵的保障。

2. 一般大型作品和一些著名编剧,因工作任务繁重,编剧往往会自行聘请助理协助其进行收集资料、文字校对等辅助性工作,但如果这些辅助人员从事了实质性创作工作,那么辅助人员就享有编剧的署名权。

3. 要求剧本创作过程中的各项工作成果需经委托方审核、确认,以保证编剧按照委托方意图进行创作,保证创作的工作质量。

【风险提示】

1. 在一些改编自现代题材和纪实题材的剧本中,应尽量避免使用真实地名、真实姓名,避免因出现与现实人物姓名相同或与现实事件"巧合"而产生对他人姓名权、名誉权的侵犯。

2. 在剧本创作时,应注意剧本的基本情节或重大故事情节,避免与以往已发表的作品的情节雷同。

> **2.3 署名与评奖：**
> **2.3.1** 甲方根据乙方创作本剧剧本的工作成果依法对乙方在电视剧中予以署名。
> **2.3.2** 如甲方自己或委托他人对乙方创作的剧本再次进行修改、调整、补充、增减等，则甲方可将其他方同时作为编剧在影视作品中署名。
> **2.3.3** 剧本拍摄后如获编剧专项奖，甲方应及时通知乙方并协助转交奖金。但乙方参加或出席前述颁奖活动的交通、住宿等费用均由乙方自行负担。

● **律师批注 8**

【条款目的】

1. 关于评奖约定的注意事项与法律风险，参见《文学艺术作品合作创作合同》律师批注 4。

2. 考虑到剧本创作过程中，可能会出现更换编剧或创作合同被解除的情形，应当明确约定委托方根据受托方的实际工作成果进行署名，即：如果创作合同被提前解除，只要乙方对剧本产生了实际工作成果，也应当予以署名，如果未产生工作成果，则不予署名。

3. 影视剧的剧本完成后，制片方可能还会委托其他编剧在拍摄前进行第二次或第三次修改性创作，特别是在剧本版权不断转手的情形下，版权受让方会按照其意图及影视市场的情况进行修改，此时就会涉及前后编剧人员的共同署名及署名顺序问题。

【风险提示】

1. 对于经过不同编剧多次修改的剧本，应当对编剧均予署名。

2. 对于多个编剧的署名顺序，由委托方按照一定原则来确定。通常可基于对编剧工作成果的尊重，根据各个编剧对最终剧本的贡献大小确定署名顺序。当然，也可按照编剧姓名的笔画、拼音字母排序来确定署名顺序。

【法律规定】

《中华人民共和国著作权法》(2010.02.26 修正)

第十五条 电影作品和以类似摄制电影的方法创作的作品的著作权由制片者享有，但编剧、导演、摄影、作词、作曲等作者享有署名权，并有权按照与制片者签订的合同获得报酬。

【相关案例】

甲公司委托张某非依原著直接创作了一部电影剧本，甲公司将电影剧本的完整版权转让给乙公司,乙公司又委托王某将电影剧本改编为三十集电视剧剧本,乙公司在电视剧上以"王某、张某"顺序署名编剧。张某提出其创作的电影剧本在先,要求将其署名顺序在先。

在此案例当中,乙公司的署名并无不妥。因为乙公司已依法保障了张某作为编剧的署名权,乙公司可根据电视剧剧本的实际工作贡献大小确定署名顺序。

2.4 创作进度:

2.4.1 在本合同签署后_____个日历天内,进行本剧剧本创作前的酝酿、准备工作。

2.4.2 在准备工作结束后_____个日历天内,提出本剧剧本的创作思路,并由甲乙双方讨论、研究后,最终由甲方确定。

2.4.3 在本剧剧本创作思路确定后_____个日历天内,完成本剧剧本背景资料的收集、分析。

2.4.4 在本剧剧本的背景资料收集和分析完成后_____个日历天内,完成本创作概要、故事梗概、分集提纲。

2.4.5 经甲方确认创作概要、故事梗概、分集提纲后_____个日历天内向甲方提交全部剧本初稿。

2.4.6 在乙方分别提交创作计划、故事梗概、分集提纲或剧本后,甲方有权提出修改、返工意见,乙方应立即进行修改、返工,各项成果经甲方确认方为完成。

2.4.7 在乙方前述分期交付的提纲、剧本过程中,若发现乙方创作的作品不符合甲方的创作要求,或者经要求乙方限期修改后仍不能通过甲方认可时,甲方有权单方解除本合同,乙方亦无权要求甲方对未经其认可的作品支付任何报酬、补偿。

● **律师批注9**

【条款目的】

影视剧制作有严格周期性,而剧本创作是基础和前提,剧本创作延迟会影响整体制作周期。因而,一般双方要根据剧本创作工作量约定明确的创作周期。

【风险提示】

受托创作方的工作成果完成状况要由委托方验收确认,但能否通过甲方的验收确认又是一个缺乏客观标准的主观过程,双方往往会对此产生争议。

2.5 意见分歧：

2.5.1 在创作过程中，如甲乙双方对创作出现意见分歧，以甲方意见为准。

2.5.2 在创作过程中，甲方如认为乙方的创作及其修改无法达到其要求或者认为乙方的创作与甲方的委托创作意图相背离，甲方有权再行委托他人与乙方共同创作或者停止乙方创作工作而重新委托他人进行创作。

2.6 其他创作要求：

2.6.1 在乙方分集或全部交稿后，如甲方提出修改意见，乙方应及时修改完成；乙方如无力或者未能在甲方给予的宽限期内完成修改任务或修改后仍不通过甲方认可时，甲方有权增加作者参与创作和修改，有权决定编剧的署名排列，并有权就支付报酬分配问题提出意见与乙方协商。

2.6.2 在本剧进行电影、电视剧拍摄前或拍摄过程中，乙方有义务及时按照甲方要求对本剧剧本进行修改、调整或增减，以满足影视剧拍摄或制作需要，或者参与本剧影视创作团队或班底的有关剧情讨论等活动，但乙方赴剧组的交通费用、餐饮费用由剧组承担并安排住宿；否则，甲方有权自行或另行委托他人进行修改、改编或增减并酌情减少乙方的报酬或追究违约责任。

● **律师批注 10**

关于意见分歧等约定的注意事项和法律风险，参见《文学作品委托创作合同》律师批注7。

3. 版权归属：

3.1 乙方进行本剧剧本创作形成的全部文字性成果的版权完全归甲方，乙方不享有任何版权或使用权，但乙方依法享有相应署名权。

3.2 甲方享有版权的标的为：本剧剧本（含初稿、草稿、修改、最终稿等）、本剧故事梗概、分集概要和为完成本剧剧本的相应讨论稿、修改意见等。本合同所述本剧剧本版权均包含前述内容。

3.3 甲方有权对本剧剧本版权单独处置、经营并可根据经营需要进行修改、改编、调整或再度创作和形成其他形式的作品，均无须经过乙方同意或通知乙方；前述作品的范围包括：本剧的文学剧本（含创作剧本过程形成的大概、创作思路、完整或不完整的手稿）的全部版权、根据剧本拍摄或制作的电视剧或电视或广播剧及其他音像作品的全部版权、根据本剧影视及音像作品制作的音像制品和各种数字产品、根据本剧剧本创作或改编的小说或电视小说及其他衍生品全部版权。

● 律师批注 11

关于意见分歧等约定的注意事项和法律风险,参见《文学作品委托创作合同》律师批注 9。

> **4. 创作报酬:**
>
> 4.1　委托乙方创作剧本的报酬共计为＿＿＿＿＿元整,前述报酬已经包括乙方履行本合同约定全部义务的全部费用和酬金,除此之外,甲方再无其他款项支付义务(所有报酬均为税后)。
>
> 4.2　甲乙双方同意报酬的支付进度为:
>
> 4.2.1　在本合同签署后并且甲方收到乙方编写的全剧故事大纲经甲方书面确认符合创作要求后＿＿＿＿＿日内支付报酬的＿＿＿＿＿%。
>
> 4.2.2　在本剧剧本初稿完成一半且提交甲方后＿＿＿＿＿日内,支付报酬的＿＿＿＿＿%。
>
> 4.2.3　在本剧剧本初稿全部完成且提交甲方后＿＿＿＿＿日内,支付报酬的＿＿＿＿＿%。
>
> 4.2.4　在本剧剧本最终稿经甲方确认后＿＿＿＿＿日内,支付报酬的＿＿＿＿＿%。
>
> 4.3　乙方收到上述各笔款项时,须向甲方出具同等金额收据。

● 律师批注 12

【条款目的】

1. 获取酬金是编剧完成创作成果的对价,应明确约定酬金金额和酬金所包含支付项目以及约定酬金为税后金额还是税前金额。

2. 按照剧本创作进度支付酬金,通常是委托方控制剧本制作进度的重要方法。

【风险提示】

因编剧在开展工作过程中,会产生相关费用(如:采风和收集资料的交通、食宿费用等),酬金中是否包含此类费用如不予明确,往往会产生争议。

【法律规定】

《中华人民共和国著作权法》(2010.02.26 修正)

第十五条　电影作品和以类似摄制电影的方法创作的作品的著作权由制片者享有,但编剧、导演、摄影、作词、作曲等作者享有署名权,并有权按照与制片者签订的合同获得报酬。

【相关案例】

1. 甲公司与李女士签署的剧本创作合同中约定了酬金,但未约定该酬金是税前金额还是税后金额。甲方公司在支付酬金时,按照税收法律法规的规定扣除了李女士酬金中的个人所得税,只支付税后金额,李女士就此提出异议。

在此案例中,甲公司作为酬金支付方系税法中的代扣代缴义务人,在双方未明确约定酬金为税后金额的情形下,应理解为税前金额,并由甲公司代扣税金并向税务机关代缴税金,但甲公司有义务向李女士提供其代缴税金的纳税证明。

2. 甲公司与乙公司签署的剧本版权转让合同中约定由甲公司在签约后10日内先付定金,再由甲方支付转让价款和乙方交付剧本。但甲公司虽经乙公司催促仍未支付定金,后甲公司提出解除合同。乙公司遂主张先由甲公司支付定金作为违约惩罚并继续履行合同。

在该案例中,乙公司要求支付定金作为违约惩罚的要求,不符合法律规定。因为定金本质上是一种担保物,在担保物未交付对方并由对方占有的情形下,即使双方对担保有约定,该担保也是无效的,故定金条款只有在定金实际交付后才能生效。

5. 其他事项:

5.1 保密:

5.1.1 未经甲方同意,乙方不得对剧本以任何形式公开、参加学术交流活动、参加评奖活动。

5.1.2 乙方在本剧剧本改编创作过程中和在本剧剧本拍摄电视剧或电视剧前,本剧的任何信息均处于保密状况,本剧剧情的泄露会造成甲方不可挽回的损失,乙方及其工作人员均应保密,不向他人披露、泄露本剧剧本的任何内容,否则即为违约且承担违约责任。

● 律师批注 13

【条款目的】

1. 剧本创作过程中的保密要求,是防止他人知悉并利用本剧创作构思创作题材相同或相近的影视剧剧本。

2. 电视剧播映前的保密要求,除了上述考虑外,更多的是保持影视剧的"神秘感",有利于影视剧的市场营销。

5.2 违约责任:

5.2.1 若任何一方不履行本合同的义务或迟延履行即构成违约,违约方除应当向守约方支付_____元违约金外,赔偿对方实际损失;延迟履行义务,应按日支付约定_____元违约金。

5.2.2 乙方应保证其创作的内容系本人独立创作,若有侵犯他人著作权或违反著作权法及我国相关法令规定的行为,由乙方负法律上的一切责任并赔偿甲方全部损失。

● 律师批注14

【条款目的】

关于违约金等违约责任约定的注意事项与法律风险,参见《文学艺术作品合作创作合同》律师批注14和《文学艺术作品出版合同》律师批注14。

【相关案例】

甲公司向乙公司转让的电视剧剧本版权的合同中虽约定了违约责任,但未约定违约金条款。甲公司延迟交付电视剧剧本,导致乙公司电视剧制作计划推迟,但其向甲公司主张违约赔偿损失时,难以证明其实际产生损失的金额。

5.3 争议解决:

5.3.2 双方因合同的解释或履行发生争议,应先由双方协商解决。

5.3.2 如协商不成,按照第_____种方式解决。

(1) 将争议提交_____仲裁委员会依照其最新生效的仲裁规则进行仲裁。

(2) 向_____地(如:甲方所在地或乙方所在地或本合同签署地)有管辖权的人民法院提起诉讼。

● 律师批注15

关于争议解决约定的注意事项与法律风险,参见《文学艺术作品合作创作合同》律师批注15。

5.4 联络:本合同双方的联络方式如下,任何一方改变其联络方式,均须书面提前通知另一方,否则送达至原授权代表或以原联络方式送达即视为有效送达:

(1) 甲方指定联系人:_____,电话_____,传真_____,手机_____,电子信箱_____,通信地址_____,邮编_____。

(2) 乙方指定联系人:_____,电话_____,传真_____,手机_____,电子信箱_____,通信地址_____,邮编_____。

● 律师批注 16

关于联系人与联系方式约定的注意事项与法律风险,参见《文学艺术作品合作创作合同》律师批注 17。

5.5 合同生效与文本:

5.5.1 本合同的变更、续签及其他未尽事宜,由双方另行商定。

5.5.2 本合同自双方签署之日起生效,一式二份,双方各执一份。

● 律师批注 17

关于合同生效时间约定的注意事项与法律风险,参见《文学艺术作品合作创作合同》律师批注 16。

(以下无正文)

甲方:_____有限公司

法定代表人或授权代表:_____

乙方:(姓名)_____

签字:_____

第三十八章　影视剧本版权转让合同

影视剧本版权转让合同

转让方：_____，笔名_____（以下简称"甲方"）
身份证号：_____
地址：_____
受让方：_____有限公司（以下简称"乙方"）
法定代表人：_____
地址：_____

● **律师批注1**
　　关于合同的签约主体及其名称的注意事项与法律风险等，参见《文学艺术作品合作创作合同》律师批注1和《文学艺术作品委托创作合同》律师批注1。

鉴于：
　　1. 甲方合法拥有本合同约定影视剧本的版权并保证其版权的合法性、独立性和完整性。
　　2. 在签署本合同前，甲乙双方已确认本合同约定影视剧本。
　　3. 本合同构成甲乙双方之间的版权转让合同关系。

● **律师批注2**
　　关于鉴于条款约定内容及其法律意义，参见《文学艺术作品合作创作合同》律师批注2。

为此，甲乙双方于_____年_____月_____日在_____市_____区订立条款如下：

● **律师批注3**
　　关于签约时间、签约地点的注意事项及法律风险等，参见《文学艺术作品合作创作合同》律师批注3。

1. 转让剧本：
1.1 作品名称：电视剧/电影《_____》剧本(又名《_____》)。
1.2 作品长度：分_____集/部、约_____字。
1.3 剧本形式：故事梗概、分集梗概、文学剧本、人物小传、对白台本、拍摄台本等(以下简称"本剧剧本")。
1.4 创作时间：本剧剧本系作者_____于_____年_____月创作。
1.5 作品版权：本剧剧本系上述作者单独创作完成,甲方拥有全部著作权且不存在任何权利瑕疵或被质押等权利限制。

● 律师批注 4

【条款目的】

明确转让标的的基本特征和版权人对作品的瑕疵担保责任。

1.6 剧本来源：_____。
(1) 根据甲乙双方设想思路/历史故事直接创作。
(2) 根据真实人物/真实故事直接创作。
(3) 根据_____的原著作品《_____》改编剧本。

● 律师批注 5

【条款目的】

转让方应当告知受让剧本的故事来源,便于受让方在使用剧本时注意是否涉及原著作者的权利及是否需要原著作者授权。

1.7 本剧剧本的公开性：_____。
(1) 甲方承诺,在本剧剧本版权转让给甲方前,未曾公开(包括：未对本剧剧本在任何期刊、报纸、网络等媒体上发表,也未拍摄电视剧或电影)。
(2) 双方确认,本剧剧本已由甲方公开发表或出版。
(3) 双方确认,本剧剧本已由甲方参加_____学术交流活动/申报_____评奖活动,但未公开发表或出版。

● 律师批注 6

关于剧本的公开性约定的注意事项及法律风险等,参见《文学艺术作品版权转让合同》律师批注 5。

2. 版权转让：

2.1 甲方于本合同签署后_____个日历天内，将本剧剧本最终稿交付给乙方。甲方交付给乙方剧本的具体形式为：

（1）打印版、电子版本剧剧本的文学剧本、对白剧本、拍摄台本各一份，集数、字数符合本合同约定。

（2）打印版、电子版本剧故事梗概、分集梗概各一份，集数、字数符合本合同约定。

（3）对交付本剧剧本版权的承诺书一式三份。

2.2 甲方交付的本剧剧本应符合下列各项条件中第_____项。

（1）本剧剧本系由约定作者单独完成本剧剧本创作，并保证所改编和创作的剧本的版权完整且在转让时全部归乙方单独享有，不存在任何法律瑕疵，不会就此产生任何法律纠纷。

（2）本剧剧本在交付乙方之前，自己或他人未进行公开发表、出版、拍摄影视剧或以其他方式使用。

（3）本剧剧本的版权在甲方交付乙方并经乙方确认时转移。乙方受让本剧剧本版权后，在对本剧投资、拍摄时，有权对剧情进行修改、改编、调整或重新加工、再度创作。

（4）乙方在受让本剧剧本版权后，如决定对本剧剧本进行版权登记或处置时，甲方应予配合。

● 律师批注 7

关于剧本转让约定的注意事项及法律风险等，参见《文学艺术作品版权转让合同》律师批注 6。

3. 转让价款：

3.1 价款总额：

3.1.1 本剧剧本版权转让与受让的价格为人民币_____元整（以下简称"转让价款"）；转让价款为甲方履行本合同全部义务条件下的所有对价，除此以外，乙方再无其他任何支付义务或负担其他款项、成本。

3.1.2 甲乙双方确认，最终制作影视剧的集数增加或减少和制作形式的变化，转让价款不发生变动。

3.2 支付进度：

3.2.1 乙方在本合同签署后_____个工作日内向甲方支付定金_____元整。

3.2.2 乙方在其确认本剧剧本交付后_____个工作日内,乙方应向甲方支付转让价款的_____%。

3.3 款项支付:

3.3.1 甲方指定的收款账户信息如下,乙方将款项汇入该账户,即视为已交付甲方。

开户银行:

户名:

账号:

3.3.2 甲方收到各期款项时,须向乙方开具同等金额合法有效发票/收据。

● 律师批注 8

关于剧本转让价款约定的注意事项及法律风险等,参见《文学艺术作品版权转让合同》律师批注 7。

4. 其他事项:

4.1 特别约定:

4.1.1 双方确认,本剧剧本转让属于整体性买断,乙方取得本剧剧本版权后,可自行进行经营、处置,并可根据需要进行调整、修改、改编和演化为其他形式的知识产权作品,并且在此类情形下,乙方无须再取得甲方授权和同意。

4.1.2 对本剧剧本及影视剧后续开发所形成成果的知识产权完全归乙方所有,具体由乙方与其他投资方(如有)约定。在后续开发过程中,对所形成的作品当中,将甲方作为编剧予以署名,乙方无须再向甲方支付任何报酬或费用或增加转让价款。

4.1.3 甲方保证:其剧本中不存在抄袭、剽窃他人作品或侵犯任何其他第三人知识产权或智力成果的情形;同时,其剧中内容应为超出真实生活的艺术创作,不损害他人姓名或名称、名誉或声誉,不引起他人对本剧剧本或乙方提出侵权主张。否则,甲方须向乙方支付违约金_____元整,并承担由此引起的一切法律后果,包括但不限于赔偿给乙方带来的一切经济和名誉损失。

● 律师批注 9

关于剧本转让的其他特别事项的注意事项及法律风险等,参见《文学艺术作品版权转让合同》律师批注 8 和律师批注 9。

4.2 评奖：

4.2.1 _____方可以本剧剧本申报参加国内外相关文学艺术评奖活动，所获全部奖项均归_____方，但其中所获"作者"类别荣誉奖项可归甲乙双方共同享有。

4.2.2 如乙方决定不参加评奖活动，可由甲方申报参加"作者"类别的评奖活动，但参加评奖的费用由甲方承担，参加评奖所获荣誉归甲乙双方共同享有，所获物质奖励则在扣除双方或单方承担的申报费用后按照甲方_____%、乙方_____%的比例分配。

● **律师批注 10**

关于剧本的评奖约定的注意事项及法律风险等，参见《文学艺术作品版权转让合同》律师批注 10。

4.3 违约责任：

4.3.1 甲乙双方在本合同执行过程中，任何一方违反本合同条约内容，将视为违约；任何一方每项违约或/及每次违约时，违约方均应一次性向守约方支付违约金_____元人民币（本合同其他条款对违约金另有特别约定的，则以特别约定执行）。

4.3.2 甲方违反本合同中的义务或保证义务，导致甲方不能按约向乙方交付本剧剧本或乙方对本剧本的著作权存在瑕疵，或者因甲方的原因、行为导致乙方遭受第三人权利主张或有关主管机关处罚，甲方除承担本合同约定的违约责任外，还须赔偿乙方向第三人支付的赔偿金、违约金和乙方的其他全部损失（包括经济损失和名誉损害）。在本合同履行过程中，如发生前述情形，乙方还可立即解除本合同。

4.3.3 任何一方迟延履行义务时，每迟延一日应按日向另一方支付违约金_____元；迟延超过_____日以上时，每日支付违约金的标准为_____元；超过_____日以上时，另一方还有权解除本合同。

4.3.4 本合同因下列任一情形发生时终止；如因违约导致本合同被解除或终止，则本合同的终止不影响守约方向违约方主张违约责任的权利。

（1）甲方未能按约交付本剧剧本或交付剧本不符合本合同约定，在乙方另行给予宽限期内仍未交付或仍不符合约定时；

（2）如约定本剧剧本转让前未予公开，但实际上剧本未交付乙方前，已发生了以发表、出版等方式被公开或者发生被其他方已经或准备用于拍摄影视剧；

（3）剧本未交付乙方前后，甲方与他人就本剧剧本发生纠纷，或者其他人向乙方或甲方提出权利主张，或者版权行政主管机关、司法机关就本剧剧本作出处理、处罚决定、裁决。

● 律师批注 11

关于违约金等违约责任约定的注意事项与法律风险，参见《文学艺术作品合作创作合同》律师批注 14 和《文学艺术作品出版合同》律师批注 14。

4.4 争议解决：
4.4.1 双方因合同的解释或履行发生争议，应先由双方协商解决。
4.4.2 如协商不成，按照第_____种方式解决。
（1）将争议提交_____仲裁委员会依照其最新生效的仲裁规则进行仲裁。
（2）向_____地（如：乙方所在地或甲方所在地或本合同签署地）有管辖权的人民法院提起诉讼。

● 律师批注 12

关于争议解决约定的注意事项与法律风险，参见《文学艺术作品合作创作合同》律师批注 15。

4.5 联络：本合同双方的联络方式如下，任何一方改变其联络方式，均须书面提前通知另一方，否则送达至原授权代表或以原联络方式送达即视为有效送达：
（1）甲方指定联系人：_____，电话_____，传真_____，手机_____，电子信箱_____，通信地址_____，邮编_____。
（2）乙方指定联系人：_____，电话_____，传真_____，手机_____，电子信箱_____，通信地址_____，邮编_____。

● 律师批注 13

关于联系人与联系方式约定的注意事项与法律风险，参见《文学艺术作品合作创作合同》律师批注 17。

4.6 合同生效与文本：
4.6.1 本合同的变更、续签及其他未尽事宜，由双方另行商定。
4.6.2 本合同自双方签署之日起生效，一式二份，双方各执一份。

● **律师批注 14**

关于合同生效时间约定的注意事项与法律风险,参见《文学艺术作品合作创作合同》律师批注 16。

> (以下无正文)
> 甲方:(姓名)_____
> 签字:_____
> 乙方:_____有限公司
> 法定代表人或授权代表:_____

第三十九章　影视剧本等信息保密合同

影视剧本等信息保密合同

甲方：_____有限公司

法定代表人：_____

地址：_____

乙方：_____

身份证号：_____

地址：_____

● 律师批注1

关于合同的签约主体及其名称的注意事项与法律风险等，参见《文学艺术作品合作创作合同》律师批注1和《文学艺术作品委托创作合同》律师批注1。

鉴于：

1. 甲方正在单独或联合其他合作方拍摄制作电影/电视连续剧《_____》（暂定名，最终剧名以公映许可证/发行许可证为准）（以下简称"本剧"）。

2. 乙方即将或正在参与本剧制作相关事项，为此甲方会将本剧相关需要保密的信息提供给乙方。

● 律师批注2

【条款目的】

1. 关于鉴于条款约定内容及其法律意义，参见《文学艺术作品合作创作合同》律师批注2。

2. 保密合同一般是在制片方正在寻找投资方、创作方等合作方及主创人员过程中但在未签约合作合同或聘用合同前，为防止对方将商谈内容对外泄露或披露而签署的。

【法律规定】

《最高人民法院关于审理著作权民事纠纷案件适用法律若干问题的解

释》(法释〔2002〕31号)(2002.10.12通过)

第十五条 由不同作者就同一题材创作的作品,作品的表达系独立完成并且有创作性的,应当认定作者各自享有独立著作权。

【相关案例】

某影视公司欲聘请某导演拍摄某历史题材电视剧,该导演提出要先看剧本再定是否接受聘请及酬金多少,该公司遂将剧本提供给该导演。该导演对剧本很感兴趣但提出了一些修改意见,该公司不同意进行如此修改,最终未能达成聘用关系。后来,该公司发现该导演联合另一家公司计划拍摄题材相同的电视剧,该公司向该导演提出交涉,但两部相同题材的电视剧均缘于传统历史故事而创作,该导演并不构成侵权;同时,在双方未签署保密协议的前提下,该导演不承担保密义务。

为确保本剧相关商业信息的保密和安全,双方于_____年_____月_____日在_____市_____区达成如下协议:

● **律师批注3**

关于签约时间、签约地点的注意事项及法律风险等,参见《文学艺术作品合作创作合同》律师批注3。

1. 保密信息:

1.1 保密内容:本合同的秘密信息包括任何与本公司、本剧有关的信息,包括但不限于以下内容:

1.1.1 剧本信息:本剧的剧本及其修改稿、草稿、定稿和故事梗概、拍摄台本、剧本统筹资料。

1.1.2 制作信息:本剧正在研究、实施或操作的拍摄方案和演职人员聘用方案、聘用报酬与期限、角色分配与造型设计及相关运作方案,本剧即将或已经形成的拍摄素材等。

1.1.3 经营信息:包括但不限于投资前调研报告、可行性研究报告;与客户、合作伙伴的意向、合同、协议、谈判方案、内容、会议会谈纪要、决议;投资合作方、赞助方、广告客户、中介单位;产品成本、交易价格;销售策略、方案;本剧宣传方案、策划方案、招商方案。

1.1.4 财务信息:包括但不限于账务账簿、报账;演职人员薪酬、报税方案;本剧发行报价、发行方案和发行回款或本剧的盈亏状况;银行账号及存款。

1.1.5 形成于、包含有或能够反映以上所指信息的报告、分析、记录或其他资料。

1.2 信息形式：

1.2.1 本合同所指秘密信息是指：在预期合作或合作过程中，甲方向乙方提供的不论是口头的、纸质的、电子的、图形的或其他任何形式的非公开的、专有的任何信息。

1.2.2 本剧现正在制作酝酿、筹备过程中，本剧未向公众公开的相关信息等均对甲方等本剧制作方具有重要商业价值。

● 律师批注4

【条款目的】

本条款在于明确需要保密的信息的范围。

2. 保密义务：

2.1 乙方同意采取一切合理措施对甲方提供的秘密信息保密。

2.2 乙方仅根据双方合作目的使用甲方的秘密信息，且未经甲方同意，不得复制、摘录和转移任何秘密信息。

2.3 除由双方认可为实现合作目的而必须知悉该秘密信息的人员外，乙方不得将甲方的秘密信息披露给第三方；并且乙方应要求这些代表同意对本合同所有条款承担与乙方相等的责任与义务，且乙方将承担因这些代表违反保密合同而产生的一切法律责任。

2.4 在合作期间，一方发现另一方的保密信息可能被泄露或已经被泄露时，应及时采取有效措施防止任何一方的保密信息被泄露或被进一步泄露，并及时向信息所有方报告。

2.5 在合作期间，任何一方只得为履行合作目的而合理使用另一方的前述保密信息，且涉及复制、保留另一方的上述保密信息的载体、将另一方的上述保密信息予以公开或在特定范围内予以公开等可能导致另一方的保密信息被第三方获悉等事项的，应提前通知另一方并取得另一方的书面同意。

2.6 任何一方应承诺在必须向特定人员(不含：股东、雇员或律师、注册会计师等委托代理人)披露前述保密信息的，应首先征得另一方同意，并明确告知上述人员所负有的保密义务，并要求其作出保密承诺；任何一方还承诺将与上述人员签署书面协议，以约束其在离职和/或辞任后的永久期间仍依据本合同之意旨承担完全的保密义务。

2.7 除法律有明确规定或经甲方书面同意外,乙方或其代表不得擅自向他人披露、泄露本合同约定的保密信息,也不得透露本合同及其相关内容。

2.8 在合同目的终止、撤销、完成、被拒绝或以其他方式解除后,乙方应根据甲方要求,及时销毁、归还或持有甲方提供的所有秘密信息。

● 律师批注5

【条款目的】

1. 本条款在于明确承担不对外泄露、披露和采取适当保密措施的具体要求。

2. 在出现突发泄密情形时,双方应当尽力配合,防止造成更大损失。

3. 保密期限:

3.1 自本合同签署之日起,各方均应承担保密义务。

3.2 保密义务在甲乙双方未能达成合作,或者乙方退出本剧合作、相关工作,或者乙方在本剧的工作、任务结束后仍然具有约束力,直至保密信息成为公开信息为止。

● 律师批注6

【条款目的】

保密期限是承担保密责任的期限,通常承担保密义务的期限不确定,直到保密的信息已经成为公众知晓的公开信息为止。

4. 其他事项:

4.1 义务限定:本合同不得被视作或解释为甲方有义务与乙方进行商业交易或签订任何最终协议。

● 律师批注7

【条款目的】

本条款在于明确双方签署保密合同并不代表双方必须签署正式交易合同或作为双方达成交易的证据。

4.2 违约责任:

4.2.1 乙方任何导致甲方秘密信息外泄的行为,都视为构成违约,并应支付甲方_____元违约金。如该违约金不足以弥补甲方受到的损失,乙方仍应就该不足部分承担赔偿责任。

4.2.2 上述其他任何损失,包括但不限于守约方因调查违约方违约或侵权行为所产生的调查费、律师费、诉讼或仲裁费用。

4.2.3 任何一方迟延履行义务时,每迟延一日应按日向另一方支付违约金_____元;迟延超过_____日以上时,每日支付违约金的标准为_____元;超过_____日以上时,另一方还有权解除本合同。

● **律师批注 8**

关于违约金等违约责任约定的注意事项与法律风险,参见《文学艺术作品合作创作合同》律师批注 14 和《文学艺术作品出版合同》律师批注 14。

4.3 争议解决:

4.3.1 双方因合同的解释或履行发生争议,应先由双方协商解决。

4.3.2 如协商不成,按照第_____种方式解决。

(1) 将争议提交_____仲裁委员会依照其最新生效的仲裁规则进行仲裁。

(2) 向_____地(如:乙方所在地或甲方所在地或本合同签署地)有管辖权的人民法院提起诉讼。

● **律师批注 9**

关于争议解决约定的注意事项与法律风险,参见《文学艺术作品合作创作合同》律师批注 15。

4.4 联络: 本合同双方的联络方式如下,任何一方改变其联络方式,均须书面提前通知另一方,否则送达至原授权代表或以原联络方式送达即视为有效送达:

(1) 甲方指定联系人:_____,电话_____,传真_____,手机_____,电子信箱_____,通信地址_____,邮编_____。

(2) 乙方指定联系人:_____,电话_____,传真_____,手机_____,电子信箱_____,通信地址_____,邮编_____。

● 律师批注 10

关于联系人与联系方式约定的注意事项与法律风险,参见《文学艺术作品合作创作合同》律师批注 17。

> **4.5 合同生效与文本：**
> 4.5.1 本合同的变更、续签及其他未尽事宜,由双方另行商定。
> 4.5.2 本合同自双方签署之日起生效,一式二份,双方各执一份。

● 律师批注 11

关于合同生效时间约定的注意事项与法律风险,参见《文学艺术作品合作创作合同》律师批注 16。

> (以下无正文)
> 甲方:_____有限公司
> 法定代表人或授权代表:_____
> 乙方:_____
> 签字:_____

第四十章　影视剧投资与制作合作意向书

影视剧投资与制作合作意向书

甲方：_____有限公司

法定代表人：_____

地址：_____

乙方：_____有限公司

法定代表人：_____

地址：_____

丙方：_____有限公司

法定代表人：_____

地址：_____

● **律师批注1**

关于合同的签约主体及其名称的注意事项与法律风险等，参见《文学艺术作品合作创作合同》律师批注1和《文学艺术作品委托创作合同》律师批注1。

鉴于：

1. 甲乙丙三方均系依照《公司法》的规定设立并合法存续的有限责任公司，准备投资制作电影/电视剧《_____》（暂定名）（以下简称"本剧"）。

2. 本意向书各方确认：本剧是基于已于_____年拍摄制作的电视连续剧《_____》的基础上，创作一部以_____为背景和主线的电视剧。

3. 在签署本意向书前，甲乙丙三方已就本剧剧本的概要情况进行必要交流，各方已了解和掌握了本剧的基本剧情，愿意按照本意向书约定开展合作。

● 律师批注2

【条款目的】

1. 关于鉴于条款约定内容及其法律意义,参见《文学艺术作品合作创作合同》律师批注2。

2. 意向书只是确定各方合作基本方向性意向和一些前期合作准备工作,一般不就正式合作的权利义务进行设定。

> 为此,甲乙双方于_____年_____月_____日在_____市_____区订立条款如下:

● 律师批注3

关于签约时间、签约地点的注意事项及法律风险等,参见《文学艺术作品合作创作合同》律师批注3。

> 1. 合作标的:
> 1.1 剧名:《_____》(暂定名,具体由甲乙丙三方协商确定并以发行许可证为准),剧集共_____集,每集长度约_____分钟。
> 1.2 剧本:由甲乙丙三方拟委托著名作家_____直接创作剧本,并由三方与其签署委托创作协议。
> 1.3 主创班底:由三方协商确定。
> 1.4 制作周期:
> 1.4.1 拟定于_____年_____月开始启动剧本创作;剧本完成创作后,再由三方协商确定拍摄事宜。
> 1.4.2 甲乙丙三方根据制作周期确定最终制作进度和制作计划,作为完成本剧制作的依据。

● 律师批注4

【条款目的】

确定各方即将合作的目标剧目和影视投资的大概方案。

> 2. 合作内容:
> 2.1 投资:
> 2.1.1 本剧投资总额待剧本创作完成后,根据影视市场情况和确定的主创团队薪酬等成本后由各方共同确定。
> 2.1.2 各方对投资的到位时间,在剧本创作完成后具体确定。

2.1.3 各方为尽快启动本剧,同意由各方共同提供剧本创作费用,具体费用标准及支付时间以各方与编剧签署的委托创作协议约定的剧本酬金支付时间为准。

2.1.4 各方同意,基于丙方在影视剧策划、制作等方面的丰富资源和广泛社会资源,愿意在乙方作为本剧投资方的同时,由乙方具体组建团队负责本剧的前期策划、剧本艺术质量把关和拍摄与后期制作的监督、审查。

2.1.5 本剧所有费用支出实行预算制,按照甲乙丙三方确认的制作预算执行。

● 律师批注 5

【条款目的】

关于影视投资的总额及各方投资金额均由各方进一步协商确定,但对于未来投资管理、收支可以设定基本规则,以供各方在后续商谈中围绕这些规则进行。

2.2 制作与管理:

2.2.1 本剧制作由甲乙丙三方共同负责,并按照其投资比例在制作管理中行使相应决定权。

2.2.2 在本剧制作过程中,本剧主创人员(导演、主要演员)由甲乙丙三方共同协商;其余演职人员的聘用,由剧组本着尽量节省成本、保证制作质量的原则直接确定。

2.3 本剧收益:甲乙丙三方同意,本剧收益按照各方投资比例分享。

2.4 版权归属:本剧版权[含:本剧剧本(故事梗概、分集提纲、剧本草稿、初稿、修改稿和最终稿)、拍摄素材、审查完成剧、词曲和音乐等]归甲乙丙三方共同享有并按照其投资比例分享。

● 律师批注 6

【条款目的】

在制作管理、收益管理和版权归属方面,也只是确定了各方共同投资、共同管理、共享收益的基本原则,为后续正式合同条款的商定确定方向。

3. 其他事项：

3.1 保密：

3.1.1 在本意向书签署后，各方在商谈合作及具体合作过程中，就本剧商业秘密均应予以保密。

3.1.2 在本剧公开或公映前，本剧剧本、影片、词曲、拍摄情况（含演职人员及其变化、拍摄资料和拍摄进度等）等均属本剧商业秘密，一旦泄露、披露，均会对甲乙丙三方造成不可挽回的巨大损失，各三方及其工作人员应遵守保密原则，决不透露予第三方。

3.1.3 本意向书约定的保密事项，在本意向书终止时或任何一方退出本剧合作后仍对各方具有约束力，除非保密信息已经成为一般公众所知晓的公开信息。

● 律师批注7

【条款目的】

对于影视剧相关商业信息，特别是容易被模仿的创意信息，应当要求各方予以保密。保密约定既可是保密条款，也可另行签署保密合同。确定保密义务后，即使谈判未成功，意向书的各方也应对影视剧信息负有保密义务，有利于保护影视项目创意方、发起方维护其商业利益，并可另寻合作投资方。

3.2 违约责任：若任何一方不履行协议、迟延履行或保证、承诺存在虚假，均为违约行为并被追究违约责任。

● 律师批注8

【条款目的】

因意向书一般不设定实质合作权利义务，故意向书不对各方具有约束作用，也就很少发生违约责任。但如违反了设定约束义务的条款，亦同样构成违约，并应承担违约责任。

3.3 争议解决：

3.3.1 三方因合同的解释或履行发生争议，应先由三方协商解决。

3.3.2 如协商不成，按照第_____种方式解决。

（1）将争议提交_____仲裁委员会依照其最新生效的仲裁规则进行仲裁。

（2）向_____地（如：丙方所在地或乙方所在地或甲方所在地或本意向书签署地）有管辖权的人民法院提起诉讼。

● 律师批注 9

关于争议解决约定的注意事项与法律风险,参见《文学艺术作品合作创作合同》律师批注 15。

> 3.4 联络:本意向书各方的联络方式如下,任何一方改变其联络方式,均须书面提前通知另一方,否则送达至原授权代表或以原联络方式送达即视为有效送达:
> (1) 甲方指定联系人:_____,电话_____,传真_____,手机_____,电子信箱_____,通信地址_____,邮编_____。
> (2) 乙方指定联系人:_____,电话_____,传真_____,手机_____,电子信箱_____,通信地址_____,邮编_____。
> (3) 丙方指定联系人:_____,电话_____,传真_____,手机_____,电子信箱_____,通信地址_____,邮编_____。

● 律师批注 10

关于联系人与联系方式约定的注意事项与法律风险,参见《文学艺术作品合作创作合同》律师批注 17。

> 3.5 合同生效与文本:
> 3.5.1 本意向书的变更、续签及其他未尽事宜,由三方另行商定。
> 3.5.2 本意向书自签署之日起生效,一式三份,由三方各执一份。
> 3.5.3 本意向书签署后_____个月内,各方如就本剧投资与制作未能达成一致并签署正式合作协议,则本意向书自动终止;在此情形下的终止,各方承担各自因洽商产生的费用,互不承担违约责任或缔约过失责任。在前述期限内,各方均不得以本剧的投资制作与任何第三方签署、商谈合作事宜,否则,应向其他方支付违约金_____元。

● 律师批注 11

【条款目的】

1. 关于合同生效时间约定的注意事项与法律风险,参见《文学艺术作品合作创作合同》律师批注 16。

2. 意向书应当给各方设定一个有效期或商谈期,即在此期限内各方就合作事宜正式商谈并最终签约,如在此期限内未签约,则意向书终止。

【风险提示】

在意向书签署后,各方均会为商谈付出一些成本,甚至为了了解合作对方或合作涉及的相关事项需要委托律师、会计师对相应事项进行尽职调查,应当明确告知各方:未能签署正式合作协议时,各方各自承担其前述商谈成本。任何一方如存在恶意磋商、违背诚信谈判,可能构成缔约过失责任,则需要赔偿对方相应损失。

(以下无正文)
甲方:_____有限公司
法定代表人或授权代表:_____
乙方:_____有限公司
法定代表人或授权代表:_____
丙方:_____有限公司
法定代表人或授权代表:_____

第四十一章　电视剧投资合作合同

电视剧投资合作合同

甲方：_____有限公司
法定代表人：_____
地址：_____
乙方：_____有限公司
法定代表人：_____
地址：_____

● **律师批注 1**
【条款目的】
关于合同的签约主体及其名称的注意事项与法律风险等，参见《文学艺术作品合作创作合同》律师批注 1 和《文学艺术作品委托创作合同》律师批注 1。

鉴于：

1. 甲方系依照《公司法》设立的有限责任公司，专门从事影视剧策划、制作、剧本创作、发行等业务，以其传媒资源为依托，具有影视剧策划、制作、发行的广泛社会资源、制作精英团队和丰富经验。

2. 乙方系设立于_____市的有限公司，专门从事影视制作等业务，具有影视剧策划、制作、发行的广泛社会资源、制作精英团队和丰富经验。

3. 甲乙双方确认签署和履行本合同的目标在于：本着强强联合、精诚合作、打造精品的原则，制作一部艺术品味高、观赏性强的大型电视连续剧。

4. 甲乙双方愿意按照本合同约定开展合作，各方签署和履行本合同已获得内部必要授权。在签署本合同之前，甲乙双方已知晓和确认本剧的基本剧情内容。甲乙双方为签署、履行本合同和实施本剧，已放弃或拒绝了与本合同相冲突或争占资源的影视剧项目和合作机会。

5. 本合同构成本合同各方共同制作电视剧且分享收益的合作合同关系。

● 律师批注 2

关于鉴于条款约定内容及其法律意义,参见《文学艺术作品合作创作合同》律师批注 2。

> 为此,甲乙双方于_____年_____月_____日在_____市_____区订立条款如下:

● 律师批注 3

关于签约时间、签约地点的注意事项及法律风险等,参见《文学艺术作品合作创作合同》律师批注 3。

> 1. 合作标的:
> 　1.1　剧名:《_____》(暂定名,具体名称由双方协商后确定并以电视剧发行许可证载明的名称为准)(以下简称"本剧")。
> 　1.2　剧长:每集长约_____分钟(含片头片尾)、共_____集。
> 　1.3　类型:属_____。
> 　1.4　剧本:由_____创作剧本,具体由甲方与其协议约定。
> 　1.5　主创班底:导演:_____。
> 　　主要演员:由甲乙双方共同确定。
> 　1.6　制作周期:_____年_____月_____日至_____年_____月_____日,并计划于_____年_____月_____日前报送影视主管机关审查。
> 　1.7　版本:中文普通话并加中文简体字幕。在进行海外发行时,可对该剧翻译为其他语言版本或者加注其他语言、字体的字幕。

● 律师批注 4

【条款目的】

作为合作标的的电视剧是各方投资的对象,也是未来需要制作的作品。上述各项是电视剧的核心要素。

> 2. 合作前提:
> 　2.1　甲方向乙方披露,其已委托著名剧作家_____创作电视剧剧本《_____》且已签署相应协议;本剧剧本剧集不少于_____集、字数约_____万字,剧本版本归甲乙双方共同所有;剧本系非依原著改编的直接创作。
> 　2.2　乙方对甲方与_____及本剧其他合作方的约定予以认可、尊重。

● 律师批注 5

【条款目的】

大多电视剧投资项目都是先有剧本,各方认可这个剧本的市场前景时,才会决定投资。

【风险提示】

各方在投资时,剧本如已由一方创作完成,应确保已经完成的剧本版权转归各投资方共同按投资比例分享或者完成剧本创作的一方将其剧本作价抵作投资。

【相关案例】

因剧本版权纠纷,编辑李女士2008年将热播剧《金婚》制作方诉至法院。李女士称,其受聘担任《金婚》编剧之一并负责创作50集剧本中的后25集剧本;李女士如期交付了全部剧本初稿并按要求进行了修改,制作方也向其支付了部分稿酬;后来,制作方突然通知退稿,并就此签署相应协议,但并没有得到履行。

在该案例中,剧本一般都属于委托创作,如果制作方"退稿"则意味着:编剧要退回稿酬、制作方不采用其创作的剧本,那么剧本的版权就归编剧。尽管双方后来就退稿签署的协议未履行,但剧本是否仍归属制作方,存在较大不确定性。

3. 合作内容:

3.1 投资与收益:

3.1.1 甲乙双方确认,本剧投资预算总额约为_____元(暂定),具体由本剧投资方根据制作情况和发行需要进行调整和最终确定。前述投资总额用于本剧剧本创作、筹备、制作和宣传等,但本剧发行所产生税金和费用不包含在内。

3.1.2 甲乙双方同意:本剧由甲乙双方共同投资,其中甲方投资_____元、乙方投资_____元,双方按照投资比例对本剧享有权益和承担风险与责任。各方对本剧的投资款应汇至甲方为本剧专门开设的银行账户。

● 律师批注 6

【条款目的】

1. 明确电视剧的投资总额和投资资金的使用范围。

2. 明确各方的投资份额及提供资金的方式,各方据此确定的投资比例是双方分享权益、分担亏损的依据。

【风险提示】

影视剧联合投资合同在法律性质上属于企业之间的"联营合同",合作方之间应当共同投资、共享收益、共担风险。实践中,有许多影视企业之间往往采用将借贷关系变为提供资金方只收取固定回报的合同,这类合同因违反前述共享收益、共担风险的基本原则,往往被认定为企业之间借款合同,最终被确认为无效,所约定"固定回报"得不到保护,但使用资金的一方应返还投资本金。

【相关案例】

北京某电视公司向深圳某影视公司制作的电视剧提供投资,约定该北京公司提供资金500万元,该深圳公司在一年内返还本金、支付25%的固定回报,并约定该深圳公司无论是否制作完成该剧、无论该剧发行如何、收益如何,均须如约返还投资和支付回报,还约定了相当严重的违约责任。结果,该深圳公司运作不当,拍摄中途因其资金不到位造成停机,发行也不顺利。该北京公司多次催要无果,遂向法院起诉。该深圳公司主张投资合同为无效合同,其无义务返还固定回报,该主张得到法院支持并判决其只返还本金,合同约定违约责任也因合同无效而无约束力。

3.1.3 甲乙双方同意:在本剧以发行或转让版权等方式,获得任何一笔销售收入时,应先扣除相应税金和本合同约定费用,再按各投资方的实际投资金额同步返还投资,剩余部分即为本剧利润;本剧利润按照本合同约定比例向各投资方分配,同时,各投资方亦按照此比例对本剧承担风险和责任。

3.1.4 本剧引入赞助或进行广告植入事宜由甲方负责处理。本剧所有费用支出实行预算制,按照甲乙双方及其他投资方确认的制作预算执行。对于预算内的支出,由剧组负责人按照预算执行;对于预算外的支出或超支,应由甲乙双方及其他投资方或其授权代表事先协商和确认后方可支出。

● 律师批注7

【条款目的】

1. 随着电视剧产业的发展,大多电视剧在未制作完成前甚至在开机前,就可实际向电视台、网站"预售"播映权或者通过有偿赞助、广告等提前获得收益。提前获得收益属于电视剧的收益,各方可不分配而直接抵作各方应提供的投资款项。

2. 电视剧制作实行预算制是投资方控制制作成本、各方监督管理、保证如期制作完成的管理措施。

3.1.5 双方投资到位进度和期限,具体如下:

(1) 于本合同签署后_____个工作日内,到位其投资额的_____%。

(2) 于本剧开始筹备之日起_____个工作日内,到位其投资额的_____%。

(3) 于本剧开机前,到位其投资额的_____%。

(4) 于本剧开机后_____个工作日内,到位其投资额的_____%。

● **律师批注8**

【条款目的】

如期提供资金是各方的投资义务,也是如期完成制作的保证。

【风险提示】

在选择投资合作方时,务必要考虑对方的资金实力和诚信。因为影视剧投资与制作不同于其他投资项目,尽管约定了各方的投资责任,但只要一方投资不到位造成开机后资金链断裂将会使全部投资毁于一旦。

【相关案例】

电视连续剧《黄飞鸿》系由香港某公司和北京某公司共同投资,协议中约定北京公司投资150万元,但其实际仅支付了20万元,其余投资款均未付。北京公司的违约行为致使该剧的摄制因资金不到位而陷于瘫痪达两个月之久,给香港公司造成了严重经济损失。为挽回经济损失,该香港公司向法院起诉解约并要求赔偿损失。

3.2 制作与管理:

3.2.1 本剧制作由甲方全权负责,包括自开机前的筹备、前期制作、关机后的后期制作、报审和取得发行许可证;乙方有权监督和参与管理。

3.2.2 因乙方已以自己名义在_____省广电主管部门立项,乙方应负责在本合同签署后_____个工作日内办理立项变更手续,从而将甲乙双方共同作为本剧立项单位、摄制单位和出品单位。

3.2.3 在本剧制作过程中,甲方可成立相应剧组、聘用演职人员,本剧主创人员(导演、主要演员)由甲乙双方共同协商决定;其余演职人员的聘用,由剧组本着尽量节省成本、保证制作质量的原则直接确定;剧组管理由甲方负责,但乙方可委托一名授权代表进组担任相应职务,以对剧组管理进行监督。

3.2.4 在本剧制作时,甲乙双方应事先确定制作预算、制作进度计划;在制作过程中,剧组将按照制作预算和制作进度计划执行,以保证本剧制作质量、按期完成。

3.2.5 在本剧制作过程中,因甲方对外开具发票产生的税费,列入本剧制作成本。

● 律师批注9

【条款目的】

投资各方有权参与制作管理,其具体管理权体现在决定电视剧制作的重大事项、委派代表管理剧组、财务和款项收支等。

【风险提示】

1. 电视剧拍摄前应立项备案,并在取得《拍摄许可证》后开始拍摄。

2. 合作投资模式是基于契约,契约项下的全部事项均应由契约各方协商一致,任何一方不同意,都可能导致无法形成统一决议。因为契约各方通常不是按投资比例大小行使决策权,除非各方在协议中有明确约定。

【法律规定】

《电视剧管理规定》(广电总局令第2号)(2000.06.15发布)

第七条 设立电视剧制作单位,应当经国家广播电影电视总局批准。制作电视剧必须持有《电视剧制作许可证》。

3.3 制作周期:

3.3.1 拟定制作周期:筹备期:_____年_____月至_____年_____月,拍摄期:_____年_____月至_____年_____月,后制期:_____年_____月至_____年_____月,播映期:_____年_____月前。

3.3.2 甲乙双方根据制作周期确定最终制作进度和制作计划,作为完成本片制作的依据。

● 律师批注10

【条款目的】

制作周期是影视剧提供投资、聘用演职员、租用场地与设备、发行与播映等工作开展的基础,电视剧制作还应当制定涉及各个环节、各个方面的制作计划,保证制作按计划推进,如期完成制作。

【风险提示】

电视剧拍摄延期会造成对聘用演员等主创人员的聘约超期,如超期演员有权停止拍摄。特别是对于一些知名演员往往会按其与其他影视剧的聘约参加其他影视剧的拍摄。

3.4 发行与宣传：

3.4.1 本剧发行工作由甲方负责,甲方亦可委托国内专业发行机构进行发行。甲乙双方确认,在发行环节的费用不超过发行收入的_____%,直接从发行收入中扣除。

3.4.2 在发行过程中,本剧除通过向电视台、网络等媒体发行和授予播映权外,还可采取直接转让全部或相应区域版权方式,以实现各投资方利益最大化。如采取版权转让方式,应由本剧各版权人出具相应法律文件。

3.4.3 在本剧发行过程中,因甲方对外开具发票产生的税费,列入本剧发行成本。

3.4.4 本剧的宣传工作由甲方负责,包括制作阶段的宣传、发行阶段的宣传,各阶段的宣传费用分别列入制作成本、发行成本。

● **律师批注11**

【条款目的】

1. 发行是电视剧的销售环节,投资方可自行进行发行,也可委托专业发行公司进行发行。但为保障各投资方权益,投资方应对发行收益款项有一定监控手段,防止发行款项被隐瞒、转移、挪用。

2. 宣传实际上是为电视剧做"广告",宣传的力度会影响电视剧的发行、播映及收视率。但在宣传环节,需要处理好制作方与主创团队、电视台、网站等各方的衔接配合。

3.5 版权归属：

3.5.1 甲乙双方同意:本剧版权[含:本剧剧本(故事梗概、分集提纲、剧本草稿、初稿、修改稿和最终稿)、拍摄素材、审查完成剧、词曲和音乐等]归甲乙双方共同享有并按照投资比例分享;在甲方在其投资额度内引入其他投资方时,其他投资方按照其与甲方的约定对本剧分享版权。

3.5.2 本剧与其剧本及其衍生产品的开发权、经营权和收益权,包括但不限于将本剧制作成 VCD、DVD、EVD 等电子音像制品、图书、画册、其他商品的衍生产品,亦属本剧版权的组成部分。

3.5.3 任何一方转让其对本剧享有的版权,均应经另一方同意且另一方在同等条件下有优先受让权。

● 律师批注 12

【条款目的】

1. 本条款在于明确电视剧版权的归属,投资各方是否按投资比例分享版权。
2. 电视剧的版权标的物不但包括电视剧本身,还包括剧本、拍摄素材。

> 4. 其他事项:
> 4.1 保密:
> 4.1.1 甲乙双方在合作过程中,就本剧剧本等拍摄资料、拍摄进度、演职人员及其变动均应予以保密。
> 4.1.2 在本剧公开或公映前,本剧剧本、影片、词曲、拍摄情况(含演职人员及其变化、拍摄资料和拍摄进度等)等均属双方商业秘密,一旦泄露、披露,均会对双方造成不可挽回的巨大损失。
> 4.1.3 本合同约定的保密事项,在本合同终止时仍对各方具有约束力,除非保密信息已经成为一般公众所知晓的公开信息。

● 律师批注 13

关于保密约定的注意事项与法律风险,参见《影视剧投资合作意向书》律师批注 7。

> 4.2 不可抗力:
> 4.2.1 本合同所述的不可抗力是指:自然灾害、贸易抵制、罢工、动乱、战乱和火灾、水灾、疫情等意外事故,政府规定、指令、法规的变更。
> 4.2.2 若任何一方因不可抗力情况影响,以致无法继续履行本合同的责任,应立即以书面通知另一方,双方应友好商定如何处理。因不可抗力以致无法履行本合同或者迟延履行,不作违约论。
> 4.3 违约责任:
> 4.3.1 若任何一方不履行合同、迟延履行或保证、承诺存在虚假,均为违约行为并追究违约责任,违约方应向另一方支付其投资款_____%的违约金;任何一方逾期提供投资,则每逾期一日按逾期金额的_____%支付违约金。任何一方没有行使或有延迟行使本合同下的任何权利或补救,不视为该方放弃权利或补救。
> 4.3.2 任何一方如有违反本合同的任何条款,必须承担、弥补及赔偿另一方或任何第三者,因其违约行为产生,导致或遭受一切索偿、追讨、诉讼、损失、伤害(包括利润损失或亏损、关联损失、利息、罚款、违约金或惩罚性赔偿等)、费用及开支(包括全部律师费用)。任何一方投资未足额到位时,则按照其实际投资额计算实际投资比例并据此分享本剧权益,但对本剧的投资风险仍按约定投资比例承担责任。

● 律师批注 14

关于违约金等违约责任约定的注意事项与法律风险,参见《文学艺术作品合作创作合同》律师批注 14 和《文学艺术作品出版合同》律师批注 14。

4.4 联络:本合同双方的联络方式如下,任何一方改变其联络方式,均须书面提前通知另一方,否则送达至原授权代表或以原联络方式送达即视为有效送达:
(1) 甲方指定联系人:_____,电话_____,传真_____,手机_____,电子信箱_____,通信地址_____,邮编_____。
(2) 乙方指定联系人:_____,电话_____,传真_____,手机_____,电子信箱_____,通信地址_____,邮编_____。

● 律师批注 15

关于联系人与联系方式约定的注意事项与法律风险,参见《文学艺术作品合作创作合同》律师批注 17。

4.5 争议解决:
4.5.1 双方因合同的解释或履行发生争议,应先由双方协商解决。
4.5.2 如协商不成,按照第_____种方式解决。
(1) 将争议提交_____仲裁委员会依照其最新生效的仲裁规则进行仲裁。
(2) 向_____地(如:甲方所在地或乙方所在地或本合同签署地)有管辖权的人民法院提起诉讼。

● 律师批注 16

关于争议解决约定的注意事项与法律风险,参见《文学艺术作品合作创作合同》律师批注 15。

4.6 合同生效与文本:
4.6.1 本合同的变更、续签及其他未尽事宜,由双方另行商定。
4.6.2 本合同自双方签署之日起生效,一式二份,双方各执一份。

● 律师批注 17

关于合同生效时间约定的注意事项与法律风险,参见《文学艺术作品合作创作合同》律师批注 16。

(以下无正文)

甲方：_____有限公司

法定代表人或授权代表：_____

乙方：_____有限公司

法定代表人或授权代表：_____

第四十二章　电影投资合作合同

电影投资合作合同

甲方：_____有限公司

法定代表人：_____

地址：_____

乙方：_____有限公司

法定代表人：_____

地址：_____

丙方：_____有限公司

法定代表人：_____

地址：_____

● **律师批注 1**

关于合同的签约主体及其名称的注意事项与法律风险等，参见《文学艺术作品合作创作合同》律师批注 1 和《文学艺术作品委托创作合同》律师批注 1。

鉴于：

1. 甲乙丙三方系专门从事影视投资与制作的专业机构，愿意按照本合同约定投资拍摄制作约定影片，并具备国内影视剧投资、拍摄、制作与发行的主体资格、资质等合作条件。

2. 甲乙丙三方本着真诚合作、共创精品的原则，根据《合同法》、《著作权法》以及影视剧的有关法律法规的规定，投资和联合摄制约定影片，并以获得良好社会效益和投资回报为最终目的。

3. 在签署本合同时，甲乙丙三方均已知晓、确认约定影片的基本剧情及剧本、纲要并对影片的文化价值与商业价值具有明确判断。

4. 本合同构成甲乙丙三方共同投资影片并且分享收益的合作合同关系。

● 律师批注 2

关于鉴于条款约定内容及其法律意义,参见《文学艺术作品合作创作合同》律师批注 2。

> 为此,甲乙丙三方于_____年_____月_____日在_____市_____区订立条款如下:

● 律师批注 3

关于签约时间、签约地点的注意事项及法律风险等,参见《文学艺术作品合作创作合同》律师批注 3。

> 1. 合作标的:
> 1.1 片名:
> 《_____》(暂定名,具体以公映许可证所载片名为准),长度:不低于_____分钟,本片题材类型:_____。
> 1.2 剧本:
> 1.2.1 本片剧本系由_____根据_____的原著《_____》改编创作而成。
> 1.2.2 本片剧本现已由甲方从原著作者取得制作本片的拍摄权,且甲方已委托上述编剧进行创作,其创作的剧本版权归甲方。
> 1.2.3 本合同各方确认:甲方为本片剧本的前述投入(含从原著作者购买拍摄权、委托编剧创作报酬及前期论证、策划、采风等费用)不低于_____元,按_____元计入本片制作成本并冲抵同等金额甲方投资款项,并且本片剧本在其他各投资方投资到位时转为本合同各方按投资比例共同享有。

● 律师批注 4

电影剧本与电视剧类似,对于剧本的注意事项及法律风险等,参见《电视剧投资合作合同》律师批注 5。

> 1.3 主创班底:
> 1.3.1 三方同意导演及主要演员如下:
> 导演:_____。
> 主演:待定。

1.3.2 三方同意本片制片人署名如下：
出品人：_____、_____、_____。
制片人：待定。
监制：_____。

1.3.3 上述署名位置及出品单位、摄制单位及演职人员的署名均以影片最后出品方按照投资比例排列顺序为准。

1.3.4 其余演员及其余主创人员由三方协商确定。

● 律师批注 5

【条款目的】
作为合作标的电影是各方投资的对象,也是未来需要制作的作品。上述各项是电影的核心要素。

1.4 制作周期：
1.4.1 制作周期：
筹备期：____年____月____日至____年____月____日。
拍摄期：____年____月____日至____年____月____日。
后制期：____年____月____日至____年____月____日。
公映期：____年____月____日前。

1.4.2 三方同意根据制作周期确定最终制作进度和制作计划,作为完成本片制作的依据,并附在本合同后作为附件。

● 律师批注 6

电影的制作周期与电视剧类似,对于制作周期及制作计划等的注意事项及法律风险等,参见《电视剧投资合作合同》律师批注 10。

2. 合作内容：
2.1 投资：
2.1.1 本片拍摄投资总额预计为：_____元（大写：人民币_____元整）,由三方共同投资,其中甲方投资_____%即人民币_____元；乙方投资_____%即人民币_____元；丙方投资_____%即人民币_____元。

2.1.2 各方对本片的投资款应汇至_____方为本片专门开设的银行剧组账户（以下简称"指定账户"）。

开户名：_____
开户行：_____
账　号：_____

2.1.3　投资款到位进度和期限：

（1）本合同签署后甲方、乙方、丙方依照规定时间配合本片制作拍摄进度按时到账。

（2）三方同意分四次向剧组指定账户拨款：

第一次：本合同签署后_____个日历天内按投资比例向剧组指定账户拨款_____%。

第二次：本片开机前_____个日历天内按投资比例向剧组指定账户拨款_____%。

第三次：本片拍摄过半后_____个日历天内按投资比例向剧组指定账户拨款_____%。

第四次：本片拍摄结束之日的_____个日历天以前按投资比例向剧组指定账户拨款_____%。

（注：本合同涉及的拍摄进度、拍摄日期等均以本片拍摄计划和拍摄进度安排为准）

2.1.4　本片所有费用支出实行预算制，按经三方认可的制作预算执行。甲方应严格按照制作预算执行，但其他两方有权予以监督。

● **律师批注7**

电影的投资与电视剧类似，对于投资的注意事项及法律风险等，参见《电视剧投资合作合同》律师批注6、7和8。

2.1.5　追加投资：

（1）甲、乙、丙三方同意，如本片在制作过程中出现超支，三方同意按投资比例依照本合同约定进行追加。

（2）各方对追加的投资应按各方另行约定的时间同步到位，另行约定的追加投资到位时间，以不影响本片拍摄或满足剧组正常运转为原则确定投资到位时间。

（3）任何一方未按约定提供追加投资或拒绝提供追加投资，则须按其应提供追加投资份额的同等金额向其他投资方支付违约金并按两倍金额向其他投资方支付赔偿金。

● 律师批注8

【条款目的】

商业电影的投资规模越来越大,电影在实际制作过程中经常会出现超出原预算的超支。对于超支金额需要投资方追加投资或者引入新投资方,以弥补资金缺口。

【风险提示】

影视投资中往往有些投资者在与投资方签署投资协议、确定投资后,又在其投资份额内"引入"其他投资方,这些被引入的投资方如得到"原始"投资方的认可,不能享有原来投资协议中的权利,也不能以自己名义享有电影版权。

【相关案例】

电影《七剑》系由香港某公司与北京某公司等合作投资拍摄,各方签订《合作协议》并约定了投资比例及收益分配等。后该香港公司将其在该电影中的投资权益与责任的一半转让给另一家上海公司,该上海公司又将所获得的权益与责任转让给某文化公司且得到该香港公司的确认,该文化公司以该香港公司未如约支付投资发行收益为由诉至法院。

在该案例中,投资方"私下"转让其在投资合同中的权益,对其他投资方不产生法律效力,其他投资方不对其转让行为承担连带责任。

2.2 制作与管理:

2.2.1 本片制作由_____方(下称"制作方")全权负责,包括但不限于开机前的筹备、前期制作、关机后的后期制作、报审和取得发行许可证;但该方在上述操作的每个阶段都与其他两方协商并征求其他两方的意见,其他两方对该方负责的制作过程有权进行监督。

2.2.2 本片制作由制作方组织成立的剧组负责制作,也可由制作方委托第三方负责承制。由制作方负责影片制作期间的所有合约的起草、签署和履行。制作方应在影片交付之前及时、完全地支付或清偿所有与影片有关的债务,包括但不限于所有工资、服务费、租金、冲印费用以及类似的费用。

2.2.3 如果由于制作方违反或被指控违反了2.2.2条中所述之影片拍摄期间签署的合约中所包含的任何契约、协议、陈述或保证,导致其他任何一方或多方遭受或承担任何法律责任、损害赔偿金、费用或成本(包括律师费用和诉讼费用),制作方有义务赔偿上述各项损失和费用并保证其他各方之母公司、子公司或分公司不受损害。

2.2.4 本片已于_____年_____月_____日由_____方办理立项。

2.2.5 在本片制作过程中,本片主创人员(导演、主要演员)由三方共同协商,如有任何变更,需要三方同意;其余演职人员的聘用,由本片剧组本着尽量节省成本、保证制作质量的原则直接确定。

2.2.6 在本片制作前,即本片开机前甲方应制定本片制作预算、制作进度计划;在制作过程中,剧组将按照制作预算和制作进度计划执行,以保证本片制作质量、按期完成。三方同意,如最终影片实际制作费用超出预算部分低于预算的_____%,由甲乙丙三方经各方书面同意后,按各方投资比例追加投资;如最终影片实际制作费超出预算部分高于预算的_____%,超出部分由甲乙丙三方另行签订协议处理。如实际费用少于预算费用,则应按照投资比例归还三方或用于经三方共同确定的用途。

2.2.7 制作方需在制作预算内按附件所列物料清单,按时交付影片的宣发素材。

2.2.8 制作方应在影片上映日期起_____个工作日内将影片制作的结算报表提交给各投资方,各投资方应对制作结算报表在_____个工作日内予以审核确认,各投资方可在此期限内提出异议,如在此期限内既未确认也未提出异议则视为各投资方无异议和已确认。原合约由制作方代为保管,保管年限至少5年或按制作方相应财务凭证、档案保存制度执行。

2.2.9 各投资方对制作结算报表有权进行审计并应在提出异议时一并提出,若审计差异大于_____%,则由制作方承担审计费用,并就差异偿还各投资方;若审计差异小于_____%,则由要求审计方承担审计费用,但制作方仍应就审计的差异部分偿还各投资方。但是,如果本片各项成本、收益在收支前后已经其他投资方确认、同意,则此类收支事项应从前述审计事项中除外,且免除制作方对已同意的投资方的赔偿或补偿责任。

2.2.10 在未经三方商定、书面认可的前提下,任何一方或多方不得擅自以单方或多方之名义对外进行与本片有关的任何及/或所有商业及投资签约等事宜,否则由此产生的所有债权、债务以及给其他投资方带来的任何经济损失应由违约方自行承担;即使有本条款的规定,三方在本合同项下依据本合同各自承担责任,不承担连带责任。

2.2.11 本片报审事宜由_____方负责,其他两方应予积极配合和协助。

2.2.12 制作方应于影片上映日交付影片的版权声明,以便影片能够在中国大陆以外市场的正常销售。

● 律师批注 9

电影的制作管理与电视剧类似,对于制作管理的注意事项及法律风险等,参见《电视剧投资合作合同》律师批注 9。

> 2.3 收益与分配:
> 2.3.1 本合同之收益范围,包括但不限于:
> (1) 销售收入:是指本片在中国境内外的影院放映及电视版权、VCD、CD、录像带、录音带等音像制品及流媒体及数字网络点播,以及其他已知和未知的电影发行放映而取得的发行收入及相关权益。
> (2) 合作收益:主要指其他收益,包括但不限于本片剧本及/或本片的广告收益、赞助费、版权收益等。
> (3) 意外收益:包括但不限于评奖或政府、社会补贴和资助收入;本片参加国内外评奖所获个人奖项归相应个人,但非个人奖项和政府或社会机构对本片的财政补贴、资助属本片之收益。
> 2.3.2 收益分成:
> (1) 收益的计算:本片净收益应按照 2.1.1 条中的三方投资比例进行分配,如任何一方投资未到位或未全部到位则按照各方实际到位金额计算的投资比例分享本片权益并进行收益分配。本片净收益的计算方式和顺序如下:
> 本片净收益 = 销售净收益 + 合作净收益 + 意外收益
> 其中:
> A. 销售净收益 = 销售收入(其中院线销售收入是指在与发行方及院线分账后的收入) − 发行代理费 − 导演奖励 − 影片的宣发费用 − 税金
> B. 合作净收益 = 合作收益 − 合作收益代理费 − 因取得合作收益而支付的费用 − 税金
> (2) 报表及支付:发行方应在影片上映后的 40 个日历天内、90 个日历天内和公映后第二年的 3 月 31 日、6 月 30 日、9 月 30 日和 12 月 31 日提交发行财务报表,影片上映后的第三年发行方应于 6 月 30 日、12 月 31 日提交发行财务报表,影片上映后的第四年起每年的 12 月 31 日提交发行财务报表。在每次提交财务报表后五个工作日内,由发行方向各投资方进行收益分配支付。如任何一方对发行方的财务报表有异议,则由发行方负责解释并配合异议方进行核查,一经核实异议成立,发行方应补缴差额部分收益款项。

（3）任何一方对发行方提交的财务报表有权向发行方提出质询、有权查阅和核对收支的原始凭证，发行方均应在 48 小时内予以配合并进行相应说明。如经核实财务报表或原始收支凭证存在虚假或存在其他不符合约定的事项，则由发行方赔偿此部分收益，并按虚假或不实金额的两倍向各方支付违约金。如各方与发行方就发行财务报表出现分歧时，可共同委托会计师进行审计并以审计结果为确认依据，审计费用由主张不成立的一方承担；任何一方拒绝委托会计师，视为该方的主张不成立、视为对方的主张成立，并据此确认财务报表。

● 律师批注 10

【条款目的】

1. 电影的发行是实际收入的最主要环节，并且在发行中需要通过与发行公司、院线合作实现发行。对于发行涉及的相应成本、收入明确约定，是各方分配收益的基础。

2. 鉴于电影的院线发行往往是由一个投资方或共同委托发行公司来负责，为确保其他各方权益，应约定各投资方有权通过审计对发行方进行监督。

【相关案例】

甲公司委托乙发行公司进行全面发行代理，并约定由乙公司垫付发行环节制作拷贝等全部费用、承担发行环节的宣传费用不少于 300 万元，乙公司在电影发行后，先从票房分成中扣除其垫付的费用并按比例提取代理佣金。但是，乙公司在发行过程中因宣传投入不足、制作拷贝数量较少，造成电影发行极不理想；并且乙公司还按约定从票房分成中先扣除了其垫付的费用 300 万元。

在该案例中，甲公司可通过审计核实乙公司的直接垫付费用，追回其扣除垫付费用的虚假部分，还可追究因其投入不足造成电影发行不理想的违约赔偿责任。但是，在这种情形下，甲公司很难举证证明其损失是多少。

2.4 发行、经营、推广与宣传：

2.4.1 三方同意，本片在中国大陆（不含香港、澳门和台湾地区）的发行和销售，包括但不限于影院发行、免费电视、音像制品以及新媒体发行播放权益（除影院和无线电视、音像制品以外，包括但不限于网络、航空、火车、汽车、手机、IPTV、播放器等新媒体载体），以及其他任何已知和未知的电影发行和销售渠道或方式，采取由各投资方委托负责制，且各方共同参与、提供协助。上述本片国内发行具体事宜和细则，三方需另行签署本片国内发行协议具体商定。

2.4.2 三方同意委托甲方代表其他各方对外联络、洽谈该影片在海外地区(系指除中国大陆以外的其他地区,包含港、澳、台地区)的发行放映权(包括但不限于影院、音像制品、网络播映、IPTV等)和该影片在全球范围内的衍生产品开发、运营权(包括但不限于游戏衍生产品形式)。但上述权益的相关协议需经各方共同认可方可执行。

2.4.3 本片的营销宣传方式和具体方案,由各投资方协商确定,共同制定本片的宣传、推广、营销计划,执行本片整体推广策略、方案及实施,包括广告招商、商务商业、本片衍生品开发等战略推广活动。当发生意见不同时,＿＿＿＿方拥有最终的决定权。

● 律师批注 11

【条款目的】

电影的发行,除院线放映外,还可向电视台、网站、音像出版方等进行发行以获得收益,还可开发衍生产品获得收益。

2.5 版权归属:

2.5.1 三方同意:本片摄制完成后,三方共同享有完成影片在全世界范围内的全部版权(编剧、导演署名权除外)并按照本合同项下的投资比例分享。

2.5.2 本片与其剧本及其衍生产品的开发权、经营权和收益权,除2.5.1条规定的本片相关版权外,包括但不限于将本片制作成VCD、DVD、EVD等电子音像制品、图书、画册、其他商品的衍生产品,亦属本片版权的组成部分。

2.5.3 任何一方转让其对本片享有的版权,均应先经其他方同意,其他方不应无理予以否定,且其他方在同等条件下有优先受让权。任何一方在其投资未全部到位前不得转让其对本片享有的任何版权或权益。

2.5.4 三方确认:三方及其他投资方在本片完成剧中作为出品单位、摄制单位署名并可指定相应人员作为本片相应职员署名,各方署名顺序和人数由各方投资金额及相应贡献协商确定。导演、编剧署名具体要求以所签署的编剧导演聘用协议规定为准。

● 律师批注 12

电影的版权与电视剧类似,对于版权约定的注意事项及法律风险等,参见《电视剧投资合作合同》律师批注10。

3. 其他事项：

3.1 保密：

3.1.1 三方在合作过程中，就本剧剧本等拍摄资料、拍摄进度、演职人员及其变动均应予以保密。

3.1.2 在本剧公开或公映前，本剧剧本、影片、词曲、拍摄情况（含演职人员及其变化、拍摄资料和拍摄进度等）等均属三方商业秘密，一旦泄露、披露，均会对三方造成不可挽回的巨大损失；本合同所涉及的条款为商业机密，三方及其工作人员应遵守保密原则，决不透露予无关第三方。

3.1.3 如因影片制作或宣传工作需要对外透露有关情况，三方应共同协商确定对外披露信息的内容。

3.1.4 三方亦需对影片的结算报表之内容及相关资料予以保密。

3.1.5 本合同约定的保密事项，在本合同终止时仍对各方具有约束力，除非保密信息已经成为一般公众所知晓的公开信息。

● **律师批注13**

关于保密约定的注意事项与法律风险，参见《影视剧投资合作意向书》律师批注7。

3.2 不可抗力：

3.2.1 本合同所述的不可抗力是指：自然灾害、贸易抵制、罢工、动乱、战乱和火灾、水灾、疫情等意外事故，政府规定、指令、法规的变更。

3.2.2 若任何一方因不可抗力情况影响，以致迟延或无法继续履行本合同，应立即以书面通知另一方，三方应友好商定如何处理。因不可抗力以致无法履行本合同或者迟延履行，不作违约论。

3.3 违约责任：

3.3.1 若任何一方不履行合同、迟延履行或其保证、承诺存在虚假，均为违约行为并追究违约责任，违约方应向另一方支付其投资款_____%的违约金。任何一方没有行使或有延迟行使本合同下的任何权利或补救，不视为该方放弃该权利或补救。各方应按各方投资额度履行投资义务并承担相应的责任，且甲方有义务承担在预算内完成本片拍摄的责任。本合同各条款对违约责任另有特别约定的，则优先适用特别约定。

3.3.2 本合同约定的投资，各方均应按约定时间足额投入；如一方未按约定足额注入，除需按照3.3.1条的约定承担违约金外，每逾期一天，应按未足额注入部分资本_____%的金额另行向守约方支付违约金，但该部分违约金不会超过该期应注入投资之款项。如任何一方的投资逾期超过_____个日历天或者因其逾期提供投资导致本片因缺乏资金而停拍时,则该方还应按照其约定投资金额的同等金额的两倍向其他投资方支付赔偿金,其他投资方亦有权另寻其他投资方或自行补足投资。

3.3.3 三方均应严格遵守本合同书的约定,如其中一方(i)决定不完成本合同指定的安排,或(ii)对任何一项或多项本合同内的条款有违约行为使本合同项下完成成为不能,除3.3.1条及3.3.2条外,则违约方应按该项目总投资额的30%向非违约方作出赔偿;如因此造成合作不能进行,非违约方有权解除本合同,违约方不再享有本合同约定的所有权益,同时违约方将承担由此给非违约方所造成的一切损失,包括但不限于经济赔偿、民事及其他法律责任。

● 律师批注14

关于违约金等违约责任约定的注意事项与法律风险,参见《文学艺术作品合作创作合同》律师批注14和《文学艺术作品出版合同》律师批注14。

3.4 联络:

3.4.1 本合同各方均书面指定授权代表及其联络方式,以向其他各方履行义务和接受其他各方履行义务,任何一方授权代表的签字及其行为即可代表该方并由该方承担法律后果;任何一方改变其授权代表或/及其联络方式,均须书面提前通知其他各方。

3.4.2 各方指定联系人及其联系方式:

(1) 甲方指定联系人:_____,电话_____,传真_____,手机_____,电子信箱_____,通信地址_____,邮编_____。

(2) 乙方指定联系人:_____,电话_____,传真_____,手机_____,电子信箱_____,通信地址_____,邮编_____。

(3) 丙方指定联系人:_____,电话_____,传真_____,手机_____,电子信箱_____,通信地址_____,邮编_____。

● 律师批注15

关于联系人与联系方式约定的注意事项与法律风险,参见《文学艺术作品合作创作合同》律师批注17。

3.5 争议解决：
3.5.1 各方因合同的解释或履行发生争议，应先由双方协商解决。
3.5.2 如协商不成，按照第_____种方式解决。
(1) 将争议提交_____仲裁委员会依照其最新生效的仲裁规则进行仲裁。
(2) 向_____地(如：甲方所在地或乙方所在地或丙方所在地或本合同签署地)有管辖权的人民法院提起诉讼。

● 律师批注 16

关于争议解决约定的注意事项与法律风险，参见《文学艺术作品合作创作合同》律师批注 15。

3.6 合同生效与文本：
3.6.1 本合同的变更、续签及其他未尽事宜，由各方另行商定。
3.6.2 本合同自签署之日起生效，一式三份，由三方各执一份。

● 律师批注 17

关于合同生效时间约定的注意事项与法律风险，参见《文学艺术作品合作创作合同》律师批注 16。

(以下无正文)
甲方：_____有限公司
法定代表人或授权代表：_____
乙方：_____有限公司
法定代表人或授权代表：_____
丙方：_____有限公司_____
法定代表人或授权代表：_____

第四十三章　影视剧委托承制合同

> **影视剧委托承制合同**
>
> 委托方：_____有限公司（以下简称"甲方"）
> 法定代表人：_____
> 地址：_____
> 承制方：_____有限公司（以下简称"乙方"）
> 法定代表人：_____
> 地址：_____

● 律师批注1

关于合同的签约主体及其名称的注意事项与法律风险等，参见《文学艺术作品合作创作合同》律师批注1和《文学艺术作品委托创作合同》律师批注1。

> 经甲乙双方友好协商，为制作电影/电视剧《_____》（以下简称"本剧"）一事于_____年_____月_____日在_____市_____区达成如下约定：

● 律师批注2

关于签约时间、签约地点的注意事项及法律风险等，参见《文学艺术作品合作创作合同》律师批注3。

> 1. 合作前提：
> 1.1　乙方承诺其具备完成本合同项下制作任务的资质、设备、团队、能力和经验，并已知晓本剧的基本剧情、确认其符合国家电影制作的基本导向和精神取向。
> 1.2　甲方披露，委托方自己或联合他方共同向本剧投资，并已经或将按照国家影视法律法规的规定办理相应立项、报审等手续。
> 1.3　在本剧制作过程中，乙方将遵循影视制作的基本道德和行业惯例，本着节省成本、追求品质的精神，按约完成和交付本剧，甲方对乙方的制作活动予以配合和支持。

● 律师批注3

【条款目的】

本款类似于鉴于条件,在于明确双方签约的背景和前提。

---

2. 制作标的:

2.1 片名/剧名:《_____》(暂定名,具体以公映许可证/发行许可证为准)。

2.2 长度:共_____集(部),每集(部)不少于_____分钟,其中包括长度不超过_____分钟的片头及片尾字幕及配乐(包括片名、演职员、赞助、协拍及录制单位)。

2.3 类型:属_____题材电影/电视剧。

2.4 剧本:本剧剧本系由编剧_____根据_____的原著《_____》改编而成,属于_____类电影/电视剧,基本剧情讲述:_____。

2.5 主创班底:导演:_____,主要演员:_____、_____、_____、_____等。

2.6 版本:中文普通话并加中文简体字幕。在进行海外发行时,可对本剧翻译为其他语言版本或者加注其他语言、字体的字幕。

● 律师批注4

【条款目的】

制作标的是承制方要完成作品的核心要素,这些要素也是投资方未来验收作品的标准。

---

3. 合作方式:

3.1 甲方愿意委托乙方且乙方愿意承揽制作本剧,甲方提供约定条件,乙方按约定期限、质量完成制作并向甲方交付本剧相应成果。

3.2 甲乙双方合作以使本剧达到的目标是:完成本剧制作,提交并通过广电总局主管机关审查,以取得影片公映许可证/发行许可证。

3.3 本合同任何一方为履行本合同约定的职责义务对外发生权利义务关系的,由该方独立对外履行或承担。除经书面授权或双方明确约定,任何一方不得以另一方名义或与另一方有关单位名义或双方名义对外进行任何活动。

● 律师批注5

【条款目的】

影视剧的承制是投资方把全部制作任务"发包"给承制方，即委托创作合同关系。

4. 合作内容：

4.1 制作与交接：

4.1.1 甲方在_____年_____月_____日前完成和确定最终拍摄剧本；在确定剧本后_____日内向乙方提供本剧的拍摄剧本，乙方按照脚本进行制作，乙方如需更改甲方剧本，须经委托方同意或确认。

4.1.2 乙方在取得拍摄剧本后_____个日历天内，完成本剧前期工作并开机；在开机后_____个日历天内完成拍摄工作和后期制作。乙方完成后期制作后_____个工作日内将完成片交付给委托方。

4.1.3 甲方有权对乙方交付的完成片进行审查并提出修改意见，乙方应及时进行修改，直至甲方确认。

4.1.4 甲方在本剧报审环节中，如遇审查机关要求修改时，乙方应根据审查意见及时进行修改。

4.1.5 本剧通过国家广电总局审查后，乙方应向委托方提供：标准拷贝三套，完成标准数字D5带三盘（甲方一盘、电影局两盘），标准录像母带三盘（电影局），15分钟宣传片花BT录像带一套，剧照、工作照各三套，完成工作台本及导演阐述各一套。

4.1.6 乙方在制作过程中，不得向本剧中植入广告或展现企业名称、商标、商号或LOGO，除非甲方提供的剧本中有体现或者经甲方书面同意；否则，乙方因此获得的收益全部归甲方并支付同等金额的违约金。

4.1.7 本剧的署名和片头、片尾字幕，均须由甲方事先确定。

4.1.8 乙方在制作本剧过程中，应当以自己名义成立本剧剧组，并由乙方承担剧组管理责任和剧组及其人员应对他人承担的法律责任，但乙方或剧组不得使用委托方名义对外签署协议或发生法律关系；为制作本剧，需要聘用的演职人员，除本合同约定主创班底外，其余人员均由乙方确定，并由乙方与全部演职人员签署聘用协议和对外的租赁、购物、住宿等约定及其责任；甲方不对剧组或乙方在制作本剧中发生任何责任、损害、侵权承担赔偿、补偿或连带责任。

4.1.9 乙方应在本合同签署后，启动筹备工作，并及时向甲方提供本剧制作进度和拍摄计划、制作本剧预算、制作本剧演职人员聘用方案，经甲方确认后方可执行。

4.1.10 乙方应根据甲方对本剧宣传需要，及时提供宣传材料、配合相应记者进组进行采访等；在甲方进行发行宣传阶段，如需演员出席相应宣传活动时，乙方应协调演员予以配合。

● 律师批注6

【条款目的】

1. 承制影视剧的剧本通常是由投资方提供，交由承制方据此制作。但投资方一并将剧本创作任务也交由承制方完成，是比较少见的。因为这样投资方就失去了对创作作品风格、情节和品质的控制。因为影视剧成功的关键在于故事情节。

2. 在影视剧的承制过程中，需要投资方与承制方相互配合衔接，但更多地是承制方主动完成任务，投资方进行审查、验收或提出修改意见、要求返工等。

3. 通常投资方要求承制方对剧组和制作承担全部管理责任，特别是安全管理责任。因为承制方直接、具体管理制作的各个细节。

【相关案例】

著名演员王某在参加某战争题材电视剧拍摄时，因烟火师错误操作导致被严重烧伤。经查，该剧是由某电影制片厂等多个投资方投资制作，并交由某影视公司承制，该承制方为节省成本起见，聘用了某著名烟火师所带的学徒负责烟火。

在该案例中，虽然投资方将全部制作交由他方承揽，但对演员及他人的伤害责任仍应由该剧的投资方和制作方承担。

4.2 制作报酬：

4.2.1 甲方应向乙方支付承揽本剧制作的报酬_____元人民币整（大写：_____元人民币整）（以下简称"制作报酬"），报酬的支付进度与期限，由甲乙双方在本合同签署后及时协商确定并作为本合同附件。

4.2.2 甲方应按照乙方通知，缴纳影视主管机关规定的有关审片费用。

4.2.3 乙方收取甲方支付的制作报酬的各笔款项时，须向甲方的实际支付款项的委托方开具同等金额的合法有效发票。

4.2.4 上述制作报酬为"包干制"，即制作报酬为乙方履行本合同约定全部义务前提下的对价且其中已包含乙方为完成本合同项下制作任务的费用、成本和各项开支，除此之外，甲方再无向乙方支付报酬、费用或税金的义务，除非本合同另有约定。

● 律师批注 7

【条款目的】

1. 承制方因制作影视剧而取得报酬,通常其报酬是采用固定酬金方式。

2. 也有许多影视剧的承制不采用酬金制,而是由承制方对制作费用"包干",承制方的报酬从节省的制作费用中体现,如因产生超支,投资方亦不补偿或追加投资。这种方式有利于调动承制方的工作积极性和节省成本。

> 4.3 知识产权:
> 4.3.1 乙方应保证其制作的本剧,不侵犯他人任何知识产权、肖像权或其他合法权益;同时,应确保按照其与演职人员约定支付酬金,且本剧中的导演、编剧、演员等均不对本剧享有任何版权。
> 4.3.2 本剧的全部版权(含:剧本、拍摄素材、完成片、词曲和音乐等)均归甲方;本剧系委托制作,乙方对本剧不享有任何版权或使用权、经营权。
> 4.3.3 乙方只保留本剧联合摄制的署名权。

● 律师批注 8

【条款目的】

1. 影视剧承制属于委托创作合同,所完成的影视剧版权归投资方这是其投资的初衷所在,但应当对版权归属予以明确约定。

2. 为避免影视剧版权存在瑕疵,应当约定承制方对影视剧内容承担瑕疵担保责任。

> 5. 其他事项:
> 5.1 保密:
> 5.1.1 甲乙双方在合作过程中,就本剧剧本等拍摄资料、拍摄进度、演职人员及其变动均应予以保密,否则即视为违约。
> 5.1.2 在本剧公开或公映前,本剧剧本、影片、词曲、拍摄情况(含演职人员及其变化、拍摄资料和拍摄进度等)等均属甲方商业秘密,一旦泄露、披露,均会对双方造成不可挽回的巨大损失。
> 5.1.3 本合同约定的保密事项,在本合同终止时仍对各方具有约束力,除非保密信息已经成为一般公众所知晓的公开信息。

● 律师批注 9

关于保密约定的注意事项与法律风险,参见《影视剧投资与制作合作意向书》律师批注7。

5.2 不可抗力：

5.2.1 本合同所述的不可抗力是指：自然灾害、贸易抵制、罢工、动乱、战乱和火灾、水灾、疫情等意外事故，政府规定、指令、法规的变更。

5.2.2 若任何一方因不可抗力情况影响，以致迟延或无法继续履行本合同，应立即以书面通知另一方，双方应友好商定如何处理。因不可抗力以致无法履行本合同或者迟延履行，不作违约论。

5.3 违约责任：

5.3.2 若任何一方不履行合同、迟延履行或保证、承诺存在虚假，均为违约行为并被追究违约责任，违约方应向另一方支付制作报酬＿＿＿＿％的违约金。任何一方没有行使或有延迟行使本合同下的任何权利或补救，不视为该方放弃权利或补救。

5.3.2 双方均应严格遵守本合同的约定，如其中一方（i）决定不完成本合同指定的安排，或（ii）对任何一项或多项本合同内的条款有违约行为，则违约方应按该项目投资总和的＿＿＿＿＿％向非违约方作出赔偿；如因此造成合作不能进行，非违约方有权解除本合同，违约方不再享有本合同约定的所有权益，同时违约方将承担由此给非违约方所造成的一切损失，包括但不限于经济赔偿、民事及其他法律责任。

● 律师批注10

关于违约金等违约责任约定的注意事项与法律风险，参见《文学艺术作品合作创作合同》律师批注14和《文学艺术作品出版合同》律师批注14。

5.4 联络：

5.4.1 本合同各方均书面指定授权代表及其联络方式，以向其他各方履行义务和接受其他各方履行义务，任何一方授权代表的签字及其行为即可代表该方并由该方承担法律后果；任何一方改变其授权代表或/及其联络方式，均须书面提前通知其他方。

5.4.2 本合同各方指定的授权代表及其联络方式为：

（1）甲方指定联系人：＿＿＿＿＿＿，电话＿＿＿＿＿＿，传真＿＿＿＿＿＿，手机＿＿＿＿＿＿，电子信箱＿＿＿＿＿＿，通信地址＿＿＿＿＿＿，邮编＿＿＿＿＿＿。

（2）乙方指定联系人：＿＿＿＿＿＿，电话＿＿＿＿＿＿，传真＿＿＿＿＿＿，手机＿＿＿＿＿＿，电子信箱＿＿＿＿＿＿，通信地址＿＿＿＿＿＿，邮编＿＿＿＿＿＿。

● 律师批注 11

关于联系人与联系方式约定的注意事项与法律风险,参见《文学艺术作品合作创作合同》律师批注 17。

> 5.5 争议解决:
> 5.5.1 双方因合同的解释或履行发生争议,应先由双方协商解决。
> 5.5.2 如协商不成,按照第_____种方式解决。
> (1) 将争议提交_____仲裁委员会依照其最新生效的仲裁规则进行仲裁。
> (2) 向_____地(如:甲方所在地或乙方所在地或本合同签署地)有管辖权的人民法院提起诉讼。

● 律师批注 12

关于争议解决约定的注意事项与法律风险,参见《文学艺术作品合作创作合同》律师批注 15。

> 5.6 合同生效与文本:
> 5.6.1 本合同的变更、续签及其他未尽事宜,由双方另行商定。
> 5.6.2 本合同自双方签署之日起生效,一式二份,双方各执一份。

● 律师批注 13

关于合同生效时间约定的注意事项与法律风险,参见《文学艺术作品合作创作合同》律师批注 16。

> (以下无正文)
> 甲方:_____有限公司
> 法定代表人或授权代表:_____
> 乙方:_____有限公司
> 法定代表人或授权代表:_____

第四十四章　影视剧音乐使用许可合同

> **影视剧音乐使用许可合同**
>
> 许可方：_____有限公司（以下简称"甲方"）
> 法定代表人：_____
> 地址：_____
> 被许可方：_____有限公司（以下简称"乙方"）
> 法定代表人：_____
> 地址：_____

● **律师批注 1**

关于合同的签约主体及其名称的注意事项与法律风险等，参见《文学艺术作品合作创作合同》律师批注 1 和《文学艺术作品委托创作合同》律师批注 1。

> 经甲乙双方友好协商，为就在影视剧中使用本合同约定音乐一事于_____年_____月_____日在_____市_____区达成如下约定：

● **律师批注 2**

关于签约时间、签约地点的注意事项及法律风险等，参见《文学艺术作品合作创作合同》律师批注 3。

1. 许可标的：

1.1 音乐作品《_____》(英文名：《_____》)（含：词、曲）（以下简称"本音乐"）系许可方在中国大陆独立创作并在全球范围内享有完全版权。

1.2 本音乐创作于_____年_____月，长度为_____分钟，系_____类型音乐作品并已被甲方录制为 MTV 作品，其中：由_____作词、由_____作曲、由_____演唱；作品内容见向被许可方提供的 DVD 所载内容。

● 律师批注 3

【条款目的】

1. 确定拟许可使用音乐作品的基本情况、特征。

2. 拟许可使用的歌曲既可以是已发表、演唱的作品,也可以是未发表、未演唱的作品。

【相关案例】

获得"奥斯卡最佳原创音乐奖"等多项奖项的大片《卧虎藏龙》将音乐制品《丝路驼铃》2 分 55 秒的内容,缩节为 2 分 18 秒作为影片背景音乐,把表现沙漠驼队坚忍不拔精神的《丝路驼铃》,用于影片女主人公玉娇龙与匪首罗小虎激烈打斗的场景,但未取得《丝路驼铃》著作权人许可,侵犯了音乐作品的著作权。

> 1.3 作品版权:
> 1.3.1 甲方拥有音乐作品的完整版权且来源合法、不存在法律瑕疵。
> 1.3.2 甲方确保,音乐作品涉及的乐曲、歌词,均已取得作者或版权人对音乐作品的授权。
> 1.3.3 甲方确保,音乐作品涉及的演唱者、表演者、演奏者,已取得其对音乐作品的授权。

● 律师批注 4

【条款目的】

1. 许可方应对音乐作品的版权承担瑕疵担保责任。因为影视剧中使用音乐作品并播映后,如发现音乐作品存在版权瑕疵或未经授权,将会造成无法挽回的损失。

2. 音乐作品往往是多个版权"合成物",而将音乐用于影视剧又涉及音乐作品传播的新形式,需要经过相应版权人、表演者给予相应授权。

【相关案例】

热播的电视连续剧《闯关东》片尾曲《家园》因使用郑建春在 1960 年创作的《摇篮曲》的一段音乐,未经授权,而被《摇篮曲》版权人的继承人起诉至法院。

在该案例中,电视剧所使用的片尾曲未经授权,导致电视剧的整个版权存在瑕疵和潜在的法律风险。

2. 许可内容:

2.1 使用方式: 许可方授权被许可方在下列影视剧(以下简称"本剧")中使用、植入本音乐,可作为主题歌或背景音乐使用,使用的具体形式由被许可方在制作时确定,并可根据需要进行分段、缩减等编辑、修改;被许可方有权自己或授权他人处置、经营、使用和播映本剧(其中使用、植入了本音乐),但不得将本音乐作为一个独立作品进行单独处置、经营、使用。

(1) 影视剧名称:《_____》,又名《_____》(最终剧名以影视主管机关颁发的公映许可证或发行许可证为准)。

(2) 共_____集、每集长度:_____分钟。

(3) 剧情:讲述_____的故事。

(4) 主创团队:导演_____、监制_____、主要演员_____等。

(5) 投资方:_____。

2.2 使用区域: 全球范围。

2.3 使用期限: 自本合同签署之日起永久使用。

● 律师批注5

【条款目的】

许可使用的方式一般是作为影视剧的主题曲或其他影视音乐使用,一旦授权使用后,音乐作品将随着影视剧进行传播。

【风险提示】

影视剧中对于他人的音乐作品无论使用形式、多少,哪怕是作为背景音乐,均应取得音乐作品版权著作权人的授权,否则将构成影视剧作品侵权。

【相关案例】

曾引起一轮又一轮收视高潮的电视连续剧《激情燃烧的岁月》因剧中用了《解放区的天》、《保卫黄河》、《洪湖水浪打浪》等9首当时广为流传的音乐作品而没有支付相应的费用,中国音乐著作权协会将制作方起诉至法院。北京市高级人民法院判决认定完整播放的歌曲构成侵权,未完整播放的音乐属于合理使用。

3. 许可费用：

3.1 双方同意，就本合同约定对本音乐使用的全部费用为人民币_____元（大写：_____）。

3.2 被许可方按照下列进度支付授权费用：

3.2.1 于本合同签署后_____个工作日内，支付费用总额的20%作为定金。

3.2.2 于许可方向被许可方提供本音乐后_____个工作日内，支付费用总额的_____%。

3.3 许可方在收取上述款项时应向被许可方开具同等金额发票。

● 律师批注6

关于许可费用约定的注意事项与法律风险，参见《文学艺术作品版权转让合同》律师批注7。

4. 其他事项：

4.1 被许可方系代表本剧全部投资方签署和履行本合同，本剧投资方或出品方的变化或版权人的变更均不影响本合同的效力和履行及依据本合同对本音乐的使用。

4.2 不可抗力：

4.2.1 本合同所述的不可抗力是指：自然灾害、贸易抵制、罢工、动乱、战乱和火灾、水灾、疫情等意外事故，政府规定、指令、法规的变更。

4.2.2 若任何一方因不可抗力情况影响，以致迟延或无法继续履行本合同，应立即以书面通知另一方，双方应友好商定如何处理。因不可抗力以致无法履行本合同或者迟延履行，不作违约论。

4.3 违约责任：

4.3.1 若任何一方不履行合同、迟延履行或保证、承诺存在虚假，均为违约行为并被追究违约责任，违约方应向另一方支付制作报酬_____%的违约金。任何一方没有行使或有延迟行使本合同下的任何权利或补救，不视为该方放弃权利或补救。

4.3.2 在有偿使用的情形下，乙方迟延支付许可费用，则每逾期一日应支付逾期金额千分之_____的违约金；逾期超过10日，每日违约金为前述标准的两倍；逾期超过30日时，甲方还有权解除本合同。

● 律师批注 7

关于违约金等违约责任约定的注意事项与法律风险,参见《文学艺术作品合作创作合同》律师批注 14 和《文学艺术作品出版合同》律师批注 14。

> 4.4 联络:
> 4.4.1 本合同各方均书面指定授权代表及其联络方式,以向其他各方履行义务和接受其他各方履行义务,任何一方授权代表的签字及其行为即可代表该方并由该方承担法律后果;任何一方改变其授权代表或/及其联络方式,均须书面提前通知其他方。
> 4.4.2 本合同各方指定的授权代表及其联络方式为:
> (1)甲方指定联系人:_____,电话_____,传真_____,手机_____,电子信箱_____,通信地址_____,邮编_____。
> (2)乙方指定联系人:_____,电话_____,传真_____,手机_____,电子信箱_____,通信地址_____,邮编_____。

● 律师批注 8

关于联系人与联系方式约定的注意事项与法律风险,参见《文学艺术作品合作创作合同》律师批注 17。

> 4.5 争议解决:
> 4.5.1 双方因合同的解释或履行发生争议,应先由双方协商解决。
> 4.5.2 如协商不成,按照第_____种方式解决。
> (1)将争议提交_____仲裁委员会依照其最新生效的仲裁规则进行仲裁。
> (2)向_____地(如:甲方所在地或乙方所在地或本合同签署地)有管辖权的人民法院提起诉讼。

● 律师批注 9

关于争议解决约定的注意事项与法律风险,参见《文学艺术作品合作创作合同》律师批注 15。

> 4.6 合同生效与文本:
> 4.6.1 本合同的变更、续签及其他未尽事宜,由双方另行商定。
> 4.6.2 本合同自双方签署之日起生效,一式二份,双方各执一份。

● **律师批注 10**

关于合同生效时间约定的注意事项与法律风险,参见《文学艺术作品合作创作合同》律师批注 16。

(以下无正文)
甲方:＿＿＿＿＿＿有限公司
法定代表人或授权代表:＿＿＿＿＿
乙方:＿＿＿＿＿＿有限公司
法定代表人或授权代表:＿＿＿＿＿

第四十五章　影视剧歌曲委托创作合同

影视剧歌曲委托创作合作

委托方：＿＿＿＿＿＿**有限公司（以下简称"甲方"）**
法定代表人：＿＿＿＿＿＿
地址：＿＿＿＿＿＿
创作方：＿＿＿＿＿＿**，艺名：**＿＿＿＿＿＿（以下简称"乙方"）
身份证号：＿＿＿＿＿＿
地址：＿＿＿＿＿＿

● **律师批注1**

关于合同的签约主体及其名称的注意事项与法律风险等，参见《文学艺术作品合作创作合同》律师批注1和《文学艺术作品委托创作合同》律师批注1。

经甲乙双方友好协商，为就创作影视剧音乐一事于＿＿＿＿年＿＿＿＿月＿＿＿＿日在＿＿＿＿市＿＿＿＿区达成如下约定：

● **律师批注2**

关于签约时间、签约地点的注意事项及法律风险等，参见《文学艺术作品合作创作合同》律师批注3。

1. 委托事项：

1.1 甲方委托乙方为电影/电视剧《＿＿＿＿》（以下简称"本剧"）创作主题歌＿＿＿＿首（含谱曲、填词）（以下简称"该作品"），该作品的版权归甲方；甲方可将该作品及对其的演唱、演奏植入本剧并随本剧在各种媒体传播及进行相应版权转让、授权。

● **律师批注3**

【条款目的】

委托创作影视音乐，属于委托创作合同关系，需要约定其版权归属，否则歌曲版权归创作方。

  1.2 乙方须保证该作品符合下列各项条件：
  1.2.1 该作品(含谱曲、填词)系原创作品，不得抄袭或剽窃他人作品或侵犯他人知识产权。
  1.2.2 该作品的版权完整且无法律瑕疵，在作品形成及交付时，其版权归甲方单独所有。
  1.2.3 乙方在创作该作品过程中，如使用其他辅助人员，须确保此类人员不对该作品享有任何版权或使用权或提出任何权利主张。
  1.2.4 该作品在交付给甲方之前，乙方自己未曾也未曾授权他人发表、演唱或使用过该作品。
  1.2.5 如乙方违反上述任何承诺，则甲方有权立即解除协议、要求返还全部已付款项且支付酬金总额_____%的违约金。

● **律师批注4**

【条款目的】
  委托方应要求创作方对其创作的成果承担瑕疵担保责任，避免因歌曲版权瑕疵影响影视剧的版权及其经营。

  1.3 甲方自行负责或另行委托该作品的录音、演唱、演奏等制作事宜。
  1.4 创作安排：
  1.4.1 本合同签署后_____个日历天内，甲方根据乙方需要通过提供本剧相关资料方式，以使乙方对本剧内容、主题及相关背景有深刻把握，乙方在之后_____个日历天内提出该作品的创作思路。
  1.4.2 乙方提出该作品思路后，应积极与甲方或其指定的导演等人员进行沟通，并根据反馈意见重新提出创作思路或进行修改，直至经甲方确认后开始词曲创作。
  1.4.3 乙方应在甲方确认创作思路后_____个日历天内，提出词曲创作初稿，积极与甲方及其指定导演进行沟通，并根据反馈意见进行返工、重新创作词曲、修改，直至经甲方确认。
  1.4.4 上述任何一个创作阶段中，如经甲方提出返工或修改意见后，乙方提出创作稿件仍无法通过甲方确认时，甲方有权解除本合同、结清已经其认可的工作成果的相应报酬、另行委托他人创作或继续创作。

● 律师批注 5

关于创作安排约定的注意事项及法律风险等,参见《文学艺术作品委托创作合同》律师批注 6 和 7。

> 2. 创作报酬:
> 2.1 双方同意,甲方就乙方完成该作品创作任务支付酬金人民币_____元整;除此之外,甲方再无向乙方支付其他任何款项或费用的义务。该报酬的支付进度为:本合同签署后_____个工作日内支付_____%;另外_____%须在创作完成后的次日全部结清。
> 2.2 本条中甲方付给乙方的报酬为税后款,甲方须在录音完成后一周之内为乙方代缴个人所得税,并将代缴的税单原件或复印件交付乙方,否则将被视为违约。

● 律师批注 6

关于酬金约定的注意事项与法律风险,参见《文学艺术作品版权转让合同》律师批注 7。

> 3. 其他事项:
> 3.1 甲方享有该作品版权,甲方或其合作方、授权方、本剧版权受让方在通过各种媒体形式和平台使用、传播、宣传该作品过程中涉及该作品内容时,无须再经乙方另行授权和支付费用。甲方在本剧制作完成且使用该作品时,应对该作品的作者予以署名。
> 3.2 甲方系代表本剧全部投资方签署和履行本合同,本剧投资方或出品方的变化或版权人的变更均不影响本合同的效力和履行及依据本合同对音乐作品的使用。

● 律师批注 7

关于版权归属约定的注意事项与法律风险,参见《文学艺术作品委托创作合同》律师批注 9。

> 3.3 违约责任:
> 3.3.1 若任何一方不履行合同、迟延履行或保证、承诺存在虚假,均为违约行为并追究违约责任,违约方应向另一方支付制作报酬_____%的违约金。任何一方没有行使或有延迟行使本合同下的任何权利或补救,不视为该方放弃权利或补救。
> 3.3.2 甲方迟延支付酬金,则每逾期一日应支付逾期金额千分之_____的违约金;逾期超过 10 日,每日违约金为前述标准的两倍。

● 律师批注 8

关于违约金等违约责任约定的注意事项与法律风险,参见《文学艺术作品合作创作合同》律师批注 14 和《文学艺术作品出版合同》律师批注 14。

3.4 联络:

3.4.1 本合同各方均书面指定授权代表及其联络方式,以向其他各方履行义务和接受其他各方履行义务,任何一方授权代表的签字及其行为即可代表该方并由该方承担法律后果;任何一方改变其授权代表或/及其联络方式,均须书面提前通知其他方。

3.4.2 本合同各方指定的授权代表及其联络方式为:

(1) 甲方指定联系人:_____,电话_____,传真_____,手机_____,电子信箱_____,通信地址_____,邮编_____。

(2) 乙方指定联系人:_____,电话_____,传真_____,手机_____,电子信箱_____,通信地址_____,邮编_____。

● 律师批注 9

关于联系人与联系方式约定的注意事项与法律风险,参见《文学艺术作品合作创作合同》律师批注 17。

3.5 争议解决:

3.5.1 双方因合同的解释或履行发生争议,应先由双方协商解决。

3.5.2 如协商不成,按照第_____种方式解决。

(1) 将争议提交_____仲裁委员会依照其最新生效的仲裁规则进行仲裁。

(2) 向_____地(如:甲方所在地或乙方所在地或本合同签署地)有管辖权的人民法院提起诉讼。

● 律师批注 10

关于争议解决约定的注意事项与法律风险,参见《文学艺术作品合作创作合同》律师批注 15。

3.6 合同生效与文本:

3.6.1 本合同的变更、续签及其他未尽事宜,由双方另行商定。

3.6.2 本合同自双方签署之日起生效,一式二份,双方各执一份。

● **律师批注 11**

关于合同生效时间约定的注意事项与法律风险,参见《文学艺术作品合作创作合同》律师批注 16。

(以下无正文)
甲方:_____有限公司
法定代表人或授权代表:_____
乙方:_____
签字:_____

第四十六章　影视剧主题歌演唱合同

> **影视剧主题歌演唱合同**
>
> 甲方：_____有限公司
> 法定代表人：_____
> 地址：_____
> 乙方：_____，艺名：_____
> 身份证号：_____
> 地址：_____

● **律师批注 1**
　　关于合同的签约主体及其名称的注意事项与法律风险等，参见《文学艺术作品合作创作合同》律师批注 1 和《文学艺术作品委托创作合同》律师批注 1。

> 经甲乙双方友好协商，为就在影视剧中演唱主题歌事宜于_____年_____月_____日在_____市_____区达成如下约定：

● **律师批注 2**
　　关于签约时间、签约地点的注意事项及法律风险等，参见《文学艺术作品合作创作合同》律师批注 3。

1. 演唱内容：
　　1.1　甲方为电影/电视剧《_____》（暂定名）（拍摄许可证号：_____）（以下简称"本剧"）投资方或受本剧投资方委托而签署本合同。
　　1.2　甲方聘请乙方为本剧演唱主题歌_____首（以下简称"该歌曲"），并由甲方录制为 MV、MTV 等作品形式（以下简称"该作品"），该作品的版权归甲方所有。
　　1.3　甲方可将该作品用于本剧并随本剧在各种媒体传播及进行相应版权转让、授权，甲方亦可对该作品以其他形式使用、经营。
　　1.4　乙方演唱的该歌曲由甲方提供并且甲方须保证该歌曲版权完整且甲方已取得该歌曲的版权或已取得该歌曲版权人的合法授权。

● 律师批注 3

【条款目的】

1. 本款在于明确影视剧制作方与演唱者之间的关系和责任,即演唱的歌曲由制作方提供,演唱者负责进行演唱。

2. 因演唱者对其演唱内容具有相应版权性权益,对其演唱内容进行录制并用于影视剧为本合同约定的主要目的;但考虑到未来可对演唱内容单独开发经营,如制作为 MV、MTV 等作品形式,也需要演唱者授权。

3. 演唱歌曲由制作方提供,故歌曲的词曲版权人对演唱和将演唱内容用于影视剧主题歌、根据演唱内容制作为 MV、MTV 等作品形式亦需要歌曲词曲版权人授权。

2. 录制安排:

2.1 录制准备:

2.1.1 甲方在本合同签署后,将该歌曲提供给乙方,并提供本剧相关资料,以便乙方理解本剧内容、主题。

2.1.2 甲方在本合同签署后,联系相关录音场地、团队、设备等。

2.2 录制工作:

2.2.1 甲方负责该作品的录音制作费用。

2.2.2 录音制作时间须由双方提前约定,初步确定于_____年_____月_____日,但最迟不得晚于本剧完成后期制作前(即_____年_____月_____日前)。录制过程共_____天完成,如经甲方确认后仍需要个别补录工作,则双方另行商议补录时间。

2.2.3 该歌曲经乙方演唱且经甲方确认录音完成时,乙方方完成本合同约定义务。甲方同时有权录制乙方演唱该歌曲的视频和拍照并将视频、照片用于本剧及其宣传和制作 MV、MTV 作品,且无须向乙方另付费用。

2.2.4 乙方须配合甲方认真完成录音制作并亲自完成演唱,乙方确保该作品完整版时长不得少于_____分钟。如不符合此长度则按照不足部分所占约定时长的比例退还酬金。

● 律师批注 4

【条款目的】

1. 明确双方在歌曲演唱准备、录制过程中的相互配合。

2. 歌曲演唱所需要的场地、设备、乐队等,通常由制作方提供,但也可约定由演唱者联络和安排。

3. 演唱报酬：
3.1 酬金总额：
3.1.1 双方同意，甲方就乙方演唱该歌曲和授权甲方使用该作品的报酬为人民币_____元整。
3.1.2 上述酬金为乙方履行本合同项下全部义务的对价，除此之外，甲方再无向乙方支付其他任何款项或费用的义务。
3.2 支付进度：
3.2.1 本合同签署后_____个工作日内支付酬金的_____%。
3.2.2 在录制完成后_____个工作日内支付酬金的_____%。
3.2.3 本条中甲方付给乙方的报酬为税后款/税前款。

● 律师批注5

关于酬金约定的注意事项与法律风险，参见《文学艺术作品版权转让合同》律师批注7。

4. 其他事项：
4.1 甲方享有该作品版权和在本剧中乙方对该作品演唱的使用权。甲方或其合作方、授权方、本剧版权受让方在通过各种媒体形式和平台使用、传播、宣传该作品过程中涉及该作品演唱内容时，无须再经乙方另行授权和支付费用。
4.2 甲方同意授权乙方在本剧首播一年后享有该作品的无偿使用权，即：乙方可将该作品纳入个人专辑(指：音像制品)和个人官方网站，但必须标明出处(影视剧片名称)。

● 律师批注6

【条款目的】
1. 关于版权归属约定的注意事项与法律风险，参见《文学艺术作品委托创作合同》律师批注9。
2. 考虑到演唱者将演唱内容用于其个人宣传等目的，可由双方根据实际情况约定。

4.3 违约责任:

4.3.1 若任何一方不履行合同、迟延履行或保证、承诺存在虚假,均为违约行为并追究违约责任,违约方应向另一方支付制作报酬_____%的违约金。任何一方没有行使或有延迟行使本合同下的任何权利或补救,不视为该方放弃权利或补救。

4.3.2 甲方迟延支付款项,则每逾期一日应支付逾期金额千分之_____的违约金;逾期超过 10 日,每日违约金为前述标准的两倍。

● **律师批注 7**

关于违约金等违约责任约定的注意事项与法律风险,参见《文学艺术作品合作创作合同》律师批注 14 和《文学艺术作品出版合同》律师批注 14。

4.4 联络:

4.4.1 本合同各方均书面指定授权代表及其联络方式,以向其他各方履行义务和接受其他各方履行义务,任何一方授权代表的签字及其行为即可代表该方并由该方承担法律后果;任何一方改变其授权代表或/及其联络方式,均须书面提前通知其他方。

4.4.2 本合同各方指定的授权代表及其联络方式为:

(1) 甲方指定联系人:_____,电话_____,传真_____,手机_____,电子信箱_____,通信地址_____,邮编_____。

(2) 乙方指定联系人:_____,电话_____,传真_____,手机_____,电子信箱_____,通信地址_____,邮编_____。

● **律师批注 8**

关于联系人与联系方式约定的注意事项与法律风险,参见《文学艺术作品合作创作合同》律师批注 17。

4.5 争议解决:

4.5.1 双方因合同的解释或履行发生争议,应先由双方协商解决。

4.5.2 如协商不成,按照第_____种方式解决。

(1) 将争议提交_____仲裁委员会依照其最新生效的仲裁规则进行仲裁。

(2) 向_____地(如:甲方所在地或乙方所在地或本合同签署地)有管辖权的人民法院提起诉讼。

● 律师批注 9

关于争议解决约定的注意事项与法律风险,参见《文学艺术作品合作创作合同》律师批注 15。

> 4.6 合同生效与文本:
> 4.6.1 本合同的变更、续签及其他未尽事宜,由双方另行商定。
> 4.6.2 本合同自双方签署之日起生效,一式二份,双方各执一份。

● 律师批注 10

关于合同生效时间约定的注意事项与法律风险,参见《文学艺术作品合作创作合同》律师批注 16。

> (以下无正文)
> 甲方:_____有限公司
> 法定代表人或授权代表:_____
> 乙方:_____
> 签字:_____

第四十七章　影视剧场景搭建工作任务承包合同

影视剧场景搭建工作任务承包合同

甲方：_____有限公司
法定代表人：_____
地址：_____
乙方：_____有限公司
法定代表人：_____
地址：_____

● 律师批注 1

关于合同的签约主体及其名称的注意事项与法律风险等，参见《文学艺术作品合作创作合同》律师批注 1 和《文学艺术作品委托创作合同》律师批注 1。

鉴于：

1. 甲方正在组织拍摄、制作电影/电视剧《_____》（暂定名，具体名称以公映许可证/发行许可证为准）（以下简称"本剧"），需要完成约定工作任务。

2. 乙方愿意按照本合同约定及甲方的拍摄需要，负责和完成约定本剧工作任务。

3. 在本合同签署前，乙方已通过甲方介绍等方式了解、确认其在本剧中的全部工作内容和时间安排。

4. 本合同构成双方之间承包合同关系。

● 律师批注 2

关于鉴于条款约定内容及其法律意义，参见《文学艺术作品合作创作合同》律师批注 2。

为此，甲乙双方于_____年____月____日在_____市_____区订立条款如下：

● 律师批注 3

关于签约时间、签约地点的注意事项及法律风险等,参见《文学艺术作品合作创作合同》律师批注 3。

> **1. 承包工作内容:**
>
> 1.1 甲方同意乙方承包并且乙方愿意承包本剧制作过程中所需场景搭建工作任务。乙方承包的工作范围除应遵循影视业通常的惯例原则外,还应按照本合同书中约定的内容完成,甲方有权根据拍摄需要,临时向乙方安排其他与搭建相关工作内容。

● 律师批注 4

【条款目的】

影视剧制作方将搭建这样的专项任务承包给承揽方,并由承包方负责安排施工工人、设备并对施工质量、安全负责。

> 1.2 具体场景搭建工作范围包括:
> 1.2.1 为本剧拍摄需要搭建场景进行场景设计。
> 1.2.2 根据甲方确认的场景设计方案,自行提供和购置所需全部材料、物品,进行场景搭建。
> 1.2.3 甲方完成拍摄后,负责拆卸场景并使场地恢复原状。
> 1.2.4 乙方确保设计和搭建的场景符合安全、消防等规范,并对此承担全部责任。

● 律师批注 5

【条款目的】

工作范围是从影视制作流程上明确施工要完成的工作事项,即:设计、搭建、拆除。

> 1.3 具体搭建工作内容包括:
> 1.3.1 根据拍摄计划和需要,在搭建前至少_____个工作日提供各个搭建场景的设计方案并根据甲方意见立即进行修改,合计所需搭建场景约_____个。
> 1.3.2 在甲方位于_____市_____路_____号的拍摄场地等指定地点,完成场景搭建;每个场景搭建需在甲方拍摄计划确定使用前至少_____个工作日完成并提交甲方验收,还需按照甲方意见进行修改、完善。
> 1.3.3 在各个搭建场景完成后,至少保留_____名留守人员负责看守和相应维护工作。

第四部分 影视类合同范本律师批注

● 律师批注6

【条款目的】

明确承包方的工作量等具体事项。

> 2. 承包工作安排：
> 2.1 工作期限初步确定为_____年_____月_____日起至_____年_____月_____日止；乙方的工作期限的开始时间延期，或者本剧因客观原因延期开机，则乙方的工作期限推迟或相应顺延。
> 2.2 乙方应配备_____名人员完成搭建工作，并且这些人员均须具有丰富经验和相应工作技能；乙方配备人员不与甲方或剧组构成劳动或劳务合同关系，乙方与其建立劳动或劳务合同关系并由乙方负责管理和安排其工作，乙方对其配备人员的工作成果负责。
> 2.3 乙方及其配备的工作人员须在上述工作期限内和剧组工作期间，常驻剧组或随同剧组工作。
> 2.4 乙方完成工作所需的材料、用品及其加工，由乙方负担配备和提供。
> 2.5 乙方及其所配备的工作人员如在工作过程中或其搭建场景造成他人人身财产损害，均由乙方承担全部责任，与甲方无关。
> 2.6 乙方不得对本合同项下权利义务转让、转包或分包给他人，否则甲方有权立即解除本合同、要求返还全部已付款，还有权要求支付合同总金额_____%的违约金。

● 律师批注7

【条款目的】

1. 本条款是就施工工期、施工队伍规模和施工材料提供等方面约定施工方的责任。

2. 为控制搭建质量，避免施工方"层层转包"导致施工偷工减料，应禁止施工方转包或分包。

【风险提示】

明确施工方的责任是制作方与施工方之间的内部责任承担，但如因搭建质量不合格导致安全事故，制作方仍要首先对他人承担责任。

【相关案例】

电影《赵氏孤儿》在山西阳泉拍摄地举办开机仪式活动时，主办方为方便媒体拍摄，在现场距离主舞台5米处特意搭建了一座看台。但由于能容纳百余人的看台上人数过多,导致看台由于难堪重负突然坍塌,致使多名记者及观众受伤。

3. 承包报酬:

3.1 乙方完成本合同约定全部工作任务,包含乙方工作人员报酬、费用及所需的用品材料费、加工费的报酬为:人民币_____元整。

3.2 支付金额及期限为:

3.2.1 签署本合同后_____个日历天内付10%作为定金。

3.2.2 乙方进场开始工作之日起_____个日历天内付_____%。

3.2.3 乙方完成工作量过半后_____个日历天内付_____%。

3.2.4 乙方完成全部工作任务且经甲方确认合格后_____个日历天内付_____%。

3.3 上述甲方付予乙方的酬金属总包干制(即包括劳务、加班超时、材料费、人员费等),除此之外,甲方无须再支付其他费用或报酬,除非本合同另有明确约定;如乙方中途因故离职或其配备的人数减少,则劳务报酬按实际工作天数、人数支付。计算方式为:拍摄周期除以乙方报酬总额再乘以乙方实际工作日。开机、关机时间以甲方确定的拍摄进度计划为准。

● 律师批注8

关于酬金约定的注意事项与法律风险,参见《文学艺术作品版权转让合同》律师批注7。

4. 其他事项:

4.1 乙方在搭建中,应确保下列事项:

4.1.1 乙方应为其配备人员每人办理工伤保险或投保人身意外伤害保险。

4.1.2 乙方完成承包任务工作,在本剧中享有相应工作的署名权利,具体署名形式和顺序由甲方根据实际情况确定。

4.1.3 乙方及其配备人员完成承包工作,有义务接受本剧组管理,遵守本剧组管理规范。甲方有权在认为乙方不适宜或不胜任担任本剧中的工作时,单方解除本合同。在甲方单方解除本合同时,乙方不再要求甲方支付未支付的其余酬金。

4.1.4 乙方配备人员因工作原因产生的交通、通讯、误餐补助费,由乙方承担。

4.1.5 工作期内,乙方人员须服从剧组统一调动安排并不受节假日限制。如因乙方工作过失造成甲方损失,甲方有权再追究乙方责任。

4.2 如因乙方未完成本合约及合约附件各款项而造成的甲方经济损失,均由甲方从乙方报酬中扣除,不足部分将通过法律程序追究经济赔偿及责任。工作期间,乙方确保其配备人员自觉严格遵守国家法律、法规及剧组的各项规章制度。

● **律师批注9**

【条款目的】

1. 应要求搭建方为施工人员办理工伤保险或意外保险,避免在施工过程中发生事故造成施工人员伤残或死亡导致制作方对此承担连带责任。

2. 一些场景的搭建、拆除与影视剧拍摄同步或穿插进行,搭建方需安排一定数量的施工人员在拍摄现场配合拍摄需要进行施工。

3. 应要求搭建方对其安排在拍摄现场的施工人员遵守拍摄现场纪律和要求。

4.3 保密:乙方及其配备人员因工作而了解、接触或掌握的甲方或本剧的商业秘密,均应予以保密,不得对外泄露或披露,否则即视为违约并赔偿损失。

● **律师批注10**

【条款目的】

因搭建方设计、施工及参与拍摄过程,故对拍摄相关信息也有一定的了解,故应要求搭建方承担一定的保密义务。

4.4 违约责任:

4.4.1 本合同各方均愿遵守本合同之约定,若有一方违约,违约方应向非违约方支付由于违约给非违约方所造成损失的赔偿金及约定的违约金。

4.4.2 本合同自签署后生效,有效期至乙方履行完毕其全部义务时止。如应拍摄需要需延期不得超过一周,在此期间内,甲方无须再向乙方支付其他费用。

4.4.3 乙方如未按期完工,则每逾期一日支付违约金_____元;逾期10日以上时,每日支付违约金为_____万元且甲方还有权立即解除本合同,要求返还全部已付款项。

● 律师批注 11

关于违约金等违约责任约定的注意事项与法律风险,参见《文学艺术作品合作创作合同》律师批注 14 和《文学艺术作品出版合同》律师批注 14。

> 4.5 联络:
> 4.5.1 本合同各方均书面指定授权代表及其联络方式,以向其他各方履行义务和接受其他各方履行义务,任何一方授权代表的签字及其行为即可代表该方并由该方承担法律后果;任何一方改变其授权代表或/及其联络方式,均须书面提前通知其他方。
> 4.5.2 本合同各方指定的授权代表及其联络方式为:
> (1) 甲方指定联系人:_____,电话_____,传真_____,手机_____,电子信箱_____,通信地址_____,邮编_____。
> (2) 乙方指定联系人:_____,电话_____,传真_____,手机_____,电子信箱_____,通信地址_____,邮编_____。

● 律师批注 12

关于联系人与联系方式约定的注意事项与法律风险,参见《文学艺术作品合作创作合同》律师批注 17。

> 4.6 争议解决:
> 4.6.1 双方因合同的解释或履行发生争议,应先由双方协商解决。
> 4.6.2 如协商不成,按照第_____种方式解决。
> (1) 将争议提交_____仲裁委员会依照其最新生效的仲裁规则进行仲裁。
> (2) 向_____地(如:甲方所在地或乙方所在地或本合同签署地)有管辖权的人民法院提起诉讼。

● 律师批注 13

关于争议解决约定的注意事项与法律风险,参见《文学艺术作品合作创作合同》律师批注 15。

> 4.7 合同生效与文本:
> 4.7.1 本合同的变更、续签及其他未尽事宜,由双方另行商定。
> 4.7.2 本合同自双方签署之日起生效,一式二份,双方各执一份。

● 律师批注 14

关于合同生效时间约定的注意事项与法律风险,参见《文学艺术作品合作创作合同》律师批注 16。

(以下无正文)
甲方：_____有限公司
法定代表人或授权代表：_____
乙方：_____有限公司
法定代表人或授权代表：_____

第四十八章　影视剧组车辆租用合同

> **影视剧组车辆租用合同**
>
> 甲方：_____影视有限公司
> 法定代表人：_____
> 地址：_____
> 乙方：_____汽车有限公司
> 法定代表人：_____
> 地址：_____

● 律师批注 1

【条款目的】

1. 关于合同的签约主体及其名称的注意事项与法律风险等，参见《文学艺术作品合作创作合同》律师批注 1 和《文学艺术作品委托创作合同》律师批注 1。

2. 在选择车辆出租方时，剧组应当考虑与有出租汽车资质特别是有充足车辆和资金实力的汽车公司签约，不要租用个人或没有相应实力企业的车辆。因为租用车辆如发生事故，个人或没有实力的出租方缺乏赔偿能力，会导致剧组承担全部或主要赔偿责任。

> 鉴于：
> 1. 甲方正在组织拍摄、制作电影/电视剧《_____》（暂定名，具体名称以公映许可证/发行许可证为准）（以下简称"本剧"），需要租用车辆满足拍摄使用。
> 2. 乙方系汽车运营服务企业，愿意按照本合同约定提供车辆。

● 律师批注 2

【条款目的】

1. 关于鉴于条款约定内容及其法律意义，参见《文学艺术作品合作创作合同》律师批注 2。

2. 本合同适用于剧组在拍摄期间租用车辆时使用。

为此，甲乙双方于_____年_____月_____日在_____市_____区订立条款如下：

● 律师批注 3

关于签约时间、签约地点的注意事项及法律风险等，参见《文学艺术作品合作创作合同》律师批注 3。

1. 出租车辆：

序号	车辆号牌	品牌与型号	可载人数/重量	是否配备司机	司机电话	租金标准	
						每天租金	每公里租金
1							
2							
3							
4							

● 律师批注 4

【条款目的】

1. 本条款约定租用车辆的具体情况及租金标准等。

2. 剧组租用车辆可以是不配备司机的"裸车"，也可由出租方配备司机，具体根据车辆需求确定；出租方配备司机时，则出租方对车辆使用安全承担责任。

2. 租金结算：

2.1 甲方按乙方提供车辆数量和实际天数或距离结算租金。

2.2 每次租车时，甲方提前_____个日历天向乙方预订用车数量、时间并确认计算租金方式。

2.3 按天数计算租金的，车辆自到达甲方_____市内指定位置开始计算租金，不足一天按一天计算；按距离计算租金的，自车辆从甲方_____市内指定位置出发时开始计算租金，最小计费标准为_____公里，不足最小计费距离按该最小计费距离计算。

2.4 上述租车费用不包括车辆每天行驶所支付的过路、过桥费用和在甲方指定的出发、经停、目的地的停车费用等；但上述租车费用包括燃油费、乙方提供驾驶员的费用；除租车费用及前述约定费用外，甲方再无其他费用支付义务。

2.5 每次租车结束后，甲方向乙方结算当次租车费用。乙方收到每笔费用后 2 个工作日内，须向甲方出具合法有效发票。

● 律师批注 5

【条款目的】

1. 剧组租用车辆对租金通常是按天计算，对于长途运输等特殊情况也可能按行驶距离计算；既可以每天或每周、每月定期结算，也可使用结束后一并结算。

2. 对于车辆使用过程中产生的燃油费用、过路过桥费用、停车费等杂费的承担亦应明确约定。

  3. 车辆保障：

  3.1 乙方保证，其提供的租用车辆为其合法所有且安全性能完好，各种车辆手续齐备、符合国家车辆安全和行驶要求，办理了全部车辆险种的保险手续；其安排的驾驶员具备合格驾驶资质和经验。

  3.2 乙方保证车内空调完好，并且甲方乘用时保持车内温度不低于_____摄氏度、不高于_____摄氏度。

  3.3 租用车辆如需要连夜工作或离开_____市范围，甲方应为乙方驾驶员提供住宿条件。

  3.4 乙方驾驶员在甲方租车期间，应自觉遵守交通规则和法规，保证行车安全。因违反交通规则所造成的损失或发生交通事故，导致被罚款或造成的甲方及第三人一切经济损失和人身损害，均由乙方承担。

  3.5 在租车期间，车辆发生故障或损坏，由乙方自行维修并承担费用，甲方不承担修车费用。乙方修车期间，乙方须立即另行安排同等条件车辆供甲方使用，否则甲方不予支付故障车辆租金且还须按甲方租用其他替代车辆的费用由乙方支付违约金。

  3.6 乙方的驾驶员每日累计休息时间不少于_____小时，避免疲劳驾驶，防止发生事故；如出现驾驶员超负荷工作，可要求乙方加派换班司机，由此增加人员费用由甲方承担。

  3.7 乙方须保证其驾驶员服从甲方使用要求，保持车内整洁、舒适，保证车内甲方及其工作人员暂存物品的安全。

  3.8 在租车过程中，如乙方的驾驶员不能按照甲方要求提供车辆服务，则甲方有权要求乙方更换驾驶员；否则，支付每天租金标准的违约金。

● 律师批注 6

【条款目的】

1. 剧组在租用车辆时，应对车辆是否具备行驶合法证照、是否通过车辆检验进行审查，同时，还应要求出租方对车辆安全性、适用性进行定期检查和确保。因为如因车辆故障引发交通事故、人身伤害,剧组作为实际使用方也应当承担相应责任。

2. 在确保车辆安全性的同时,还应当要求出租方对车辆的舒适性予以保障,如因出租方的驾驶人员不能提供良好服务,有权要求出租方及时予以更换。

4. 其他事项:
4.1 违约责任:
4.1.1 除重大政策性变化或不可抗力外,任何一方违反协议规定致使协议不能全部履行的,均应向另一方支付合同及附件规定未履行租金额总数_____%的违约金。
4.1.2 如因车辆本身存在安全故障或安全隐患直接导致承租方、使用方发生人员、财产损害或伤害他人,则由出租方承担相应责任,如属生产厂商质量责任或可向保险公司主张赔偿,出租方应予负责处理。

● 律师批注7

关于违约金等违约责任约定的注意事项与法律风险,参见《文学艺术作品合作创作合同》律师批注14和《文学艺术作品出版合同》律师批注14。

4.2 联络:
4.2.1 本合同各方均书面指定授权代表及其联络方式,以向其他各方履行义务和接受其他各方履行义务,任何一方授权代表的签字及其行为即可代表该方并由该方承担法律后果;任何一方改变其授权代表或/及其联络方式,均须书面提前通知其他方。
4.2.2 本合同各方指定的授权代表及其联络方式为:
(1) 甲方指定联系人:_____,电话_____,传真_____,手机_____,电子信箱_____,通信地址_____,邮编_____。
(2) 乙方指定联系人:_____,电话_____,传真_____,手机_____,电子信箱_____,通信地址_____,邮编_____。

● 律师批注8

关于联系人与联系方式约定的注意事项与法律风险,参见《文学艺术作品合作创作合同》律师批注17。

4.3 争议解决：

4.3.1 双方因合同的解释或履行发生争议，应先由双方协商解决。

4.3.2 如协商不成，按照第_____种方式解决。

（1）将争议提交_____仲裁委员会依照其最新生效的仲裁规则进行仲裁。

（2）向_____地（如：甲方所在地或乙方所在地或本合同签署地）有管辖权的人民法院提起诉讼。

● 律师批注 9

关于争议解决约定的注意事项与法律风险，参见《文学艺术作品合作创作合同》律师批注 15。

4.4 合同生效与文本：

4.4.1 本合同的变更、续签及其他未尽事宜，由双方另行商定。

4.4.2 本合同自双方签署之日起生效，一式二份，双方各执一份。

● 律师批注 10

关于合同生效时间约定的注意事项与法律风险，参见《文学艺术作品合作创作合同》律师批注 16。

(以下无正文)

甲方：_____影视有限公司

法定代表人或授权代表：_____

乙方：_____汽车有限公司

法定代表人或授权代表：_____

第四十九章　影视剧组餐食供应合同

影视剧组餐食供应合同

甲方：_____**影视有限公司**

法定代表人：_____

地址：_____

乙方：_____**餐饮有限公司**

法定代表人：_____

地址：_____

● **律师批注1**

【条款目的】

1. 关于合同的签约主体及其名称的注意事项与法律风险等，参见《文学艺术作品合作创作合同》律师批注1和《文学艺术作品委托创作合同》律师批注1。

2. 在选择餐食供应方时，剧组一定要与具备卫生许可证等资质企业，特别是有优良卫生条件和资金实力的餐饮公司签约，不要由个体餐饮方或没有相应实力的餐饮方供应餐食。因为一旦因食物不卫生引发疾病伤害，个人或没有实力餐饮方缺乏赔偿能力，会导致剧组承担全部或主要赔偿责任。

鉴于：

1. 甲方系电影/电视剧《_____》拍摄方，需要为剧组供应餐食。

2. 乙方系具有合法食品卫生许可证的餐饮经营企业，愿意承担甲方的剧组餐食供应任务。

● **律师批注2**

【条款目的】

1. 关于鉴于条款约定内容及其法律意义，参见《文学艺术作品合作创作合同》律师批注2。

2. 本合同适用于剧组在拍摄期间需要定期供应餐食时使用。

为此,甲乙双方于_____年_____月_____日在_____市_____区订立条款如下:

● 律师批注 3
关于签约时间、签约地点的注意事项及法律风险等,参见《文学艺术作品合作创作合同》律师批注 3。

1. 餐食供应各类与标准:
乙方愿意按照约定向甲方提供盒饭餐食,每份盒饭的配备标准为:
1.1　餐食 A 类:(午餐、晚餐时供应)
(1)　主食:米饭或面条或馒头,不少于_____两;
(2)　素菜:_____种,每种不少于_____两;
(3)　荤菜:_____种,每种不少于_____两。

1.2　餐食 B 类:(早餐时供应)
(1)　主食:面条或馒头,不少于_____两;
(2)　配菜:_____种,每种不少于_____两;
(3)　汤类:稀饭或豆浆或菜汤,不少于_____两。

1.3　餐食 C 类:(夜宵时供应)
(1)　主食:面条或馒头,不少于_____两;
(2)　配菜:_____种,每种不少于_____两;
(3)　汤类:稀饭或豆浆或菜汤,不少于_____两。

● 律师批注 4
【条款目的】
确定每类餐食的标准及其内容、质量、数量,是双方交付、验收餐食的标准。

2. 供应价格:
2.1　餐食 A 类,每份_____元;
2.2　餐食 B 类,每份_____元;
2.3　餐食 C 类,每份_____元。

● 律师批注 5
【条款目的】
明确各类餐食的具体价格,是双方结算餐食费用的依据。

3. 乙方承诺：

3.1 乙方具备食品生产、供应的卫生资质、生产供应资质且具备供应能力；

3.2 乙方须使用新鲜原料进行餐食加工，不得使用过期、变质或陈旧原料加工，并保证加工过程安全、卫生，加工人员身体健康；

3.3 乙方须进行精细加工，其提供甲方的餐食食用安全、可口，并同意按照甲方要求对其口味、配料等进行调整；

3.4 乙方提供的每份盒饭应使用环保、合格的一次性包装物进行包装且每份独立包装，每份盒饭均配备一次性餐具；保证盒饭送至甲方指定地点时，新鲜且热饭菜仍保持60摄氏度以上温度。

● 律师批注6

【条款目的】

1. 要求供应方对餐食加工过程、加工质量与卫生予以保证。
2. 明确供应餐食的包装要求和供应时间、地点和餐食温度的要求。

4. 供应安排：

4.1 双方同意，每批盒饭的供应及其供应数量、供应时间、供应地点由甲方事先通过电话或短信下订单，乙方按照甲方订单进行加工和提供；但最大要求供应数量一般不超过_____份，如超过此数量，则须提前2天通知乙方。

4.2 每批盒饭均由乙方按照订单规定时间送至甲方指定地点，并由甲方签收。

● 律师批注7

【条款目的】

明确双方每次供应的数量、标准，根据剧组所下订单确定，这样能够保证餐食供应适应剧组拍摄时间、地点不确定性的实际需要。

5. 费用结算：

5.1 双方同意，先由甲方向乙方交付_____元预付金。

5.2 自本合同签署后，甲乙双方每周结束后2日内结算上一周盒饭费用，结算依据为甲方签收的盒饭数量及盒饭类型并按约定价格计算。

5.3 本合同约定的每份盒饭费用已经包含盒饭费用、送餐费用、包装费用等，除此之外，甲方无其他任何费用或成本支付费用；如甲方要求增加每份盒饭数量或其他内容,则双方另行协商确定费用标准。

5.4 结算费用时,可由乙方从预付金中扣除,也可由甲方另行支付;但预付金不足一半时,乙方有权要求甲方补充。但双方终止本合同关系或甲方明确通知不再由乙方供应时,乙方须全额返还预付金或以预付金抵扣餐食费用。

5.5 乙方从甲方收取每周餐食费用时,应向甲方开具同等金额合法有效发票。

● 律师批注8

【条款目的】

明确双方结算餐食供应的具体周期、方式。

6. 其他事项:

6.1 如因乙方供应餐食存在质量或不卫生等原因造成甲方食用人员生病时,乙方须赔偿一切损失(含医疗费、误工损失)并支付预付金两倍的违约金,甲方有权立即解除本合同。

6.2 乙方不得将本合同约定餐食供应权利义务转让、转包或分包给他人,否则甲方有权立即解除本合同并要求乙方返还预付金、支付预付金同等金额违约金。

● 律师批注9

关于违约金等违约责任约定的注意事项与法律风险,参见《文学艺术作品合作创作合同》律师批注14和《文学艺术作品出版合同》律师批注14。

6.3 联络:本合同双方的联络方式如下,任何一方改变其联络方式,均须书面提前通知另一方,否则送达至原授权代表或以原联络方式送达即视为有效送达:

(1) 甲方指定联系人:_____,电话_____,传真_____,手机_____,电子信箱_____,通信地址_____,邮编_____。

(2) 乙方指定联系人:_____,电话_____,传真_____,手机_____,电子信箱_____,通信地址_____,邮编_____。

● 律师批注10

关于联系人与联系方式约定的注意事项与法律风险,参见《文学艺术作品合作创作合同》律师批注 17。

> **6.4 争议解决：**
> 6.4.1 双方因合同的解释或履行发生争议，应先由双方协商解决。
> 6.4.2 如协商不成，按照第_____种方式解决。
> （1）将争议提交_____仲裁委员会依照其最新生效的仲裁规则进行仲裁。
> （2）向_____地（如：甲方所在地或乙方所在地或本合同签署地）有管辖权的人民法院提起诉讼。

● 律师批注 11

关于争议解决约定的注意事项与法律风险，参见《文学艺术作品合作创作合同》律师批注 15。

> **6.5 合同生效与文本：**
> 6.5.1 本合同的变更、续签及其他未尽事宜，由双方另行商定。
> 6.5.2 本合同自双方签署之日起生效，一式二份，双方各执一份。

● 律师批注 12

关于合同生效时间约定的注意事项与法律风险，参见《文学艺术作品合作创作合同》律师批注 16。

> （以下无正文）
> 甲方：_____影视有限公司
> 法定代表人或授权代表：_____
> 乙方：_____餐饮有限公司
> 法定代表人或授权代表：_____

第五十章　影视剧赞助合同

影视剧赞助合同

甲方：_____有限公司

法定代表人：_____

地址：_____

乙方：_____有限公司

法定代表人：_____

地址：_____

● **律师批注1**

　　关于合同的签约主体及其名称的注意事项与法律风险等，参见《文学艺术作品合作创作合同》律师批注1和《文学艺术作品委托创作合同》律师批注1。

甲乙双方就赞助电影/电视剧《_____》事宜于_____年_____月_____日在_____市_____区达成如下约定：

● **律师批注2**

　　关于签约时间、签约地点的注意事项及法律风险等，参见《文学艺术作品合作创作合同》律师批注3。

---

1. 赞助对象：

　　1.1 名称:《_____》(暂定名)(拍摄许可证号:_____)(以下简称"本剧"),长度:共_____集、每集_____分钟。

　　1.2 主创班底:监制_____,导演_____,编剧_____,主要演员_____、_____、_____。

　　1.3 投资方:甲方及其合作方。

　　1.4 制作进度:预计于_____年_____月_____日前制作完成,计划于_____年_____月_____日前国内公映。

　　1.5 版本:本剧为中文普通话并加中文简体字幕,并可根据海外发行情况翻译其他语言版本。

● 律师批注3

【条款目的】

赞助方对于影视剧赞助通常是基于影视剧对其企业或产品的相应宣传作用,不是无对价的无偿赞助。本款在于明确其要提供赞助和借助宣传的影视剧目。

2. 合作内容:

2.1 甲方及其合作方共同全面负责本剧立项、制作、审查和发行等事宜。

2.2 乙方愿意有条件向本剧提供赞助,具体为:

2.2.1 赞助金额为人民币_____元整,赞助形式为现金;

2.2.2 赞助款项于本合同签署后三个工作日内一次支付至甲方指定银行账户(开户行:_____,户名:_____,账号:_____);

2.2.3 乙方提供上述赞助的条件为按照本合同约定取得本剧相应冠名权、署名权。

2.3 甲方及其合作方承担本剧投资、制作的全部风险、责任,乙方不对本剧投资、经营承担责任或风险,也不对此承担保证责任。

2.4 甲方须保证乙方在本剧中享有下列署名权、冠名权:

2.4.1 在本剧的完成片当中,将乙方作为联合摄制单位予以署名,具体署名顺序由本剧投资方最终确定。

2.4.2 在本剧的公映完成片片尾中,将乙方的LOGO或企业名称作为鸣谢单位予以署名,具体形式由甲乙双方协商确定。

2.4.3 在本剧的国内宣传活动过程中,乙方有权参与相应宣传活动,并在宣传活动中将乙方的LOGO或企业名称进行相应展示或列明,具体形式由甲乙双方协商确定。

2.4.4 乙方有权将其作为本剧联合摄制单位的事实,作为乙方业绩,用于其企业对内对外各类宣传活动。

2.4.5 甲方应在本剧公映后,向乙方提供_____套本剧相应宣传资料(含海报、宣传片、剧照等)和_____份DVD,供乙方内部宣传使用。

● 律师批注4

【条款目的】

1. 明确赞助方应提供赞助的形式、数量,赞助可以为现金,也可以为实物,如赞助方的产品等。

2. 对赞助方的回报往往是给予相应署名或冠名及在影视剧的发布会当

中展示企业的商标、LOGO等宣传利益,也有的是让赞助方作为摄制单位等名义署名,但在这种情形下,赞助方对影视剧并不享有版权。

【相关案例】

电影《毛泽东与斯诺》(又名《蓝眼睛、红五星》)在拍摄过程中,因三个投资方中的江西某公司资金不到位导致拍摄暂停。九江某房地产公司得知此事,便决定向本剧投资100万元。原三个投资方就此签署了补充协议,并将该房地产公司投资的100万元列入该江西公司名下,作为该江西公司的投资款。前述100万元资金到位后,本剧制作拍摄完毕,公映后受到好评,并荣获2002年度中国电影"华表奖"。但是,该房地产公司并未在片头片尾作为制片者署名,而仅仅是"鸣谢单位",该房地产公司便起诉原投资方共同侵害了其应享有的影片著作权及分配收益的权利。庭审中,就该房地产公司提供的100万元属于投资款还是赞助款发生争议。

在该案例中,该房地产公司提供投资并未与原投资方签署协议明确其款项的性质及如何分享本剧权益,这是产生争议的根源。

> **2.5 本剧版权归属:**
>
> 本剧的全部版权(含剧本、拍摄素材、完成片、宣传片等宣传资料、词曲和音乐等),均归甲方等投资方,具体由甲方与其合作方约定;乙方不对本剧享有版权及播映权、经营权。

● 律师批注5

【风险提示】

有的影视剧以将赞助方列为出品单位、摄制单位等形式对其予以回报,但这种情形下,一定要明确赞助方对影视剧并不享有版权。

3. 其他事项:

3.1 保密:

3.1.1 甲乙双方在合作过程中,就本剧剧本的拍摄资料、拍摄进度、演职人员及其变动均应予以保密。

3.1.2 在本剧公开或公映前,本剧剧本、影片、词曲、拍摄情况(含演职人员及其变化、拍摄资料和拍摄进度等)等均属甲方商业秘密,一旦泄露、披露,均会对双方造成不可挽回的巨大损失。

3.1.3 本合同约定的保密事项,在本合同终止时仍对各方具有约束力,除非保密信息已经成为一般公众所知晓的公开信息。

● 律师批注6

关于保密约定的注意事项与法律风险,参见《影视剧投资合作意向书》律师批注7。

> 3.2 不可抗力:
> 3.2.1 本合同所述的不可抗力是指:自然灾害、贸易抵制、罢工、动乱、战乱和火灾、水灾、疫情等意外事故,政府规定、指令、法规的变更。
> 3.2.2 若任何一方因不可抗力情况影响,以致无法继续履行本合同的责任,应立即以书面通知另一方,双方应友好商定如何处理。因不可抗力以致无法履行本合同或者迟延履行,不视作违约论。
> 3.3 违约责任:
> 3.3.1 若任何一方不履行合同、迟延履行或保证、承诺存在虚假,均为违约行为并追究违约责任,违约方应向另一方支付赞助款_____%的违约金;任何一方逾期提供款项,则每逾期一日按逾期金额千分_____支付违约金。任何一方没有行使或有延迟行使本合同下的任何权利或补救,不视为该方放弃权利或补救。
> 3.3.2 任何一方如有违反本合同的任何条款,必须承担、弥补及赔偿另一方或任何第三者,因其违约行为产生、导致或遭受一切索偿、追讨、诉讼、损失、伤害(包括利润损失或亏损、关联损失、利息、罚款、违约金或惩罚性赔偿等)、费用及开支(包括全部律师费用)。

● 律师批注7

关于违约金等违约责任约定的注意事项与法律风险,参见《文学艺术作品合作创作合同》律师批注14和《文学艺术作品出版合同》律师批注14。

> 3.4 联络:本合同双方的联络方式如下,任何一方改变其联络方式,均须书面提前通知另一方,否则送达至原授权代表或以原联络方式送达即视为有效送达:
> (1) 甲方指定联系人:_____,电话_____,传真_____,手机_____,电子信箱_____,通信地址_____,邮编_____。
> (2) 乙方指定联系人:_____,电话_____,传真_____,手机_____,电子信箱_____,通信地址_____,邮编_____。

● 律师批注8

关于联系人与联系方式约定的注意事项与法律风险,参见《文学艺术作品合作创作合同》律师批注 17。

> 3.5 争议解决：
> 3.5.1 双方因合同的解释或履行发生争议，应先由双方协商解决。
> 3.5.2 如协商不成，按照第_____种方式解决。
> （1）将争议提交_____仲裁委员会依照其最新生效的仲裁规则进行仲裁。
> （2）向_____地（如：甲方所在地或乙方所在地或本合同签署地）有管辖权人民法院提起诉讼。

● 律师批注 9

关于争议解决约定的注意事项与法律风险，参见《文学艺术作品合作创作合同》律师批注 15。

> 3.6 合同生效与文本：
> 3.6.1 本合同的变更、续签及其他未尽事宜，由双方另行商定。
> 3.6.2 本合同自双方签署之日起生效，一式二份，双方各执一份。

● 律师批注 10

关于合同生效时间约定的注意事项与法律风险，参见《文学艺术作品合作创作合同》律师批注 16。

> （以下无正文）
> 甲方：_____有限公司
> 法定代表人或授权代表：_____
> 乙方：_____有限公司
> 法定代表人或授权代表：_____

第五十一章　影视剧拍摄场地合作合同

影视剧拍摄场地合作合同

甲方：_____酒店
法定代表人：_____
地址：_____
乙方：_____影视有限公司
法定代表人：_____
地址：_____

● **律师批注 1**
关于合同的签约主体及其名称的注意事项与法律风险等，参见《文学艺术作品合作创作合同》律师批注 1 和《文学艺术作品委托创作合同》律师批注 1。

鉴于：
1. 乙方代表电影/电视剧《_____》（以下简称"本剧"）的投资方签署和履行本合同。
2. 甲乙双方愿意按照本合同约定开展场地合作。

● **律师批注 2**
关于鉴于条款约定内容及其法律意义，参见《文学艺术作品合作创作合同》律师批注 2。

为此，甲乙双方于_____年_____月_____日在_____市_____区订立条款如下：

● **律师批注 3**
关于签约时间、签约地点的注意事项及法律风险等，参见《文学艺术作品合作创作合同》律师批注 3。

1. 本剧概况：

1.1 剧名：《_____》(暂定名,具体以公映/发行许可证所载片名为准),长度：共_____集、每集不少于_____分钟,本剧题材类型：_____。

1.2 主创班底：导演_____;主要演员：_____、_____、_____。

1.3 制作周期：本剧计划于_____年_____月开机,拍摄周期约_____天,主要拍摄地点：_____等,预计于_____年_____月在中国大陆播映。

● 律师批注 4

【条款目的】

酒店等愿意以其经营场所作为拍摄场地,一方面可通过影视剧对其酒店外观、设施、LOGO 等进行展现,另一方面其可将酒店作为影视剧拍摄场所的事实对外宣传以提高企业形象。

2. 场地合作内容：

2.1 甲方为乙方提供如下拍摄场地、场景：

2.1.1 甲方为本剧剧组提供在_____酒店拍摄所需的场景,该拍摄场景位于_____酒店大堂及相应所需酒店房间、餐厅等场景。

2.1.2 甲方安排和确保位于酒店的拍摄场景在乙方拍摄期间相应秩序、局部暂停营业和相应场景布置等。

2.1.3 上述拍摄场地的使用天数共计约_____天。

2.1.4 甲方提供的拍摄场景其他具体细节,由乙方通知甲方并由双方协商确定。

2.2 甲方同时向乙方提供下列酒店住房,作为合作条件：

2.2.1 甲方向本剧剧组免费提供剧组人员住宿,住宿地址为：_____酒店,房间标准与数量为：标准间_____个、商务间_____个、豪华套房_____个。

2.2.2 甲方安排和确保向乙方提供的住宿房间及配套服务处于酒店良好运行状态(含：房间清扫、热水、电话、免费上网等),但酒店内商品和长途电话为有偿。

2.2.3 甲方提供上述住宿的时间为_____个日历天,约从_____年_____月_____日开始入驻。

● 律师批注 5

【条款目的】

1. 明确酒店等场地提供需要配合的时间、天数等,从而便于场地提供方进行相应安排。

2. 通常酒店等场地提供方还会为剧组提供一些免费住房。

> 3. 影视展现回报:乙方就甲方给予上述无偿场地、场景使用和酒店食宿而为甲方提供如下合作条件:
>
> 3.1 在本剧中的相应画面、场景中,使用和展现甲方所提供酒店的名称、或 LOGO、或建筑外观、或酒店相应景观等,甲方对此无须向乙方支付费用。
>
> 3.2 在本剧的片尾中,将甲方指定的企业名称或其 LOGO 作为鸣谢单位予以展现,甲方对此无须向乙方支付费用。
>
> 3.3 乙方承诺:在本剧中不再出现其他酒店的画面、LOGO 或酒店名称。

● 律师批注 6

【条款目的】

虽然提供场地属于免费,但影视剧制作方不可避免地通过剧中展现酒店外观、LOGO 等间接实现酒店的宣传及给予场地提供方相应回报。

> 4. 合作安排:
>
> 4.1 甲乙双方相互供给对方的合作条件,构成双方对等合作合同关系。
>
> 4.2 就提供住宿、场景等场地的具体时间,由乙方提前通知甲方并经双方协商确定。
>
> 4.3 鉴于甲方提供的酒店系营业状态,在提供拍摄场景时,乙方应尽量考虑和体谅甲方酒店的实际状况,同时甲方应按照不影响拍摄进度和满足拍摄需要对拍摄场地、场景秩序进行妥善安排,如遇特殊情况应由甲乙双方协商一致后处理。

● 律师批注 7

【条款目的】

通常提供拍摄场地的酒店都是处于营业状态,故需要在提供场地时相互配合。

4.4 未经对方书面同意,任何一方不得将其在本合同中的权益或义务转让其他方。

● 律师批注 8

【条款目的】

因场地提供方在合同中享有相应权利,应当禁止其转让。

5. 其他事项:

5.1 本剧的版权完全归乙方;本剧因甲方提供场地赞助而使用的甲方酒店的名称、LOGO 等均归甲方,但不视为甲方对本剧或本剧音像制品有任何知识产权;但甲方未经乙方事先的书面许可,不得将本剧中使用其酒店名称、LOGO、外观、场景等画面、镜头,单独剪辑进行任何目的的使用。

● 律师批注 9

【条款目的】

应当明确场地提供方不对影视剧享有版权,同时应当明确酒店等场地提供方授权制作方在影视剧中使用其名称、LOGO、外观等,并可进行相应传播。

5.2 双方在任何条件下违反本合同都视为违约,均须承担违约责任并赔偿对方损失。

● 律师批注 10

【条款目的】

尽管提供场地属于无偿,但提供方享有相应宣传利益权利,如果其违约会造成制作方相应被动也会产生损失,故应约定双方违约责任。

5.3 保密:

5.3.2 甲乙双方在合作过程中,就本剧剧本等拍摄资料、拍摄进度、演职人员及其变动均应予以保密。

5.3.2 在本剧公开或公映前,本剧剧本、影片、词曲、拍摄情况(含演职人员及其变化、拍摄资料和拍摄进度等)等均属甲方商业秘密,一旦泄露、披露,均会对双方造成不可挽回的巨大损失。

5.3.3 本合同约定的保密事项,在本合同终止时仍对各方具有约束力,除非保密信息已经成为一般公众所知晓的公开信息。

● 律师批注 11

关于保密约定的注意事项与法律风险,参见《影视剧投资合作意向书》律师批注 7。

> 5.4 不可抗力:
> 5.4.1 本合同所述的不可抗力是指:自然灾害、贸易抵制、罢工、动乱、战乱和火灾、水灾、疫情等意外事故,政府规定、指令、法规的变更。
> 5.4.2 若任何一方因不可抗力情况影响,以致无法继续履行本合同的责任,应立即以书面通知另一方,双方应友好商定如何处理。因不可抗力以致无法履行本合同或者迟延履行,不作违约论。
> 5.5 违约责任:
> 5.5.1 若任何一方不履行协议、迟延履行或保证、承诺存在虚假,均为违约行为并被追究违约责任,违约方应向另一方支付_____元违约金。
> 5.5.2 任何一方如有违反本合同的任何条款,必须承担、弥补及赔偿另一方或任何第三者,因其违约行为产生、导致或遭受一切索偿、追讨、诉讼、损失、伤害(包括利润损失或亏损、关联损失、利息、罚款、违约金或惩罚性赔偿等)、费用及开支(包括全部律师费用)。

● 律师批注 12

关于违约金等违约责任约定的注意事项与法律风险,参见《文学艺术作品合作创作合同》律师批注 14 和《文学艺术作品出版合同》律师批注 14。

> 5.6 联络:本合同双方的联络方式如下,任何一方改变其联络方式,均须书面提前通知另一方,否则送达至原授权代表或以原联络方式送达即视为有效送达:
> (1)甲方指定联系人:_____,电话_____,传真_____,手机_____,电子信箱_____,通信地址_____,邮编_____。
> (2)乙方指定联系人:_____,电话_____,传真_____,手机_____,电子信箱_____,通信地址_____,邮编_____。

● 律师批注 13

关于联系人与联系方式约定的注意事项与法律风险,参见《文学艺术作品合作创作合同》律师批注 17。

5.7 争议解决:
5.7.1 双方因合同的解释或履行发生争议,应先由双方协商解决。
5.7.2 如协商不成,按照第_____种方式解决。
(1) 将争议提交_____仲裁委员会依照其最新生效的仲裁规则进行仲裁。
(2) 向_____地(如:甲方所在地或乙方所在地或本合同签署地)有管辖权的人民法院提起诉讼。

● 律师批注 14

关于争议解决约定的注意事项与法律风险,参见《文学艺术作品合作创作合同》律师批注 15。

5.8 合同生效与文本:
5.8.1 本合同的变更、续签及其他未尽事宜,由双方另行商定。
5.8.2 本合同自双方签署之日起生效,一式二份,双方各执一份。

● 律师批注 15

关于合同生效时间约定的注意事项与法律风险,参见《文学艺术作品合作创作合同》律师批注 16。

(以下无正文)
甲方:_____酒店
法定代表人或授权代表:_____
乙方:_____影视有限公司
法定代表人或授权代表:_____

第五十二章　影视剧政府资助合同

> **影视剧政府资助合同**
>
> 甲方：_____市政府文化局
> 法定代表人：_____
> 地址：_____
> 乙方：_____影视有限公司
> 法定代表人：_____
> 地址：_____

● **律师批注1**

【条款目的】

1. 关于合同的签约主体及其名称的注意事项与法律风险等，参见《文学艺术作品合作创作合同》律师批注1和《文学艺术作品委托创作合同》律师批注1。

> 2. 许多地方政府往往基于影视剧能够实现对地方文化、旅游等资源的宣传效应，向影视剧项目提供无偿资助。
>
> 甲乙双方就资助电影/电视剧《_____》事宜于_____年____月____日在____市_____区达成如下约定：

● **律师批注2**

关于签约时间、签约地点的注意事项及法律风险等，参见《文学艺术作品合作创作合同》律师批注3。

> **1. 资助对象：**
>
> **1.1** 名称：《_____》（暂定名）（拍摄许可证号：_____）（以下简称"本剧"），长度：共_____集、每集_____分钟。
>
> **1.2** 主创班底：监制_____，导演_____，编剧_____，主要演员_____、_____、_____。
>
> **1.3** 投资方：甲方及其合作方共计投资_____元。

1.4 制作进度:预计于_____年_____月_____日前制作完成,计划于_____年_____月_____日前国内公映。

1.5 版本:本剧为中文普通话并加中文简体字幕,并可根据海外发行情况翻译其他语言版本。

● 律师批注3

【条款目的】

明确政府提供资金资助的对象和政府资助资金的用途。

2. 资助内容:甲方给予本剧下列资助。

2.1 拍摄场地:

2.1.1 甲乙双方确认,本剧将以_____为主要拍摄地(以下简称"拍摄地"),但鉴于目前拍摄地场景仍需大幅度改造和较大范围搭建。

2.1.2 甲方承诺,为本剧在拍摄地拍摄提供场地,并由甲方提供约定建设资金并负责按照拍摄需要及乙方提供的场地搭建方案进行拍摄地场景改造、搭建。

2.1.3 乙方于本合同签署前已制订了初步的场景规划方案并提交给甲方,甲方将按照场景规划图完成场景建设。

2.1.4 拍摄地场景建设方案是实景搭建方案,甲方既可以供拍摄使用,还可以留作当地长期景点。但鉴于_____地区是国家级自然保护区,在该保护区内搭景等建设时,甲方负责按照相关规定办理环评、用地、规划等审批手续,并委托有相应建设资质的施工方进行建设。

2.1.5 甲乙双方确认,根据本剧拍摄进度,拍摄地场景建设最终方案应由甲方于_____年_____月_____日前确定,并于_____年_____月_____日前完成场景全部建设任务,经甲乙双方确认验收后投入使用。

2.1.6 在本剧拍摄期间,甲方负责协调拍摄地周边单位、村民、用电等外围关系。

2.2 食宿安排:

2.2.1 甲方提供住宿条件,具体包括:有_____个房间,以双人间、三人间或四人间为主,人均标准在_____元/天的住宿条件即可;停车方便、安全,离外景地近一些,周围环境单纯更好;主要演员将安排在市区三星级以上标准的宾馆。

2.2.2 甲方负责提供剧组拍摄期间的伙食供应,具体为:伙食标准为每人_____元/天,含早、中、晚三餐及夜戏的宵夜,具体标准可参照当地物价来执行。

  2.3 资金支持:
  2.3.1 甲方于本剧开机后提供_____元资金补贴,由乙方专项用于本剧拍摄制作。
  2.3.2 乙方如争取当地广告赞助、社会支持等,甲方给予相应配合和支持。

● 律师批注4
  【条款目的】
  政府资助可以是现金资助,也可以是提供相应实物资助,从而使影视剧获得拍摄资金,还可以是提供场景搭建、食宿等方式实现对影视剧的资助,使影视剧制作方节省开支。

  3. 合作权益:
  3.1 剧中权益:
  基于甲方提供本合同约定的各项支持,乙方承诺对甲方或_____市在本剧中予以相应展现,以达到对_____市人文历史的积极正面宣传推广。
  3.1.1 乙方承诺,在本剧中给予甲方相应署名权,包括:将_____市委作为本剧联合出品方,将_____市委宣传部作为本剧联合摄制方。
  3.1.2 乙方承诺,本剧中涉及_____的所有地名均以当地实名合理命名。
  3.1.3 乙方承诺,通过艺术手段将_____市当地文化习俗传统等地方特色、人文地理信息有机地融合到情节当中。
  3.2 其他权益:
  3.2.1 乙方承诺,剧组在拍摄期间及播出期间的宣传工作将倾力配合_____市的对外宣传工作。
  3.2.2 乙方承诺,所有为本剧拍摄工作提供过帮助的当地各级党政部门、企事业单位均在完成片片尾致以全称鸣谢。
  3.2.3 本剧版权归乙方及其他相应投资方,甲方有权将本剧列为地方重大文化题材作品。

● 律师批注5

【条款目的】

影视剧制作方对于政府资助给予的回报,一方面是影视剧内容对当地人文历史或旅游资源的展现,使影视剧成为地方文化的"名片";另一方面可在影视剧的片头片尾给予地方政府参与制作的相应部门、人员相应署名权,但应明确署名的地方政府部门或人员不对影视剧享有版权。

> **4. 其他事项:**
> 4.1 保密:
> 4.1.1 甲乙双方在合作过程中,就本剧剧本等拍摄资料、拍摄进度、演职人员及其变动均应予以保密。
> 4.1.2 在本剧公开或公映前,本剧剧本、影片、词曲、拍摄情况(含演职人员及其变化、拍摄资料和拍摄进度等)等均属乙方商业秘密,一旦泄露、披露,均会对双方造成不可挽回的巨大损失。
> 4.1.3 本合同约定的保密事项,在本合同终止时仍对各方具有约束力,除非保密信息已经成为一般公众所知晓的公开信息。

● 律师批注6

关于保密约定的注意事项与法律风险,参见《影视剧投资合作意向书》律师批注7。

> 4.2 不可抗力:
> 4.2.1 本合同所述的不可抗力是指:自然灾害、贸易抵制、罢工、动乱、战乱和火灾、水灾、疫情等意外事故,政府规定、指令、法规的变更。
> 4.2.2 若任何一方因不可抗力情况影响,以致无法继续履行本合同的责任,应立即以书面通知另一方,双方应友好商定如何处理。因不可抗力以致无法履行本合同或者迟延履行,不作违约论。
> 4.3 违约责任:
> 4.3.1 若任何一方不履行合同、迟延履行或保证、承诺存在虚假,均为违约行为并被追究违约责任,违约方应向另一方支付_____元违约金;任何一方逾期提供款项,则每逾期一日按逾期金额千分之_____支付违约金。任何一方没有行使或有延迟行使本合同下的任何权利或补救,不视为该方放弃权利或补救。
> 4.3.2 任何一方如有违反本合同的任何条款,必须承担、弥补及赔偿另一方或任何第三者,因其违约行为产生,导致或遭受一切索偿、追讨、诉讼、损失、伤害(包括利润损失或亏损、关联损失、利息、罚款、违约金或惩罚性赔偿等)、费用及开支(包括全部律师费用)。

● 律师批注 7

关于违约金等违约责任约定的注意事项与法律风险,参见《文学艺术作品合作创作合同》律师批注 14 和《文学艺术作品出版合同》律师批注 14。

> 4.4 联络:本合同双方的联络方式如下,任何一方改变其联络方式,均须书面提前通知另一方,否则送达至原授权代表或以原联络方式送达即视为有效送达:
> (1)甲方指定联系人:_____,电话_____,传真_____,手机_____,电子信箱_____,通信地址_____,邮编_____。
> (2)乙方指定联系人:_____,电话_____,传真_____,手机_____,电子信箱_____,通信地址_____,邮编_____。

● 律师批注 8

关于联系人与联系方式约定的注意事项与法律风险,参见《文学艺术作品合作创作合同》律师批注 17。

> 4.5 争议解决:
> 4.5.1 双方因合同的解释或履行发生争议,应先由双方协商解决。
> 4.5.2 如协商不成,按照第_____种方式解决。
> (1)将争议提交_____仲裁委员会依照其最新生效的仲裁规则进行仲裁。
> (2)向_____地(如:甲方所在地或乙方所在地或本合同签署地)有管辖权的人民法院提起诉讼。

● 律师批注 9

关于争议解决约定的注意事项与法律风险,参见《文学艺术作品合作创作合同》律师批注 15。

> 4.6 合同生效与文本:
> 4.6.1 本合同的变更、续签及其他未尽事宜,由双方另行商定。
> 4.6.2 本合同自双方签署之日起生效,一式二份,双方各执一份。

● 律师批注 10

关于合同生效时间约定的注意事项与法律风险,参见《文学艺术作品合作创作合同》律师批注 16。

(以下无正文)

甲方：_____市文化局

法定代表人或授权代表：_____

乙方：_____影视有限公司

法定代表人或授权代表：_____

第五十三章　影视拍摄素材使用许可合同

影视拍摄素材使用许可合同

许可方：_____有限公司（以下简称"甲方"）
法定代表人：_____
地址：_____
使用方：_____影视有限公司（以下简称"乙方"）
法定代表人：_____
地址：_____

● **律师批注 1**
关于合同的签约主体及其名称的注意事项与法律风险等，参见《文学艺术作品合作创作合同》律师批注 1 和《文学艺术作品委托创作合同》律师批注 1。

甲乙双方就影视拍摄素材使用事宜于_____年_____月_____日在_____市_____区达成如下约定：

● **律师批注 2**
【条款目的】
1. 关于签约时间、签约地点的注意事项及法律风险等，参见《文学艺术作品合作创作合同》律师批注 3。
2. 在影视剧中，有时需要使用以往影视剧的部分拍摄素材，这需要取得影视剧版权人的授权。

1. 许可对象：
1.1 拍摄素材：在电影/电视剧《_____》（以下简称"原影视剧"）制作过程中，已经形成长度约_____小时的拍摄素材（以下简称"该拍摄素材"）；原影视剧已制作完成且已公开播映。

● 律师批注 3

【条款目的】

拍摄素材与影视剧是"毛坯房"与"精装修房"的关系,影视剧的最终成片都是根据拍摄素材剪辑、合成而来。显然,拍摄素材在规模、内容上均要大于影视剧成片,但影视剧成片是拍摄素材的精华内容。所以,授权使用拍摄素材与授权使用影视剧成片不完全相同。

  1.2 主创人员:监制_____,导演_____,编剧_____,主要演员_____、_____、_____。
  1.3 版权方:甲方及_____公司。
  1.4 传播程度:原影视剧已于_____年_____月_____日在国内电影院线公映/电视台播映、网络传播。
  1.5 版本:本剧为中文普通话并加中文简体字幕。

● 律师批注 4

【条款目的】

  1. 确定被许可方要使用的影视剧拍摄素材内容,上述各项是拍摄素材的核心要素。

  2. 传播程度是披露原拍摄素材与原影视剧的播映程度。许可他人使用的拍摄素材通常会播映多次,而未传播过的影视剧通常是不会许可他人使用的。

  2. 许可内容:
  2.1 甲方授权乙方为制作下列影视剧时使用约定范围内的该拍摄素材:
  2.1.1 名称:电影/电视剧《_____》(暂定名,最终名称以公映/发行许可证为准),长度_____集、每集_____分钟(以下简称"本剧")。
  2.1.2 类型:国产/中外合拍电影/电视剧,主要讲述:_____。
  2.1.3 主创团队:导演_____,编剧_____,主要演员_____、_____、_____。
  2.1.4 投资方:_____有限公司和_____有限公司。
  2.1.5 制作周期:预计于本合同签署后_____个月内制作完成,并于_____年_____月_____日前公开播映。

● 律师批注 5

【条款目的】

本条款在于确定被许可方要使用拍摄素材的影视剧目,即被授权方只能用于约定的剧目,不能用于其他剧目或其他用途。

> 2.2 甲方授权乙方以下列方式使用该拍摄素材:
> 2.2.1 本剧中使用该拍摄素材的合计时长不超过_____分钟。
> 2.2.2 本剧中使用该拍摄素材系作为第_____种形式。
> (1) 介绍和反映本剧中情节涉及以往人们观看的电影、电视剧等具有历史性的节目而作为情节植入。
> (2) 本剧中为反映当时发生的历史事件直接从该拍摄素材中剪辑相应画面、场景,并可改变配音、字幕。
> (3) 本剧与该拍摄素材有相同拍摄内容,为节省拍摄成本而使用拍摄素材。

● 律师批注 6

【条款目的】

确定被许可方要使用的拍摄素材的规模或长度和使用拍摄素材的具体方式,凡不符合约定进行使用,即构成违约。

> 2.3 许可期限、地域:
> 2.3.1 许可期限为_____个月,乙方应在此期限内制作完成本剧;超出此期限,如仍未制作完成本剧,则不可再使用该拍摄素材。
> 2.3.2 在许可期限内,乙方制作完成本剧后,对于本剧使用时涉及该拍摄素材时,不受许可期限的限制。
> 2.3.3 许可地域为第_____项。
> (1) 全球。
> (2) 中国大陆。

● 律师批注 7

【条款目的】

确定被许可方使用的影视剧拍摄素材的期限和区域,超出期限和区域,则不得使用。

2.4 转授权:乙方不可将本合同转让给他人或将相应授权转授权、分许可给他人,但乙方为制作、发行本剧而与他方开展的合作不在此限。

● 律师批注 8

【条款目的】

为确保许可方对影视剧拍摄素材使用的控制,一般应当禁止被许可方转授权。

3. 具体安排:
3.1 该拍摄素材提供:
3.1.1 甲方于本合同签署后_____个工作日内将该拍摄素材提供给乙方,提供介质为 DVD _____张。
3.1.2 乙方收到该拍摄素材后,应进行查看,并将其需要的内容在_____个工作日复制完毕,并将该拍摄素材介质返还给甲方。
3.2 使用确认:
3.2.1 乙方对于在本剧中使用该拍摄素材应符合本合同约定,并在其完成本剧后,邀请甲方对该拍摄素材使用情况进行审核和确认。
3.2.2 甲方在审核时,可提出异议并由双方根据本合同约定进行确认。
3.2.3 如经甲方确认后,乙方在最终公映的版本中对该拍摄素材的使用仍不符合本合同约定,乙方仍须承担更严重的违约责任。

● 律师批注 9

【条款目的】

1. 明确许可方提供影视剧拍摄素材的具体时间、方式。
2. 为避免被许可方对拍摄素材进行违背原拍摄原意的剪辑、合成,应当设定确认机制,从而有利于保护原拍摄素材创作原意不被歪曲。

3.3 署名:
3.3.1 乙方在本剧中使用该拍摄素材时,如涉及该拍摄素材的演员表演,应对该演员在本剧中予以特别署名。
3.3.2 乙方在本剧中应对使用该拍摄素材情况予以适当说明并对甲方作为该拍摄素材提供方予以署名和鸣谢,前述说明内容和署名形式应由甲乙双方共同协商确定。

● 律师批注 10

【条款目的】

被许可方在使用影视剧拍摄素材后,应当对拍摄素材版权人予以署名。

> 4. 许可费用:
> 4.1 双方同意,就本合同约定对该拍摄素材约定范围内容使用的全部费用为人民币_____元(大写:_____元)。
> 4.2 被许可方按照下列进度支付授权费用:
> 4.2.1 于本合同签署后_____个工作日内,支付费用总额的_____%作为定金。
> 4.2.2 于许可方向被许可方提供该拍摄素材的_____个工作日以前,支付费用总额的_____%。
> 4.3 许可方在收取上述款项时应向被许可方开具同等金额发票。

● 律师批注 11

关于许可费用约定的注意事项与法律风险,参见《文学艺术作品版权转让合同》律师批注 7。

> 5. 其他事项:
> 5.1 被许可方系代表本剧全部投资方签署和履行本合同,本剧投资方或出品方的变化或版权人的变更均不影响本合同的效力和履行及依据本合同对该拍摄素材的使用。
> 5.2 不可抗力:
> 5.2.1 本合同所述的不可抗力是指:自然灾害、贸易抵制、罢工、动乱、战乱和火灾、水灾、疫情等意外事故,政府规定、指令、法规的变更。
> 5.2.2 若任何一方因不可抗力情况影响,以致迟延或无法继续履行本合同,应立即以书面通知另一方,双方应友好商定如何处理。因不可抗力以致无法履行本合同或者迟延履行,不作违约论。
> 5.3 违约责任:
> 5.3.1 若任何一方不履行合同、迟延履行或保证、承诺存在虚假,均为违约行为并被追究违约责任,违约方应向另一方支付许可费用_____%的违约金。任何一方没有行使或有延迟行使本合同下的任何权利或补救,不视为该方放弃权利或补救。
> 5.3.2 乙方迟延支付许可费用,则每逾期一日应支付逾期金额千分之_____的违约金;逾期超过 10 日,每日违约金为前述标准的两倍;逾期超过 30 日时,甲方还有权解除本合同。

● 律师批注 12

关于违约金等违约责任约定的注意事项与法律风险,参见《文学艺术作品合作创作合同》律师批注 14 和《文学艺术作品出版合同》律师批注 14。

5.4 联络:

5.4.1 本合同各方均书面指定授权代表及其联络方式,以向其他各方履行义务和接受其他各方履行义务,任何一方授权代表的签字及其行为即可代表该方并由该方承担法律后果;任何一方改变其授权代表或/及其联络方式,均须书面提前通知其他方。

5.4.2 本合同各方指定的授权代表及其联络方式为:

(1) 甲方指定联系人：_____,电话_____,传真_____,手机_____,电子信箱_____,通信地址_____,邮编_____。

(2) 乙方指定联系人：_____,电话_____,传真_____,手机_____,电子信箱_____,通信地址_____,邮编_____。

● 律师批注 13

关于联系人与联系方式约定的注意事项与法律风险,参见《文学艺术作品合作创作合同》律师批注 17。

5.5 争议解决:

5.5.1 双方因合同的解释或履行发生争议,应先由双方协商解决。

5.5.2 如协商不成,按照第_____种方式解决。

(1) 将争议提交_____仲裁委员会依照其最新生效的仲裁规则进行仲裁。

(2) 向_____地(如:甲方所在地或乙方所在地或本合同签署地)有管辖权的人民法院提起诉讼。

● 律师批注 14

关于争议解决约定的注意事项与法律风险,参见《文学艺术作品合作创作合同》律师批注 15。

5.6 合同生效与文本:

5.6.1 本合同的变更、续签及其他未尽事宜,由双方另行商定。

5.6.2 本合同自双方签署之日起生效,一式二份,双方各执一份。

● 律师批注 15

关于合同生效时间约定的注意事项与法律风险,参见《文学艺术作品合作创作合同》律师批注 16。

> (以下无正文)
> 甲方:＿＿＿＿＿＿有限公司
> 法定代表人或授权代表:＿＿＿＿
> 乙方:＿＿＿＿＿＿有限公司
> 法定代表人或授权代表:＿＿＿＿

第五十四章　影视剧导演聘用合同

影视剧导演聘用合同

甲方：_____有限公司
法定代表人：_____
地址：_____
乙方：_____有限公司
法定代表人：_____
地址：_____

● 律师批注1
【条款目的】
　　1. 关于合同的签约主体及其名称的注意事项与法律风险等，参见《文学艺术作品合作创作合同》律师批注1和《文学艺术作品委托创作合同》律师批注1。
　　2. 导演往往通过其经纪方代其签约，在此种情形下，聘请方应要求经纪方出具导演本人对其的授权委托书，否则将无法与导演建立直接的法律关系。

鉴于：
　　1. 甲方正在单独或联合其他投资方组织拍摄、制作电影/电视剧《_____》（暂定名，最终名称以公映/发行许可证为准）（以下简称"本剧"）。需要聘请导演进行本剧创作。
　　2. 乙方系受著名导演_____先生/女士（身份证号：_____）授权并代表其签署和履行本合同。
　　3. 甲方及其合作投资方基于对乙方导演卓著业务与卓越才华的认可决定聘请乙方担任本剧导演。

● 律师批注2
　　关于鉴于条款约定内容及其法律意义，参见《文学艺术作品合作创作合同》律师批注2。

为此,甲乙双方于＿＿＿＿年＿＿＿＿月＿＿＿＿日在＿＿＿＿市＿＿＿＿区订立条款如下:

● 律师批注 3

关于签约时间、签约地点的注意事项及法律风险等,参见《文学艺术作品合作创作合同》律师批注 3。

1. 聘请事项:
1.1 本剧制作方案:
1.1.1 剧名:《＿＿＿＿》,又名《＿＿＿＿》。
1.1.2 剧长:共＿＿＿＿集、每集净长不少于＿＿＿＿分钟(不含片头片尾)。
1.1.3 剧本:系根据＿＿＿＿的原著小说《＿＿＿＿》由编剧＿＿＿＿改编而成,现完成剧本共＿＿＿＿章＿＿＿＿节＿＿＿＿字。
1.1.4 总投资:＿＿＿＿元,由甲方、＿＿＿＿公司和＿＿＿＿公司共同投资。
1.1.5 制作周期:
(1) ＿＿＿＿年＿＿＿＿月＿＿＿＿日前,开始筹备,筹备期不超过＿＿＿＿个日历天。
(2) 筹备期满后开机,拍摄期约＿＿＿＿个日历天。
(3) 后期制作＿＿＿＿个日历天。

● 律师批注 4

【条款目的】
1. 本条款在于设定导演的工作目标和审核未来工作成果的重要标准。
2. 本条款约定的投资总额也是导演完成工作的基础和保障。

1.2 导演工作内容:
1.2.1 乙方担任本剧导演,按照本合同约定及影视行业的职业准则,本着创作精品的精神,完成本剧全部制作过程中的导演任务,负责本剧艺术与技术的总体创作与把握。
1.2.2 乙方工作任务分为:从本合同签署后的前期剧本研读、对剧本进行二次创作和相应修改及与编剧配合指导剧本调整、完善,组织剧组前期各项筹备,指导本剧具体拍摄,组织与指导本剧后期各项制作等工作,参加和配合本剧宣传推广活动。

1.2.3 乙方对于本合同约定工作内容的全部或部分,均应亲自完成,不得转委托或分包给他人完成;并且乙方保证,其签署和履行本合同不违反其与他人的有关约定,不会因此造成甲方产生法律纠纷或法律责任,否则一切后果和甲方的损失均由乙方承担。

● 律师批注 5

【条款目的】

本条款在于确定导演的工作范围,即从剧本完善开始直至完成制作,并参与后续宣传工作。

2. 聘用期限:

2.1 聘用期自_____年_____月_____日至_____年_____月_____日,根据本剧制作方案安排如下:

2.1.1 筹备期:自聘用期开始后协助甲方筹备、剧本研读及完善等工作。

2.1.2 拍摄期:根据甲乙双方确认的拍摄计划,组织主创团队执行拍摄。

2.1.3 后期制作期:组织剧组进行后期剪辑、合成及录音、补拍等工作。

2.1.4 报审:按照影视主管机关要求及反馈意见协助甲方及时修改和调整。

2.1.5 发行和宣传阶段,乙方按本合同约定协助进行相应宣传活动,除非乙方生病或在其他拍摄档期。

2.2 聘用期满时,如因甲方行为等非乙方原因导致本剧制作任务未能完成,则聘用延长事宜由甲乙双方根据情况另议并另付报酬。

2.3 在本剧开机后,乙方应连续组织和完成导演工作,克服外界及个人的各项困难,不享受节假日和休息日(剧组确定的休息时间除外)。

● 律师批注 6

【条款目的】

明确导演的工作期限。但是,通常情况下导演要对影视剧负责到底,直至完成。

【相关案例】

某香港公司聘请某导演执导一部历史题材电影,签约后向该导演支付了定金,但约定聘期自签约后开始直至电影取得公映许可证。但是,该电影因投资方在一年后资金都不到位无法开机。这时,另一部电影投资方欲聘请该导演,但原聘请方提出聘用期限还未届满,该导演不得接受其他聘请。

在该案例中,该导演的聘用期限约定不清,如要接受其他聘请,应先解除原聘约。

3. 酬金:

3.1 甲乙双方同意,乙方税后酬金共计:人民币_____元整。该酬金涉及的税金由甲方另行缴纳。

3.2 酬金支付共分_____期:

3.2.1 本合同签署后_____日内付酬金的_____%作为定金,该定金在甲方结清最后一笔款项时自动转为酬金。

3.2.2 本剧开始筹备后_____日内支付酬金的_____%。

3.2.3 开机之日支付酬金的_____%。

3.2.4 本剧通过影视主管机关审查并取得公映/发行许可证后_____日内支付酬金的_____%。

3.3 乙方指定的收款银行账户信息如下,甲方将款项汇入该账户,即视为已交付乙方:开户银行:_____,卡号:_____,户名:_____。该收款人收取各期款项时,须向甲方出具收款收据。

● 律师批注7

关于报酬款项为税前款还是税后款的注意事项和法律风险及定金条款的法律后果,参见《文学艺术作品版权转让合同》律师批注7。

4. 工作安排:

4.1 工作总体要求:

4.1.1 乙方配合甲方控制制作经费、把握制作进度。

4.1.2 甲方按制作方案推进制作工作,乙方认真履行导演职责,参加拍摄全过程,参加后期制作全过程。

4.1.3 乙方尊重甲方与其他公司、私人或团体所签订有关本剧的各类合同。

4.2 艺术质量控制:

4.2.1 甲方负责本剧本题材的政治审查和把关,负责本剧通过国家广电总局对于题材的审查并承担因题材不过关的风险。

4.2.2 乙方接受甲方的聘请后,乙方根据甲方确定的文学剧本进行导演再创作,应对本剧的思想、艺术创作、技术质量等相关内容负完全责任,组织主创人员讨论研究文学剧本,审定各部门的造型设计(摄影设想、场景图样、特技设计、演员角色的分析、造型定妆等)。

4.2.3 制作过程中,如因甲方迟延拨款造成拍摄工作的被动和拍摄质量的受损,责任由甲方承担,乙方有权顺延相应工作进度。

4.3 制作工作配合:

4.3.1 乙方全面负责本剧的艺术创作工作,在考虑到戏份、戏量、能力、周期和经费承受能力的前提下,乙方有权提出演员、主创人员、场景和服装道具的建议方案,与制片人协商后实施。

4.3.2 乙方有义务协助制片人及制作主任做好剧组管理、生产组织以及器材设备、戏用物资和人员的管理工作,努力争取减少不必要的项目和开支。

4.3.3 在本合同期内甲方有权指派乙方在国内外任何地区进行拍摄制作或宣发工作,乙方差旅期间的交通膳宿费用由甲方负责承担。

4.4 制作工作规范:

4.4.1 乙方在本剧生产周期内,每日工作量、工作时间不限。乙方每日工作时间、休息时间以剧组通告为准,工作地点在剧组安排的场所,工作结束后及晚上休息在剧组安排的住宿场所。

4.4.2 乙方尊重和遵守剧组的财务制度和费用支出程序规定。

4.4.3 甲方同意提供乙方的工作和生活条件不低于剧组其他人员,并且甲方提供乙方及其助理人员自出发地至拍摄地及因工作需要出差的往返交通、食宿费用。食宿标准:乙方为五星级酒店套间或当地最高标准酒店套间食宿,乙方助理人员在同一酒店标准间食宿;交通标准为:乙方为飞机头等舱,乙方助理人员为飞机经济舱。

4.4.4 甲方应为乙方在聘用工作期间投保保险赔偿金额不低于_____万元的人身意外伤害保险和保险额不低于_____万元的医疗保险;否则,乙方有权随时停止工作。

4.4.5 乙方在受聘期间因工作原因导致病伤,由甲方就近安排治疗并承担治疗费用。在本合同有效期内,乙方如因生病不能参加或不能完成摄制工作,双方应协商安排乙方治病和剧组工作。病假如导致本剧延期,则延期期间不再另外支付费用。

● 律师批注 8

【条款目的】

1. 本条款在于明确导演工作的职责,即在制作工作中应当遵循的原则和规范。

2. 明确导演在工作中的相应待遇及相关费用承担;同时,为导演等工作人员投保人身意外保险,是制作方减轻工作中意外伤害赔偿责任的保障措施。

3. 导演合同属于工作聘用合同,如导演工作不符合约定或工作质量不佳,聘用方有权要求重新制作,甚至解除聘用。

> 5. 宣传工作:
>
> 5.1 在本剧拍摄过程中,乙方在不影响拍摄工作及休息的前提下,配合甲方安排的有关本剧的宣传活动。在本剧拍摄完成后的宣传发行阶段,甲方有权要求乙方参加_____次为本剧举办的新闻发布会或观众见面会等宣传活动,甲方有权要求乙方接受_____次新闻采访。
>
> 5.2 在宣传期间,甲方负担乙方及其助理人员的往返交通、食宿费用。

● 律师批注 9

【条款目的】

宣传工作一般是由投资方或委托的宣传方负责,但导演作为主创团队应配合宣传活动,包括导演亲自参加主要宣传活动。

> 5.3 在本剧公映前,本剧剧本、拍摄安排及拍摄进度和内容等信息,均属甲方及其他投资方的商业秘密,一旦泄露、披露,均会给甲方及其他投资方造成损失。双方均应予以保密,不向其他人披露或泄露。

● 律师批注 10

关于保密约定的注意事项与法律风险,参见《影视剧投资与制作合作意向书》律师批注 7。

6. 工作成果与版权：

6.1 乙方享有本剧导演的署名权，署名形式为：导演_____，在本剧片头字幕栏最后一幅画面内独立署名，并在本剧相关宣传画册、音像产品（VCD、DVD 录像带）的封面，享有导演署名权。

6.2 乙方作为导演的工作成果和工作过程中形成的智力成果，其知识产权完全归甲方及其他投资方，具体由甲方与其他投资方约定，乙方对此不享有任何知识产权或使用权。但乙方为个人宣传、业绩展示及存档等目的，可以无偿使用本剧及相关资料。

6.3 本剧（含剧本、拍摄素材、拍摄完成剧、词曲、音乐及海报、宣传资料等）的版权完全归本剧投资方，具体由甲方与其他投资方约定。

6.4 如因本剧获得国内外奖励，导演类个人奖项，奖金归乙方所有，其余奖项归甲方或由甲方处置。

● **律师批注 11**

【条款目的】

影视剧的版权归制作方所有，导演只是接受委托参与创作。虽然现在许多电影在片头中均注明"×××作品"，但影视剧的版权并不归该导演。

【法律规定】

《中华人民共和国著作权法》（2010.02.26 修正）

第十五条 电影作品和以类似摄制电影的方法创作的作品的著作权由制片者享有，但编剧、导演、摄影、作词、作曲等作者享有署名权，并有权按照与制片者签订的合同获得报酬。

【相关案例】

国产电影《风声》由著名导演高某与一位台湾导演共同执导，但是本剧在台湾地区进行发行和公映时，其公布的电影海报只对台湾导演进行了署名，而未对高导演予以署名。电影海报是电影版权标的物的重要组成部分，而且电影海报作为电影的"名片"更具有标识意义。

在该案例中，制片方未对高导演署名，可能构成违约责任，也可能构成对导演署名权的侵犯。

7. 违约责任：

7.1 地震等自然灾害和动乱、战争、瘟疫或国家相关政策变动及国家广电、宣传主管部门的行为等社会事件，为不可抗力事件。如因不可抗力事件造成本剧的拍摄时间延误或无法按时完成以及本合同其他部分不能履行，根据不可抗力的影响程度，遭受不可抗力事件的一方部分或全部免除责任；但由于承担义务的一方延迟履行合同后发生不可抗力的因素，该方不能免除责任。

7.2 本合同生效后，双方均应认真全面履行合同中规定的义务（含保证或承诺义务、协助和随附义务），否则即为违约。任何一方违约，均应赔偿另一方损失。任何一方迟延履行义务时，每迟延一日应按日向另一方支付违约金_____元；迟延超过5日以上时，每日支付违约金的标准为_____元；超过10日以上时，另一方还有权解除本合同。

7.3 任何一方违反本合同的约定，守约方有权要求违约方限期改正，并有权要求违约方赔偿损失。如违约方拒不改正或继续违约，导致合同无法履行的，守约方可单方面终止合同。

7.4 甲乙双方任何一方对另一方未能履行本合同的违约行为放弃主张权利，不视为其对另一方此前或此后其他违约行为放弃主张权利。

7.5 甲方逾期向乙方支付款项连续或累计超过7个日历天或者甲方逾期提供拍摄资金或逾期启动本剧制作计划超过15个日历天时，乙方除有权追究违约责任外，还有权单方解除本合同。

● **律师批注12**

关于违约金等违约责任约定的注意事项与法律风险，参见《文学艺术作品合作创作合同》律师批注14和《文学艺术作品出版合同》律师批注14。

8. 其他事项：

8.1 本合同如有未尽事宜，甲、乙双方共同协商解决，必要时可签订补充协议作为本合同的补充部分，补充协议与本合同具有同等法律效力。

8.2 本合同一式二份，甲乙双方各执一份，经双方签署后即生效。本合同取代双方在此之前就本合同约定事项的任何口头或书面的约定、承诺、备忘录、往来函件、电子邮件等。

● **律师批注13**

关于合同生效时间约定的注意事项与法律风险，参见《文学艺术作品合作创作合同》律师批注 16。

> **8.3 联络**
> **8.3.1** 本合同各方均书面指定授权代表及其联络方式,以向其他各方履行义务和接受其他各方履行义务,任何一方授权代表的签字及其行为即可代表该方并由该方承担法律后果。
> **8.3.2** 本合同各方指定的授权代表及其联络方式为:
> (1) 甲方指定联系人:_____,电话_____,传真_____,手机_____,电子信箱_____,通信地址_____,邮编_____。
> (2) 乙方指定联系人:_____,电话_____,传真_____,手机_____,电子信箱_____,通信地址_____,邮编_____。

● **律师批注 14**
关于联系人与联系方式约定的注意事项与法律风险,参见《文学艺术作品合作创作合同》律师批注 17。

> **8.4 争议解决:**
> **8.4.1** 双方因合同的解释或履行发生争议,应先由双方协商解决。
> **8.4.2** 如协商不成,按照第_____种方式解决。
> (1) 将争议提交_____仲裁委员会依照其最新生效的仲裁规则进行仲裁。
> (2) 向_____地(如:甲方所在地或乙方所在地或本合同签署地)有管辖权的人民法院提起诉讼。

● **律师批注 15**
关于争议解决约定的注意事项与法律风险,参见《文学艺术作品合作创作合同》律师批注 15。

> (以下无正文)
> 甲方:_____有限公司
> 法定代表人或授权代表:_____
> 乙方:_____有限公司
> 法定代表人或授权代表:_____

第五十五章 影视剧演员聘用合同

影视剧演员聘用合同

甲方：_____有限公司

法定代表人：_____

地址：_____

乙方：_____有限公司

法定代表人：_____

地址：_____

● **律师批注1**

【条款目的】

1. 关于合同的签约主体及其名称的注意事项与法律风险等，参见《文学艺术作品合作创作合同》律师批注1和《文学艺术作品委托创作合同》律师批注1。

2. 许多演员都由自己的经纪公司代其签约，在此种情形下，聘请方应要求经纪方出具演员本人对其的授权委托书，否则将无法在演员违约时直接追究演员的法律责任。

鉴于：

1. 甲方正在单独或联合其他投资方组织拍摄、制作电影/电视剧《_____》(暂定名，最终名称以公映/发行许可证为准)(以下简称"本剧")。需要聘请演员参与本剧创作。

2. 乙方系受著名演员_____先生/女士（身份证号：_____)授权并代表其签署和履行本合同。

3. 乙方确认其演员具备承担本合同约定演出任务的各个条件，愿意按照本合同约定及甲方的拍摄需要，承担本剧演出任务，并保证其演员按照甲方要求完成工作任务，且不存在任何法律障碍；在签署本合同后乙方确保演员不得从事影响其参演本剧或对本剧有负面影响的活动、事件及其他事务。

4. 本合同签署前,乙方及其演员已通过甲方介绍等方式了解本剧的基本剧情及全部饰演内容。

5. 本合同不构成甲方与乙方演员之间《劳动法》上的劳动合同关系,而是甲乙双方之间按照《合同法》规定的劳务合同关系,并系甲方委托乙方参与创作本剧。甲方系代表本剧各投资方签署和履行本合同,本剧投资方的变化不影响本合同效力和乙方演员的工作任务,乙方演员具体的工作内容和工作要求由本剧剧组安排和实施。

● 律师批注2

关于鉴于条款约定内容及其法律意义,参见《文学艺术作品合作创作合同》律师批注2。

为此,甲乙双方于_____年_____月_____日在_____市_____区订立条款如下:

● 律师批注3

关于签约时间、签约地点的注意事项及法律风险等,参见《文学艺术作品合作创作合同》律师批注3。

1. 工作内容:

1.1 甲方聘用乙方演员饰演本剧角色为_____,系本剧男一号/女一号。

1.2 乙方演员所饰演角色的具体演出内容以甲方最终确定的演出剧本及台本为准。

1.3 在开机前参加本剧的拍摄筹备会、试装、试拍等拍摄筹备期内需要演员参与的工作;在本剧制作过程中及制作完成后,参加本剧发布会、首映式和其他推广宣传活动,具体以本剧相关制作、宣传和发行计划为准。

● 律师批注4

【条款目的】

1. 明确演员的主要工作内容。因为演员除了参加拍摄外,还要参加拍摄前的试装、试镜等准备工作和拍摄完成后的补拍、宣传等工作。

2. 演员演出的内容是根据剧本来确定,但通常剧本会在拍摄前及拍摄过程中进行部分调整或修改。

2. 工作时间：

2.1 乙方演员的现场拍摄工作时间自 _____ 年 _____ 月 _____ 日至 _____ 年 _____ 月 _____ 日共 _____ 天。

2.2 在不影响甲方拍摄、制作的情况下，甲乙双方协商同意后，乙方演员可离开剧组 _____ 天并自行安排，乙方演员离开剧组或休息、病事假的时间不计算在乙方演员的工作时间内。除此之外，工作期间不享受休息日、节假日。

2.3 如为拍摄本剧或因其他不可抗拒因素，导致本剧拍摄、制作时间需延长并延长聘用乙方演员的时间，具体由双方协商处理。

2.4 前期筹备相关事宜和宣传、发行相关活动的时间安排，按本合同约定确定。

● **律师批注 5**

【条款目的】

1. 聘用演员属于劳务合同，是制作方以支付报酬来换得演员的聘用期限。双方可以约定以完成演员演出任务的期间为聘用期限，也可以约定具体日期为工作期限。但是，通常情况是以具体日期为工作期限，因为以完成演出任务为聘用期限具有不确定性，会使演员无法接受后续其他影视剧的聘约。

2. 以具体日期为聘用期限的聘约，只要日期届满，且在约定期限内演员无导致拍摄延误的过错或违约行为，演员的聘用期限即告结束，无论剧本确定演出任务是否完成；如仍未拍摄完成则需要续聘。

【风险提示】

制作方约定聘用演员工作期限时要充分考虑影视剧制作可能产生延期的可能性，否则可能导致演员未拍摄完成而聘期届满。

3. 工作报酬：

3.1 酬金总额：

3.1.1 甲方同意向乙方支付报酬为（人民币）_____ 元（大写：_____ 元整）（税后/税前）。

3.1.2 上述报酬作为乙方及其演员完成本合同全部工作内容的报酬，除此之外，甲方再无其他款项、费用支付义务，除非本合同另有明确约定。

3.1.3 本剧集数或长度如有所变动,上述报酬不需增减/前述报酬由双方根据实际集数或长度调整。

3.2 支付进度:

3.2.1 在本合同签署后_____日内,支付报酬的_____%作为定金,在甲方支付最后一期款项时,该定金自动转为应向乙方支付的报酬。

3.2.2 在乙方演员按照甲方要求到剧组后_____日内,支付第二期款为报酬的_____%。

3.2.3 在本剧关机后_____日内,支付第三期款为报酬的_____%。

3.2.4 甲方应在乙方演员的拍摄任务结束后_____日内,支付剩余报酬。

3.3 款项收取:

3.3.1 乙方指定的收款银行账户信息如下,甲方将款项汇入该账户,即视为已交付乙方:开户银行:_____,卡号:_____,开户名:_____。

3.3.2 收款人收取各期款项时,须向甲方出具收款证明。乙方与其演员之间就报酬的分配、支付由其双方约定,与甲方或本合同无关,且不得因产生的争议影响本合同的履行。

● **律师批注6**

【条款目的】

关于报酬款项为税前款还是税后款的注意事项和法律风险及定金条款的法律后果,参见《文学艺术作品版权转让合同》律师批注7。

【相关案例】

大型电视连续剧《精忠岳飞》通过作为经纪方的某影视公司聘用了某演员,并且约定酬金由聘用方直接支付至经纪方账户。在该演员参加拍摄过程中因急需用钱,便要求聘请方直接将酬金支付给自己,聘请方向该演员支付酬金后,演员的经纪方提出异议,认为聘请方未如约支付酬金构成违约。

在该案例中,经纪方是根据演员的授权作为其代理人身份代为签署聘约和接收报酬的,而演员作为委托人有权不通过代理人处理其个人演艺事务(含收取酬金),至于演员与经纪方的约定是内部代理关系约定,聘用方无法了解其内部约定,也无义务遵守其内部约定,故聘请方直接向演员付款的行为并无不妥。

4. 工作安排：

4.1 甲方向乙方演员提供其在剧组参加拍摄期间的食宿、交通等费用。其中包括乙方演员从国内实际出发地到拍摄地的交通往返一次的交通费用，标准为：飞机经济舱或无航班时的火车软卧。

4.2 乙方演员在本剧拍摄期间因拍摄所导致的一切伤病及其医疗费用，均由甲方负责，但非工作时间及离开剧组期间除外。

4.3 乙方演员必须遵守剧组的一切规章制度与要求(包括但不限于：财务规定、作息时间、演出要求、采访要求等)，在对外宣传上与剧组保持一致，按照甲方要求的时间、地点等参加演出及有关宣传活动。

4.4 乙方演员必须配合、服从导演，完成自己的演出任务；须遵守甲方安排拍摄及排练时间，不得无故不到或迟到，该演员不得无故罢演或中途辍演。乙方演员的化妆造型必须依照导演或美术指导之设计与要求。

4.5 本合同签署后及在拍摄期间，乙方演员不得承接其他与本合同约定工作时间相冲突的工作任务或从事影响本剧演出任务的活动，否则，导致本合同无法履行或本剧拍摄无法进行、延期，均须赔偿甲方损失。

4.6 本合同签署后，甲方即将乙方演员列入本剧演出团队和据此确定其他主要演员人选及档期，并统筹安排本剧相应筹备和制作工作。

4.7 在本合同生效后，乙方演员应积极配合甲方的宣传发行部门，做好宣传采访工作。

4.7.1 在本剧拍摄过程中，在不影响本剧拍摄的前提下，乙方演员应配合甲方安排相应宣传活动及记者采访等。

4.7.2 在本剧拍摄完成后宣传发行阶段，甲方有权要求乙方演员参加_____次为本剧举办的新闻发布会或观众见面会等宣传活动，甲方有权要求乙方演员接受_____次新闻采访，甲方应在活动举办前_____日通知乙方演员。

4.7.3 在宣传期间甲方负担乙方演员由国内实际出发地至工作地的往返交通、食宿费用。标准为：飞机经济舱，无航班时为火车软卧。

● 律师批注 7

【条款目的】

1. 明确演员参加拍摄应当遵守的义务和工作要求，特别是要遵守剧组的规章制度，否则将导致剧组难以管理。

2. 演员参加影视剧宣传活动也是其合同义务，但影视剧的宣传主要是在拍摄完成后的发行阶段进行，故宣传阶段并不包含在约定工作期限内，而是双方根据实际情况另行商议。

> **5. 版权与署名：**
> **5.1** 甲方享有本剧的全部版权，具体由本剧的投资方确定。甲方享有的版权包括：本剧及有关本剧宣传、发行所制作的宣传片、宣传资料及剧集介绍、照片等音像、图片、文字资料和拍摄素材的版权。甲方可根据经营需要对前述享有版权的作品进行使用和开发经营(含衍生产品)。
> **5.2** 甲方在制作本剧及其宣传物品、资料等作品时，可根据需要使用、编辑乙方演员在本剧中的有关画面、肖像等，但不得将乙方演员的肖像用于其他目的或用途。
> **5.3** 乙方演员按照法律规定作为演员在本剧中享有相应署名权，署名为_____，职务为：_____。

● **律师批注 8**

【条款目的】

影视剧的版权归制片方，演员应配合制片方对影视剧的宣传活动，必要时，也可合理使用演员的肖像等，但演员有署名权。

> **6. 其他事项：**
> **6.1** 试妆试镜：在本剧前期筹备阶段，乙方演员应按甲方要求时间，赴指定地点进行试妆试镜。

● **律师批注 9**

【条款目的】

试妆试镜是制作方为确定演员造型和服装等而进行的拍摄前准备工作，应约定演员参加且该工作事项不计入演员工作期限内，不另付报酬。

> **6.2** 投保：甲乙双方签署本合同后，甲方应为乙方演员参与本剧演出期间投保人身意外伤害保险，所投保的该保险的赔偿金不低于_____元人民币。

● **律师批注 10**

【条款目的】

为演员投保人身意外保险是影视剧制作方防范意外伤害赔偿的有效措施。如未投保，则发生意外伤害的治疗费、误工费和伤残赔偿均由制作方承担。

> **6.3 病假：**
> （1）在本合同有效期内，乙方演员如因生病不能参加或不能完成摄制工作，如双方不能共同确认时，则乙方演员应在甲方指定的医院诊断并以获得的诊断结果作为确认依据；否则，即为乙方演员违约，并赔偿经济损失，并由乙方演员在甲方指定的媒体公开道歉。
> （2）病假期间，不计算报酬并从约定工作期间内扣除，如导致本剧延期，则延期期间不再另外向乙方演员支付报酬。

● 律师批注 11

【条款目的】

拍摄期间生病是影响正常拍摄的因素，但应当明确演员病假的请假制度和确认方式，否则，请病假会成为一些演员拒绝参加拍摄或者穿插去参加其他影视剧拍摄的"借口"。

> **6.4 中止拍摄：**
> （1）在本合同有效期内，若因甲方原因而造成本剧临时停止拍摄，每次临时停机的时间不超过 10 日。恢复正常拍摄后，乙方演员应按要求回到剧组参加拍摄，本合同有效期顺延。
> （2）如每次临时停机时间超过 10 日，恢复正常拍摄后，甲方应与乙方演员协商确定费用补偿（补偿标准参照本合同约定延期的每日费用标准执行）。
> （3）在甲乙双方约定的有效期间内，若乙方演员与他人发生纠纷并导致本剧无法拍摄或中止拍摄，则由乙方演员向甲方承担违约责任。
> （4）如因自然灾害、恶劣天气、政府行为等不可抗力因素导致本剧中止拍摄，不构成甲方违约，约定工作期间及拍摄顺延，具体由双方协商解决。

● 律师批注 12

【条款目的】

拍摄过程中，可能因天气、演员档期、资金等问题导致拍摄中途暂停，对于中止拍摄是否构成演员聘用期限顺延，需要明确各种不同情况。

6.5 联络与授权:

6.5.1 本合同各方均书面指定授权代表及其联络方式,以向其他各方履行义务和接受其他各方履行义务,任何一方授权代表的签字及其行为即可代表该方并由该方承担法律后果。

6.5.2 本合同各方指定的授权代表及其联络方式为:

(1) 甲方指定联系人:＿＿＿＿,电话＿＿＿＿,传真＿＿＿＿,手机＿＿＿＿,电子信箱＿＿＿＿,通信地址＿＿＿＿,邮编＿＿＿＿。

(2) 乙方指定联系人:＿＿＿＿,电话＿＿＿＿,传真＿＿＿＿,手机＿＿＿＿,电子信箱＿＿＿＿,通信地址＿＿＿＿,邮编＿＿＿＿。

● 律师批注 13

关于联系人与联系方式约定的注意事项与法律风险,参见《文学艺术作品合作创作合同》律师批注 17。

6.6 保密条款:

6.6.1 在甲方对本剧公开或公映前,本剧剧本、影片、词曲、拍摄情况(含演职人员及其变化、拍摄资料和拍摄进度)等均属甲方商业秘密,一旦泄露、披露,均会给甲方造成不可挽回的巨大损失;本合同所涉及的条款为商业机密,双方及演员应予保密。

6.6.2 乙方演员应保证与甲方的宣传口径一致,未经甲方同意,不得擅自将摄制组的人员变动、演员更换等情况和本剧内容、拍摄情况向各媒体或其他任何人泄露、披露。

● 律师批注 14

关于保密约定的注意事项与法律风险,参见《影视剧投资与制作合作意向书》律师批注 7。

7. 违约责任:

7.1 任何一方违反约定义务(含保证义务、协助义务),每项或每次违约行为均应向另一方支付报酬总额＿＿＿＿%的违约金,并且赔偿对方全部损失。上述条款对违约责任另有约定的,按约定执行。

7.2 如因乙方或其演员与他人存在纠纷或因乙方演员原因导致本合同无法履行或本剧拍摄延期,均须赔偿甲方全部损失(含向第三方支付的违约金、赔偿金),延期的损失额按照每日＿＿＿＿元计算。

7.3 乙方保证其演员履行约定的工作内容,乙方演员未能履约构成乙方违约并承担违约责任。

● **律师批注 15**

关于违约金等违约责任约定的注意事项与法律风险,参见《文学艺术作品合作创作合同》律师批注 14 和《文学艺术作品出版合同》律师批注 14。

> **7.4** 乙方如发生下列情形之一时,甲方可立即解除本合同并追究涉及的违约责任:
> (1) 乙方非因工作发生伤病无法正常工作累计超过 3 日以上时。
> (2) 乙方被刑事或治安拘留、劳动教养或追究刑事责任时。
> (3) 乙方严重违反剧组管理制度或发生其他严重影响剧组工作的情形。
> (4) 乙方连续 3 日无法正常工作或累计 5 日无法正常工作。
> (5) 乙方不能履行其工作职责或违反本合同约定义务,经甲方要求后仍不纠正。
> (6) 因乙方原因造成本剧或甲方重大损失。

● **律师批注 16**

演员与其他艺人一样,在确定演出任务后,负有保持自己具有履约条件的责任。具体注意事项与法律风险,参见《演艺人员经纪合同》律师批注 12。

> **8. 争议解决:**
> **8.1** 双方因合同的解释或履行发生争议,应先由双方协商解决。
> **8.2** 如协商不成,按照第_____种方式解决。
> (1) 将争议提交_____仲裁委员会依照其最新生效的仲裁规则进行仲裁。
> (2) 向_____地(如:甲方所在地或乙方所在地或本合同签署地)有管辖权的人民法院提起诉讼。

● **律师批注 17**

关于争议解决约定的注意事项与法律风险,参见《文学艺术作品合作创作合同》律师批注 15。

> (以下无正文)
> 甲方:_____有限公司
> 法定代表人或授权代表:_____
> 乙方:_____有限公司
> 法定代表人或授权代表:_____

第五十六章　影视剧美术指导聘用合同

影视剧美术指导聘用合同

甲方：_____有限公司
法定代表人：_____
地址：_____
乙方：_____
身份证号：_____
地址：_____

● **律师批注1**
　　关于合同的签约主体及其名称的注意事项与法律风险等，参见《文学艺术作品合作创作合同》律师批注1和《文学艺术作品委托创作合同》律师批注1。

　　鉴于：
　　1. 甲方正在单独或联合其他投资方组织拍摄、制作电影/电视剧《_____》（暂定名，最终名称以公映/发行许可证为准）（以下简称"本剧"），需要聘请美术指导参与本剧创作。
　　2. 乙方承诺：其具备承担本合同约定工作岗位的各个条件，愿意按照本合同约定及甲方的拍摄需要，承担本剧相应工作任务；其有能力履行本合同下的所有义务，且不存在任何法律障碍；在本合同签署前，其已征得与其有人事关系的单位（如有）的同意，不会因本合同引起纠纷、索赔；在签署本合同后不得从事影响其参加本剧工作或对本剧有负面影响的活动、事件及其他事务。
　　3. 本合同签署前，乙方已通过甲方介绍等方式了解本剧的基本剧情及全部工作内容。
　　4. 本合同不构成甲乙方之间《劳动法》上的劳动合同关系，而是构成《合同法》规定的劳务合同关系。甲方系代表本剧各投资方签署和履行本合同，本剧投资方的变化不影响本合同效力和乙方的工作任务，乙方具体的工作内容和工作要求由本剧剧组安排和实施。

● 律师批注 2

关于鉴于条款约定的内容及其法律意义,参见《文学艺术作品合作创作合同》律师批注 2。

> 为此,甲乙双方于_____年_____月_____日在_____市_____区订立条款如下:

● 律师批注 3

关于签约时间、签约地点的注意事项及法律风险等,参见《文学艺术作品合作创作合同》律师批注 3。

> 1. 聘用目的与工作范围:
> 1.1 甲方同意乙方在本剧中担任美术指导及甲方指定的其他职务。
> 1.2 乙方受聘的工作范围除应遵循影视业通常的惯例原则外,还应按照本合同书中约定的内容完成。乙方的基本工作范围包括:
> (1) 本剧拍摄所需内外景场地的设计、布置;
> (2) 本剧拍摄所需人物造型的设计、确定;
> (3) 本剧拍摄所需服装、道具的设计、选择和确定;
> (4) 本剧拍摄、宣传、发行所需照片、海报和片中文字风格的设计、讨论和确定;
> (5) 与本剧美术有关的工作和剧组或甲方临时指派的其他工作事项。
> 1.3 甲方有权根据拍摄需要,临时调整乙方工作内容或向乙方安排其他相关工作内容。
> 1.4 乙方应负责完成本合同约定工作岗位工作内容,遵守甲方及本剧剧组管理制度、服从甲方或剧组管理。

● 律师批注 4

【条款目的】

本条款在于约定美术指导的主要工作内容。

> 2. 聘用期限:
> 2.1 甲方聘用乙方的期限为:
> (1) 开始于:_____(A. 自本合同签署之日;B. 自本剧开始筹备之日;C. 自本剧剧组建立之日;D. 自本剧开机之日;E. 其他_____)。
> (2) 结束于:_____(A. 于甲方确认乙方工作完成之日;B. 于本剧关

机之日;C. 于本剧完成后期制作之日;D. 于本剧取得影视主管机关颁发公映许可证之日;E. 于本剧公映之日;F. 于本剧完成首轮商业公映之日;G. 其他_____)。

2.2 乙方的工作期限的开始时间延期,或者本剧因客观原因延期,则乙方的聘用期限推迟或相应顺延。

● 律师批注5

【条款目的】

明确美术指导的工作期限。

3. 聘用报酬:
3.1 报酬总额:
3.1.1 甲方同意向乙方支付报酬为(人民币)_____元(大写:_____元整)(税后)。
3.1.2 上述报酬作为乙方完成本合同全部工作内容的报酬,除此之外,甲方再无其他款项、费用支付义务,除非本合同另有明确约定;本剧如有所变动,前述费用不需减少或增加。
3.2 支付进度:
3.2.1 本合同签署后_____日内付酬金的_____%作为定金,该定金在甲方结清最后一笔款项时自动转为酬金。
3.2.2 本剧开机后_____日内支付_____%。
3.2.3 拍摄中期(开机后_____日内)付_____%。
3.2.4 本剧关机后_____日内付_____%。
(注:本合同约定的开机、关机时间和拍摄进度以甲方或剧组确定的拍摄进度为准)
3.3 甲方支付乙方外景生活津贴(由入组当天起算)每天人民币_____元整。

● 律师批注6

关于报酬款项为税前款还是税后款的注意事项和法律风险及定金条款的法律后果,参见《文学艺术作品版权转让合同》律师批注7。

4. 工作安排：

4.1 乙方在聘用期内享受本剧剧组安排的生活条件和标准（住宿标准单人房，出行标准经济舱），具体由甲方或剧组安排，若乙方有超标准要求，则超出部分费用由乙方自行负担。

4.2 甲方承担乙方因完成甲方或剧组所安排工作而产生的交通费、差旅费，具体标准以甲方事先批准或剧组规定的标准执行，超出标准的部分或非因工作原因产生的费用不得向甲方报销，由乙方自行负担。

4.3 聘用期内，乙方须服从剧组统一调动安排并不受节假日限制；每日工作时间以剧组现场通知为准。

4.4 甲方有权在认为乙方不适宜或不胜任本剧中的工作时，单方解除本合同并根据实际工作时间和成果结清酬金。

4.5 拍摄期间，未经甲方许可，乙方不得擅自脱离剧组，若因乙方离组造成剧组的损失，则乙方承担相应的赔偿责任。

4.6 乙方完成工作时，应服从甲方或甲方指定剧组管理人员的工作安排和管理，并向其上一级管理人员报告工作。乙方对美术指导工作的艺术质量和完成程度，以导演意见为准并由导演、制片人负责考核。

4.7 为保证拍摄顺利进行，乙方在拍摄中，应充分维护投资方的利益，尽职尽责完成其安排的工作任务。乙方应保证本剧中涉及美术指导的工作内容和工作结果，应符合本剧故事所描写的时代、地域和风土人情，场景、人物造型及服装、道具等不出现明显历史、地理和人文方面的错误。

4.8 在本合同期内甲方有权指派乙方在国内外任何地区进行拍摄制作或宣发工作。

4.9 乙方在本剧生产周期内，每日工作量、工作时间不限；乙方须认真、严谨、及时完成本职工作，不得怠工或为达到个人目的提出无理要求，未经甲方同意不得无故停止工作。乙方有义务在本剧拍摄过程中及制作完成后，参加或配合甲方有关本剧的宣传活动。

4.10 由乙方经手授权承诺有关本剧任何一项费用，必须先经甲方批准或按甲方、剧组相关制度办理；乙方必须自行负担其本人的一切个人开支。

4.11 甲方有权随时转让或授权在本合同中享有的相关权利而无须事前通知乙方，乙方无权转让其在本合同中的任何权利与义务。同时，因本剧引进投资方、合作方等，不影响本合同的效力和履行。

4.12 乙方须遵守甲方与其他公司、私人或团体所签订的有关本剧的任何合同。

● 律师批注7

美术指导成为剧组职员后,对其工作要求等与演员相类似,有关注意事项和法律风险,参见《影视剧演员聘用合同》律师批注7。

> 5. 相关事项:
> 5.1 本剧系由甲方及相关投资方制作出品。甲方对本剧的版权(包括剧本、拍摄素材、完成片、音乐、造型、动作、服饰、对白、剧照、海报等权益)独立享有。乙方在完成本剧相应工作期间,其工作成果均是履行本合同的结果或系甲方委托创作,故涉及的知识产权等完全归甲方,乙方不享有任何权利,也不得使用。甲方可根据经营需要对前述享有版权的作品进行使用和开发经营(含衍生产品)。

● 律师批注8

【条款目的】

美术指导因参与影视剧创作,可能会因此设计影视剧中海报、特殊图案、卡通形象或其他造型。但美术指导系因接受委托参与创作,应约定其工作成果的版权归影视剧制作方。

> 5.2 乙方对于本合同约定工作内容的全部或部分,均应亲自完成,不得转委托或分包给他人完成;并且乙方保证,其签署和履行本合同不违反其与他人的有关约定,不会因此造成甲方产生法律纠纷或法律责任,否则一切后果和甲方的损失均由乙方承担。
> 5.3 病假:
> (1)在本合同有效期内,乙方如因生病不能参加或不能完成摄制工作,如双方不能共同确认时,则乙方应在甲方指定的医院诊断并以获得的诊断结果作为确认依据;否则,即为乙方违约,并赔偿经济损失,并由乙方在甲方指定的媒体公开道歉。
> (2)病假期间,不计算报酬并从约定工作期间内扣除,如导致本剧延期,则延期期间不再另外向乙方支付报酬。
> (3)乙方在受聘期间因公受伤,应由甲方安排就近治疗,其他原因(如慢性病或违规受伤),医药费由乙方自理。

● 律师批注9

美术指导成为剧组职员后的病假约定的注意事项和法律风险,参见《影视剧演员聘用合同》律师批注11。

6. 保密约定：

6.1 在甲方对本剧公开或公映前，本剧剧本、影片、词曲、拍摄情况（含演职人员及其变化、拍摄资料和拍摄进度）等均属甲方商业秘密，一旦泄露、披露，均会给甲方造成不可挽回的巨大损失。

6.2 乙方应保证与甲方的宣传口径一致，未经甲方同意，不得擅自将摄制组的人员变动、演员更换等情况和本剧内容、拍摄情况向各媒体或其他任何人泄露、披露。

● 律师批注 10

关于保密约定的注意事项与法律风险，参见《影视剧投资与制作合作意向书》律师批注 7。

7. 违约责任：

7.1 如甲乙双方其中一方违反约定义务（含保证义务、协助义务），每项或每次违约行为均应向另一方支付报酬总额的＿＿＿＿％作为违约金，并且赔偿对方全部损失。上述条款对违约责任另有约定的，按约定执行。

7.2 如因乙方与其单位存在纠纷或因乙方原因导致本合同无法履行或本剧拍摄延期，均须赔偿甲方全部损失（含向第三方支付的违约金、赔偿金），延期的损失额按照每日＿＿＿＿元计算。

7.3 如因乙方工作失职导致剧组发生人身财产伤害或安全事故，乙方须向甲方承担赔偿责任。如乙方负责的美术指导中在场景、人物造型及服装、道具等方面，出现明显历史、地理和人文方面的错误，在向电影主管机关报审的影视剧中每出现一次错误，甲方有权扣除乙方＿＿＿＿％的酬金或由乙方向甲方支付酬金的＿＿＿＿％作为违约金。

● 律师批注 11

关于违约金等违约责任约定的注意事项与法律风险，参见《文学艺术作品合作创作合同》律师批注 14 和《文学艺术作品出版合同》律师批注 14。

8. 联络：

8.1 本合同各方均书面指定授权代表及其联络方式，以向其他各方履行义务和接受其他各方履行义务，任何一方授权代表的签字及其行为即可代表该方并由该方承担法律后果。

8.2 本合同各方指定的授权代表及其联络方式为：
(1) 甲方指定联系人：_____，电话_____，传真_____，手机_____，电子信箱_____，通信地址_____，邮编_____。
(2) 乙方指定联系人：_____，电话_____，传真_____，手机_____，电子信箱_____，通信地址_____，邮编_____。

● **律师批注 12**

关于联系人与联系方式约定的注意事项与法律风险，参见《文学艺术作品合作创作合同》律师批注 17。

9. 争议解决：
9.1 双方因合同的解释或履行发生争议，应先由双方协商解决。
9.2 如协商不成，按照第_____种方式解决。
(1) 将争议提交_____仲裁委员会依照其最新生效的仲裁规则进行仲裁。
(2) 向_____地（如：甲方所在地或乙方所在地或本合同签署地）有管辖权的人民法院提起诉讼。

● **律师批注 13**

关于争议解决约定的注意事项与法律风险，参见《文学艺术作品合作创作合同》律师批注 15。

(以下无正文)
甲方：_____有限公司
法定代表人或授权代表：_____
乙方：_____
签字：_____

第五十七章　影视剧监制聘用合同

影视剧监制聘用合同

甲方：_____有限公司

法定代表人：_____

地址：_____

乙方：_____

身份证号：_____

地址：_____

● **律师批注1**

关于合同的签约主体及其名称的注意事项与法律风险等，参见《文学艺术作品合作创作合同》律师批注1和《文学艺术作品委托创作合同》律师批注1。

鉴于：

1. 甲方正在单独或联合其他投资方组织拍摄、制作电影/电视剧《_____》(暂定名，最终名称以公映/发行许可证为准)(以下简称"本剧")。需要聘请监制参与本剧创作。

2. 乙方承诺：其具备承担本剧监制的各个条件，愿意按照本合同约定及甲方的拍摄需要，承担本剧相应工作任务；其有能力履行本合同下的所有义务，且不存在任何法律障碍；在本合同签署前，其已征得与其有人事关系的单位(如有)的同意，不会因本合同引起纠纷、索赔；在签署本合同后不得从事影响其参加本剧工作或对本剧有负面影响的活动、事件及其他事务。

3. 本合同签署前，乙方已通过甲方介绍等方式了解本剧的基本剧情及全部工作内容。

4. 本合同不构成甲乙方之间《劳动法》上的劳动合同关系，而是构成《合同法》规定的劳务合同关系。甲方系代表本剧各投资方签署和履行本合同，本剧投资方的变化不影响本合同效力和乙方的工作任务，乙方具体的工作内容和工作要求由本剧剧组安排和实施。

● 律师批注 2

关于鉴于条款约定的内容及其法律意义,参见《文学艺术作品合作创作合同》律师批注 2。

> 为此,甲乙双方于_____年_____月_____日在_____市_____区订立条款如下:

● 律师批注 3

关于签约时间、签约地点的注意事项及法律风险等,参见《文学艺术作品合作创作合同》律师批注 3。

> **1. 聘用范围及目的:**
> **1.1** 双方同意由乙方在本剧中担任监制及甲方指定的其他职务。
> **1.2** 乙方受聘的工作范围除应遵循影视业通常的惯例原则外,还应按照本合同书中约定的内容完成。乙方的基本工作范围包括:
> (1) 前期筹备和剧本完善:进行剧本研读、讨论,协助导演对剧本进行二次创作和相应修改,与编剧配合指导剧本调整、完善,监督剧本的创作质量,参与对演员的选择、确定,并组织剧组前期各项筹备工作为甲方提供相应专业意见。
> (2) 制作过程中监督指导:参与本剧具体拍摄指导,协助甲方和导演组织与指导本剧后期各项制作等工作,就拍摄和后期制作过程中的各个细节与导演进行沟通、讨论,监督影片制作质量和进度,并就此为甲方提供相应专业意见。
> (3) 涉及本剧制作质量和艺术掌握的其他事项:参加和配合此类事项的讨论和决策,并为此向甲方提供相应专业意见。
> (4) 按照本合同约定参加本剧相应宣传活动。
> (5) 剧组或甲方临时指派的其他工作事项。
> **1.3** 乙方作为监制,应负责协助导演把握本剧制作质量,在本剧预算范围内尽力提高本剧艺术水平。
> (1) 在甲方及其他投资方设定的艺术质量目标下,协助甲方制作合理、最优的预算方案和制作计划,做到艺术质量与预算安排的最优配合。
> (2) 在甲方确定的预算方案下,督促剧组及制作各具体负责人员严格执行预算方案,在保证艺术质量的前提下,节约各项开支,杜绝预算超支和预算外支出;如可能出现超支、预算外支出或剧组出现浪费、不实开支,应提前向甲方通报并提出可行对策或改善方案。

（3）在甲方确定的制作计划范围，督促剧组及制作各具体负责人员按照制作计划完成各阶段制作进度和每日工作任务，保障本剧制作不出现超期、不出现超出各演职人员约定聘用期限；如已出现或可能出现超出制作计划或未完成各阶段、每日工作进度要求时，应提前向甲方通报并提出可行对策或改善方案。

（4）在具体制作环节上，乙方应在剧组确定的工作现场与导演等主创负责人共同把握制作质量、制作进度等具体工作事项，负责随时查阅拍摄内容及其艺术质量，对其中出现的错误、漏洞、艺术质量不合格的内容，应及时提出纠正意见并督促纠正意见的落实；如主创人员就艺术质量和拍摄思路出现分歧时，应及时向甲方通报并提出相应专业意见。

（5）在本合同工作期内，甲方及其他投资方有权随时监督、审查、评价乙方的工作状况和工作质量，根据本剧制作的实际状况并本着维护本剧艺术品质和商业价值的原则，尽可能采取一切合理措施，甲乙双方均对此予以理解和认可。

● 律师批注 4
【条款目的】
1. 监制是制作方为确保影视剧的制作质量，聘请具有影视导演、制片管理丰富经验的人员，针对导演工作进行监督。
2. 监制的工作范围与导演基本相同，从剧本"研磨"开始，直到影视剧制作完成的整个创作过程。

2. 聘用期限：
2.1 甲方聘用乙方的期限为：
（1）开始于：_____（A. 自本合同签署之日；B. 自本剧开始筹备之日；C. 自本剧剧组建立之日；D. 自本剧开机之日；E. 其他_____）。
（2）结束于：_____（A. 于甲方确认乙方工作完成之日；B. 于本剧关机之日；C. 于本剧完成后期制作之日；D. 于本剧取得影视主管机关颁发公映许可证之日；E. 于本剧公映之日；F. 于本剧完成首轮商业公映之日；G. 其他_____）。
2.2 乙方的工作期限的开始时间延期，或者本剧因客观原因延期，则乙方的聘用期限推迟或相应顺延。

● 律师批注 5

【条款目的】
确定监制为影视剧工作的具体期限。

> 3. 聘用报酬：
> 3.1 报酬总额：
> 3.1.1 甲方同意向乙方支付报酬为（人民币）_____元（大写：_____元整）（税后）。
> 3.1.2 上述报酬作为乙方完成本合同全部工作内容的报酬，除此之外，甲方再无其他款项、费用支付义务，除非本合同另有明确约定；本剧如有所变动，前述费用不需减少或增加。
> 3.2 支付进度：
> 3.2.1 本合同签署后_____日内付酬金的_____%作为定金，该定金在甲方结清最后一笔款项时自动转为酬金。
> 3.2.2 本剧开机后_____日内支付_____%。
> 3.2.3 拍摄中期（开机后_____日内）支付_____%。
> 3.2.4 本剧关机后_____日内支付_____%。
> （注：本合同约定的开机、关机时间和拍摄进度以甲方或剧组确定的拍摄进度为准）
> 3.3 甲方支付乙方外景生活津贴（由入组当天起算）每天人民币_____元整。

● 律师批注 6

关于报酬款项为税前款还是税后款的注意事项和法律风险及定金条款的法律后果，参见《文学艺术作品版权转让合同》律师批注 7。

> 4. 工作安排：
> 4.1 乙方在聘用期内享受本剧剧组安排的生活标准，具体由甲方或剧组安排，若乙方有超标准要求，则超出部分费用由乙方自行负担。
> 4.2 甲方承担乙方因完成甲方或剧组所安排工作而产生的交通费、差旅费，具体标准以甲方事先批准或剧组规定的标准执行，超出标准的部分或非因工作原因产生的费用不得向甲方报销，由乙方自行负担。
> 4.3 聘用期内，乙方须服从剧组统一调动安排并不受节假日限制；每日工作时间以剧组现场通知为准。

4.4 甲方有权在认为乙方不适宜或不胜任本剧中的工作时,单方解除本合同,乙方除已领取的酬金外,不再要求甲方支付未支付的其余酬金。

4.5 拍摄期间,未经甲方许可,乙方不得擅自脱离剧组,若因乙方离组造成剧组的损失,则乙方承担相应的赔偿责任。

4.6 乙方完成工作时,应服从甲方或甲方指定剧组管理人员工作安排和管理,并向其上一级管理人员报告工作。

4.7 乙方应协助甲方制作和完善本剧制作预算、本剧拍摄计划,把握本剧制作环节的艺术质量。

4.8 为保证拍摄顺利进行,乙方在拍摄中,应充分维护投资方的利益,协助导演、制片人对本剧质量把关和负责,有权提出改进意见或建议。

4.9 在本合同期内甲方有权指派乙方在国内外任何地区进行拍摄制作或宣发工作。

4.10 乙方在本剧生产周期内,每日工作量、工作时间不限;乙方须认真、严谨、及时完成本职工作,不得怠工或为达到个人目的提出无理要求,未经甲方同意不得无故停止工作。乙方有义务在本剧拍摄过程中及制作完成后,参加或配合甲方有关本剧的宣传活动。有关行程届时由甲方与乙方协商确定。

4.11 由乙方经手授权承诺有关本剧任何一项费用,必须先经甲方批准或按甲方、剧组相关制度办理;乙方必须自行负担其本人的一切个人开支。

4.12 甲方有权随时转让或授权在本合同中享有的相关权利而无须事前通知乙方,乙方无权转让其在本合同中的任何权利与义务。同时,因本剧引进投资方、合作方等,不影响本合同的效力和履行。

4.13 乙方须遵守甲方与其他公司、私人或团体所签订有关本剧的任何合同。

● 律师批注7

监制与导演和演员一样进入剧组也要遵守相应规定,具体注意事项和法律风险及定金条款的法律后果,参见《影视剧演员聘用合同》律师批注7和《影视剧导演聘用合同》律师批注8。

5. 相关事项：

5.1 本剧系由甲方制作出品。甲方对本剧的版权（包括剧本、拍摄素材、完成片、音乐、造型、动作、服饰、对白、剧照等权益）独立享有。乙方在完成本剧相应工作期间，其工作成果均是履行本合同的结果或系甲方委托创作，故涉及的知识产权等完全归甲方，乙方不享有任何权利，也不得使用。甲方可根据经营需要对前述享有版权的作品进行使用和开发经营（含衍生产品）。

● 律师批注 8

【条款目的】

确定影视剧的版权归制作方。

5.2 乙方对于本合同约定工作内容的全部或部分，均应亲自完成，不得转委托或分包给他人完成；并且乙方保证，其签署和履行本合同不违反与其他人的有关约定，不会因此使甲方产生法律纠纷或法律责任，否则一切后果和甲方的损失均由乙方承担。

● 律师批注 9

【条款目的】

影视剧制作方之所以聘用监制，主要是基于监制在影视剧创作方面的丰富经验，故工作完成主体具有明确的特定性。所以，监制不应转包或采用其他方式将工作交由他人来完成。

5.3 乙方应在剧组建立之日，保证剧组具有完备的制作、道具、人员管理制度和拍摄现场、休息场所具有全面消防、保安、作息规范，并应督促此类制度、规范的执行。

5.4 在本剧制作过程中，乙方应协助导演、制片人对拍摄过程进行规范管理，管理各项设备调配、人员工作安置，负责安排剧组人员作息和餐饮供应。

5.5 甲方按照法律规定及乙方工作贡献情况，对乙方在本剧中予以相应署名。

● 律师批注 10

【条款目的】

作为影视剧的监制，有责任监督和督促导演和制片人按照影视剧的制作工作规范推进工作,建立安全制度,杜绝人员伤亡事故发生。

  5.6 病假:
  (1)在本合同有效期内,乙方如因生病不能参加或不能完成摄制工作,如双方不能共同确认时,则乙方应在甲方指定的医院诊断并以获得的诊断结果作为确认依据;否则,即为乙方违约,并赔偿经济损失,并由乙方在甲方指定的媒体公开道歉。
  (2)病假期间,不计算报酬并从约定工作期间内扣除,如导致本剧延期,则延期期间不再另外向乙方支付报酬。
  (3)乙方在受聘期间因公受伤,应由甲方安排就近治疗,其他原因(如慢性病或违规受伤),医药费由乙方自理。

● 律师批注 11

  有关病假的具体注意事项和法律风险,参见《影视剧演员聘用合同》律师批注 11。

  5.7 中止拍摄:
  (1)在本合同有效期内,若因甲方原因而造成本剧临时停止拍摄,每次临时停机的时间不超过 10 日。恢复正常拍摄后,乙方应按要求回到剧组参加拍摄,本合同有效期顺延。
  (2)在甲乙双方约定的有效期内,若乙方与他人发生纠纷并导致本剧无法拍摄或中止拍摄,则由乙方向甲方承担违约责任。
  (3)如因自然灾害、恶劣天气、政府行为等不可抗力因素导致本剧中止拍摄,不构成甲方违约,约定工作期间及拍摄顺延,具体由双方协商解决。

● 律师批注 12

  有关中止拍摄的具体注意事项和法律风险,参见《影视剧演员聘用合同》律师批注 12。

  6. 保密约定:
  6.1 在甲方对本剧公开或公映前,本剧剧本、影片、词曲、拍摄情况(含演职人员及其变化、拍摄资料和拍摄进度)等均属甲方商业秘密。
  6.2 乙方应保证与甲方的宣传口径一致,未经甲方同意,不得擅自将摄制组的人员变动、演员更换等情况和本剧内容、拍摄情况向各媒体或其他任何人泄露、披露。

● 律师批注 13

关于保密约定的注意事项与法律风险,参见《影视剧投资合作意向书》律师批注 7。

> 7. 违约责任:
> 7.1 如甲乙双方其中一方违反约定义务(含保证义务、协助义务),每项或每次违约行为均应向另一方支付报酬总额的_____%作为违约金,并且赔偿对方全部损失。上述条款对违约责任另有约定的,按约定执行。
> 7.2 如因乙方与其单位存在纠纷或因乙方原因导致本合同无法履行或本剧拍摄延期,均须赔偿甲方全部损失(含向第三方支付的违约金、赔偿金),延期的损失额按照每日_____元计算。
> 7.3 如因乙方工作失职导致剧组发生人身财产伤害或安全事故,乙方须向甲方承担赔偿责任。
> 7.4 如因乙方原因导致本剧超出预算_____%以上时,乙方须向甲方支付其报酬_____%的违约金;如超出预算_____%,乙方还须向甲方承担赔偿责任。

● 律师批注 14

关于违约金等违约责任约定的注意事项与法律风险,参见《文学艺术作品合作创作合同》律师批注 14 和《文学艺术作品出版合同》律师批注 14。

> 8. 联络:
> 8.1 本合同各方均书面指定授权代表及其联络方式,以向其他各方履行义务和接受其他各方履行义务,任何一方授权代表的签字及其行为即可代表该方并由该方承担法律后果。
> 8.2 本合同各方指定的授权代表及其联络方式为:
> (1)甲方指定联系人:_____,电话_____,传真_____,手机_____,电子信箱_____,通信地址_____,邮编_____。
> (2)乙方指定联系人:_____,电话_____,传真_____,手机_____,电子信箱_____,通信地址_____,邮编_____。

● 律师批注 15

关于联系人与联系方式约定的注意事项与法律风险,参见《文学艺术作品合作创作合同》律师批注 17。

9. 争议解决：
9.1 双方因合同的解释或履行发生争议，应先由双方协商解决。
9.2 如协商不成，按照第_____种方式解决。
（1）将争议提交_____仲裁委员会依照其最新生效的仲裁规则进行仲裁。
（2）向_____地(如：甲方所在地或乙方所在地或本合同签署地)有管辖权的人民法院提起诉讼。

● 律师批注 16

关于争议解决约定的注意事项与法律风险，参见《文学艺术作品合作创作合同》律师批注 15。

(以下无正文)
甲方：_____有限公司
法定代表人或授权代表：_____
乙方：_____
签字：_____

第五十八章　影视剧制片主任聘用合同

影视剧制片主任聘用合同

甲方：_____有限公司

法定代表人：_____

地址：_____

乙方：_____

身份证号：_____

地址：_____

● **律师批注1**

　　关于合同的签约主体及其名称的注意事项与法律风险等，参见《文学艺术作品合作创作合同》律师批注1和《文学艺术作品委托创作合同》律师批注1。

　　鉴于：

　　1. 甲方正在单独或联合其他投资方组织拍摄、制作电影/电视剧《_____》(暂定名，最终名称以公映/发行许可证为准)(以下简称"本剧")，需要聘请制片主任参与本剧剧组管理工作。

　　2. 乙方承诺：其具备承担本剧制片主任的各个条件，愿意按照本合同约定及甲方的拍摄需要，承担本剧相应工作任务；其有能力履行本合同下的所有义务，且不存在任何法律障碍；在本合同签署前，其已征得与其有人事关系的单位(如有)的同意，不会因本合同引起纠纷、索赔；在签署本合同后不得从事影响其参加本剧工作或对本剧有负面影响的活动、事件及其他事务。

　　3. 本合同签署前，乙方已通过甲方介绍等方式了解本剧的基本剧情及全部工作内容。

　　4. 本合同不构成甲乙方之间《劳动法》上的劳动合同关系，而是构成《合同法》规定的劳务合同关系。甲方系代表本剧各投资方签署和履行本合同，本剧投资方的变化不影响本合同效力和乙方的工作任务，乙方具体的工作内容和工作要求由本剧剧组安排和实施。

● 律师批注 2

关于鉴于条款约定内容及其法律意义,参见《文学艺术作品合作创作合同》律师批注 2。

> 为此,甲乙双方于_____年_____月_____日在_____市_____区订立条款如下:

● 律师批注 3

关于签约时间、签约地点的注意事项及法律风险等,参见《文学艺术作品合作创作合同》律师批注 3。

> 1. 聘用范围及目的:
> 1.1 双方同意由乙方在本剧中担任制片主任及甲方指定的其他职务。
> 1.2 乙方受聘的工作范围除应遵循影视业通常的惯例原则外,还应按照本合同书中约定的内容完成。乙方的基本工作范围包括但不限于:
> (1) 具体负责剧组吃、住、行、工作的统筹安排和管理;
> (2) 在预算范围内按导演要求,进行现场管理和工作安排;
> (3) 在预算范围内负责剧组对外物品、服务采购事宜的管理;
> (4) 具体负责剧组演职人员聘用合同的签约及相应谈判事务;
> (5) 具体负责剧组非演员工作人员的管理;
> (6) 协助甲方进行预算测算、编制、执行和控制、管理;
> (7) 落实导演、制片人在剧组的各项要求、管理措施;
> (8) 剧组或甲方临时指派的其他工作事项。
> 1.3 甲方有权根据拍摄需要,临时调整乙方工作内容或临时向乙方安排其他相关工作内容。
> 1.4 乙方作为制片主任,应负责把握本片预算管理的执行,在剧组管理当中厉行节约、严格控制成本。

● 律师批注 4

【条款目的】

1. 本条款在于约定制片主任的主要工作内容。制片主任不直接参与影视剧创作,但其为影视剧创作提供管理和人力、物力保障。

2. 制片主任具体执行影视剧的预算,负有控制成本的责任。

2. 聘用期限：

2.1 甲方聘用乙方的期限为：

（1）开始于：_____（A. 自本合同签署之日；B. 自本剧开始筹备之日；C. 自本剧剧组建立之日；D. 自本剧开机之日；E. 其他_____）。

（2）结束于：_____（A. 于甲方确认乙方工作完成之日；B. 于本剧关机之日；C. 于本剧完成后期制作之日；D. 于本剧取得影视主管机关颁发公映许可证之日；E. 于本剧公映之日；F. 于本剧完成首轮商业公映之日；G. 其他_____）。

2.2 乙方的工作期限的开始时间延期，或者本剧因客观原因延期，则乙方的聘用期限推迟或相应顺延。

● **律师批注 5**

【条款目的】

本条款在于约定制片主任的聘用期限。

3. 聘用报酬：

3.1 报酬总额：

3.1.1 甲方同意向乙方支付报酬为（人民币）_____元（大写：_____元整）（税后）。

3.1.2 上述报酬作为乙方完成本合同全部工作内容的报酬，除此之外，甲方再无其他款项、费用支付义务，除非本合同另有明确约定；本剧如有所变动，前述费用不需减少或增加。

3.2 支付进度：

3.2.1 本合同签署后_____日内支付酬金的_____%作为定金，该定金在甲方结清最后一笔款项时自动转为酬金。

3.2.2 本剧开机后_____日内支付_____%。

3.2.3 拍摄中期（开机后_____日内）支付_____%。

3.2.4 本剧关机后_____日内支付_____%。

（注：本合同约定的开机、关机时间和拍摄进度以甲方或剧组确定的拍摄进度为准）

3.3 甲方支付乙方外景生活津贴（由入组当天起算）每天人民币_____元整。

● 律师批注 6

关于报酬款项为税前款还是税后款的注意事项和法律风险及定金条款的法律后果,参见《文学艺术作品版权转让合同》律师批注 7。

4. 工作安排:

4.1 乙方在聘用期内享受本片剧组安排的生活标准,具体由甲方或剧组安排,若乙方有超标准要求,则超出部分费用由乙方自行负担。

4.2 甲方承担乙方因完成甲方或剧组所安排工作而产生的交通费、差旅费,具体标准以甲方事先批准或剧组规定的标准执行,超出标准的部分或非因工作原因产生的费用不得向甲方报销,由乙方自行负担。

4.3 聘用期内,乙方须服从剧组统一调动安排并不受节假日限制;每日工作时间以剧组现场通知为准。

4.4 甲方有权在认为乙方不适宜或不胜任本片中的工作时,单方解除本合同,乙方除已领取的酬金外,不再要求甲方支付未支付的其余酬金。

4.5 拍摄期间,未经甲方许可,乙方不得擅自脱离剧组,若因乙方离组造成剧组的损失,则乙方承担相应的赔偿责任。

4.6 乙方完成工作时,应服从甲方或甲方指定剧组管理人员工作安排和管理,并向其上一级管理人员报告工作。

4.7 乙方应协助甲方制作和完善本片制作预算,并对本片拍摄计划、管理措施等进行完善。

4.8 为保证拍摄顺利进行,乙方在拍摄中,应充分维护投资方的利益,协助制片人对剧组全面把关和负责,有权利提出改进意见或建议。

4.9 在本合同期内甲方有权指派乙方在国内外任何地区进行拍摄制作或宣发工作。

4.10 乙方在本片生产周期内,每日工作量、工作时间不限;乙方须认真、严谨、及时完成本职工作,不得怠工或为达到个人目的提出无理要求,未经甲方同意不得无故停止工作。乙方有义务在本片拍摄过程中及制作完成后,参加或配合甲方有关本片的宣传活动。有关行程届时由甲方与乙方协商确定。

4.11 由乙方经手授权承诺有关本片任何一项费用,必须先经甲方批准或按甲方、剧组相关制度办理;乙方必须自行负担其本人的一切个人开支。

4.12 甲方有权随时转让或授权在本合同中享有的相关权利而无须事前通知乙方,乙方无权转让其在本合同中的任何权利与义务。同时,因本片引进投资方、合作方等,不影响本合同的效力和履行。

4.13 乙方须遵守甲方与其他公司、私人或团体所签订有关本片的任何合同。

● 律师批注7

制片主任等剧组管理人员同样要遵守剧组管理要求,对其工作要求等与演员相类似,有关注意事项和法律风险,参见《影视剧演员聘用合同》律师批注7。

> 5. 相关事项:
> 5.1 本剧系由甲方制作出品。甲方对本剧的版权(包括剧本、拍摄素材、完成片、音乐、造型、动作、服饰、对白、剧照等权益)独立享有。乙方在完成本剧相应工作期间,其工作成果均是履行本合同的结果或系甲方委托创作,故涉及的知识产权等完全归甲方,乙方不享有任何权利,也不得使用。甲方可根据经营需要对前述享有版权的作品进行使用和开发经营(含衍生产品)。

● 律师批注8

【条款目的】

明确影视剧的版权归属及制片主任不享有任何使用权。

> 5.2 乙方应提供在拍摄期间确切有效的通讯地址及电话或其他有效的联络方式,足以保证甲方能够准确发出书面或其他通知。乙方接到通知后必须按期到达拍摄现场,否则即为违约。
> 5.3 乙方自觉严格遵守国家法律、法规及剧组的各项规章制度,保证不得在剧组内发生是非及打架斗殴、赌博、惹是生非,若违反法律、法规及剧组纪律,乙方自行承担相应责任。
> 5.4 乙方应在剧组建立之日,保证剧组具有完备的制作、道具、人员管理制度和拍摄现场、休息场所具有全面消防、保安、作息规范,并应督促此类制度、规范的执行。
> 5.5 在本剧制作过程中,乙方应协助导演、制片人对拍摄过程进行规范管理,管理各项设备调配、人员工作安置,负责安排剧组人员作息和餐饮供应。

● 律师批注9

【条款目的】

1. 制片主任是剧组直接管理者并负责后勤保障,应保证剧组自建立时起就有明确的管理制度。

2. 制片主任工作重心是为拍摄服务,其应向制片人和导演负责。

5.6 甲方按照法律规定及乙方工作贡献情况,对乙方在本剧中予以相应署名。

5.7 病假:

(1) 在本合同有效期内,乙方如因生病不能参加或不能完成摄制工作,如双方不能共同确认时,则乙方应在甲方指定的医院诊断并以获得的诊断结果作为确认依据;否则,即为乙方违约,并赔偿经济损失,并由乙方在甲方指定的媒体公开道歉。

(2) 病假期间,不计算报酬并从约定工作期间内扣除,如导致本剧延期,则延期期间不再另外向乙方支付报酬。

(3) 乙方在受聘期间因公受伤,应由甲方安排就近治疗,其他原因(如慢性病或违规受伤),医药费由乙方自理。

5.8 中止拍摄:

(1) 在本合同有效期内,若因甲方原因而造成本剧临时停止拍摄,每次临时停机的时间不超过 10 日。恢复正常拍摄后,乙方应按要求回到剧组参加拍摄,本合同有效期顺延。

(2) 在甲乙双方约定的有效期间内,若乙方与他人发生纠纷并导致本剧无法拍摄或中止拍摄,则由乙方向甲方承担违约责任。

(3) 如因自然灾害、恶劣天气、政府行为等不可抗力因素导致本剧中止拍摄,不构成甲方违约,约定工作期间及拍摄顺延,具体由双方协商解决。

● 律师批注 10

制片主任受聘后涉及的病假及中止拍摄等的注意事项和法律风险,参见《影视剧演员聘用合同》律师批注 7、11。

6. 保密约定:

6.1 在甲方对本剧公开或公映前,本剧剧本、影片、词曲、拍摄情况(含演职人员及其变化、拍摄资料和拍摄进度)等均属甲方商业秘密,一旦泄露、披露,均会给甲方造成不可挽回的巨大损失。

6.2 乙方应保证与甲方的宣传口径一致,未经甲方同意,不得擅自将摄制组的人员变动、演员更换等情况和本剧内容、拍摄情况向各媒体或其他任何人泄露、披露。

● 律师批注 11

　　关于保密约定的注意事项与法律风险,参见《影视剧投资与制作合作意向书》律师批注 7。

> 7. 违约责任:
> 　　7.1　如甲乙双方其中一方违反约定义务(含保证义务、协助义务),每项或每次违约行为均应向另一方支付报酬总额的_____%作为违约金,并且赔偿对方全部损失。上述条款对违约责任另有约定的,按约定执行。
> 　　7.2　如因乙方与其单位存在纠纷或因乙方原因导致本合同无法履行或本剧拍摄延期,均须赔偿甲方全部损失(含向第三方支付的违约金、赔偿金),延期的损失额按照每日_____元计算。
> 　　7.3　如因乙方工作失职导致剧组发生人身财产伤害或安全事故,乙方须向甲方承担赔偿责任。
> 　　7.4　如因乙方原因导致本剧超出预算_____%以上时,乙方须向甲方支付其报酬_____%的违约金;如超出预算_____%,乙方还须向甲方承担赔偿责任。

● 律师批注 12

　　关于违约金等违约责任约定的注意事项与法律风险,参见《文学艺术作品合作创作合同》律师批注 14 和《文学艺术作品出版合同》律师批注 14。

> 8. 联络:
> 　　8.1　本合同各方均书面指定授权代表及其联络方式,以向其他各方履行义务和接受其他各方履行义务,任何一方授权代表的签字及其行为即可代表该方并由该方承担法律后果。
> 　　8.2　本合同各方指定的授权代表及其联络方式为:
> 　　(1) 甲方指定联系人:_____,电话_____,传真_____,手机_____,电子信箱_____,通信地址_____,邮编_____。
> 　　(2) 乙方指定联系人:_____,电话_____,传真_____,手机_____,电子信箱_____,通信地址_____,邮编_____。

● 律师批注 13

　　关于联系人与联系方式约定的注意事项与法律风险,参见《文学艺术作品合作创作合同》律师批注 17。

9. 争议解决:

9.1 双方因合同的解释或履行发生争议,应先由双方协商解决。

9.2 如协商不成,按照第_____种方式解决。

（1）将争议提交_____仲裁委员会依照其最新生效的仲裁规则进行仲裁。

（2）向_____地(如:甲方所在地或乙方所在地或本合同签署地)有管辖权人民法院提起诉讼。

● **律师批注 14**

关于争议解决约定的注意事项与法律风险,参见《文学艺术作品合作创作合同》律师批注 15。

(以下无正文)

甲方:_____有限公司

法定代表人或授权代表:_____

乙方:_____

签字:_____

第五十九章　影视剧未成年演员聘用合同

> **影视剧未成年演员聘用合同**
>
> 甲方：_____有限公司
> 法定代表人：_____
> 地址：_____
> 乙方：姓名_____，系青少年演员_____之父/母
> 身份证号：_____
> 地址：_____

● 律师批注 1
　【条款目的】
　1. 关于合同的签约主体及其名称的注意事项与法律风险等，参见《文学艺术作品合作创作合同》律师批注 1 和《文学艺术作品委托创作合同》律师批注 1。
　2. 对于未成年演员，应由其监护人，如父母等，代为签署合同，否则，会导致合同无效。

> 鉴于：
> 　1. 甲方正在单独或联合其他投资方组织拍摄、制作电影/电视剧《_____》(暂定名，最终名称以公映/发行许可证为准) (以下简称"本剧")，需要聘请演员参与本剧创作。
> 　2. 青少年演员_____(身份证号：_____) 系未成年人，由其父/母以法定监护人身份代其签署本合同并确保本合同由该未成年演员履行。
> 　3. 乙方确认其具备承担本合同约定演出任务的各个条件，确认该未成年演员完全愿意按照本合同约定及甲方的拍摄需要，承担本剧演出任务，并保证该演员按照甲方要求完成工作任务；乙方承诺，在签署本合同后确保该演员不得从事影响其参演本剧或对本剧有负面影响的活动、事件及其他事务。

4. 本合同签署前,乙方及该演员已通过甲方介绍等方式了解本剧的基本剧情及全部饰演内容。

5. 本合同不构成甲方与乙方演员之间《劳动法》上的劳动合同关系,而是甲乙双方之间按照《合同法》的规定构成劳务合同关系,并系甲方委托乙方参与创作本剧。甲方系代表本剧各投资方签署和履行本合同,本剧投资方的变化不影响本合同效力和乙方演员的工作任务,乙方演员具体的工作内容和工作要求由本剧剧组安排和实施。

● 律师批注 2

关于鉴于条款约定内容及其法律意义,参见《文学艺术作品合作创作合同》律师批注 2。

为此,甲乙双方于_____年_____月_____日在_____市_____区订立条款如下:

● 律师批注 3

关于签约时间、签约地点的注意事项及法律风险等,参见《文学艺术作品合作创作合同》律师批注 3。

1. 聘用前提:

1.1 乙方确认,聘用的未成年人现已年满_____周岁、但未满 16 周岁,并且其有权决定和代表该未成年人参加本剧演出事务。

1.2 乙方承诺,其作为该未成年演员的法定监护人,同意该未成年演员参加本剧演出,且其他家庭成员或法定监护人亦同意此决定。

1.3 本合同经双方签署后成立,由甲方报其所在地劳动主管部门审批;如经审批同意本合同生效,如未通过审批,则本合同未生效且双方互不承担违约或缔约过失责任。

1.4 甲方承诺,将遵守《禁止使用童工规定》(国务院令第 364 号)等相关法律法规的规定,依法办理本合同审批和使用未成年演员。

● 律师批注 4

【条款目的】

1. 聘用未成年演员的合同,不但要由其监护人代为签署,还应向劳动主管部门报批,经批准后方为有效。

2. 未成年人身心正在发育过程中,聘用单位对其身心健康负有特殊保护责任。

【法律规定】
《禁止使用童工规定》(国务院令第364号)(2002.12.01施行)
第十三条第一款　文艺、体育单位经未成年人的父母或者其他监护人同意,可以招用不满16周岁的专业文艺工作者、运动员。用人单位应当保障被招用的不满16周岁的未成年人的身心健康,保障其接受义务教育的权利。文艺、体育单位招用不满16周岁的专业文艺工作者、运动员的办法,由国务院劳动保障行政部门会同国务院文化、体育行政部门制定。

【相关案例】
电视剧《杨贵妃秘史》在拍摄时,聘请了某艺术院校的在校学生参加拍摄,但既未签署正式聘用合同,也未经劳动部门审批。在拍摄当中,又因操作不当发生爆炸,导致该学生被烧伤并对该学生造成极大心理伤害。

在该案例中,摄制方不但用工手续不合法,而且在聘用未成年演员时,根本未履行对未成年人身心健康应尽的特殊保护责任。

> 2. 聘用内容:
> 2.1　工作内容:
> 2.1.1　甲方聘用乙方演员饰演本剧角色为_____,系本剧男一号/女一号。
> 2.1.2　乙方演员所饰演角色的具体演出内容以甲方最终确定的演出剧本及台本为准。
> 2.1.3　在开机前参加本剧的拍摄筹备会、试装、试拍等拍摄筹备期内需要演员参与的工作;在本剧制作过程中及制作完成后,参加本剧发布会、首映式和其他推广宣传活动,具体以本剧相关制作、宣传和发行计划为准。

● 律师批注5
有关聘用工作内容的具体注意事项和法律风险,参见《影视剧演员聘用合同》律师批注4。

2.2 工作时间：
2.2.1 乙方演员的现场拍摄工作时间自_____年_____月_____日至_____年_____月_____日共_____天。
2.2.2 在不影响甲方拍摄、制作的情况下，甲乙双方协商同意后，乙方演员可离开剧组_____天并自行安排，乙方演员离开剧组或休息、病事假的时间不计算在乙方演员的工作时间内。除此之外，工作期间，不享受休息日、节假日。
2.2.3 如为拍摄本剧或因其他不可抗拒因素，导致本剧拍摄、制作时间需延长并延长聘用乙方演员的时间，具体由双方协商处理。
2.2.4 前期筹备相关事宜和宣传、发行相关活动的时间安排，按本合同约定确定。

● 律师批注 6
有关聘用工作内容的具体注意事项和法律风险，参见《影视剧演员聘用合同》律师批注 5。

3. 工作报酬：
3.1 酬金总额：
3.1.1 甲方同意向乙方支付报酬为(人民币)_____元(大写：_____元整)(税后/税前)。
3.1.2 上述报酬作为乙方及该演员完成本合同全部工作内容的报酬，除此之外，甲方再无其他款项、费用支付义务，除非本合同另有明确约定。
3.1.3 本剧集数或长度如有所变动，上述报酬不需增减/前述报酬由双方根据实际集数或长度调整。
3.2 支付进度：
3.2.1 在本合同签署后_____日内，支付报酬的_____%作为定金，在甲方支付最后一期款项时，该定金自动转为应向乙方支付的报酬。
3.2.2 在乙方演员按照甲方要求到剧组后_____日内，支付第二期款为报酬的_____%。
3.2.3 在本剧关机后_____日内，支付第三期款为报酬的_____%。
3.2.4 甲方应在乙方演员的拍摄任务结束后_____日内，支付剩余报酬。

3.3 款项收取：

3.3.1 乙方指定的收款银行账户信息如下，甲方将款项汇入该账户，即视为已交付乙方：开户银行：_____，卡号：_____，开户名：_____。

3.3.2 收款人收取各期款项时，须向甲方出具收款证明。

● **律师批注7**

关于报酬款项为税前款还是税后款的注意事项和法律风险及定金条款的法律后果，参见《文学艺术作品版权转让合同》律师批注7。

4. 工作安排：

4.1 甲方向乙方演员及其一名陪护人员提供其在剧组参加拍摄期间的食宿、交通或费用。其中包括乙方演员从国内实际出发地到拍摄地的交通往返一次的交通费用，标准为：飞机经济舱或无航班时的火车软卧。

4.2 乙方演员在本剧拍摄期间因拍摄所导致的一切伤病及其医疗费用，均由甲方负责，但非工作时间及离开剧组期间除外。

4.3 乙方演员必须遵守剧组的一切规章制度与要求（包括但不限于：财务规定、作息时间、演出要求、采访要求等），在对外宣传上与剧组保持一致，按照甲方要求的时间、地点等参加演出及有关宣传活动。

4.4 乙方演员必须配合、服从导演，完成自己的演出任务；须遵守甲方安排的拍摄及排练时间，不得无故不到或迟到，该演员不得无故罢演或中途辍演。乙方演员的化妆造型必须依照导演或美术指导之设计与要求。

4.5 本合同签署后及在拍摄期间，乙方演员不得承接其他与本合同约定工作时间相冲突的工作任务或从事影响本剧演出任务的活动，否则，导致本合同无法履行或本剧拍摄无法进行、延期，均须赔偿甲方损失。

4.6 本合同签署后，甲方即将乙方演员列入本剧演出团队和据此确定其他主要演员人选及档期，并统筹安排本剧相应筹备和制作工作。

4.7 在本合同生效后，乙方演员应积极配合甲方的宣传发行部门，做好宣传采访工作。

4.7.1 在本剧拍摄过程中，在不影响本剧拍摄的前提下，乙方演员应配合甲方安排相应宣传活动及记者采访等。

4.7.2 在本剧拍摄完成后宣传发行阶段，甲方有权要求乙方演员参加_____次为本剧举办的新闻发布会或观众见面会等宣传活动，甲方有权要求乙方演员接受_____次新闻采访，甲方应在活动举办前_____日通知乙方演员。

4.7.3 在宣传期间甲方负担乙方演员及其陪护人员由国内实际出发地至工作地的往返交通、食宿费用。标准为：飞机经济舱，无航班时为火车软卧。

● 律师批注 8

有关工作安排的具体注意事项和法律风险,参见《影视剧演员聘用合同》律师批注 7。

> 5. 版权与署名:
> 5.1 甲方享有本剧的全部版权,具体由本剧的投资方确定。甲方享有的版权包括:本剧及有关本剧宣传、发行所制作的宣传片、宣传资料及剧集介绍、照片等音像、图片、文字资料和拍摄素材的版权。甲方可根据经营需要对前述享有版权的作品进行使用和开发经营(含衍生产品)。
> 5.2 甲方在本剧及其宣传物品、资料等版权作品制作时,可根据需要使用、编辑乙方演员在本剧中的有关画面、肖像等,但不得将乙方演员的肖像用于其他目的。
> 5.3 乙方演员按照法律规定作为演员在本剧中享有相应署名权,署名为_____,职务为:_____。

● 律师批注 9

有关版权与署名的具体注意事项和法律风险,参见《影视剧演员聘用合同》律师批注 8。

> 6. 其他事项:
> 6.1 试妆试镜:在本剧前期筹备阶段,乙方演员应按甲方要求时间,赴指定地点进行试妆试镜。

● 律师批注 10

有关试妆试镜的具体注意事项和法律风险,参见《影视剧演员聘用合同》律师批注 9。

> 6.2 投保:甲乙双方签署本合同后,甲方应为乙方演员参与本剧演出期间投保人身意外伤害保险,所投保的该保险的赔偿金不低于_____元人民币。

● 律师批注 11

有关投保的具体注意事项和法律风险,参见《影视剧演员聘用合同》律师批注 10。

6.3 病假:

(1) 在本合同有效期内,乙方演员如因生病不能参加或不能完成摄制工作,如双方不能共同确认时,则乙方演员应在甲方指定的医院诊断并以获得的诊断结果作为确认依据;否则,即为乙方演员违约,并赔偿经济损失,并由乙方演员在甲方指定的媒体公开道歉。

(2) 病假期间,不计算报酬并从约定工作期间内扣除,如导致本剧延期,则延期期间不再另外向乙方演员支付报酬。

● 律师批注 12

有关病假的具体注意事项和法律风险,参见《影视剧演员聘用合同》律师批注 11。

6.4 中止拍摄:

(1) 在本合同有效期内,若因甲方原因而造成本剧临时停止拍摄,每次临时停机的时间不超过 10 日。恢复正常拍摄后,乙方演员应按要求回到剧组参加拍摄,本合同有效期顺延。

(2) 如每次临时停机时间超过 10 日,恢复正常拍摄后,甲方应与乙方演员协商确定费用补偿(补偿标准参照本合同约定延期的每日费用标准执行)。

(3) 在甲乙双方约定的有效期间内,若乙方演员与他人发生纠纷并导致本剧无法拍摄或中止拍摄,则由乙方演员向甲方承担违约责任。

(4) 如因自然灾害、恶劣天气、政府行为等不可抗力因素导致本剧中止拍摄,不构成甲方违约,约定工作期间及拍摄顺延,具体由双方协商解决。

● 律师批注 13

有关中止拍摄的具体注意事项和法律风险,参见《影视剧演员聘用合同》律师批注 12。

6.5 联络与授权:

6.5.1 本合同各方均书面指定授权代表及其联络方式,以向其他各方履行义务和接受其他各方履行义务,任何一方授权代表的签字及其行为即可代表该方并由该方承担法律后果。

6.5.2 本合同各方指定的授权代表及其联络方式为：
（1）甲方指定联系人：_____，电话_____，传真_____，手机_____，电子信箱_____，通信地址_____，邮编_____。
（2）乙方指定联系人：_____，电话_____，传真_____，手机_____，电子信箱_____，通信地址_____，邮编_____。

● **律师批注 14**

关于联系人与联系方式约定的注意事项与法律风险，参见《文学艺术作品合作创作合同》律师批注 17。

6.6 保密条款：
6.6.1 在甲方对本剧公开或公映前，本剧剧本、影片、词曲、拍摄情况（含演职人员及其变化、拍摄资料和拍摄进度）等均属甲方商业秘密，一旦泄露、披露，均会给甲方造成不可挽回的巨大损失；本合同所涉及的条款为商业机密，双方及演员应予保密。
6.6.2 乙方演员应保证与甲方的宣传口径一致，未经甲方同意，不得擅自将摄制组的人员变动、演员更换等情况和本剧内容、拍摄情况向各媒体或其他任何人泄露、披露。

● **律师批注 15**

关于保密约定的注意事项与法律风险，参见《影视剧投资与制作合作意向书》律师批注 7。

7. 违约责任：
7.1 任何一方违反约定义务（含保证义务、协助义务），每项或每次违约行为均应向另一方支付报酬总额_____%的违约金，并且赔偿对方全部损失。上述条款对违约责任另有约定的，按约定执行。
7.2 如因乙方或其演员与他人存在纠纷或因乙方演员原因导致本合同无法履行或本剧拍摄延期，均须赔偿甲方全部损失（含向第三方支付的违约金、赔偿金），延期的损失额按照每日_____元计算。
7.3 乙方保证其演员履行约定的工作内容，乙方演员未能履约构成乙方违约并承担违约责任。

● **律师批注 16**

关于违约金等违约责任约定的注意事项与法律风险，参见《文学艺术作品合作创作合同》律师批注 14 和《文学艺术作品出版合同》律师批注 14。

> **7.4** 乙方如发生下列情形之一时,甲方可立即解除本合同并追究其涉及的违约责任:
> （1）乙方非因工作发生伤病无法正常工作累计超过 3 日以上时。
> （2）乙方被刑事或治安拘留、劳动教养或追究刑事责任时。
> （3）乙方严重违反剧组管理制度或发生其他严重影响剧组工作的情形。
> （4）乙方连续 3 日无法正常工作或累计 5 日无法正常工作。
> （5）乙方不能履行其工作职责或违反本合同约定义务,经甲方要求后仍不纠正。
> （6）因乙方原因造成本剧或甲方重大损失。

● 律师批注 17

演员与其他艺人一样,在确定演出任务后,负有保持自己具有履约条件的责任。具体注意事项与法律风险,参见《演艺人员经纪合同》律师批注 12。

> **8. 争议解决:**
> **8.1** 双方因合同的解释或履行发生争议,应先由双方协商解决。
> **8.2** 如协商不成,按照第_____种方式解决。
> （1）将争议提交_____仲裁委员会依照其最新生效的仲裁规则进行仲裁。
> （2）向_____地(如:甲方所在地或乙方所在地或本合同签署地)有管辖权人民法院提起诉讼。

● 律师批注 18

关于争议解决约定的注意事项与法律风险,参见《文学艺术作品合作创作合同》律师批注 15。

> (以下无正文)
> 甲方:_____有限公司
> 法定代表人或授权代表:_____
> 乙方:_____有限公司
> 法定代表人或授权代表:_____

第六十章　配音演员聘用合同

配音演员聘用合同

甲方：_____有限公司
法定代表人：_____
地址：_____
乙方：_____,艺名_____
身份证号：_____
地址：_____

● 律师批注1
　　关于合同的签约主体及其名称的注意事项与法律风险等,参见《文学艺术作品合作创作合同》律师批注1和《文学艺术作品委托创作合同》律师批注1。

　　鉴于甲方因制作电影/电视剧《_____》(暂定名,最终名称以公映/发行许可证为准)(以下简称"本剧")需要聘请配音演员,甲乙双方于_____年_____月_____日在_____市_____区达成如下约定：

● 律师批注2
　　关于签约时间、签约地点的注意事项及法律风险等,参见《文学艺术作品合作创作合同》律师批注3。

1. 聘用关系：
1.1　乙方愿意接受甲方聘用担任本剧配音演员并履行合同义务。
1.2　双方确认,本合同不构成甲方与乙方之间的劳动关系而构成按照约定完成工作任务和支付报酬的劳务合同关系。

● 律师批注 3

【条款目的】

配音演员与参加拍摄的演员,在工作内容、工作方式等方面具有较大不同。因为配音演员是对译制的外国影视剧进行配音或者虽不是译制影视剧但需要对个别演员的声音重新配音。

> 2. 聘用内容:
> 2.1 工作内容:甲方聘用乙方演员在本剧中担任_____角色的配音演员,配音内容以甲方提前提供的书面配音内容为准。
> 2.2 工作时间:
> 2.2.1 乙方在本剧参与配音的工作时间为_____年_____月_____日起_____天,每天工作时间不超过_____个小时。
> 2.2.2 如配音时间延期,则由甲乙双方另议聘期及酬金。
> 2.3 工作地点:
> 2.3.1 为位于_____市_____区的制作现场,甲方应提前通知乙方具体地址。
> 2.3.2 如工作地点在_____市以外或需要转场至_____市以外,则甲方应另行承担乙方往返交通费用和在外地的食宿费用,交通标准为飞机头等舱、食宿为四星级及以上酒店。

● 律师批注 4

【条款目的】

明确配音演员需要配合工作的内容、时间和地点,并约定相关待遇。

> 3. 报酬:
> 3.1 乙方的报酬共(人民币)_____元整(税后)。该报酬为甲方代扣代缴所涉及个人所得税后的金额,甲方应于工作结束后一个月内向乙方提供完税凭证。
> 3.2 乙方的报酬在本合同签署后_____日内支付_____%,于工作开始的两天以前支付_____%,于工作结束前支付_____%;乙方收取全部报酬后出具收款收据。

● 律师批注 5

关于报酬款项为税前款还是税后款的注意事项和法律风险及定金条款的法律后果,参见《文学艺术作品版权转让合同》律师批注 7。

4. 工作安排：

4.1 乙方须服从剧组统一调动安排，并以剧组现场通知为准。

4.2 在拍摄工作期间，未经甲方许可，乙方不得擅自脱离剧组。

4.3 乙方应自觉遵守剧组管理制度，包括：提供确切有效的联络方式，保证甲方能够准确发出书面或其他通知，接到通知后必须按期到达拍摄现场。

4.4 在甲方对本剧公开或公映前，对其知晓本剧相关信息（含剧本、影片、拍摄情况及含演职人员及其变化、拍摄资料和拍摄进度等）予以保密。

4.5 在工作期间，如因任何一方行为造成他人人身财产损害，应由责任方赔偿他人全部损失。

4.6 本剧全部版权归甲方且其依法自行使用和开发本剧及拍摄素材，乙方在本剧中享有署名权，署名形式为：_____—_____配音。

● **律师批注 6**

配音演员的工作安排及相关要求比较简单，有关注意事项和法律风险，参见《影视剧演员聘用合同》律师批注 7。

5. 其他事项：

5.1 违约责任：

5.1.1 如甲乙双方其中一方违反约定义务（含保证义务、协助义务），每项或每次违约行为均应向另一方支付_____元违约金并赔偿对方全部损失。

5.1.2 如甲方未能按约支付酬金，则乙方有权拒绝开始工作且追究违约责任。甲方逾期支付款项，则每逾期一日应向乙方支付_____元违约金，逾期超过 5 日，每日的违约金为_____元。

● **律师批注 7**

关于违约金等违约责任约定的注意事项与法律风险，参见《文学艺术作品合作创作合同》律师批注 14 和《文学艺术作品出版合同》律师批注 14。

5.2 联络:

5.2.1 本合同各方均书面指定授权代表及其联络方式,以向其他各方履行义务和接受其他各方履行义务,任何一方授权代表的签字及其行为即可代表该方并由该方承担法律后果。

5.2.2 本合同各方指定的授权代表及其联络方式为:

(1) 甲方指定联系人:_____,电话_____,传真_____,手机_____,电子信箱_____,通信地址_____,邮编_____。

(2) 乙方指定联系人:_____,电话_____,传真_____,手机_____,电子信箱_____,通信地址_____,邮编_____。

● 律师批注 8

关于联系人与联系方式约定的注意事项与法律风险,参见《文学艺术作品合作创作合同》律师批注 17。

5.3 争议解决:

5.3.2 双方因合同的解释或履行发生争议,应先由双方协商解决。

5.3.2 如协商不成,按照第_____种方式解决。

(1) 将争议提交_____仲裁委员会依照其最新生效的仲裁规则进行仲裁。

(2) 向_____地(如:甲方所在地或乙方所在地或本合同签署地)有管辖权的人民法院提起诉讼。

● 律师批注 9

关于争议解决约定的注意事项与法律风险,参见《文学艺术作品合作创作合同》律师批注 15。

(以下无正文)
甲方:_____有限公司
法定代表人或授权代表:_____
乙方:_____
签字:_____

第六十一章　电影总发行委托合同

> **电影总发行委托合同**
>
> 委托方：_____ 有限公司（以下简称"甲方"）
> 法定代表人：_____
> 地址：_____
> 发行方：_____ 有限公司（以下简称"乙方"）
> 法定代表人：_____
> 地址：_____

● **律师批注 1**
　　关于合同的签约主体及其名称的注意事项与法律风险等，参见《文学艺术作品合作创作合同》律师批注 1 和《文学艺术作品委托创作合同》律师批注 1。

> 鉴于：
> 　　1. 甲方系电影《_____》（以下简称"本片"）的投资方、出品方或经本片出品方授权而签署和履行本合同。
> 　　2. 乙方系专门从事电影发行业务且具备电影发行资质的有限公司，具有电影发行及策划、推广的广泛社会资源、团队和丰富经验。
> 　　3. 本合同构成委托发行合同关系。

● **律师批注 2**
　　【条款目的】
　　关于鉴于条款约定内容及其法律意义，参见《文学艺术作品合作创作合同》律师批注 2。

　　【风险提示】
　　受托从事电影发行方应当持有《电影发行经营许可证》，否则会因不具备法定资质而导致合同无效。

【法律规定】

《电影管理条例》(2002.02.01 施行)

第五条第一款　国家对电影摄制、进口、出口、发行、放映和电影片公映实行许可制度。未经许可,任何单位和个人不得从事电影片的摄制、进口、发行、放映活动,不得进口、出口、发行、放映未取得许可证的电影片。

为此,甲乙双方于_____年_____月_____日在_____市_____区订立条款如下:

● 律师批注 3

关于签约时间、签约地点的注意事项及法律风险等,参见《文学艺术作品合作创作合同》律师批注 3。

1. 发行影片:
1.1　片名:《_____》,又名《_____》。
1.2　主创团队:由_____导演,由_____、_____、_____、_____等主演。
1.3　拍摄许可证号:_____、公映许可证号:_____。
1.4　出品方:_____有限公司、_____有限公司。
1.5　本片规格:35 mm。
1.6　幕幅:1:2.35。
1.7　声音制式:杜比 SR-D 及 DTS。

● 律师批注 4

【条款目的】

本条款在于确定发行标的。

2. 发行授权:
2.1　发行范围:甲方授予乙方对本片在下列范围的发行权。
2.1.1　通过下列第_____项公开放映的发行权。
(1) 影剧院放映权及其他公开放映权包括 35 mm、16 mm 的影剧院、数字影剧院放映;
(2) 城市小区和农村地区数字放映;
(3) 酒店、航空及轮船(只限于中国大陆注册的航空器和轮船)、火车、公共汽车等非影院的交通工具、商业经营场所的放映。

2.1.2 音像制品发行权：音像制品形式（包括 VCD、DVD、录像带等所有已知或未来发明的载体）的制作、复制、发行及销售售卖权。

2.1.3 电视播映发行权：收费及免费、有线与无线及卫视的电视播映权（包括 IPTV 播映权）。

2.1.4 信息网络传播权：指基于国际互联网的信息网络的传播权及手机网络的传播权。

● 律师批注5

【条款目的】

1. 确定发行方负责发行的传播平台、途径和范围。

2. 在交通工具及酒店等非影院场所放映电影，属于对电影放映权的行使，需要取得电影版权人的授权，尽管其放映的介质为合法购买的电影 DVD。

【相关案例】

获第二十五届中国电影金鸡奖最佳故事片奖的电影《太行山上》，被湖南电视台娱乐频道于 2005 年 9 月两次播映，但未取得出品方八一电影制片厂的授权，也未支付费用，被诉至法院要求公开道歉、赔偿损失。法院认定侵权成立，判决公开道歉并赔偿相应经济损失。

2.2 授权性质：甲方授予乙方独占发行权，即在约定区域、期限和方式只有乙方可享有本片的约定播映权和相应发行权，其他方（含甲方）不得以相同方式行使。

2.3 授权期限：

2.3.1 中国大陆传播权期限为_____年，自本片公映许可证颁发之日起计算。乙方对外发行时向各播映机构的授权期限在此期限范围内。

2.3.2 中国境外授权期限为_____年，自本片公映许可证颁发之日起计算。乙方对外发行时向播映机构的授权期限也在此期限范围内。

2.3.3 乙方在本合同签署后即可开展本片代理发行与销售工作，直至上述许可期限届满。

2.3.4 在合作期限届满时，如仍有乙方负责发行时所签署协议或相应授权的对价、费用等款项仍未全部收回，则在合作期限届满后，继续由乙方清收，并按本合同约定计算佣金。

2.4 授权区域：_____。
(1) 中国大陆，不含港澳台地区。
(2) 全球范围。
(3) _____国、_____国和_____地区范围。
2.5 发行语言版本：
2.5.1 在中国大陆及港澳台地区：普通话及中文简体及英文字幕版本；
2.5.2 音像制品：VCD 规格：普通话声道，PAL 线路无字幕；DVD 规格：DVD-Video 5 和 DVD-Video 9，普通话声道，简体中文字幕、PAL 线路、6 号区码。
2.5.3 中国境外：可根据需要加注相应语言字幕。
2.6 转授权与分许可：
2.6.1 乙方在发行时，可对相应合作方、播映方进行相应转授权、分许可。
2.6.2 乙方进行转授权与分许可均应在本合同约定发行权限范围内，且应要求被转授权方、被分许可方遵守本合同约定。
2.6.3 乙方应确保分发行方不得修改（翻译除外）或删除物料中的任何摄制单位名单、版权声明、商标、商号或标志。
2.7 维权授权：
2.7.1 在授权区域和授权范围内出现他人侵犯乙方权利的情形时，乙方可以自己名义维权，甲方积极配合乙方维权行动，按照乙方要求出具打击盗版需要的授权书、版权证明等材料。
2.7.2 乙方进行维权的费用由其自行承担、维权所获收益归乙方。
2.8 权利保留：本合同中未明确授予乙方的权利，均归甲方，乙方不得擅自使用。

● 律师批注6
【条款目的】
1. 通常的发行授权均为独占性发行权，这样便于发行方开展发行工作。
2. 总发行方在取得发行授权后，可针对不同地区、传播平台将一定发行权转授权或分许可给相应分发行方。
3. 维权授权是便于发行方在发行中发现侵权时及时采取措施，但应当明确维权的费用承担和维权收益归属。

3. 发行形式：

3.1 发行实行佣金制：

3.1.1 本片采取佣金形式发行，双方同意乙方将获得本片的发行毛收入的_____%作为发行佣金，该佣金即乙方履行全部合同义务的对价。发行佣金直接从发行毛收益中扣除并采取到账一笔提取一笔。

● 律师批注7

【条款目的】

代理制发行方通常是按发行收入提取一定比例佣金，也可由双方约定发行收入的固定佣金。但采用比例佣金制有利于调动发行方积极性，也能减轻委托方支付固定佣金的资金负担。

3.1.2 发行收入的范围：

"发行总收入"包括影剧院放映权发行总收入、其他公开放映权发行收入、音像制品权发行收入、电视播映权发行收入、信息网络传播权发行收入和片段使用权发行收入。

3.1.3 影剧院放映权发行收入：

（1）有关本片在中国内地的票房以各地结算成绩及以各地电影院线公司出具的结算单为据。乙方先从院线账户扣除百分之五（5%）用作缴纳电影专项基金，然后再从余额扣除税项。总余额以下简称"票房净收入"。

（2）买断地区影院播映权益之收入和军队、武警系统影院发行收入，则在扣除百分之五点五（5.5%）发票税后归入"影剧院发行收入"内。

3.1.4 其他公开放映权收入：

包括城市小区和农村地区的数字放映等公开商业性放映权收入在扣除百分之五点五（5.5%）发票税后归入"发行总收入"内。

3.1.5 音像制品发行收入：

所有"音像制品发行收入"在扣除百分之五点五（5.5%）发票税后，归入"发行总收入"内。

3.1.6 所有"电视播映权收入"、"信息网络传播权发行收入"在扣除有关税项后归入"发行总收入"内。

3.2 乙方将在"发行总收入"内扣除下列之发行代理费及乙方代垫支的拷贝冲印费、宣传费用、宣传费用回扣后按甲方投资比例分配给甲方。有关本项所述将扣除的费用款项详列如下：

（1）乙方可从"发行总收入"中抽取百分之_____作为发行佣金。

(2) 有关本片在中国内地上映时所须的拷贝洗印费费用及有关之运输费。

(3) 有关本片在中国内地上映时所须的宣传发行费用；但甲方的行政人员之费用需自理，乙方将不预先垫付，也不支付任何形式的个人报酬。

(4) 乙方在代理其他公开放映版权和音像版权发行工作中产生的费用。

(5) 乙方在发行工作中产生的一切合理费用和税项。

3.3 "发行总收入"在扣除上述约定各个项目后之总余额为"本片纯收益"。

3.4 其他收益分配：

3.4.1 如乙方开发和制作本片随片广告，随片广告之收入在扣除中介公司（或个人）代理中介成本（该项成本一般不超过此项收益的_____%）后，余款应归入"发行总收入"内。

3.4.2 如遇盗版、走私拷贝问题，双方共同进行查处，乙方在查处过程中所发生的费用，可在所获赔偿中扣除，若有盈余则归入"发行总收入"内。

3.4.3 甲乙双方有权自行与合适的广告商洽谈有关载于本片音像制品之封面广告及片头播出广告，双方在广告协议签订前应书面通知对方。该广告收入全数归入"发行总收入"。加插广告方保证加插的广告内容不会引致任何法律责任，如有违反，一概由其自行负责，与另一方无关。

● 律师批注 8

【条款目的】

1. 确定纳入发行收入的范围和计算口径。

2. 对于院线发行中涉及扣除电影基金及税金的，应当予以核算并尽量明确。

3. 除正常院线、电视、网络、音像等发行收益外，电影还会涉及贴片广告、其他广告的收益，也属于电影经营收益，应纳入收入范围。

4. 在发行过程中，涉及相关专业代理方的代理费用等亦应明确。

3.5 宣传发行费用垫付：

3.5.1 甲乙双方同意，本片的发行费用和宣传费用由乙方垫支，在本片取得发行收益时按照本合同约定返还给乙方；发行费用包括但不限于：

广告；电影节及电影展的放映；

供发行方、媒体、影评的特别场；

翻译及传译；

电话、互联网、传真、邮递、速递、运送；

剧组（包括演员及导演）之巡回宣传（不含演职人员费用及其差旅费用）；

样带制作；

制作各类发行和推广资料与物品；

发行人员差旅费；

银行支出；

35毫米电影拷贝及录像素材之储存；

素材之复制和销毁；

保险（如需要）；

律师费；

其他支出；

其他在发行过程中产生的费用。

3.5.2 甲乙双方确认，乙方垫付本片的发行费用和宣传费用合计不低于_____元；乙方承诺：在本合同签署后至本片取得公映许可证前，投入宣发费用的_____%以上用于本片宣传；投入宣发费用的_____%以上用于本片拷贝制作；在本片取得公映许可证后_____个月内，投入宣发费用的_____%以上用于本片宣传。

3.5.3 乙方须对宣发费用投入，在本片宣发工作开始之日的_____天以前，制作宣传、发行的计划、详细预算，并提交甲方；在宣发费用支出时，应保存全部支出凭证、原始资料，并在发行结束后_____个日历天内，制作宣发费用的财务报表及各项明细清单并提交给甲方审查、确认，整理全部原始凭证与资料。

● **律师批注9**

【条款目的】

1. 发行方通常会代替制作方垫付一定发行环节产生的费用，但双方应当约定由其代垫费用的范围和项目。

2. 制作方如要求发行方投入宣传费用、发行费用也要考虑其投入的费用规模。因为宣传投入的多少直接决定着宣传的力度和效应，可要求其投入的规模并且对于投入的费用制作方也有权审核。

3.6 报账及付款:

3.6.1 乙方须将首映日后各院线公司的票房统计报表以日报形式及时传真报告甲方,直至下线为止。法定节假日及双休日由于各院线公司不能及时传报成绩而出现延误,乙方应于下一个工作日补报成绩。

3.6.2 各地结算成绩以各地电影院线公司出具的结算单为据。自本片在代理地区上映日起头六个月内,乙方须每月一次向甲方提交销售报告、详列有关资料及计算方法(以下简称"销售报告")。从第七个月开始,乙方须每三个月向甲方提交销售报告。从第十三个月开始,乙方须每半年向甲方提交销售报告。

3.6.3 甲方于收到乙方销售报告后,若有可分配收益,乙方在三个工作日内须将甲方应得收益汇入甲方指定账户内,甲方收到款项后3个工作日内向发行公司出具同等金额发票。

3.6.4 乙方须于提交每份销售报告后一年内妥善保存与该份销售报告有关的一切账目、记录、合同、发票和资料(以下统称"销售资料")。甲方有权随时派代表审核销售资料。如证实发行公司有严重虚报、漏报_____%之差别或夸大支出等情况,甲方审核销售资料的一切费用和成本由乙方承担。

(1) 如经审查后,乙方报告数据与实际金额或审计结果发生超过宣传发行费用总额_____%时的差额,则乙方须负完全赔偿或相应的补足责任。

(2) 如审查发现,相关支出的原始凭证、协议存在虚假,乙方除须予以全额赔偿或补足外,还须按照虚假金额的_____倍向甲方支付赔偿金。

(3) 在审查过程中,乙方对提供的相关信息应予盖章或签字确认,否则均不视为真实信息。

(4) 如经审计发现第(1)项约定的差错超过宣传发行费用总额_____%时或者第(2)的虚假金额超过_____万元时,则应属侵占等行为,甲方有权追究相关法律责任。

3.6.5 每份发行会计报表必须清楚列出各授权公司名称、授权地区、授权日期以及一切收取之金额、乙方之发行佣金、发行费用、其他合约批准扣除之开支及费用(若有)及净发行收益。在任何会计报表提交后_____个日历天内,若甲方没有书面质疑该报告,该会计报表视为确认。

3.6.6 甲方在合作期限内每年可一次自付费用聘请注册会计师特定审查乙方与本片发行业务有关之账目。甲方应提前10个工作天通知乙方,乙方应予以配合。

● 律师批注 10
【条款目的】
1. 出品方应当要求发行方定期提供票房数据、跟踪票房分成收益。这样,一方面,便于出品方根据票房状况采取有针对性的宣传措施、发行措施;另一方面,便于出品方监控发行收入。

2. 出品方应要求发行方保留发行账目,如出现异议、分歧时,可进行审计,从而防止发行方隐瞒收入、扩大垫付成本,损害出品方利益。

4. 播映顺序:
4.1 影院放映日:
4.1.1 甲方应确保在放映日前取得本片在影视主管机关颁发《电影片公映许可证》。

4.1.2 甲方确认本片在中国大陆的公开放映日在＿＿＿＿年＿＿＿＿月内并由双方协商后由甲方确定;乙方应合理安排本片在中国大陆外的公映顺序。

4.2 乙方应确保本片之音像制品发行日为本片在发行地区上映日起计第二十一天或以后。

4.3 乙方只可于本片在发行地区公开上映后十二个月才行使本片的电视播映权。

● 律师批注 11
【条款目的】
播映顺序的约定是从整体经营电影版权收益考虑,最佳安排电影通过各种媒体播映的顺序。通常应先安排影院播映,再安排网络、音像,最后为电视等传播。

5. 工作安排:
5.1 发行授权安排:
5.1.1 甲方应在影视主管机关颁发《电影片公映许可证》后及时向乙方提供公映许可证复印件、发行权委托证明。

5.1.2 甲方须安排本片于发行区的片尾名单,标示乙方为本片在发行区的影剧院发行代理单位。

5.1.3 甲方于本合同下授予乙方的权利为独占性,绝不引起版权纠纷,如给乙方造成损失的,由甲方承担相应的赔偿责任。

5.2 拷贝：

5.2.1 甲方须在交付上述文件后，立即将洗印本片拷贝的素材移交乙方指定的洗印单位。

5.2.2 乙方为完成院线发行而制作的拷贝，其所有权归甲方；并由乙方于院线发行期结束后_____个日历天内无偿交付给甲方。

● 律师批注 12

【条款目的】

本条款是针对发行的前期准备工作明确双方配合义务和各方分工。

5.3 院线上映：

5.3.2 甲方保证不在本合同书授权发行公司的发行地区、发行期限内，授权任何第三方以影院商业性和非商业性放映（电影节、电影展、点映、首映礼除外）、音像制品形式及其他公开放映形式发行本片。

5.3.2 乙方须于发行期限内适当安排本片于发行地区的各院线的影院放映。

5.3.3 乙方可以要求争取其他中国内地认可的电影发行公司作为联合发行单位，以加强本片于发行地区的优势。但有关联合发行单位及安排，必须预先通知甲方。

5.4 发行宣传配合：

5.4.1 甲方将尽力协助安排本片的导演及主要演员出席内地合计不少于_____个城市的宣传及首映活动，但出席活动以导演及各主要演员档期组合为准。

5.4.2 发行宣传过程中有关剧组主创人员、导演、主要演员、随行人员的全程机票费、住宿、用餐、用车、场地租金、布置等杂费及主创人员的助理、梳、化师的劳务费，由乙方负责支付，乙方须向甲方提交相关之发票证明，并可列入总宣传发行费用且由乙方垫支。

5.4.3 甲方工作人员在发行地区的费用由甲方自行承担，需要由乙方垫支的部分须事先取得乙方书面同意，如事先没有书面确认，乙方有权不予垫支。本片在内地如北京、上海、广州等主要城市之户外广告、路牌广告等费用须事先向甲方报价，费用由乙方垫支。

● 律师批注13

【条款目的】

1. 明确双方在发行和宣传环节的各自分工与配合。

2. 电影通常通过举办发布会等现场活动形式开展宣传活动,但这些活动需要主创人员配合并进行详细策划和组织。

> 6. 其他事项:
> 6.1 保密约定:
> 6.1.1 未经对方许可,任何一方不得向他人披露、泄露本合同条款的任何内容以及本合同的签订和履行情况,以及通过签订和履行本合同而获知的对方及对方关联公司的任何信息。
> 6.1.2 本合同有效期内及终止后,本保密条款均具有法律效力。

● 律师批注14

关于保密约定的注意事项与法律风险,参见《影视剧投资合作意向书》律师批注7。

> 6.2 不可抗力:
> 6.2.1 不可抗力是指政府行为、自然灾害、战争或任何其他类似事件。不可抗力事件致使本合同的不能履行或延迟履行,则双方于彼此间不承担任何违约责任。
> 6.2.2 出现不可抗力事件时,知情方应及时、充分地向对方以书面形式发出通知,并应当在合理期限内提供相关证明。
> 6.3 未经对方同意,任何一方不得转让、出售或处分全部或任何本合同项下之权益。
> 6.4 任何一方均应负责其各自因本合同而产生的纳税义务。
> 6.5 联络:本合同双方的联络方式如下,任何一方改变其联络方式,均须书面提前通知另一方,否则送达至原授权代表或以原联络方式送达即视为有效送达:
> (1)甲方指定联系人:_____,电话_____,传真_____,手机_____,电子信箱_____,通信地址_____,邮编_____。
> (2)乙方指定联系人:_____,电话_____,传真_____,手机_____,电子信箱_____,通信地址_____,邮编_____。

● 律师批注 15

关于联系人与联系方式约定的注意事项与法律风险,参见《文学艺术作品合作创作合同》律师批注 17。

> 6.6 争议解决:
> 6.6.1 双方因合同的解释或履行发生争议,应先由双方协商解决。
> 6.6.2 如协商不成,按照第_____种方式解决。
> (1) 将争议提交_____仲裁委员会依照其最新生效的仲裁规则进行仲裁。
> (2) 向_____地(如:甲方所在地或乙方所在地或本合同签署地)有管辖权的人民法院提起诉讼。

● 律师批注 16

关于争议解决约定的注意事项与法律风险,参见《文学艺术作品合作创作合同》律师批注 15。

> 7. 违约责任:
> 7.1 除不可抗力的情况之外,任何一方不履行、不完全履行、不适当、不及时履行本合同,且经另一方书面通知改正之日起十日内仍未改正的,另外一方有权要求对方按约定履行本合同或解除本合同并赔偿损失。
> 7.2 任何一方由于不可抗力导致不能履行、不能完全履行本合同,就受不可抗力影响部分不承担违约责任,但法律另有规定的除外。
> 7.3 如甲方未能按照合同约定按时与乙方结算该付款项,则每逾期一日应付逾期金额每日千分之_____的违约金;逾期_____日以上时,每日违约金标准为千分之_____。
> 7.4 如乙方对外发布信息和宣传,未经甲方负责人认可,并且该报道对甲方权益造成不利影响,视具体情况保留进一步向乙方追究责任及赔偿的权利。
> 7.5 任何一方无故或因自身原因单方面终止合作,应书面通知另一方,并须向另一方支付本合同约定的佣金总额的_____%作为违约金并赔偿损失。
> 7.6 在本合同执行过程中,如发生违约事件,则应由非违约方向违约方发出书面违约通知,违约方应在收到该违约通知后 48 小时内根据本合同对违约事项要求作出补救。若非违约方未发出书面违约通知,不得视作非违约方放弃其对违约方主张的任何权利或补救措施。非违约方如根据

本合同行使任何全部或部分权利或作出任何全部或部分补救，并不排除非违约方采取进一步行动的权利，更不排除非违约方行使其他权利或补救。本合同规定的权利或补救并不排除法律规定的任何权利或补救。

7.7 甲方除可享有本合同下的任何和所有其他补救措施外，在不影响该等补救措施的情况下，发生以下任何事项时，甲方有权在提前十五日书面发出通知后，自行选择和决定终止本合同（终止在十五日的通知期届满时立即生效）：

（1）乙方提交破产申请或任何第三方对各方提出破产申请；

（2）乙方被判破产或资不抵债，或根据任何破产法规定为债权人进行转让或作出相应安排；

（3）乙方违反其在本合同下的任何承诺、陈述和保证，包括但不限于本合同第二章之声明和保证。

7.8 乙方除可享有本合同下的任何和所有其他补救措施外，在不影响该等补救措施的情况下，发生以下任何事项时，乙方有权在提前十五日书面发出通知后，自行选择和决定终止本合同（终止在十五日的通知期届满时立即生效）：

（1）甲方未能按本合同及转让书之规定提供物料；

（2）甲方提交破产申请或任何第三方对各方提出破产申请；

（3）甲方被判破产或资不抵债，或根据任何破产法规定为债权人进行转让或作出相应安排；

（4）甲方违反其在本合同下的任何承诺、陈述和保证，包括但不限于本合同第二章之声明和保证；

（5）由于甲方维持本片和交付物料的安全和管理的行动和/或在维护本片和交付物料的安全和管理所采取的行动中直接或间接造成本片和/或物料未经授权被使用、复制、发行和/或利用。

7.9 除迟延履约外，任何一方的履约不符合本合同约定，则每项违约行为应向另一方支付宣传总费用_____%的违约金并赔偿损失，如出现下列情形之一时，另一方还有权解除本合同：

（1）乙方的宣传数量、广度、媒体等不符合约定且经甲方提出后仍未纠正；

（2）乙方在宣传活动中使用未经甲方确认的虚假信息或宣传对甲方、本片不利的负面报道；

（3）乙方进行的宣传内容未经甲方事先确认且发生三次以上时；

（4）乙方安排参加发布会的媒体数量不足约定的一半且经甲方提出

后仍未采取有效补救措施；

（5）乙方违反保密约定且造成甲方严重损失或者经甲方提出后仍未采取补偿措施；

（6）乙方不能如约完成约定宣传服务且明显不具备履约能力；

（7）乙方擅自将本合同权利或义务转让或转移给他人或者转包、分包给他人。

● **律师批注 17**

关于违约金等违约责任约定的注意事项与法律风险，参见《文学艺术作品合作创作合同》律师批注 14 和《文学艺术作品出版合同》律师批注 14。

8. 合同生效与文本：

8.1 本合同的变更、续签及其他未尽事宜，由双方另行商定。

8.2 本合同自双方签署之日起生效，一式二份，双方各执一份。

● **律师批注 18**

关于合同生效时间约定的注意事项与法律风险，参见《文学艺术作品合作创作合同》律师批注 16。

（以下无正文）

甲方：_____有限公司

法定代表人或授权代表：_____

乙方：_____有限公司

法定代表人或授权代表：_____

第六十二章 电视剧总发行委托合同

电视剧总发行委托合同

委托方：_____有限公司（以下简称"甲方"）

法定代表人：_____

地址：_____

发行方：_____有限公司（以下简称"乙方"）

法定代表人：_____

地址：_____

● 律师批注1

关于合同的签约主体及其名称的注意事项与法律风险等，参见《文学艺术作品合作创作合同》律师批注1和《文学艺术作品委托创作合同》律师批注1。

鉴于：

1. 甲方系电视连续剧《_____》（以下简称"本剧"）的投资方、出品方或经本剧出品方授权而签署和履行本合同。

2. 乙方系专门从事电视剧发行业务的有限公司，具有电视剧发行及策划、推广的广泛社会资源、团队和丰富经验。

3. 本合同双方构成发行委托合同关系。

● 律师批注2

关于鉴于条款约定内容及其法律意义，参见《文学艺术作品合作创作合同》律师批注2。

为此，甲乙双方于_____年_____月_____日在_____市_____区达成如下约定：

● 律师批注3

关于签约时间、签约地点的注意事项及法律风险等，参见《文学艺术作品

合作创作合同》律师批注 3。

> 1. 发行剧目：
> 1.1 剧名：《_____》，又名《_____》。
> 1.2 主创团队：由_____导演，由_____、_____、_____、_____等主演。
> 1.3 拍摄许可证号：_____、发行许可证号：_____。
> 1.4 出品方：_____有限公司、_____有限公司。
> 1.5 长度：共_____集、每集约_____分钟。
> 1.6 题材：_____。
> 1.7 版本：中文普通话加中文简体和英文字幕。

● 律师批注 4

【条款目的】
本条款在于确定发行标的。

> 2. 发行授权：
> 2.1 发行范围：甲方授予乙方对本剧在下列范围的发行权。
> 2.1.1 通过电视台播映权：包括有线电视、无线电视、卫星电视、手机电视、移动电视等方式播映，观众可以有偿或无偿方式收看。
> 2.1.2 音像制品发行权：本剧制作为音像制品形式（包括 VCD、DVD、录像带等所有已知或未来发明的载体）的制作、复制、发行及销售售卖权。
> 2.1.3 信息网络传播权：指基于国际互联网的信息网络的传播权及手机网络的传播权。
> 2.2 授权性质：甲方授予乙方独占发行权，即在约定区域、期限和方式只有乙方可享有本剧的约定播映权和相应发行权，其他方（含甲方）不得以相同方式行使。

● 律师批注 5

电视剧的发行授权约定与电影基本相同，其相关注意事项及法律风险等，参见《电影总发行委托合同》律师批注 5。

2.3 授权期限：

2.3.1 中国境内传播权期限为_____年，自本剧发行许可证颁发之日起计算。乙方对外发行时向各播映机构的授权期限在此期限范围内。

2.3.2 中国境外授权期限为_____年，自本剧发行许可证颁发之日起计算。乙方对外发行时向播映机构的授权期限也在此期限范围内。

2.3.3 乙方在本合同签署后即可开展本剧代理发行与销售工作，直至上述许可期限届满。

2.3.4 在合作期限届满时，如仍有乙方负责发行时所签署协议或相应授权的对价、费用等款项未全部收回，则在合作期限届满后，继续由乙方清收，并按本合同约定计算佣金。

2.4 授权区域：_____。

（1）中国大陆，不含港澳台地区。

（2）全球范围。

（3）_____国、_____国和_____地区范围。

2.5 发行语言版本：

2.5.1 在中国大陆及港澳台地区：普通话及中文简体及英文字幕版本。

2.5.2 音像制品：VCD：普通话声道，PAL 线路无字幕；DVD：DVD-Video5 和 DVD-Video9，普通话声道，简体中文字幕、PAL 线路、6 号区码。

2.5.3 中国境外：可根据需要加注相应语言字幕。

2.6 转授权与分许可：

2.6.1 乙方在发行时，可对相应合作方、播映方进行相应转授权、分许可。

2.6.2 乙方进行转授权与分许可均应在本合同约定发行权限范围内，且应要求被转授权方、被分许可方遵守本合同约定。

2.6.3 乙方应确保分发行方不得修改（翻译除外）或删除物料中的任何摄制单位名单、版权声明、商标、商号或标志。

2.7 维权授权：

2.7.1 在授权区域和授权范围内出现他人侵犯乙方权利的情形时，乙方可以自己名义维权，甲方积极配合乙方维权行动，按照乙方要求出具打击盗版需要的授权书、版权证明等材料。

2.7.2 乙方进行维权的费用由其自行承担，维权所获收益归乙方。

2.8 权利保留： 本合同中未明确授予乙方的权利，均归甲方，乙方不得擅自使用。

2.9 其他要求:

2.9.1 甲方保证本剧经中国影视主管机关许可能够在国内电视台的黄金时段(档)(指晚8点至晚10点)播映。

2.9.2 乙方在发行工作中可直接将约定范围内本剧的播映权或其他版权权益以及维权的权利直接转授权或转让给约定范围内的播映方,并且该播映方还可再进行分许可或转授权,即:乙方在其取得的授权范围内,可转授权、分销许可他人行使一定区域、期限和方式的传播权。

2.9.3 甲方承诺,在本合同约定的代理期限内,即使本剧的版权方发生变化或本剧版权方转让本剧版权,本合同约定的授权与代理范围和期限不受此影响,且甲方在版权方发生变化或版权转让时对本合同项下的授权与代理约定及已经发生的变化与销售约定予以确认和遵守。

2.9.4 甲方对本剧传播顺序的安排:

A. 本剧在中国大陆的各地方卫星频道首次播出应晚于在中国大陆的非地方卫星电视首次播出;各非地方卫星电视的首次播出顺序由乙方与播映机构自行约定。

B. 本剧在中国大陆通过国际互联网络(含广电网络、手机网络)的首次播出和本剧在中国大陆销售 VCD、DVD、录像带等音像制品的公开销售时间,均应晚于在中国大陆的非地方卫星电视首次播出。

2.9.5 本剧在中国大陆制作和复制的 VCD、DVD、录像带等音像制品权利中不包含将本剧音像制品出口至中国大陆以外,乙方享有本剧在中国大陆以外制作和复制的 VCD、DVD、录像带等音像制品的权利中不包含将本剧音像制品进口至中国大陆。

● 律师批注6

电视剧发行授权的其他约定与电影基本相同,其相关注意事项及法律风险等,参见《电影总发行委托合同》律师批注6。

3. 发行工作安排:

3.1 发行定价:

3.1.1 本剧在约定授权范围内的发行定价,由甲乙双方共同协商统一发行定价标准并由甲方最后确定,乙方根据该定价标准进行发行。

3.1.2 乙方在执行发行定价标准时,应本着本剧发行收益最大化原则对外报价,只要高于约定标准,可直接对外确定发行价格。

3.1.3 乙方在执行发行定价标准时,如确实难以达到约定发行定价标准或者乙方提出要降价时或者根据该定价标准无法确认价格时,可与甲方"一事一议"具体发行事项的价格。

● 律师批注 7

【条款目的】

电视剧发行与收益分配,与电影院线发行定价、收益分配机制,需要由发行方根据不同传播平台、传播范围、授权期限等因素综合考虑并由发行的双方协商确定。

3.2 发行报酬:

3.2.1 本剧在中国境内外的发行报酬以佣金形式支付并按发行收入的_____%计算。

3.2.2 乙方在收到每笔款项的_____日内扣除代理佣金后将剩余款项支付给甲方。

3.3 发行收款:

3.3.1 乙方在进行发行、销售时,按照约定价格或甲方确认价格进行发行,并直接签约、收款并向播映方或销售对方开具发票,但乙方向播映机构开具发票的税金在向甲方付款时另行扣除。

3.3.2 乙方收取发行收益后 5 个工作日内,先扣除代理费、垫付的发行宣传费用及发票税金,将剩余款项支付甲方;如收取外汇,按结算价与甲方结算或在可能时与甲方进行外汇结算。

3.3.3 甲方收款指定账号为:

户名:_____

开户行:_____

账号:_____

● 律师批注 8

【条款目的】

电视剧的发行可以采用佣金制,即固定佣金或提成佣金,也可以采取"买断"式发行,即发行方向出品方支付固定的买断费用,发行方自主对外发行并对发行自负盈亏。

3.4 母带提供:

3.4.1 甲方应于_____年_____月_____日前向乙方送达完整播出母带_____套,计_____盒。

3.4.2 甲方提供的本剧母带为符合上述权益要求和国内各电视台播出的技术指标(如有电视台对该技术质量标准和要求有特殊规定,乙方在供带之前书面通知)。

3.4.3 如乙方发现甲方提供的母带存在数量缺失或不符合本合同约定的质量缺陷,甲方应在接到乙方书面通知后 10 日内补足或更换符合标准要求的播出母带。

3.4.4 本剧内容要求:

(1) 甲方应当确保本剧内容符合法律、法规、规章制度和政策。

(2) 甲方所提供的本剧,配音语言为普通话,字幕为简体中文(注:乙方进行海外发行时可进行其他语言配音、字幕加注)。

(3) 甲方应当确保本剧中不含任何其他播放机构的台标或者标记,并确保节目中不包含广告和带有任何广告性质的内容。

3.5 播映权合法性保证:

3.5.1 甲方为电视剧制作许可证所载明的制作单位且已获得其他合作制作单位的不可撤销或撤回的授权,甲方保证拥有许可乙方按本合同使用本剧播映权的合法权利。因涉及该节目播映权侵权所产生的纠纷,其法律责任和一切后果由甲方承担。上述相关资信证明文件作为本合同的附件。

3.5.2 甲方保证合法具有本剧的所有艺术创作(包括但不限于剧本、演员、导演、摄像、音乐、美工、服装、化妆等)的使用权。甲方及制作单位在本剧制作过程中所引发的一切纠纷,由甲方及制作单位自行处理,与乙方无涉。

3.5.3 如在本合同的有效期限和范围内,因甲方原因造成乙方权利遭受侵害或致使乙方权益无法行使的,甲方应赔偿乙方该节目许可费用总价_____%的违约金。

3.5.4 乙方在代理发行过程中,如遇相关播映机构或合作方要求提供本剧版权或授权的证明文件及其他相关法律文件时,甲方应及时予以配合和提供。

3.5.5 考虑到国内电视台的实际要求,乙方在向电视台等播映机构发行、销售时,可以允许电视台等播映机构对本剧剧集进行压缩、调整和适当编辑、删减。

● **律师批注 9**

【条款目的】

1. 电视剧出品方应制作完成并提供母带,以便发行方向电视台等播映方交付母带。

2. 电视剧出品方还应对电视剧的合法性承担瑕疵担保责任。

【相关案例】

央视一套曾热播电视剧《古今大战秦俑情》,在制作时使用了未经他人授权的母子合影且该双人照在剧中被当作"遗照"使用。侵权受害人遂起诉了该剧的制作方,还起诉了播映方中央电视台等,要求停止侵害肖像权、在央视道歉、赔偿精神损害80万元等。

在该案例中,就是由于制作方未依法取得授权导致电视剧版权瑕疵,播出方也会牵连其中并可能承担相应侵权责任。

3.6 发行宣传:

3.6.1 本剧发行阶段的所有宣传由乙方管理和执行,乙方会提前_____日将宣传计划提交甲方审核,乙方提前_____日将每期宣传内容提交甲方备案。甲方向乙方提供该宣传的所有资料(包括故事梗概、分集介绍、剧照、片场花絮、用于做预告片的素材等)。由此产生的费用全部由乙方垫付并在发行收入中扣除,不再向甲方单独收费。

3.6.2 甲乙双方确认,本剧发行阶段的宣传费用合计不低于_____元;乙方承诺:在本合同签署后至本剧首次播映前,投入宣发费用的_____%以上用于本剧宣传;在本剧取得首次播映后_____个月内,投入宣发费用的_____%以上用于本剧宣传。

3.6.3 乙方须对宣发费用投入,在本剧宣发工作开始之日的_____天以前,制作宣传、发行的计划、详细预算,并提交甲方;在宣发费用支出时,应保存全部支出凭证、原始资料,并在发行结束后_____个日历天内,制作宣发费用的财务报表及各项明细清单并提交给甲方审查、确认,整理全部原始凭证与资料。

3.6.4 发行宣传过程中有关剧组主创人员、导演、主要演员、随行人员的全程机票费、住宿、用餐、用车、场地租金、布置等杂费及主创人员的助理、梳、化师的劳务费,由乙方负责支付,乙方须向甲方提交相关之发票证明,并可列入总宣传发行费用由乙方垫支。

3.6.5 本剧开播时如乙方的合作播出平台需要,甲方保证配合乙方安排本剧不少于_____名主创人员(含:导演、男女一、二号主演等)到播映区域范围内不少于_____个城市为本剧做播映宣传活动(每次宣传活动持续时间不超过1天)。但宣传活动的具体时间及活动内容安排,甲方须提前_____个日历天将相关宣传活动的内容及日程安排通知乙方,前述主创人员及其助理、经纪人等随行人员参加宣传活动的往返交通费、食宿费(相应标准按照各主创人员与本剧剧组协议约定为准)由乙方另行垫付并计入宣传费用。

3.6.6 如本剧播出时应任何一方要求举行大型开播礼,产生的相关费用应由提出方支付。

● 律师批注 10

关于发行宣传的注意事项和法律风险,参见《电影总发行委托合同》律师批注 9。

> 4. 其他事项:
> 4.1　保密约定:
> 4.1.1　未经对方许可,任何一方不得向第三方(根据有关法律、法规、证券交易所规则要求提供和/或政府、证券交易所或其他监管机构、双方的法律、会计、商业及其他顾问、雇员除外)泄露本合同条款的任何内容以及本合同的签订和履行情况,以及通过签订和履行本合同而获知的对方及对方关联公司的任何信息。
> 4.1.2　本合同有效期内及终止后,本保密条款均具有法律效力。

● 律师批注 11

关于保密约定的注意事项与法律风险,参见《影视剧投资合作意向书》律师批注 7。

> 4.2　不可抗力:
> 4.2.1　不可抗力是指政府行为、自然灾害、战争或任何其他类似事件。不可抗力事件致使本合同不能履行或延迟履行,则双方于彼此间不承担任何违约责任。
> 4.2.2　出现不可抗力事件时,知情方应及时、充分地向对方以书面形式发出通知,并应当在合理期限内提供相关证明。
> 4.3　未经对方同意,任何一方不得转让、出售或处分全部或任何本合同项下之权益。
> 4.4　任何一方均应负责其各自因本合同而产生的纳税义务。
> 4.5　联络:本合同双方的联络方式如下,任何一方改变其联络方式,均须书面提前通知另一方,否则送达至原授权代表或以原联络方式送达即视为有效送达:
> 　　(1)甲方指定联系人:_____,电话_____,传真_____,手机_____,电子信箱_____,通信地址_____,邮编_____。
> 　　(2)乙方指定联系人:_____,电话_____,传真_____,手机_____,电子信箱_____,通信地址_____,邮编_____。

● 律师批注 12

关于联系人与联系方式约定的注意事项与法律风险,参见《文学艺术作品合作创作合同》律师批注 17。

4.6 争议解决:
4.6.1 双方因合同的解释或履行发生争议,应先由双方协商解决。
4.6.2 如协商不成,按照第_____种方式解决。
(1)将争议提交_____仲裁委员会依照其最新生效的仲裁规则进行仲裁。
(2)向_____地(如:甲方所在地或乙方所在地或本合同签署地)有管辖权的人民法院提起诉讼。

● 律师批注 13

关于争议解决约定的注意事项与法律风险,参见《文学艺术作品合作创作合同》律师批注 15。

5. 违约责任:
5.1 乙方有下列情形之一的,甲方有权解除合同,并要求乙方支付本合同总金额 30% 的违约金并赔偿损失:
(1)乙方超越合同许可范围或违反约定使用本剧的;
(2)乙方违约逾期支付许可费用累计或连续超过 30 日的或者逾期金额累计达本合同总金额 20% 的。
5.2 甲方有下列情形之一的,乙方有权解除合同,并要求甲方按合同总金额的 30% 支付违约金并赔偿损失:
(1)甲方无权签署和履行本合同或未经版权方合法授权,或者被查实不具有合同约定的合法播映权或者因本剧出现版权争议且导致乙方行使播映权缺乏合法依据的;
(2)甲方将本合同约定的播映权又重复授予他方且影响、可能影响乙方权利行使的;
(3)甲方无正当理由不按时提供母带及许可证复印件超过 30 日的;
(4)本合同已确认的本剧主创人员、主要演员未取得乙方同意而进行变更的,但前述主创人员因其违法、违约及存在无法履约时变更的情形除外。

乙方因甲方上述情形解除合同的,甲方应全额退还乙方已支付的合同款项。

5.3 如因政策原因,使乙方不能获得影视主管机构批准在黄金时间播出本剧,则由双方另议,但乙方垫付的宣传费用应由甲方承担或甲方安排其他补偿措施。如双方对此无法协商一致的,则由甲方退还已收取全部款项、支付乙方垫付费用。

5.4 未经另一方同意,任何一方不得违反约定将其在本合同中的权利义务或对本剧享有的播映权益转让给他人或交由他人行使;否则,其转让、转授权行为均无效,并应支付本合同总金额30%的违约金并赔偿损失。

5.5 甲方未经乙方同意,直接或间接向本合同约定范围内的播映方发行、销售,则甲方除仍须按约定向乙方支付发行代理费、发行宣传费用外,还应按该项发行毛收入的50%向乙方支付违约金并赔偿损失。本合同各条款中所述赔偿损失系直接损失和间接损失以及因一方违约而导致另一方向第三方支付违约金、赔偿金等。

5.6 任何一方延迟履行约定义务,则每延迟一日应向另一方支付违约金_____元;迟延超过10日以上时,每日支付违约金的标准为_____元,并且另一方还有权单方解除本合同。任何一方违反本合同约定的,违约方在收到守约方要求纠正其违约行为的书面通知之日,应立即停止其违约行为。同时,守约方有权要求违约方赔偿因违约造成的所有损失。若守约方发出的通知送达对方后5个工作日内,违约方仍继续进行违约行为或不履行其义务,守约方除有权就其所有损失获得违约赔偿外,亦有权直接解除本合同。任何一方严重违反本合同致使本合同所约定的经济目的无法实现或严重损害另一方权益,则守约方可在书面通知违约方后解除本合同,并有权要求违约方赔偿因违约造成的一切损失。

5.7 本剧如最终未能如期取得发行许可证,导致电视台等播映机构与乙方解除发行或播映合同或者追究违约责任时,则甲方须承担全部后果(含退还向乙方收取的款项、支付违约金与赔偿金及相关诉讼费、律师费等)并赔偿乙方全部损失。

5.8 任何一方无故或因自身原因单方面终止合作,应书面通知另一方,并须向另一方支付本合同约定的佣金总额的30%作为违约金并赔偿损失。

● **律师批注 14**

关于违约金等违约责任约定的注意事项与法律风险,参见《文学艺术作品合作创作合同》律师批注14和《文学艺术作品出版合同》律师批注14。

6. 合同生效与文本：

6.1 本合同的变更、续签及其他未尽事宜，由双方另行商定。

6.2 本合同自双方签署之日起生效，一式二份，双方各执一份。

● 律师批注 15

关于合同生效时间约定的注意事项与法律风险，参见《文学艺术作品合作创作合同》律师批注 16。

(以下无正文)

甲方：_____ 有限公司

法定代表人或授权代表：_____

乙方：_____ 有限公司

法定代表人或授权代表：_____

第五部分　文化与传媒企业涉及的其他合同范本律师批注

第六十三章　动漫作品卡通形象使用许可合同

> **动漫作品卡通形象使用许可合同**
>
> 许可方：_____有限公司（以下简称"甲方"）
> 法定代表人：_____
> 地址：_____
> 被许可方：_____有限公司（以下简称"乙方"）
> 法定代表人：_____
> 地址：_____

● 律师批注1

　　关于合同的签约主体及其名称的注意事项与法律风险等，参见《文学艺术作品合作创作合同》律师批注1和《文学艺术作品委托创作合同》律师批注1。

> 鉴于：
>
> 1. 甲方系动漫作品《_____》（以下简称"本作品"）的版权方或经本作品版权方授权而签署和履行本合同。
>
> 2. 乙方准备根据甲方授权以本作品中的相应卡通形象制作相关产品。
>
> 3. 本合同构成甲乙双方之间有偿许可合同关系。

● 律师批注 2

关于鉴于条款约定内容及其法律意义,参见《文学艺术作品合作创作合同》律师批注 2。

> 为此,甲乙双方于_____年_____月_____日在_____市_____区达成如下约定:

● 律师批注 3

关于签约时间、签约地点的注意事项及法律风险等,参见《文学艺术作品合作创作合同》律师批注 3。

> 1. 许可对象:
> 1.1 本作品中的"_____"卡通形象、"_____"卡通形象和"_____"卡通形象(以下简称"许可对象"),具体见附件卡通图案。
> 1.2 许可对象的创作方:_____。
> 1.3 许可对象的版权方:甲方和_____公司、_____公司。

● 律师批注 4

【条款目的】

1. 动漫作品的制作,通常是先设计卡通形象,再利用计算机软件根据剧本制作为动漫作品。因而,卡通形象既是动漫作品版权的组成部分,也拥有独立版权。

2. 明确许可方向使用方授权使用的具体卡通形象。因为动漫作品中的卡通形象往往有多个,例如,动画片《喜羊羊与灰太狼》中就有一系列羊和狼的卡通形象。

> 2. 许可内容:
> 2.1 许可性质:属于第_____种约定。
> (1) 独占性使用权,即乙方在约定区域、期限内以约定方式单独使用许可对象,其他方不得以相同方式行使。
> (2) 非独占性使用权,即乙方在约定区域、期限内以约定方式使用许可对象,甲方自己或许可的其他方亦可以相同方式行使。
> 2.1.1 分许可性:属于第_____种约定。
> (1) 授权含分许可权:在本合同约定区域、期限内,乙方对于其享有使用许可对象的权利,有权再许可其他方使用;但乙方须保证其分许可方不违反本合同约定、不超出约定区域、期限、使用方式。

(2) 授权不含分许可权:在本合同约定区域、期限内,乙方对于其享有许可对象的使用权,不得再许可其他方使用。

2.1.2 不可转让性:乙方不得将本合同转让或其在本合同项下的全部权利转让、赠予、抵押或质押给他人,也不得将其享有的许可对象的使用权转让、赠予、抵押或质押给他人。

● 律师批注5

【条款目的】

1. 许可性质为独占还是非独占,与许可费用直接相关。取得独占性使用权,则使用方可对使用卡通形象制作的商品取得相对"垄断性"效应。

2. 考虑到许可方对卡通形象的控制和合理开发使用,许可方应当禁止被许可方进行分许可或转授权。

2.2 许可使用方式:授权乙方以下列第_____种方式使用许可对象。

(1) 在乙方生产和销售的_____产品上印制许可对象作为装饰图案。

A. 产品规格包括:_____、_____、_____。

B. 产品产地为:_____。

C. 产品的品牌为:_____。

(2) 以许可对象作为产品外形,乙方生产和销售的_____产品。

A. 产品规格包括:_____、_____、_____。

B. 产品产地为:_____。

C. 产品的品牌为:_____。

(3) 在乙方的_____产品的广告、外包装上印制许可对象作为装饰图案。

A. 产品规格包括:_____、_____、_____。

B. 产品产地为:_____。

C. 产品的品牌为:_____。

● 律师批注6

【条款目的】

1. 本款在于确定授权使用卡通形象的具体产品及其各项特征,使用产品的多少也与许可费用相关。

2. 超出约定产品范围使用卡通形象,则构成违约和侵权。

【相关案例】

武汉某知名商场在其六周年店庆活动中,未经许可,使用了喜羊羊、灰太狼等系列形象,除印制带有这些卡通形象的大量宣传广告外,赠品上也印有这些卡通形象,还装扮成这些卡通形象人偶与现场顾客交流互动。动画片《喜羊羊与灰太狼》制作方向法院起诉该商场侵权并要求赔偿损失。

2.3 许可区域:中国大陆(香港、澳门、台湾地区除外)。

2.4 许可期间:共_____年,自_____年_____月_____日起至_____年_____月_____日止。授权期限届满时,乙方须立即停止使用,否则将被视为侵权;如乙方仍有在许可期间生产的库存产品,由甲乙双方另行协商处理办法。

● **律师批注7**

【条款目的】

许可区域和期限是许可产品使用卡通形象的时间、地域范围,既不得超出此范围使用,也不得将使用卡通形象的产品在此范围外销售。

3. 许可费用:

3.1 费用总额:许可使用费用为_____元人民币。

3.2 支付进度:

3.2.1 本合同签订后_____个工作日内,乙方支付许可费金额的_____%。

3.2.2 本合同签订后_____个工作日内,支付许可费金额的_____%。

3.3 甲方应在收到各笔款项后_____个工作日内,向乙方开具同等金额发票。

3.4 甲方指定汇款账户信息:

开户行:_____

开户名称:_____

账号:_____

● **律师批注8**

关于许可费用约定的注意事项与法律风险,参见《文学艺术作品版权转让合同》律师批注7。

4. 相关事项安排：

4.1 甲方于本合同签署后_____个工作日内，将许可对象的标准彩色印刷图案、照片各一张交付乙方，交付时乙方应核对数量并签收。

4.2 乙方承诺，在使用许可对象时，不得改变许可对象的构思、结构和图案，但可根据需要调整图案的大小、色彩、组合或对许可对象进行修改、编辑。

● 律师批注9

【条款目的】

为保护卡通形象的持续经营，许可方应当禁止被许可方对卡通形象的原来构思、结构进行更改。

4.3 违约责任：

4.3.1 如任何一方违反了本合同约定时，由违约方赔偿对方的全部损失。

4.3.2 任何一方违反本合同约定的，违约方在收到守约方要求纠正其违约行为的书面通知之日，应立即停止其违约行为。同时，守约方有权要求违约方赔偿因其违约造成的所有损失。若守约方发出的通知送达对方后_____个工作日内，违约方仍继续进行违约行为或不履行其义务，守约方除有权就其所有损失获得违约赔偿外，亦有权直接解除本合同。

4.3.3 任何一方严重违反本合同致使本合同所约定的经济目的无法实现或严重损害另一方权益，则守约方可在书面通知违约方后解除本合同，并有权要求违约方赔偿因其违约造成的一切损失。

4.3.4 乙方未履行本合同约定义务或违反本合同的有关约定，乙方应按甲方要求及相关法律规定承担违约责任；并且，在下列任一情形下，应向甲方支付违约金或/及赔偿金：

A. 许可期限届满，乙方或其合作方仍使用许可对象，超出_____天以上时，每天应向甲方支付_____元/天作为违约金；如因此造成甲方对其他第三方的违约与赔偿时，还应承担甲方向第三方支付的违约金与赔偿金及其他违约责任；

B. 乙方或其合作方，超出本合同约定区域、期限、方式使用许可对象，不但每次须支付本合同约定许可使用费30%的违约金，还须赔偿甲方损失（含向他人支付的违约金、赔偿金），并由乙方负责处理由此引起的法律纠纷；

C. 如因乙方使用许可对象的产品缺乏生产或销售合法资质，或者乙方或其合作方、再授权方将许可对象用于非法目的、用途或者修改、编辑许可对象，则甲方有权要求乙方支付本合同约定许可使用费30％的违约金、有权解除本合同、撤销授权，且有权对已收取的款项不予退还。

4.3.5 任何一方迟延履行本合同约定义务，则每迟延一日应向另一方支付违约金_____元，迟延超过_____日以上时，每日支付违约金的标准为_____元，并且另一方还有权单方解除本合同。

4.3.6 如发生不可抗力事件，不能履行本合同，则本合同的履约时间相应顺延。受不可抗力影响的一方，应在不可抗力发生后_____日内，尽快以传真或电报的方式通知另一方，并随后提供由有权机构出具的证明，以便另一方审查、确认。不可抗力事件的终止或消除，亦以此等方式告知。

● 律师批注10

关于违约金等违约责任约定的注意事项与法律风险，参见《文学艺术作品合作创作合同》律师批注14和《文学艺术作品出版合同》律师批注14。

5. 其他事项：
5.1 不可抗力：
5.1.1 不可抗力是指政府行为、自然灾害、战争或任何其他类似事件。不可抗力事件致使本合同不能履行或延迟履行，则双方于彼此间不承担任何违约责任。
5.1.2 出现不可抗力事件时，知情方应及时、充分地向对方以书面形式发出通知，并应当在合理期限内提供相关证明。
5.2 未经对方同意，任何一方不得转让、出售或处分全部或任何本合同项下之权益。
5.3 任何一方均应负责其各自因本合同而产生的纳税义务。
5.4 联络：本合同双方的联络方式如下，任何一方改变其联络方式，均须书面提前通知另一方，否则送达至原授权代表或以原联络方式送达即视为有效送达：
(1) 甲方指定联系人：_____，电话_____，传真_____，手机_____，电子信箱_____，通信地址_____，邮编_____。
(2) 乙方指定联系人：_____，电话_____，传真_____，手机_____，电子信箱_____，通信地址_____，邮编_____。

● 律师批注 11

关于联系人与联系方式约定的注意事项与法律风险,参见《文学艺术作品合作创作合同》律师批注 17。

5.5 争议解决:
5.5.1 双方因合同的解释或履行发生争议,应先由双方协商解决。
5.5.2 如协商不成,按照第_____种方式解决。
(1) 将争议提交_____仲裁委员会依照其最新生效的仲裁规则进行仲裁。
(2) 向_____地(如:甲方所在地或乙方所在地或本合同签署地)有管辖权的人民法院提起诉讼。

● 律师批注 12

关于争议解决约定的注意事项与法律风险,参见《文学艺术作品合作创作合同》律师批注 15。

5.6 合同生效与文本:
5.6.1 本合同的变更、续签及其他未尽事宜,由双方另行商定。
5.6.2 本合同自双方签署之日起生效,一式二份,双方各执一份。

● 律师批注 13

关于合同生效时间约定的注意事项与法律风险,参见《文学艺术作品合作创作合同》律师批注 16。

(以下无正文)
甲方:_____有限公司
法定代表人或授权代表:_____
乙方:_____有限公司
法定代表人或授权代表:_____

第六十四章　影视企业版权质押合同

> **影视企业版权质押合同**
>
> 质押人：_____有限公司(以下简称"甲方")
> 法定代表人：_____
> 地址：_____
> 质押权人：_____银行/信托有限公司(以下简称"乙方")
> 法定代表人：_____
> 地址：_____

● **律师批注1**

关于合同的签约主体及其名称的注意事项与法律风险等,参见《文学艺术作品合作创作合同》律师批注1和《文学艺术作品委托创作合同》律师批注1。

> 鉴于:
>
> 1. _____有限公司(以下简称"借款人")与乙方签署了相应借款合同(以下简称"借款合同"或"主合同"),乙方愿意据此向借款人提供借款。
>
> 2. 为保证借款人向乙方归还借款本息,甲方愿意以本合同约定的版权向乙方提供质押担保。
>
> 3. 甲方承诺其对拟质押的版权有合法权利处分且其上不存在任何质押、被执行、被查封或者与他人存在权属争议和债务纠纷的情形。
>
> 4. 甲方承诺其提供质押担保事宜,已经其内部决议程序。

● **律师批注2**

【条款目的】

1. 关于鉴于条款约定内容及其法律意义,参见《文学艺术作品合作创作合同》律师批注2。

2. 影视文化企业不像工业、房地产、金融企业往往具有较多的有形资产,如产品、房产、资金、设备等,影视文化企业的产品和资产基本属于无形的文化作品。影视企业以其拥有的版权资产提供质押,有利于拓宽融资渠道。

为此,甲乙双方于_____年_____月_____日在_____市_____区达成如下约定:

● 律师批注3

关于签约时间、签约地点的注意事项及法律风险等,参见《文学艺术作品合作创作合同》律师批注3。

1. 担保事由:

1.1 乙方将向借款人提供_____元借款,借款期限为_____个月,具体见借款合同;在签署本合同前,甲方已审阅并确认该借款合同全部约定。

1.2 乙方向借款人提供上述借款是由借款人全部用于投资和制作电影/电视剧《_____》并且借款人的自有资金投资应提前或同步到位。

● 律师批注4

【条款目的】

明确本质押合同所依附的主合同和担保目的。

2. 担保事项:

2.1 质押物:

2.1.1 甲方对第_____种作品享有_____%版权提供质押担保。

(1) 电影/电视剧《_____》剧本。

A. 剧本作者_____。

B. 剧本来源:是根据_____的原著《_____》改编而成且已取得原著作者的相应授权。

C. 剧本规模:共_____集、共_____字。

D. 剧本未拍摄或也未授权他人拍摄电影或电视剧。

E. 版权人:_____有限公司(占_____%版权)、_____有限公司(占_____%版权)。

(2) 电影/电视剧《_____》。

A. 公映/发行许可证号:_____。

B. 出品方:_____有限公司、_____有限公司。

C. _____有限公司(占_____%版权)、_____有限公司(占_____%版权)。

D. 已经/即将在中国大陆公映/播映。

2.1.2 甲方提供上述质押物,已经过其他共同所有人的同意(如有)。

● 律师批注5

【条款目的】

本条款在于确定具体的质押物及其基本状况。

> 2.2 质押担保的范围：
>
> 为借款合同项下全部行为及其相关后果，包括贷款本金、利息与违约金、赔偿金及实现债权的全部费用。
>
> 2.3 质押要求：
>
> 2.3.1 甲方承诺采取一切必要措施保障维持所质押作品的价值。如在担保期限内所质押版权的价值降低、丧失或消灭时，甲方应提供或安排其他经乙方认可的担保财产和担保方式，以保障乙方的担保权益。
>
> 2.3.2 本合同项下质押担保为无条件的、不可撤销的质押。
>
> 2.3.3 在质押期间，甲方不得转让所质押的版权或对所质押的版权设定他项权利。

● 律师批注6

【条款目的】

担保范围就是质押人以质押物承担责任的范围，一般都约定包括本金、利息、违约金、赔偿金及实现债权的费用。

> 3. 质押程序：
>
> 3.1 本合同签署后_____个工作日内，甲乙双方共同办理本合同项下版权质押的质押登记，甲方应出具一切办理质押所必须的法律文件，乙方提供一切必要的协助。
>
> 3.2 乙方确认质押登记手续办理完毕后，向借款人提供借款。
>
> 3.3 借款人偿还全部借款本息及在违约情形下的违约金、赔偿金后，乙方配合甲方办理版权质押的解除手续。
>
> 3.4 因办理版权质押、解除质押发生的登记费、手续费等均由甲方缴纳。

● 律师批注7

【条款目的】

版权质押必须办理质押登记手续，否则为无效担保。

【法律规定】

《中华人民共和国担保法》(1995.06.30颁布)

第七十九条　以依法可以转让的商标专用权，专利权、著作权中的财产权出质的，出质人与质权人应当订立书面合同，并向其管理部门办理出质登记。质押合同自登记之日起生效。

【相关案例】

甲公司对乙公司存在以往业务欠款，为担保其偿还，甲公司将其与丙公司共同投资制作的某电视剧的唯一母带交给乙公司质押，但未办理质押登记手续。甲公司到期仍未偿还欠款。乙公司遂起诉追究欠款并主张以处分所质押的该电视剧版权清偿欠款。

在该案例中，乙公司虽控制了该电视剧的母带，但并未取得该电视剧版权的质押权，而取得的是"母带"这一物品的质押权。而乙公司如请求法院处分母带这一质押物，该母带所包含电视剧作品又归甲公司和丙公司，导致法院无法按质押物来处分。

4. 担保期限：

自本合同签署生效之日起，至本合同项下担保借款本息及相应责任清偿完毕之日止。

● 律师批注 8

【条款目的】

担保期限是质押人以质押物提供担保的责任期限。

5. 担保权益实现：

发生下列事项之一时，乙方有权依法定方式将质押版权折价或依法拍卖、变卖质押版权或对质押版权进行其他处置而优先受偿：

（1）借款人在借款合同项下违约；

（2）乙方发现甲方在本合同中的承诺、声明、保证不真实或者有隐瞒，严重影响到乙方质权的实现；

（3）乙方认为甲方未履行本合同的保证或其他导致质押版权价值明显降低足以危害乙方质权足额实现；

（4）《担保法》规定的质押受偿事项出现；

（5）甲方或借款人被宣告解散、破产。

● 律师批注 9

【条款目的】

明确版权质押权人行使质押权的条件，除借款人无法还款外，还可约定容易出现的其他情形。

6. 违约责任：

6.1 如甲方迟延向乙方办理版权质押手续时,应向乙方支付违约金,则违约金的支付标准为:每迟延一日,按日支付_____元。

6.2 如在担保期限内所质押版权的价值降低、丧失或消灭时,而甲方拒绝按本合同约定提供、安排新的担保,或所提供、安排的新的担保无法得到乙方认可时,甲方须向乙方支付相当于借款合同约定的借款本金_____%的违约金,乙方亦有权要求甲方赔偿全部损失。

6.3 如甲方擅自解除质押、重复质押,均应向乙方支付相当于借款合同约定的借款本息额一倍的违约金,并赔偿给乙方造成的全部损失。

6.4 上述情形下,乙方要求甲方支付违约金并不影响乙方追究其他违约责任的权利。

● **律师批注 10**

关于违约金等违约责任约定的注意事项与法律风险,参见《文学艺术作品合作创作合同》律师批注 14 和《文学艺术作品出版合同》律师批注 14。

7. 其他事项：

7.1 联络：

7.1.1 本合同双方的联络方式如下,任何一方改变其联络方式,均须书面提前通知另一方,否则送达至原授权代表或以原联络方式送达即视为有效送达:

(1) 甲方指定联系人：_____,电话_____,传真_____,手机_____,电子信箱_____,通信地址_____,邮编_____。

(2) 乙方指定联系人：_____,电话_____,传真_____,手机_____,电子信箱_____,通信地址_____,邮编_____。

7.1.2 本合同项下的所有通知或指示均应以书面形式送达。其中当面送达或以信函方式送达的,以收件方签收之日为送达日;以传真方式送达的,以收到对方传真回复之日为送达日。

● **律师批注 11**

关于联系人与联系方式约定的注意事项与法律风险,参见《文学艺术作品合作创作合同》律师批注 17。

7.2 争议解决：

7.2.1 双方因合同的解释或履行发生争议，应先由双方协商解决。

7.2.2 如协商不成，按照第_____种方式解决。

（1）将争议提交_____仲裁委员会依照其最新生效的仲裁规则进行仲裁。

（2）向_____地（如：甲方所在地或乙方所在地或本合同签署地）有管辖权的人民法院提起诉讼。

● 律师批注 12

关于争议解决约定的注意事项与法律风险，参见《文学艺术作品合作创作合同》律师批注 15。

7.3 合同文本与效力：

7.3.1 本合同的变更、续签及其他未尽事宜，由双方另行商定。

7.3.2 本合同自各方签署之日起生效，一式四份，甲乙双方各执一份，另二份由借款人备存和用于质押登记。

● 律师批注 13

关于合同生效时间约定的注意事项与法律风险，参见《文学艺术作品合作创作合同》律师批注 16。

7.3.3 本合同系借款合同的从合同，借款合同解除或提前终止时，则本合同立即解除或提前终止。

● 律师批注 14

【条款目的】

本条款在于进一步明确质押合同与借款合同的主从关系以及主合同解除或终止时，本合同亦同时解除或终止。

（以下无正文）

甲方：_____有限公司

法定代表人或授权代表：_____

乙方：_____有限公司

法定代表人或授权代表：_____

第六十五章　影视企业应收账款质押合同

> **影视企业应收账款质押合同**
>
> 质押人：_____有限公司（以下简称"甲方"）
> 法定代表人：_____
> 地址：_____
> 质押权人：_____有限公司（以下简称"乙方"）
> 法定代表人：_____
> 地址：_____

● 律师批注1

关于合同的签约主体及其名称的注意事项与法律风险等，参见《文学艺术作品合作创作合同》律师批注1和《文学艺术作品委托创作合同》律师批注1。

> 为此，甲乙双方于_____年_____月_____日在_____市_____区就应收账款质押事宜达成如下约定：

● 律师批注2

【条款目的】

1. 关于签约时间、签约地点的注意事项及法律风险等，参见《文学艺术作品合作创作合同》律师批注3。

2. 影视文化企业不像工业、房地产、金融企业往往具有较多的有形资产，如产品、房产、资金、设备等，但影视文化企业在经营无形文化作品的过程中，会形成对其他影视企业、电视台、网站等的应收账款债权资产，以其拥有的债权资产提供质押，有利于影视企业拓宽融资渠道。

1. 担保事由：本合同项下担保基于下列第_____种原因而确立。

（1）甲乙双方于_____年_____月_____日签署了《_____》（以下简称"主合同"），为确保甲方在主合同项下义务的履行而由甲方提供担保。

（2）乙方与_____有限公司于_____年_____月_____日签署了《_____》（以下简称"主合同"），为确保_____有限公司履行主合同项下借款义务，甲方自愿提供担保。

（3）乙方与借款人_____有限公司于_____年_____月_____日签署了《借款合同》（以下简称"主合同"），乙方将向该借款人提供_____元借款，借款期限为_____个月，为确保该借款人偿还主合同项下借款义务，甲方自愿提供担保。

● 律师批注3

【条款目的】
明确本质押合同所依附的主合同和担保目的。

【法律规定】
《中华人民共和国物权法》（2007.10.01施行）
第二百二十三条 债务人或者第三人有权处分的应收账款可以出质。

2. 担保事项：
2.1 质押标的：甲方以下列应收账款提供质押担保。
（1）应收账款金额：_____元。
（2）应收账款的债务人：_____电视台。
（3）应收账款的付款期限截止于_____年_____月_____日，未超过其诉讼时效。
（4）应收账款产生的背景：甲方享有电影/电视剧《_____》（公映/发行许可证号：_____）版权和发行权并向_____电视台授予该电视台相应播映权而与该电视台签署了《电影/电视剧播映许可合同》，该电视台应向甲方支付许可费_____元，但仍有_____元未支付。
（5）应收账款的相应担保：_____。
A. 就应收账款的清偿，应收账款的债务人未提供任何担保。
B. 就应收账款的清偿，由_____有限公司以一般/连带保证方式/质押担保方式/抵押担保方式为应收账款的债务人提供任何担保。

● 律师批注 4

【条款目的】

1. 应收账款的质押标的为影视企业对外产生的应收账款,往往是影视剧的发行合同项下款项。

2. 拟质押的应收账款应列明其金额、形成原因、是否附有担保等,便于质权人确认质押应收账款的保障性。

2.2 质押担保的范围:

为被担保人在主合同项下应履行全部义务及其相关后果,包括主合同义务涉及的款项本金、利息与违约金、赔偿金及实现债权的全部费用。

● 律师批注 5

关于质押担保范围的注意事项及法律风险等,参见《影视企业版权质押合同》律师批注 6。

2.3 质押要求:

2.3.1 甲方承诺采取一切必要措施保障维持所质押应收账款的合法有效性。

(1) 及时向应收账款的债务人主张债务,不致应收账款超过诉讼时效。

(2) 未经乙方书面同意,不得放弃债权或怠于行使债权。

(3) 在应收账款的债务人或其担保人(如有)出现濒临破产、采取隐匿或转移财产方式逃避债务,或者采取其他方式损害债权的,应当立即采取措施并通知乙方。

(4) 如应收账款的担保物价值降低、丧失或消灭时,甲方应要求应收账款的债务人提供或安排其他经其认可的担保财产和担保方式。

2.3.2 本合同项下质押担保为无条件的、不可撤销的质押。

2.3.3 在质押期间,甲方不得转让所质押的应收账款,也不得对所质押的应收账款重复质押或设定他项权利。

● 律师批注 6

【条款目的】

1. 应收账款具有易变性的特点,所以需要质押人对应收账款采取必要措施以保证应收账款的合法性、有效性。

2. 应收账款及其质押不具有公示性,所以应要求质押人承诺对应收账款不得进行转让、重复质押。

3. 质押程序：

3.1 本合同签署后_____个工作日内，甲乙双方共同办理本合同项下应收账款质押的质押登记，甲方应出具一切办理质押所必须的法律文件。

3.2 被担保人履行主合同项下全部义务及在违约情形下的违约金、赔偿金后，乙方应出具办理应收账款质押的解除手续的相关文件。

3.3 因办理应收账款质押、解除质押发生的登记费、手续费等均由甲方缴纳。

● 律师批注7

【条款目的】

应收账款质押只有办理了质押登记手续后，才取得质押效力。

【法律规定】

《中华人民共和国物权法》(2007.10.01 施行)

第二百二十八条 以应收账款出质的，当事人应当订立书面合同。质权自信贷征信机构办理出质登记时设立。

4. 担保期限：

自本合同签署生效之日起，至主合同项下被担保人的义务完毕之日止。

● 律师批注8

【条款目的】

担保期限是应收账款质押人以应收账款承担责任的时间。

5. 担保权益实现：

发生下列事项之一时，乙方有权依法定方式对质押应收账款进行处置而优先受偿：

(1) 被担保人在主合同项下违约；

(2) 乙方发现甲方在本合同中的承诺、声明、保证不真实或者有隐瞒，严重影响到乙方质权的实现；

(3) 乙方认为甲方未履行本合同的承诺或其他导致质押应收账款价值明显降低足以危害乙方质权足额实现；

(4)《担保法》规定的质押受偿事项出现；

(5) 甲方或被担保人被宣告解散、破产。

● 律师批注 9

关于担保权益实现的注意事项及法律风险等,参见《影视企业版权质押合同》律师批注6。

> **6. 违约责任：**
> **6.1** 如甲方迟延向乙方出具办理应收账款质押登记手续的文件时,应向乙方支付违约金,则违约金的支付标准为:每迟延一日,按日支付_____元。
> **6.2** 如在担保期限内所质押应收账款的价值降低、丧失或消灭时,而甲方拒绝按本合同约定提供、安排新的担保,或所提供、安排的新的担保无法得到乙方认可时,甲方须向乙方支付相当于应收账款_____%的违约金,乙方亦有权要求甲方赔偿全部损失。
> **6.3** 如甲方擅自解除质押、重复质押,均应向乙方支付相当于应收账款一倍的违约金,并赔偿给乙方造成的全部损失。
> **6.4** 上述情形下,乙方要求甲方支付违约金并不影响乙方追究其他违约责任的权利。

● 律师批注 10

关于违约金等违约责任约定的注意事项与法律风险,参见《文学艺术作品合作创作合同》律师批注14和《文学艺术作品出版合同》律师批注14。

> **7. 其他事项：**
> **7.1 联络：**
> **7.1.1** 本合同双方的联络方式如下,任何一方改变其联络方式,均须书面提前通知另一方,否则送达至原授权代表或以原联络方式送达即视为有效送达：
> （1）甲方指定联系人：_____,电话_____,传真_____,手机_____,电子信箱_____,通信地址_____,邮编_____。
> （2）乙方指定联系人：_____,电话_____,传真_____,手机_____,电子信箱_____,通信地址_____,邮编_____。
> **7.1.2** 本合同项下的所有通知或指示均应以书面形式送达。其中当面送达或以信函方式送达的,以收件方签收之日为送达日;以传真方式送达的,以收到对方传真回复之日为送达日。

● 律师批注 11

关于联系人与联系方式约定的注意事项与法律风险，参见《文学艺术作品合作创作合同》律师批注 17。

> **7.2 争议解决：**
> 7.2.1 双方因合同的解释或履行发生争议，应先由双方协商解决。
> 7.2.2 如协商不成，按照第_____种方式解决。
> （1）将争议提交_____仲裁委员会依照其最新生效的仲裁规则进行仲裁。
> （2）向_____地（如：甲方所在地或乙方所在地或本合同签署地）有管辖权的人民法院提起诉讼。

● 律师批注 12

关于争议解决约定的注意事项与法律风险，参见《文学艺术作品合作创作合同》律师批注 15。

> **7.3 合同文本与效力：**
> 7.3.1 本合同的变更、续签及其他未尽事宜，由双方另行商定。
> 7.3.2 本合同自各方签署之日起生效，一式三份、甲乙双方各执一份，另一份备存质押登记机关。

● 律师批注 13

关于合同生效时间约定的注意事项与法律风险，参见《文学艺术作品合作创作合同》律师批注 16。

> 7.3.3 本合同系主合同的从合同，主合同解除或提前终止时，则本合同立即解除或提前终止。

● 律师批注 14

关于主从合同关系的约定，参见《影视企业版权质押合同》律师批注 14。

> （以下无正文）
> 甲方：_____有限公司
> 法定代表人或授权代表：_____
> 乙方：_____有限公司
> 法定代表人或授权代表：_____

第六十六章　企业网站委托设计合同

企业网站委托设计合同

委托方：_____有限公司（以下简称"甲方"）

法定代表人：_____

地址：_____

设计方：_____有限公司（以下简称"乙方"）

法定代表人：_____

地址：_____

● **律师批注 1**

关于合同的签约主体及其名称的注意事项与法律风险等，参见《文学艺术作品合作创作合同》律师批注 1 和《文学艺术作品委托创作合同》律师批注 1。

鉴于：

1. 甲方系依照《公司法》的规定在_____市设立并合法存续的有限责任公司，需要设计和制作本公司企业网站。

2. 乙方系从事网络技术与传媒业务的有限公司，愿意按照本合同约定接受甲方委托完成约定网站的设计任务。

3. 在签署本合同前，甲乙双方已就约定委托事项进行必要交流，乙方已基本了解和掌握了甲方的委托意图和基本要求。

4. 本合同构成甲乙双方之间委托设计合同关系。

● **律师批注 2**

关于鉴于条款约定内容及其法律意义，参见《文学艺术作品合作创作合同》律师批注 2。

为此，甲乙双方于_____年_____月_____日在_____市_____区达成如下约定：

● 律师批注 3

关于签约时间、签约地点的注意事项及法律风险等,参见《文学艺术作品合作创作合同》律师批注 3。

> 1. 委托事项:
> 　1.1　甲方委托乙方设计_____有限公司网站,主要包括:网站策划、域名注册、虚拟主机、网页设计与制作、数据库设计、程序开发、网络推广等,具体设计内容包括:
> 　1.1.1　设计下列网页内容:
> 　(1) 网站页面。
> 　(2) 展示形象页、首页、二级、三级页面。
> 　(3) "公司简介"栏目、"公司管理团队"栏目、"公司主要业务"栏目、"公司主要业绩项目"栏目、"公司主要荣誉"栏目、"联系我们"栏目设计。
> 　(4) 搜索功能。
> 　(5) 中、英、日文语言模块设计。
> 　1.1.2　开发下列相关程序:
> 　(1) 程序网站后台程序。
> 　(2) 开发相关程序。
> 　(3) 开发语言。
> 　(4) 引导页动画效果编程。

● 律师批注 4

【条款目的】

明确设计方需要完成的工作内容和范围。

> 　1.2　完成期限:
> 　1.2.1　乙方应在本合同签署后_____个日历天内开始进场工作,并在本合同签署后_____个日历天内完成全部任务。
> 　1.2.2　乙方完成相应工作的时间:
> 　(1) 首页设计方案提交时间:乙方收到甲方提供的内容资料后_____个工作日内完成首页设计工作。
> 　(2) 其他页面设计制作、程序系统开发时间:自甲方确认网站首页风格设计后_____个工作日内完成其他页面制作及程序系统开发工作,并将项目成果上传到乙方提供的测试服务器上,供甲方查看验收,同时乙方向甲方进行后台功能使用培训。

(3) 网站开通期限:自甲方验收后_____个工作日内,将网站制作文件上传到甲方指定的服务器空间上,网站正式开通。

1.2.3　乙方的时间分配如下:(T指工作起始日)

时间 事项	T+___日	T+___日	T+___日	T+___日	T+___日
需求分析调研					
首页设计					
栏目页面设计					
详细页面设计					
FLASH引导页					
页面制作					
程序开发					
网站整合					
网站测试安装					
客户沟通					

● 律师批注5

【条款目的】

设计方完成工作的期限分为全部期限和分各个项目的工作期限。因为各个项目依次推进,且各个项目的阶段性成果均须经委托方确认后方可进行下一个项目工作。

2. 工作要求:

2.1　技术要求:

2.1.1　乙方应该采用目前流行和先进的手段设计制作整个甲方项目,页面设计应达到甲方的要求,即包括但不限于以下内容:页面美观、实用、安全、规范、灵活、可扩展,页面访问速度快。

2.1.2　乙方进行网页设计、制作应当采取有效措施确保网站具有可扩展性,为今后扩容或增加项目、页面提供可用空间或技术可行性,或者为以后甲方的管理体系调整或业务发展而对网页进行升级、更新、改造保留技术上的空间。

2.1.3　乙方承诺在设计采取目前可靠的先进技术方案,以保证甲方网站的安全性和技术可靠性，保证不存在明显的技术漏洞和安全缺陷。

  2.1.4 乙方保证在网站的使用上和提供虚拟空间管理时，将使用和安全注意事项与操作规范等事项，完全充分向甲方进行告知和提示。

  2.1.5 乙方须保证其在完成本协议项目后将甲方网站涉及的资料、信息提供给甲方，以保证甲方可独立完成其网站的管理、编辑、更改等全部操作。

● 律师批注6

【条款目的】

  委托方应当要求设计方在技术方面保证网站设计具有可靠性、先进性及可升级改造。

  2.2 质量与合法要求：

  2.2.1 乙方保证其为甲方设计的网站，不存在侵犯他人知识产权、肖像权、名誉权或名称权的情形；但涉及前述情形如系甲方提供的内容或指定内容，与乙方无关。

  2.2.2 甲方委托乙方制作完成的中英文等语言文字的网页的知识产权归甲方单独享有，乙方不享有任何知识产权或使用权。

  2.2.3 乙方承诺为甲方提供自设计任务完成之日起_____个月的免费质量保证责任，在此期限内如出现故障、运行不稳定或其他问题，乙方均须立即无偿予以排除、维修。

  2.2.4 乙方保证制作的网页符合中国政府有关规定、本行业的有关标准、规范等。

● 律师批注7

【条款目的】

  1. 设计方还应当对其工作成果承担质量瑕疵担保责任和合法性瑕疵担保责任。

  2. 对于网站设计涉及内容的知识产权应归委托方。因为在网站内容制作方面，设计方系受委托的创作行为，应明确其版权的归属。

2.3 保密要求：

2.3.1 任何一方对在合作过程中所获知的对方未向社会公开的商业秘密(包括技术信息和经营信息)负有保密义务,前述商业秘密仅限于履行本合同之用,未经对方书面许可,任何一方不得将其泄露给第三方,否则应承担违约责任并赔偿损失。

2.3.2 本合同终止后,保密义务仍具有约束力,直至保密信息已成为公开信息。

2.3.3 在完成甲方网站工作后,应将甲方提供的全部资料返还给甲方或在甲方监督下销毁。

● 律师批注 8

关于保密约定的注意事项与法律风险,参见《影视剧投资合作意向书》律师批注 7。

2.4 现场工作要求：

2.4.1 乙方应委派_____名技术人员负责本合同项下工作任务,并事先告知甲方赴甲方现场工作人员人数、姓名、时间,以便甲方进行相关安排。

2.4.2 乙方须保证其现场工作人员遵守甲方办公场所的规定及所在大厦物业管理方的要求,并由乙方承担其工作人员造成他人人身财产损害赔偿责任。

● 律师批注 9

【条款目的】

在网站设计过程中,设计方通常会委派技术人员赴现场进行工作,对于委派人员工作或在现场造成他人人身、财产损害应明确约定由设计方承担。

【相关案例】

北京某大厦的物业管理公司将大厦的保安服务委托给一家保安公司负责,保安公司按约定委派和管理其保安人员。但是,一名保安在夜间巡查时,发现大厦中的一家公司办公室内有一名女员工在加班,遂将该女员工强奸并杀害。

在该案例中,因该保安并非该大厦保安,应由该保安公司对保安在履行职务过程中的侵权行为承担赔偿责任。

2.5 确认与验收要求：

2.5.1 乙方完成网页设计后，须提交甲方对设计方案进行确认，经其确认合格或符合其要求并签字确认后，乙方再进行下一阶段设计；但如果任何一个阶段工作成果经甲方三次确认不符合要求时，甲方有权解除本合同，另行委托他方完成设计工作。

2.5.2 乙方制作完成并经安装、调试的网页，须提交甲方进行验收，经甲方验收通过后方视为完成全部工作任务；在验收中，甲方有权对不符合其要求的部分或全部内容，提出修改、重新制作。

2.5.3 验收标准如下：

(1) 在网络正常的情况下，乙方必须保证甲方网站的正常浏览和访问速度。

(2) 页面无文字拼写错误及图片错误(以甲方提供的材料为标准)。

(3) 程序功能符合合同附件规定内容，且运行无误。

(4) 甲方验收合格，签署书面确认。

(5) 站点打开速度不超过_____秒，首页代码文件不超过_____kb。

2.6 网站后期维护：乙方提供网站设计完成后的下列维护工作。

2.6.1 乙方为甲方提供_____个月的网站免费技术维护工作，该期限自网站正式开通之日起算。

2.6.2 乙方提供的网站后期免费维护包括修改页面、修改图片、增加页面[一年内增加的页面数量不得超过本合同附二(略)所规定页面总量的10%]；如超出此范围，另行计算和支付服务费。

2.6.3 后期维护涉及网站页面结构布局更改、页面颜色更改、程序功能的增加与调整均视为重新制作，服务价格甲乙双方另行商议。

● 律师批注10

【条款目的】

网站设计只有经过委托方验收合格并可正常运行方为完成工作，但双方应当对验收标准约定明确。

3. 报酬：

3.1 乙方完成本合同义务的报酬为固定酬金，共计_____元人民币。该酬金已包含乙方完成本合同内容的所有成本、费用、利润及税金；除此以外，甲方不再支付任何费用或负担。

3.2 支付进度：

3.2.1 本合同签署后＿＿＿＿＿＿＿个工作日内，由甲方支付酬金的＿＿＿＿＿＿＿%。

3.2.2 在乙方完成制作、安装调试并经甲方确认后＿＿＿＿＿＿＿个工作日内支付剩余报酬。

3.3 乙方在收取甲方支付的各笔款项的同时，向甲方开具同等金额的服务发票。

● **律师批注 11**

关于报酬款项为税前款还是税后款的注意事项和法律风险及定金条款的法律后果，参见《文学艺术作品版权转让合同》律师批注 7。

4. 交付：

4.1 甲方应在双方约定的时间内，向乙方提供建设网站所需要的相应资料、原始图片，并对所提供资料的合法性及著作权负责。

4.2 在网站制作过程中，如因网站建设需要，甲方应尽量向乙方补充网站制作所需的资料和原始图片。

4.3 网站制作完成后，乙方应按照甲方的要求将网页上传到指定的网络服务器上，并以纸介、磁盘或 CD-ROM 形式将合同标的交付给甲方。未经甲方许可，乙方不得公布文件源码，不得复制、传播、出售或者许可他人使用标的作品及其程序等。

● **律师批注 12**

【条款目的】

网站中涉及的原始内容需要由委托方提供素材，便于设计方制作内容。

5. 其他事项：

5.1 违约责任：

5.1.1 若任何一方不履行本合同的义务即构成违约，违约方除应当向守约方支付＿＿＿＿＿＿＿元违约金外，赔偿对方实际损失；延迟履行义务，应按日支付约定＿＿＿＿＿＿＿元违约金。由于甲方未及时提交资料导致工期延误的情况，乙方不承担责任，并有权提出延长工期。

5.1.2 乙方应保证其提供的网页设计系其独立创作，若有侵犯他人著作权或违反著作权法及我国相关法令规定的行为，由乙方负法律上的一切责任并赔偿甲方全部损失。

5.1.3 在网站设计过程中,如乙方违约,甲方有权停止向其支付相应付款。

5.1.4 如乙方在本合同中的承诺、保证存在虚假或者为甲方设计的网站存在重大技术缺陷或安全漏洞,无论此类问题的出现、暴露是否在合同约定的工作期限内或款项是否结算完毕,乙方须承担返还全部约定酬金、赔偿甲方全部损失的责任。

5.1.5 如因乙方或其员工未对甲方提供的资料、信息予以保密,则须支付本合同总金额_____%的违约金并赔偿损失。

● 律师批注 13

关于违约金等违约责任约定的注意事项与法律风险,参见《文学艺术作品合作创作合同》律师批注 14 和《文学艺术作品出版合同》律师批注 14。

5.2 争议解决:
5.2.1 双方因合同的解释或履行发生争议,应先由双方协商解决。
5.2.2 如协商不成,按照第_____种方式解决。
(1) 将争议提交_____仲裁委员会依照其最新生效的仲裁规则进行仲裁。
(2) 向_____地(如:甲方所在地或乙方所在地或本合同签署地)有管辖权的人民法院提起诉讼。

● 律师批注 14

关于争议解决约定的注意事项与法律风险,参见《文学艺术作品合作创作合同》律师批注 15。

5.3 联络:本合同双方的联络方式如下,任何一方改变其联络方式,均须书面提前通知另一方,否则送达至原授权代表或以原联络方式送达即视为有效送达:
(1) 甲方指定联系人:_____,电话_____,传真_____,手机_____,电子信箱_____,通信地址_____,邮编_____。
(2) 乙方指定联系人:_____,电话_____,传真_____,手机_____,电子信箱_____,通信地址_____,邮编_____。

● **律师批注 15**

关于联系人与联系方式约定的注意事项与法律风险,参见《文学艺术作品合作创作合同》律师批注 17。

> 5.4 合同生效与文本:
> 5.4.1 本合同的变更、续签及其他未尽事宜,由双方另行商定。
> 5.4.2 本合同自双方签署之日起生效,一式二份,双方各执一份。

● **律师批注 16**

关于合同生效时间约定的注意事项与法律风险,参见《文学艺术作品合作创作合同》律师批注 16。

> (以下无正文)
> 甲方:_____有限公司
> 法定代表人或授权代表:_____
> 乙方:_____有限公司
> 法定代表人或授权代表:_____

图书在版编目(CIP)数据

文化艺术、演艺、广告、影视类合同/王力博编著.—北京:北京大学出版社,2013.1

(企业常用合同范本·律师批注版)

ISBN 978-7-301-21571-5

Ⅰ.①文… Ⅱ.①王… Ⅲ.①经济合同-范文-注释-中国 Ⅳ.①D923.65

中国版本图书馆 CIP 数据核字(2012)第 270547 号

书　　　　名：	文化艺术、演艺、广告、影视类合同
著作责任者：	王力博　编著
丛 书 策 划：	陆建华
责 任 编 辑：	侯春杰
标 准 书 号：	ISBN 978-7-301-21571-5/D·3209
出 版 发 行：	北京大学出版社
地　　　　址：	北京市海淀区成府路 205 号　100871
网　　　　址：	http://www.yandayuanzhao.com
新 浪 微 博：	@北大出版社燕大元照法律图书
电 子 信 箱：	yandayuanzhao@163.com
电　　　　话：	邮购部 62752015　发行部 62750672　编辑部 62117788 出版部 62754962
印 　 刷 　者：	北京京华虎彩印刷有限公司
经 　 销 　者：	新华书店
	730mm×980mm　16 开本　32.25 印张　555 千字 2013 年 1 月第 1 版　2017 年 3 月第 2 次印刷
定　　　　价：	69.00 元

未经许可,不得以任何方式复制或抄袭本书之部分或全部内容。
版权所有,侵权必究
举报电话:010-62752024　电子信箱:fd@pup.pku.edu.cn